企业税务风险

识别、分析与评价操作实务

（第2版）

刘海湘　编著

中国财经出版传媒集团
中国财政经济出版社

图书在版编目（CIP）数据

企业税务风险识别、分析与评价操作实务 / 刘海湘编著. --2 版. --北京：中国财政经济出版社，2023. 9（2025.2重印）
ISBN 978 -7 -5223 -2305 -3

Ⅰ. ①企… Ⅱ. ①刘… Ⅲ. ①企业管理－税收管理－风险管理 Ⅳ. ①F810. 423

中国国家版本馆 CIP 数据核字（2023）第 108024 号

责任编辑：尉 敏　　　责任校对：胡永立
封面设计：MXK DESIGN STUDIO Q:1765628429　　　责任印制：史大鹏

企业税务风险识别、分析与评价操作实务（第 2 版）
QIYE SHUIWU FENGXIAN SHIBIE FENXI YU PINGJIA CAOZUOSHIWU（DI ER BAN）
中国财政经济出版社 出版
URL：http：//www. cfeph. cn
E－mail：cfeph@ cfeph. cn

社址：北京市海淀区阜成路甲 28 号 邮政编码：100142
营销中心电话：010－88191522
天猫网店：中国财政经济出版社旗舰店
网址：https：//zgczjjcbs. tmall. com
涿州汇美亿浓印刷有限公司印刷 各地新华书店经销
成品尺寸：170mm×240mm 16 开 33 印张 513 000 字
2023 年 9 月第 2 版 2025 年 2 月河北第 2 次印刷
定价：98. 00 元
ISBN 978－7－5223－2305－3
（图书出现印装问题，本社负责调换，电话：010－88190548）
本社质量投诉电话：010－88190744
打击盗版举报热线：010－88191661 QQ：2242791300

序言

XUYAN

在一场业务交流会上和海湘第一次见面，她就给我留下了很深的印象：形象好，气质佳，发言简洁明了，观点鲜明。会后交流时，我俩也相谈甚欢。她告诉我她曾在某省税务局征管科技处的风险监控中心工作，该省的第一本《年度税收风险状况监控分析报告》就是由她主要执笔完成的，所以对我所讲的检测企业税务风险的内容非常感兴趣，并表达了自己对企业防范税务风险的一些看法。同时，也提到多年前我曾经到她所在的区局给分局长们讲过课，她也在座，只是当时没有机会深入交流。时隔多年再续前缘，不得不让人感叹缘分的奇妙。

这次重逢之后，我多次听她讲课，学习她发的文章，突出的感受是：思路清晰，表达准确，业务功底深厚。

2020年年初，我带队开发智能税务师课程，专门邀请海湘参与其中。在整个课程开发过程中，每个时间节点要求完成的工作任务，她总是准时且高质量地完成，仅一个多月的时间，就完成了近40节课程的备课、录制及教材的编写、数百道考题的出题工作，让我更深地看到了她身上具备的一些优秀的品质：守信、敬业、踏实、认真，让我很欣赏。

7月的某一天，突然接到海湘电话，告诉我她终于把多年工作实践汇集成了这本书，希望我能为本书作序。我开玩笑问："我够格吗?"她肯定地回答："当年指引我开展纳税评估工作的第一本教材就是您编写的，现在您又专门致力于企业税务风险检测系统的研发，所以没有谁比您更够格了。"既然如此信任，我欣然接受。通读本书后，有以下几点感触想和各位读者分享：

在信息技术高速发展的当下，税务新基建日臻完美，"金税"工程大数据云平台已经让"四个一"落地，即税务中间层实现了在全国范围内的企业信息“一户式”、个人信息“一人式”、税务管理“一局式”、相互关联“一网式”。企业身处这个“用数据说话”“靠信息管税”的时代，却面临着前所未有的财务信息“裸奔”、没有自身防控税务风险体系的尴尬局面。在如此形势下，企业只有建立贯穿于企业内部各个环节的风险预测机制，渗透到企业经营活动的各个层面和全过程，定期进行企业税务风险的健康检查，才能从源头上防范涉税风险、降低企业税收负担。而本书对企业结合实际情况，建立自身税务风险防控体系，通过风险识别、风险分析、风险评价等步骤，查找企业经营活动及业务流程中的税务风险具有很强的指导意义。本书的特点如下：

一是与实际工作紧密结合。由于作者有多年的税务稽查、纳税评估、风险分析的工作经验，所以本书每一风险指标和风险点的描述都来源于实践、紧贴现实，具有很强的可操作性。

二是案例丰富。本书共包括近400个实战案例，无论是风险指标的计算方法和分析思路，还是各税种每个风险点的表现形式，作者都辅之以精选案例进行阐述，案例也大多来自一线税务稽查、评估工作实际，通俗易懂，易于掌握，具有很强的实用性。

三是内容全面。本书内容除涵盖增值税、企业所得税和个人所得税三大税种的风险发生规律、风险分析指标和模型外，还全面梳理了印花税、房产税、土地增值税等各税种税务风险的分析方法和具体风险表现；同时，还详解了通过财务报表数据分析税务风险的方法，内容翔实，分析透彻，具有很强的指导性。

本书既可作为企业税务风险管理指导用书，亦可作为税务稽查、纳税评估人员进行企业税收风险分析的参考用书。全书分两篇共九章：第一篇是“税务风险管理基础知识”，分三章从企业税务风险管理和税收大数据对企业税务风险的影响等方面介绍了企业税务风险的类型、成因和分析企业税务风险的主要方法。第二篇是“税务风险管理操作实务”，包括“增值税税务风险管理”“企业所得税税务风险管理”“个人所得税税务风险管理”“其他税种税务风险管理”“财务报表项目税务风险分析”和“智能检测分析税务风险案例”等六章，全面介绍了各税种的税务风险分析指标、税务风险点和利用主要财务数据分析税务风险的方法等内容，并利用实战案例从各个方面向读者展示了“数据—指标—风险提示—风险报告”的智能检测税务风险的全过程。

企业税务风险管理是一项新兴、复杂的工作，我相信这本书能够起到止痛疗伤的作用，提醒企业识别风险、合理控制风险、杜绝违法行为，提高纳税遵从度和纳税信用等级，为自己在商海畅游保驾护航。

夏晨华

2020 年 8 月

再版说明

本书第1版于2020年10月出版发行，受到广大税务同行、读者朋友的欢迎和好评，得以多次加印。近年来，我国财税体制改革不断深化，相关的税收政策和会计制度也随之发生了很大变化，为了使本书能够更好地适应财税实务，笔者对内容进行了修订，使之尽可能贴近现行财税政策和实践。

本次修订，保持全书整体框架不变，主要在如下几方面做了修改和完善：第一，根据最新的财税政策与实践，更新了相关内容；第二，对书中的案例进行了修改和完善，新增了部分案例；第三，重点修订了印花税章节（《印花税法》从2022年7月1日实施）。

经过修订，本书内容更加全面，政策更新及时，可以更好地适应广大税收实务工作者的实践。

自序

ZIXU

10 年，120 个月，3 650 天，87 600 个小时，5 256 000 分钟……一点一点地把时光拼接起来，堆叠起来，会有多长，会有多厚？踏着每一时刻的光影，将生活的烟火细数，走过山水烂漫的风景，走过云雨缠绵的心境，在失去和即来的时光里将人生交错纵横，却会在某一刻突然发现，我们只是在寻找一种适合自己行走的方式……在智者的引领、学员的鼓励、家人的支持、友人的温暖下，终究没有辜负自己，用一本书为自己的 10 年税务工作进行了总结！

智者的引领：每一次业务交流、每一次主题讨论、每一次现场指导、每一次问题请教，都能让我从财税圈各位优秀老师身上汲取到成长进步的养分和能量，让我在财税道路上越走越坚定。而在夏晨华、张剀、陈志坚、严颖、王镇、苏强、姜新录、陈晓黎、吴天如等各位老师指导下打磨出的这本书，助我提升业务能力的同时亦让我明白：勤学不辍，方能不负春光。

学员的鼓励：在不同城市的讲台间穿梭，来去匆匆中收获了太多的鼓励和支持。课程现场总是能看到几个特殊学员——或是抱着几个月大孩子来听课的，或是挺着大肚子来听课的，或是头发花白依然认真聆听的——他们的学习精神让我感动的同时亦让我明白：要用积极的人生态度面对生命的每一个时刻，方能不负此生；课间的答疑交流，学员的问题方向让我找到写书灵感的同时亦让我明白：持续精进，方能不负韶华。

家人的支持：每个人都不是孤岛，与自己爱的家人相互关心支持，赋予人生温度，这才是生命的意义。在写书的过程中，家人给予了最大的理解和支持，让我充分感受到亲情带来的力量和动力的同时亦让我明白：不要懈怠，方能不负信任。

友人的温暖：回眸凝望，能够一路同行、互相鼓励和支持的人，必是品味相同、相互适合的人。和这些人交往，因为彼此懂得，所以心情愉悦；因为兴趣相投，所以如沐春风。友人的每一次督促、每一条建议、每一次校对，让我获得继续完善书籍内容动力的同时亦让我明白：相遇的美好是从骨子里透出的暖，是补缀在心灵深处的青山绿水。

三毛说："岁月极美，在于它必然的流逝。春花，秋月，夏日，冬雪。"当你用火一样的热情投入生活时，就会发现，每一个夜幕降临都充满温馨，每一个黎明到来都饱含幸福，风雨中行走，阳光下微笑，一花一草都无比可爱。

时光的渡口，你我皆是过客。愿接下来的每一天都明媚如歌，微笑向暖！

刘海湘

2020年8月

目录

MULU

第一篇 税务风险管理基础知识

第一篇

税务风险管理基础知识

第一章

企业税务风险管理概述

在现代社会中，不断变化的世界经济格局、纷繁复杂的商业经营模式、巨大的市场竞争压力和税务部门的“互联网＋”的税务征管方式，都给企业带来了突出的税务风险。而税务机关对纳税人实施的“无风险不打扰、低风险预提醒、中高风险严监控”的精准分类监管措施，也提示企业在经营决策、战略规划、日常经营等任一环节出现微小问题，都可能引发税务风险，给企业带来巨大的经济和声誉损失。因此，以风险的防控永远优于应对为前提，加强税务风险管理，建立良好的风险内控流程已是各类企业的当务之急。

一、企业税务风险的类型

税务风险是指企业在遵从税法时的实际表现与应该达到的实际标准之间存在差异进而导致损失的不确定性，具体是指涉税决策、税款计缴、纳税筹划等方面，有可能造成企业利益损失及声誉损害的风险。主要分为三大类：

一是多缴税款风险。经营行为适用税法不准确造成企业应享受而未享受相关税收优惠政策、错误适用税率多缴税款或应抵扣未抵扣进项税金、未能进行合法、合理税收筹划等，使企业承担不必要的税收负担和经济损失，并直接影响利润总额。

二是少缴税款风险。企业的纳税行为不符合税收法律法规的规定，应缴税而未缴税、少缴税或未能准确界定增值税进项税的抵扣范围或违规操作抵扣，均存在被税务机关查处后补缴税款，加处罚款和滞纳金以及声誉损害等风险。

三是发票管理风险。企业最大的发票管理风险是虚开发票风险。由于增值税专用发票具有抵扣税款的功能，因此，虚开增值税专用发票不仅是发票管理办法和增值税专用发票使用规定严厉禁止的行为，也是刑法要严惩的犯罪行为。企业发票管理不善，就可能出现虚开发票或取得虚开发票的情况，从而带来违法犯罪风险及多缴税款的风险。

二、企业税务风险的成因

（一）影响企业税务风险管理的外部因素

1. 国民经济宏观调控环境的变化。为保持经济持续稳定发展、促进税收制度更加符合国情，我国将在相当长一段时间内对税收政策进行不断的修订。这一现状是诱发企业税务风险的重要原因。财务工作涉及企业经营的每一个细节，税务风险又与企业经营过程相关联，因此，税收政策的持续变化必然加大财税人员的工作量和工作压力，也挑战着财税人员的业务功底与职业判断能力。对新政策及时正确解读与无偏差实践运用十分关键，稍有不慎，就可能被套上“偷税漏税”的帽子，使企业整体税务风险加大。

2. 国家税务总局加强了对企业税务风险的管理。2019年12月，国家税务总局税收大数据和风险管理局成立，负责组织指导全国税收大数据和风险管理相关工作，主要职责包括：负责云平台建设、相关业务需求和运行管理、相关系统应用和业务层面运维工作；组织实施税收大数据和风险管理战略规划；管理税收数据，负责税收数据交换和共享；统筹开展全国性、综合性风险管理特征库和分析模型建设、验证和推广。

3. 大数据时代的税收治理进入“以数治税”阶段。当前，我国正以发票全领域、全环节、全要素电子化改革为突破口，启动实施金税工程四期建设，通过法人税费信息“一户式”、自然人税费信息“一人式”智能归集，实现对同一企业或个人不同时期、不同税种、不同费种之间，以及同规模同类型企业或个人相互之间税费匹配等情况的自动分析监控。从“经验管税”到“以票管税”再到“以数治税”的过程，就是促进纳税人从“被动遵从”到“主动遵从”再到“协同遵从”的过程。

4. 税务机关的执法行为存在一定的自由裁量权。不同税务执法机关和人员对同一企业的同一涉税行为的判断和裁定往往存在不同看法，税款征纳双方较难做到“沟通中的认同”。尤其我国正处于经济社会转型时期，税务机关在涉税实务中具有一定的自由裁量权，如果企业财务人员与执法人员缺少沟通，不能准确把握他们的思路和观点，会给企业带来一定的税务风险。

5. 行业惯例不完全合规，市场竞争导致不合规的利益诉求。龙头或主导企业对其他企业税务行为具有制约作用或示范作用，如果龙头或主导企业涉税行为不合规，会有引发行业内大部分企业涉税行为不合规的风险。

（二）影响企业税务风险管理的内部因素

1. 对税务风险管理的意识淡薄，不够重视。一直以来，企业决策层往往重视经营风险、法律风险等管理，而对于税务风险管理，决策层往往将其归于财务部门计提和缴纳的职责，普遍认为只要不做假账就不存在税务风险，很少有人从战略层面考虑税务风险。

2. 企业税务风险管理组织建设和税务风险内控机制不到位。主要表现为：未设置独立的税务风险管理机构或税务风险管理专职岗位，税务风险管理职能主要由财务人员兼职；没有建立独立完善的税务风险管理制度，只是在公司财务风险管理、财务内部控制等管理制度中作了简单规定，仅只简单涉及税务风险管理方面的几个条款。税务管理和生产经营脱节，办税人员没有权利或途径了解公司发生的应该作相应税务处理的事项。如仓库发生存货被盗、丢失或霉烂变质现象，应作进项税转出处理。但由于许多公司没有相应的内部信息传导机制，办税人员无法及时了解相关信息，也就无法进行相应的税务处理，导致少缴税款。

3. 税务筹划不当。有些企业没有将税收筹划的理念运用到实际工作中，对企业的涉税事项没有进行事前、事中以及事后的筹划，没有发挥其应有的作用。有些企业进行了税务筹划，但是税务筹划时偏于主观的判断，没有对政策进行深入分析，对政策的理解出现偏差导致税务筹划不但起不到降低企业税负的作用，甚至还带来了许多税务风险。

4. 税务沟通协调不够。由于涉税事项经办人员对税收政策掌握不全，对税务机关的征管方法或税务危机处理缺乏专业了解，在应对税务机关日常检查和税务稽查过程中，始终处于被动地位，不能及时提出合法、合理的反驳意见和妥善处理相关问题的建议，与税务机关之间的沟通往往难以达到预期的效果，无法化解自身税务危机。在重大涉税事项上，也无寻求税务机关的辅导和帮助的意识，一些本可以预先化解的潜在税务危机，也因与税务沟通协调不够，而变成现实的税务风险。

5. 企业纳税遵从意愿低。综合各地税务机关给企业画像的结果，不难发现企业众多税务风险点的背后都有一些共性的原因。其中，遵从能力较强而遵从意愿较低的情况，尤其值得注意。业务流程较长的企业，各个环节都有可能出现涉税风险点。如果企业税法遵从意愿不强，风控措施不力，其税务风险点很容易被“画像”。以房地产行业为例，其业务流程，主要包括土地获取、规划设计、融资、建筑施工、房屋预售、项目清算6大环节。某税务局通过自主开发的“金三决策平台税收经济预警分析模块”，对房地产行业进行测试时，就发现了房地产企业不少常见的税务风险点。比如，一些企业收到土地出让金返还款后，计入“专项应付款”“资本公积”“其他应付款”“长期应收款”等科目，不申报企业所得税；还有企业一次性列支应由各期分摊的土地成本，未按规定进行归集分摊等。

三、加强税务风险管理的必要性

（一）有助于降低税收成本

随着社会的发展，为满足政府公共部门以及国家实现其职能的财政需要，税收不可避免地要逐年增加。企业必须将税收当作其经营的必要成本，并通过加强税务风险管理，有效地节税，获得最大限度的税后利润。目前，企业的税收成本主要包括两个方面：一是税收实体成本，主要是指企业依法应缴纳的各项税金；二是税收处罚成本，主要是指企业因纳税不当而被征收的税收滞纳金和罚款。许多大型企业经营范围广泛，涉及生产、服务等不同行业的生产活动，这就增加了税务风险管理的复杂性。因此，在税收政策允许的范围内合理控制企业税负，按照企业内部控制下税务风险管理的框架结构规范企业在税收方面的业务处理，降低或节约企业的税收实体成本，避免税收处罚成本，减少因为税务风险而产生的非税成本对企业经济的影响，就成了企业的必要风险管理工作之一。

（二）有助于提高经营管理人员的税法观念，提升财务管理水平

随着税法的不断完善和征管力度的不断加大，偷、逃税现象越来越少。企业应着眼于加强税务风险管理，减轻税收负担。而加强企业税务风险管理的过程，实际就是税法的学习和运用过程，有助于帮助企业经营管理人员提高纳税意识。同时，国家税收政策在地区之间、行业之间存在一定的适用性差异，税法所允许的会计处理方法也不尽相同。因此，企业应加强税务风险管理，要求管理人员不仅要熟知各项税收法规，还要熟知《中华人民共和国会计法》、会计准则和会计制度，从而促进企业财务管理水平的进一步提升。

（三）有助于内部产品结构调整和资源合理配置

通过加强企业税务风险管理，可以根据国家的各项税收优惠、鼓励政策和各税种的税率差异，进行合理投资、筹资和技术改造。如目前国家鼓励购置环保安全生产设备，企业购置并实际使用规定的环境保护、节能节水、安全生产等专用设备的，该专用设备的投资额的10%可以从企业当年的应纳税额中抵免。企业可以根据类似税收优惠政策，在投资和技术改造上尽可能选择国家鼓励购置的产品设备，最大限度地享受税收优惠，实现企业内部产品结构调整和资源合理配置。

四、加强风险管理的具体措施

（一）成立管理税务风险的专设机构，配备专职涉税管理人员

企业可以考虑建立应对税务风险的专业管理机构，设立涉税事务专业化处理程序，确保相关涉税业务处理的及时性和准确性。企业税务风险管理机构应按照企业规模和实际需求来设定，同时配齐责任心强、有专业技能的专职涉税管理人员。专业机构和专职人员既知晓企业的经营情况，又精通企业所属产业的税收政策法规，既能够根据税收法规的变化及时提出调整经营政策的建议，又可以充分利用相关税收规定对税务风险进行有效管理，既能及时获取和正确适用税收优惠政策，又可以同当地税务机关进行及时联系与有效沟通，引导企业更好地防范税务风险，确保企业可持续健康发展。

（二）加强税收政策学习和税务人才培养

业务精湛、道德高尚的财务人才始终是企业规避税务风险的重要因素。因此，企业应注重对财税工作人员的业务培训和综合能力的培养，促进其纳税筹划能力和税务风险防控能力的不断提高，帮助形成良好的职业习惯和职业判断能力。督促财税工作人员时刻关注政策局势变化，不断学习研究新的税收政策和纳税筹划方法，提高税企协调能力，规避税务风险。

（三）加强企业管理层科学决策

防范企业税务风险，企业管理层的作用是关键，因为防范税务风险是一项严密细致的规划性工作，必须依靠自上而下的紧密配合，企业管理层对经济方案进行决策时，应尽可能协调各相关部门精密地计算各项方案的成本和代价，在合法的前提下极力谋求税收损失的最小化，防止意外情况的发生，减少税务风险对企业的影响，提高企业整体收益。

（四）加强税务风险内控制度建设

企业可围绕控制环境、税务风险识别和分析评估、税务风险控制活动、信息与沟通、监督与改进等五要素，建立贯穿于企业内部各个环节的税务风险内控制度体系，渗透到企业经营活动的各个层面和全过程，并使税务内控制度和财务内控制度及其他内控体系相协调。同时，通过流程式的税务监督，及时纠正经济活动中产生的税务风险，制定合理的事后补救措施，定期进行企业税务风险的健康检查，从源头上防范涉税风险。

（五）营造良好的税企关系

在现代市场经济条件下，税收具有财政收入职能和经济调控职能，政府为了鼓励纳税人按自己的意图行事，已经把实施税收差别政策作为调整产业结构、扩大就业机会、刺激国民经济增长的重要手段；而且，由于各地具体的税收征管方式不同，税务执法机关拥有较大的自由裁量权。因此，企业要努力营造良好的税企关系，注重对税务机关工作程序的了解，加强联系和沟通，争取在税法的理解上与税务机关取得一致，特别在某些模糊和新生事物的处理上得到税务机关的认可。

第二章

税收大数据对企业税务风险的影响

信息技术与经济社会的交汇融合引发了数据的爆发性增长，数据已成为国家基础性战略资源，大数据正日益对全球生产、流通、消费活动以及经济运行机制、社会生活方式和国家治理能力产生重要影响。国家税务总局局长王军指出：“大数据时代，谁能掌握好数据、谁能利用好数据，谁就能提高洞察力、占领制高点。”自 20 世纪 80 年代末至今，税收信息系统经历了由单机简单报表处理到分局集中征收税款、市局集中数据征收业务，再到省局数据集中处理、金税三期等 5 个阶段，当前正处于“金税四期”（智慧税务）即将开发完成的阶段。在本阶段，税务机关将持续拓展税收大数据资源，深入推进内外部涉税数据汇聚联通、线上线下数据有机贯通，让数据既能以最小颗粒度像串珍珠一样自动灵活组合，又能以最大精细度像切钻石一样多维度折射光彩。以此全面驱动税务执法、服务、监管制度创新和业务变革，全面提升税收征管效能和税收治理水平。

第一节　大数据的定义

一、数据

数据是指对客观事件进行记录并可以鉴别的符号，是对客观事物的性质、状态以及相互关系等进行记载的物理符号或这些物理符号的组合。它是可识别的、抽象的符号。

二、大数据

大数据（Big Data），IT行业术语，是指无法在一定时间范围内用常规软件工具进行捕捉、管理和处理的数据集合，是需要新处理模式才能具有更强的决策力、洞察发现力和流程优化能力的海量、高增长率和多样化的信息资产。

大数据一词的出现最早可以追溯到20世纪80年代，当时美国就有人提出了大数据概念。继“云计算”后，大数据成为当下最为热门的概念之一。理论界对“大数据”概念有两种比较权威的说法：一种是旅美学者涂子沛在其所著的《大数据》一书中将其定义为“那些大小已经超出了传统意义上的尺度，一般的软件工具难以捕捉、存储、管理和分析的数据”。另一种是英国牛津大学教授维克托·迈尔·舍恩伯格则在其《大数据时代》书中提出“大数据是人们获得新认知、创造新价值的源泉，是改变市场、组织机构以及政府与公民关系的方法”。大数据被誉为“21世纪的新石油”，现在全球每年产生的数据信息量年增40%，数据信息总量每两年就可以翻一番，而且有90%的数据信息内容属于非结构化内容（视频、图片等）。

三、大数据的应用

大数据技术的战略意义不在于掌握庞大的数据信息，而在于对这些含有意义的数据进行专业化处理。换言之，如果把大数据比作一种产业，那么这种产业实现盈利的关键，在于提高对数据的“加工能力”，通过“加工”实现数据的“增值”。

据中国互联网络信息中心（CNNIC）发布的《中国互联网络发展状况统计报告》显示，截至2020年12月，我国网民规模达9.89亿。而数量庞大的网民既是网络服务的消费者，也是网络数据的生产者。一些互联网公司利用大数据技术从这些数据中获取规律，并将这些规律用于预测，从而实现其服务的差异化创新，获得更多的收入。

第二节　税收大数据及分类

税收大数据是指各级税务机关在日常税收征管活动中，使用合法手段获取，经过专业技术分析加工，采取一定标准格式，通过规定程序批准，传递给各级税务部门使用的特定涉税信息。包括税务机关各项管理活动中由各种内部数据信息转化而来的数据，以及对加强税收管理有一定作用的外部数据。

在我国的征管实践中，涉税分析数据根据来源主要分为3类：税务部门内部数据、第三方数据和互联网数据。

一、税务部门内部数据

内部数据是指税务机关运用各类数据抽取工具从内部各业务系统数据库中抽取的数据。包括本级税务部门直接获取的涉税数据和各级税务机关通过内部共享、传递、交换的方式取得的涉税数据。

（一）税务登记认定数据

1. 税务登记数据：设立税务登记、变更税务登记、法定代表人、投资人和投资比例、财产登记等数据。

2. 资格认定数据：一般纳税人资格登记、税种认定、出口退税认定、非正常户认定、税收优惠资格认定等数据。

【案例2-1】 某省税务局筛选企业法人、财务人员、办税人员为同一人的风险纳税人，通过税务登记信息进行相关数据的采集整理。

（二）申报征收数据

1. 申报数据：各税种纳税申报数据、各类基金、费用申报数据；出口退税申报数据；延期申报数据等。

2. 财务报表相关数据：资产负债表、利润表、现金流量表等相关报表数据。

3. 征收数据：缴款数据、延期纳税、欠税数据、税务稽查数据等。

【案例2-2】 某省税务局筛选企业所得税申报收入小于增值税申报收入的风险纳税人，通过企业所得税申报信息和增值税申报信息进行相关数据的采集整理。

【案例2-3】 某省税务局筛选增值税进项税额变动率高于销项税额变动率的风险纳税人，通过增值税申报信息进行相关数据的采集整理。

（三）发票数据

包括领用发票数据、代开发票数据、开具发票数据、取得发票数据、增值税专用发票抵扣数据、海关完税凭证抵扣数据等。

【案例2-4】 某省税务局筛选进销不匹配的风险纳税人，通过发票电子底账系统进行取得发票和开具发票相关数据的采集整理。

二、第三方数据

第三方数据，是指除了税务部门和纳税人以外的其他机关、企事业单位、社会团体及行业协会提供的，与税务部门的征管活动或者纳税人的生产经营活动相关联的数据。主要包括财政、银行、工商、公安、国土、房管、电力等相关部门提供的数据。

【案例2-5】 某市税务局对辖区企业适用安置残疾人优惠政策进行专项风险分析，从残疾人联合会采集残疾人证发放统计数据、福利企业信息、企业安置残疾人信息。

【案例2-6】 某市税务局对辖区企业股权转让情况进行专项风险分析，从工商部门采集辖区内企业股权变更登记信息、股权结构信息。

【案例2-7】 某市税务局对辖区企业土地使用税进行专项风险分析，从国土资源部门采集土地使用证登记信息，包括单位名称、土地证面积、土地证号、土地等级、用地性质、发证日期、坐落地点、土地用途等相关信息。

三、互联网数据

互联网数据，是指运用大数据、云计算和搜索引擎技术等，在互联网上收集、筛选、捕捉涉税数据和公开信息，经过加工整理后，形成的有用的涉税风险数据。

随着互联网的普及，企业正在大规模地向互联网经营转型，大量的企业经营信息通过互联网发布，如企业收购信息、投资信息、土建信息、房屋交易信息、股权转让信息以及重大项目信息；各政府管理部门、中介服务部门也对管理对象信息、互联网信息进行加工整理并通过门户网站发布，对于税务部门而言，在互联网中通过分析挖掘企业涉税信息数据，可以带来更多有价值的涉税信息。一般而言，税务机关对互联网涉税信息采集主要采取自动批量抓取和手动单户采集两种模式。互联网涉税信息采集手段和渠道主要有以下几个方面。

（一）利用“网络爬虫”技术进行涉税数据的采集

依靠“网络爬虫”技术研发互联网涉税信息监控平台，互联网涉税信息监控平台能够对数以千计的网站进行定向数据抓取，然后对采集得到的互联网涉税信息进行分析，与税务机关内部信息进行比对。目前，主要用于抓取企业经营信息、房地产互联网涉税信息、股权矿权交易信息、互联网其他涉税（产权交易、法院诉讼拍卖等）信息等，能够帮助税务机关从多方面掌握纳税人情况，提高涉税风险筛查效率。

【案例2－8】某省税务局在开展一般性互联网涉税信息服务合作的基础上，还开展了专题性涉税风险信息采集，如对上市公司股票减持行为进行了专题合作。首先，委托浪潮公司对该省上市公司股东股票减持信息进行了数据抓取，共抓取7 549条股票变动信息，其中减持信息798条，并将有关数据下发各市局核查。其次，实施团队化分析应对，各地市组成管理团队，以省局下发的信息为线索，对涉及的纳税人进行分析应对，集中开展涉税信息筛选和互联网信息比对分析，通过网络查阅了上市公司发布的上市发行公告、每年年报、股东股票数量变动、历年分红派息、股权分置改革方案、限售股减持公告等多方面信息，掌握纳税人股票减持的时间、减持的数量，并根据比对分析结果到企业进行逐一核查确认。最后，做好税收辅导工作。针对纳税人对股票减持的税收政策掌握得不是很到位，纳税人也急需了解、获取限售股减持的税收政策的实际，各市局管理团队收集了限售股减持的各类税收政策，制作了专题PPT，积极向纳税人讲解税收政策，帮助纳税人弄清楚政策、算明白税款。

（二）利用手机APP进行涉税数据的采集

1. 查询助手类软件，主要有即时查询企业互联网信息的功能。

【案例2-9】 某税务局稽查局检查人员在检查前，通常会先使用查询软件查询企业的工商登记基本信息（包括登记信息、投资人、主要管理人员、工商变更、分支机构等信息）、对外投资信息（通过企业图谱功能可以直观显示企业投资方和对外投资对象的网状拓扑结构图）、法院公告、法院判决、失信信息、专利、著作权、发展历程、企业新闻等内容，以了解企业全面信息，为后期核查做好准备。

2. 工具计算类软件，主要有提供辅助测量和计算等功能。

【案例2-10】 某市税务局稽查局使用Areameasurement软件确定租赁土地面积，只要绕土地周线一圈就可自动计算出土地面积，计算精度较高；使用Google Earth手机地图软件查看地块上的建筑物，在确定建筑物类型上取得了很好的效果。

（三）利用专业互联网站点进行涉税数据的采集

常用的专业互联涉税数据采集网站主要包括住宅与房地产信息网站、国土资源管理局网站、公共资源交易中心网站、法院诉讼资产网、巨潮咨询网、中国资本市场信息披露平台、产权交易中心等互联网网站。

1. 住宅与房地产信息网站一般有城市内所有近年来的新开发楼盘信息，包括开发商、项目基本信息、楼盘出售状态信息等内容，可详细了解掌握房地产楼盘项目涉税信息；

2. 国土资源管理局网站可动态掌握国有土地招拍挂信息及土地使用权转让信息；

3. 公共资源交易中心网（www. sdggzy. com）是一个综合性的网站，可动态掌握建设工程、政府采购、招投标信息等多方面涉税信息；

4. 法院诉讼资产网（www. rmfysszc. gov. cn）可动态了解通过法院拍卖的动产、不动产、土地使用权、股权及其他内容项目的涉税信息；

5. 巨潮资讯网（www. cninfo. com. cn）是中国证监会指定信息披露网站，国内上市公司的公告信息都第一时间在此网站披露，可以通过此网站动态了解上市公司所有基本信息及对外披露的公告信息；

6. 中国资本市场信息网站（xinpi. stcn. com）与巨潮资讯网类似，不同的地方在于此网站涵盖了港股上市公司的公开披露信息，可以通过此网站对香港上市的国内企业查询了解相关的公告信息。

7. 产权交易中心类网站有很多，通过此平台可查询成交公告栏目动态，了解省内企业产权交易情况。

第三节　税收大数据的应用

一、大数据在税收征管中的应用

经过 20 多年的信息化建设，我国各省税务局目前正在使用的应用系统大多超过 100 个，主要的系统有金三系统、社保系统、发票在线、自助终端、12366 服务热线等，基本覆盖了税务管理各方面的工作内容，其中，金三系统、社保系统等每天都会产生数百万笔业务数据。另外，税务业务还涉及工商、质监、交易中心等政府部门的共享数据以及来自移动互联网、网络社交媒体等方面的外部数据。数据格式覆盖了文件、地理信息、日志、图片、流媒体等多种形态。丰富的数据源，为开展大数据分析奠定了坚实的基础。税收大数据已成为税务机关最宝贵、最有效的资源。

在“智税·2019”大数据竞赛上，国家税务总局深圳市税务局代表队，在短短几个小时的时间里，围绕增值税、企业所得税、财产和行为税三类减税降费政策，建立起数据模型，对庞杂的数据进行深入分析，最终，从全国、行业和单户企业 3 个维度，勾勒出纳税人一系列“风险画像”。而这仅仅是税务机关大数据应用实力的一个缩影。

（一）大数据为税收管理提供新技术

大数据是税收管理工作的“助推器”，税务机关将大数据运用于海量税务数据整合、税收数据分析、税收管理中，改变了传统的税收工作方式，提高了数据整合水平。大数据为当前的税收工作提供了技术的机遇，计算机系统、网络技术、信息技术等广泛渗透于实际工作中，实现了对税收工作过程的动态化监管，在数据分析、数据存储、数据管理、数据运用、数据查询等环节发挥出高效性、实时性的优势。

例如，国家税务总局广东省税务局在中山市试点推出减税降费“惠知道”系统，运用大数据分析技术，为企业精准定制税收优惠政策，有效解决了减税降费信息精准推送难的问题。该系统上线十几天，就有30多万户企业收到定制版税收优惠政策清单。

（二）大数据为税收管理创新提供新途径

大数据为税收管理提供了新途径，为提高税收管理水平，税务机关注重对信息化、大数据等技术的运用，分析税收数据、管理税收数据等过程中，打破了传统税收管理中信息孤岛的局面，促进碎片化管理向信息化管理发展。大数据的发展为税收管理工作提供了方向，有助于促进税收管理模式创新。

（三）大数据为消除税收征管中的信息不对称问题提供了可能

涉税信息是征管的基础和出发点，税收征管中的信息不完整和信息不对称会导致道德风险和逆向选择的发生，进而导致税款流失。如果说信息欠发达是征管信息不完整和不对称的主要原因，那么大数据就有助于税务机关全面掌握各类涉税信息，进行税源监控，实现税收征管的目标。在大数据条件下，如果存在完备的涉税信息获取法律保障体系，税务机关就可以对交易双方、涉税第三方乃至第四方的信息进行全面掌握分析，彻底解决信息不对称的问题。

（四）大数据改变了人们对税收管理的认识

大数据的出现，使得人们对税收工作的认识发生了改变，它为税收征管提供了可借鉴的范式。征管制度从管事制向管数制发生了转变，征管流程更为规范化，管理内容更加细化。

二、大数据在税务风险分析中的应用流程

（一）数据采集

海量丰富的数据是进行数据应用的首要条件，所以数据收集是数据运用的第一步，数据可以从税收征管系统中直接获得，也可以通过收集纳税人的生产经营原始数据、第三方信息和互联网数据获得。

（二）数据整理

数据初始状态是数据信息运动的起点，一个税收数据信息元素以虚假的、失真的状态开始运动，就会对整个信息链条的正常运转造成影响。为确保数据信息的初始状态真实、可靠，对收集到的数据，需要进行初步的筛选处理，从而在原始的数据基础上得到更为可信的数据信息，为下一步的工作做准备。

（三）数据挖掘

这是最重要的一个环节，要对收集整理后的数据进行深度加工，发现隐藏于其后的规律或数据间的关系，从而建立覆盖税收征管全流程、各环节、各行业的风险识别指标体系、风险特征库和分析模型等分析工具，服务于决策，主要包括数据总结、分类、关联分析和聚类几类主要任务。

例如，国家税务总局宁波市税务局运用大数据挖掘技术，建立了风险特征库、指标体系和风险管理模型，对纳税人涉税风险特征进行归集，最终成形的企业画像中，出现频次较高的行为是少计收入、多列成本费用。

再比如，针对昆山国际业务往来日益增多、对外支付业务税收监管存在涉税风险的现象，苏州市昆山税务局坚持以风险管理为导向，依托信息化手段，成功构建了对外支付税务风险识别模型。该模型下设增值税扣缴差异额、个人所得税扣缴差异额、对外投资企业所得税扣缴差异额、非资本性支付所得税扣缴差异额 4 个风险指标，各指标的数据主要来源于省级大集中系统。在此基础上，运用“爬虫搜索”等现代技术对数据进行批量处理和加工，从而达到有效识别国际税务风险的目的。

（四）风险识别

运用风险分析工具，对纳税人的涉税信息进行扫描、分析和识别，找出容易发生风险的领域、环节或者纳税人群体，为税务风险管理提供精准指向和具体对象。

（五）等级排序

根据风险识别结果，建立风险纳税人库，按纳税人归集风险点，综合评定纳税人的风险分值，并进行等级排序，确定每个纳税人的风险等级。

（六）任务推送

结合征管资源和专业人员的配置情况，按照风险等级由高到低合理确定须采取措施的应对任务数量，推送至各级税务机关相关部门，分别采取纳税辅导、风险提示、纳税评估、税务稽查等风险应对措施，促进纳税遵从度提高。

三、税收大数据监管对企业税务风险的影响

多渠道、多维度地把散落在纳税人端、税务端及其他部门、领域的碎片化数据整合起来，用大数据分析的方式，勾勒出企业的行为痕迹，还原企业真实的业务逻辑，给企业画出立体“画像”……当下，随着税收征管越来越智能化，税务机关锁定企业税务风险变得越来越容易。

【案例2－11】2020年2月初，北京市朝阳区某环保有限公司财务人员刚点开电子税务局，立刻弹出一条“涉税风险告知信息”，提示该企业存在“实收资本或资本公积增加、未缴纳印花税”风险。针对这项风险提示，该企业立即核实情况，并通过电子税务局补缴了70.9万元印花税款，实现了“不见面”了解风险、“零接触”消解风险。这正是北京市税务局税务风险管理的企业版“缩影”。

“我们要发挥大数据优势，优化‘统筹扎口、智能识别、网上推送、自查自纠、全程监督’的全闭环网上税务风险管理新模式。”北京市税务局党委书记、局长李亚民作出如上表示。一方面，北京市税务局打破信息孤岛，“一体化”集成数据，对内整合上亿条纳税人开票数据，对外多渠道共享市场监管、公安、社保等部门数据信息，建成涵盖2.36亿条外部数据的数据仓库。另一方面，通过精准画像扫描，“一户式”归集数据，在全面整合相关涉税信息的基础上，对各项涉税疑点进行“一户一册”归集，全视角展示纳税人情况和风险疑点。

5大体系、139个风控模型、1 159个指标……为了让数据“活”起来，北京市税务局成立专业团队，搭建了涵盖增值税发票风险等在内的指标模型体系，实现风险管理“雷达扫描”。“通过科学分析建模、做强智能识别，我们摆脱了‘人盯人’的传统方式和‘盲人摸象’的低效状况，实现了从风险信息到指标模型，再到管理事项的有效转化。”北京市税务

局税收大数据和风险管理局局长李龙江说。同时，北京市税务局进一步健全风险管理机制，由风险管理部门统一开展风险扫描分析、等级排序，形成"一户式"涉税风险分析报告。对高风险任务，直接推送给稽查部门，对中、低风险任务，协同推进应对，逐步形成风险任务统一识别、分类应对、流程监控的闭环管理。

（一）数据采集范围更加多样化

2019 年 3 月 1 日，原国税、地税两套金税三期系统并库，国家税务总局、各级税务机关与其他政府部门的网络进一步打通，税务机关获取的企业信息更加全面、精准。这些数据，既有能反映采购、销售情况的企业内部数据，也有能反映市场变动、行业整体状况等外围信息的第三方数据，维度多、体量大。

例如，面对防控新型冠状病毒肺炎疫情复工"两手抓、两手硬"挑战，陕西省税务局主动提供拓展服务，充分利用增值税发票开具查询系统，实现全省税务大数据一网联动，密切跟踪上下游产业链制约因素，以税收大数据挖掘影响企业复工复产的"堵点"。依托省税务局开发的复工复产监控分析系统，延安市税务局经过数据比对发现，受运输影响，陕西延长石油集团有限责任公司存在成品油销售下滑、库存高等情况，企业生产经营、资金周转面临较大困难。2020 年 2 月 20 日，延安市税务局主动上门送政策，全力支持企业延期缴纳税款。在省、市税务局的共同努力下，2 月 27 日，该企业成功获得缓缴消费税、资源税 10.52 亿元，延期缴纳 3 个月的政策支持，切实缓解了企业资金紧张的燃眉之急。很快，该企业实现了稳定生产，由一线员工组成的"十万大军"进入紧张的复工复产状态。

（二）数据加工能力更加智能化

近年来，大数据、云计算作为风险分析工具被正式运用到税收管理工作中。各级税务机关在画像思维的实践、运用方面做了许多的探索和尝试。从技术层面而言，税收大数据和风险管理局、税收经济分析部门、大企业税收服务与管理部门与其他部门已形成专业分工、优势互补的税收数据应用处理联动机制，可以对税收数据进行"链条式"加工处理，通过多维度搜集纳税人的"数据脚印"，将企业成立以来存在的涉税问题、行为、环节进行税务风险测定，勾勒出企业的行为特点，还原企业真实的业务逻辑，进而给企业“画像”。

例如，深圳市税务局税务人员利用人工智能搭建AI风控平台，结合税务登记数据、个人征信数据等多维度数据，利用机器学习的算法进行建模，为企业画像，根据画像结果精准识别税务风险，风险识别命中率高达90%。截至2019年6月底，深圳市税务局已在该平台借助“虚假注册”“虚开发票”两张“画像”，下发任务177批次，涉及36 916户纳税人，两张“画像”风险识别命中率分别为89.64%和86.18%。

【案例2－12】某税务机关对B公司进行风险画像，发现B公司转让其在A公司所拥有的30%股份时，将应分配而未分配的4 756万元留存收益作为股权成本进行了扣除，从而达到少缴纳企业所得税的目的。根据相关规定，转让股权收入扣除取得该股权所发生的成本后，为股权转让所得。企业在计算股权转让所得时，不得扣除被投资企业未分配利润等股东留存收益中按该项股权所可能分配的金额。

（三）数据分析结果更加具象

在实践中，运用画像思维不仅可以准确描摹纳税人的状态和特征，也可以通过分析纳税人的遵从行为，进行风险预警。依托高质量的数据，税务机关可以更加精准和便捷地判断纳税人的共性需求、个性问题以及涉税风险发生的区域，提高服务、管理的针对性。

这意味着，在税收大数据的监管下，企业的经营行为越来越透明化，对税务合规的要求也随之变得更高。

【案例2－13】某集团实业有限公司，主要从事钢渣处理、冶炼辅料生产、耐火材料生产、化工（粗酚）深加工等经营项目，企业所得税征收方式为查账征收。2021年度进项税发生额约为5 500余万元，企业报表申报成本5.2亿元。单独看起来，数据似乎没有什么瑕疵。但是，比对分析企业资产负债表、利润表和现金流量表的相关数据后，税务机关发现，该公司主营业务成本和其他业务成本与相应的现金流量并不完全匹配，经测算其实际成本仅为4.8亿元，比申报的成本少了0.4亿元。在一个个来龙去脉清晰的数据面前，企业财务负责人承认了多列成本的事实。

第三章

企业税务风险分析方法

相信大家都看过或听过《鹖冠子》中魏文王问扁鹊的故事。魏文王问扁鹊："子昆弟三人其孰最善为医？"扁鹊曰："长兄最善，中兄次之，扁鹊最为下。"魏文王曰："可得闻邪？"扁鹊曰："长兄于病视神，未有形而除之，故名不出于家。中兄治病，其在毫毛，故名不出于闾。若扁鹊者，镵血脉，投毒药，副肌肤，闲而名出闻于诸侯。"

扁鹊是春秋战国时期的名医，原名秦越人。由于医术精湛，人们用传说中的上古轩辕时代的名医——扁鹊来称呼他。在回答魏文王"你们三兄弟谁最牛"时，扁鹊说出一番大道理：长兄治病，是治于病情发作之前，所以默默无闻；中兄治病，是治于病情初起之时，一般人以为他只能治轻微的小病，所以小范围知名；而我是治病于病情严重之时，大家看到我穿针放血、开刀敷药，以为我的医术高明，名气因此响遍天下。扁鹊三兄弟行医的故事，应该给企业管理者以重要启示——防患于未然，这是应对税务风险的上善之法。

许多企业由于涉税事项处理不当，频频出现被税务稽查或纳税评估的情况。比如，税务机关在对某食品加工企业进行风险分析时发现：该企业2021年资产负债表显示，"存货"项目的年初及年末余额巨大，且变化较小；"应收账款"年初余额较小，期末余额为负数。税务检查人员根据以上资料和企业生产经营特点，分析疑点如下："应收账款"年末出现负数，应为预收货款，但存货期末余额巨大，不符合常理；同时结合指标分析，计算该企业年存货周转次数为0.9次，如扣除原材料因素，年存货周转次数也仅为1.2次；而据检查人员了解，该企业生产的食品保质期仅为6个月，如果一年存货只周转不到一次，可能有大量产品已经过期。正常情况下，企业是不会存在产品因为滞销过期而又大量生产的，因此认为该企业可能存在货物已发出但未及时结转收入、成本的问题。事情发展到如上述企业一样被税务机关确认存在税收问题这一步时，企业的代价就是“镵血脉、投毒药、副肌肤”，病是治好了，企业也吃了大亏。

事实上，税务风险爆发只是一瞬间的事，酝酿过程往往很长，且可能缘于企业各环节长时间积累的矛盾。但是，一些企业在处理税务风险时侧重于风险发生后的应对策略，而忽略了风险的源头治理。一言以蔽之，缺乏“治未病”的风险管理理念。从企业长远发展的角度看，企业应像扁鹊长兄那样“于病视神”，定期自查分析自身税务风险，“未有形而除之”，及时修正完善，所谓“发现在早、处置在小、效果在好”，可以最大限度地将税收损失降低或消除。

那么，该如何做到“于病视神，未有形而除之”，掌握风险应对主动权呢？笔者建议企业可建立自身的税务风险风控体系，参照税务机关分析核查企业税务风险的方式，定期对企业税务风险进行自查，及时修正完善一些不合规行为，以防范被税务稽查和纳税评估的风险。为此，本章通过案例解析的方式重点介绍税务机关分析纳税人税务风险的具体方法及税务机关分析企业税务风险的主要信息来源。

第一节　税务风险分析方法及案例

税务机关分析企业税务风险方法主要有核对法、比较分析法、逻辑推理法、控制分析法等。在分析过程中，税务人员会结合货物、资金、发票、运输等的流向，分析企业生产经营情况与纳税申报情况，判断纳税人纳税申报的真实性、准确性。

一、核对法

核对法是指通过表表之间、表实之间以及内外部信息之间的核对，查找企业存在涉税问题的方法。

（一）表表核对

对企业各税种纳税申报表、财务报表等报表之间的数据进行核对，查找企业涉税风险。

1. 纳税申报表间的核对。主要通过增值税申报表和企业所得税申报表之间、增值税申报表和消费税申报表之间、企业所得税申报表和个人所得税申报表之间具有勾稽关系的项目或是同一申报表中具有勾稽关系的项目进行核对，以发现企业涉税风险。

【案例 3－1】某汽车服务有限公司 2021 年申报增值税销售收入合计 169 844 909. 18 元，其中：按适用税率计税销售额为 36 638 193. 95 元，按简易征收办法计税销售额为 180 769. 23 元，免税销售额为 133 025 946 元；企业所得税申报全年营业收入为 36 800 774. 50 元。

运用表表核对进行分析发现，企业存在以下问题：增值税申报销售收入远远大于企业所得税申报销售收入。进一步检查后发现企业存在以下问题：

（1）纳税申报表填写错误：

①2021 年 7 月、11 月和 12 月的增值税申报表均出现数据填写错误；

②增值税申报表填写的免税销售额 133 025 946 元，实际为经销二手车代收的销货款，所收款项实际性质不是免税销售额。

（2）少申报企业所得税收入：该企业销售二手车，每台车收取 100—200 元手续费，2021 年约销售 10 000 台二手车，手续费收入为 1 500 000 元左右，此笔收入未计入企业所得税收入，未申报缴纳企业所得税。

2. 财务报表间的核对。主要通过资产负债表与利润表之间、资产负债表与现金流量表之间等不同财务报表间或是同一财务报表具有勾稽关系的项目进行核对，发现企业涉税风险。

（1）同一报表中的有关项目的核对。如核对资产负债表中资产总额与负债、所有者权益数额之和是否一致；又如损益表中，利润总额是否等于营业利润＋投资收益＋营业外收入－营业外支出。

（2）不同报表之间的相互核对。具体又分两种情况：一是不同报表中的相同指标的名称及金额是否相符。如资产负债表中的“未分配利润”与利润分配表中的“未分配利润”项目是否一致；二是不同报表中的相关项目的相互对照。例如，通常情况下，资产负债表中的应收账款的对应科目是利润表中的“主营业务收入”和“其他业务收入”，所以应收账款应与营业收入同方向变动。如果一家企业的应收账款大幅增加，而利润表中的营业收入本年和上年相比却是持平或者下降的，则税务机关可能会认为企业存在隐瞒收入、多计成本费用的问题。

【案例3－2】 甲包装公司2022年度营业收入为24 370 829.39元，应收账款增加42 358 042.95元。

【解析】 利润表上的营业收入×(1＋适用增值税税率)＝24 370 829.39×(1＋13%)＝27 539 037.21（元）＜资产负债表应收账款增加数42 358 042.95(元)。

应收账款增加数与收入的增长幅度不配比，且应收账款的增加数远远大于利润表上的营业收入×(1＋适用增值税税率)，可能会被税务机关认为企业存在隐瞒收入，多计成本费用的问题。

3. 纳税申报表与财务报表间的核对。主要是通过财务报表与企业所得税申报表、增值税申报表之间具有勾稽关系的项目进行核对发现企业涉税风险。如分析增值税销项税额时，可将“产品销售收入”“应交税费——应交增值税（销项税额）”明细账等账户与增值税纳税申报表核对，即可发现申报销项税额及销售额是否有误。又如将总账中的“本年利润”账户余额合计值与企业所得税纳税申报表中的“利润总额”相互核对，看其是否相等。

【案例3－3】 A100000《中华人民共和国企业所得税年度纳税申报表(A类)》第1行至13行利润总额计算数据均来自企业财务报表，两者间数据必须相同，若收入小于财务报表金额或成本费用大于财务报表金额，可能存在少计收入或多列成本的问题。

【案例3－4】 检查人员在核对一家制造企业2021年度企业所得税纳税申报表时，看到附表三“纳税调整项目明细表”第40行扣除类项目调整“其他”中，填列调减金额11 362 408.12元，这一内容的填写无非是想说明，该单位在申报表正列举扣除项目之外，有11 362 408.12元税法允许扣除的支出，会计上未认定为成本或费用，“应当扣除而未扣除”，所以要纳税调减。较大的数字和通过比较模糊的项目进行纳税调减，引起了检查人员的注意，于是要求对方提供该项目调整的明细，但对方财务人员却以各种理由拒不提供，这反而加重了检查人员的怀疑，经过多次政策宣传，被查单位终于提供了“其他”项目调整的明细。经核对，检查人员发现，11 362 408.12元调减有多项内容，其中绝大多数确实属于“应当扣除而未扣除”，但混在其中的一笔431 276.88元支出是“补缴个税”，询问财务人员，检查人员了解了事情的真相，原来，被查单位在进行产品推广时，向个人客户赠送礼品，未代扣个税，后经审计发现了这一问题，在无法向客户补扣个税的情况下，决定由单位负担，而根据相关规定，这部分税款不允许税前扣除，已经负担了个税，又不想在所得税上“吃亏”，于是被查单位便将这笔税款支出精心隐藏在“其他”项目中申报“扣除”，结局自然是补税和被处以罚款。

（二）表实核对

根据账面记录核对库存实物的品种、数量、价值是否相符，查找企业涉税风险。通过账实核对，确认实物的购入、发出、领用、销售、委托加工等的真实情况，可以发现企业在提取折旧、摊销费用、生产成本的计算以及收入等方面存在的问题。

【案例3-5】甲企业是一家经营合资品牌小轿车的4S店，该企业的总资产规模为1亿多元，其中存货占4 000多万元，该品牌系列小轿车市场平均单价15万元左右，按照整车的平均单价来估算，企业大概会有200台左右的库存车辆。但是实地核查后发现整车数量较少，其他的汽车配件、维修材料、装饰材料等也不多。账实核对后，整车的数量账实相符，而一些料件的数量实存数远远小于账存数。经进一步检查发现，主要是企业销售整车以后，提供的维修、保养、装饰等服务一般都是对个人的，而个人可能由于企业不开票会给予一定价格方面的优惠，所以大都没有索取发票，造成企业这一部分的收入没有确认，对应的材料成本没有结转，材料的账存数大于实存数，报表中存货项目的余额很大。

（三）内外核对

将企业内部信息与第三方信息进行核对，查找企业涉税风险。

【案例3-6】某市税务局在建材行业专项检查中，利用技术监督部门、城建部门以及房地产、建筑安装企业的第三方信息，采取查上游、堵下游的办法，通过调查取证14户商砼企业上游水泥供应的不同型号和消耗数量，测算商砼企业实际生产不同型号的产品数量，再按商砼企业账务凭证反映的不同型号销售价格，测算出销售收入。通过到电力部门调查取证商砼企业用电数据，测算出实际产量与账务记录不符的问题。通过调查取证下游房地产、建筑安装等企业的商品混凝土用量情况，从中发现商砼企业账务记录与实际销售不符的问题，找准了商品混凝土企业的偷税路径和渠道，查补税款302.73万元。

【案例3-7】甲市税务局从市中级人民法院获悉，2021年6月8日，A置业有限公司的土地资产被B置业有限公司拍卖竞得，拍卖价格为63 073万元，拍卖款项已由该法院监管。但查询A公司的申报记录，未发现该项土地资产的增值税、土地增值税和印花税的纳税申报记录。查询B公司的申报记录，未发现该项土地资产的契税和印花税的纳税申报记录。遂对A、B公司进行了案头分析和税款测算，并通过实地核查进一步确认了两家公司少缴税款的事实。

二、比较分析法

比较分析法是指对企业当期的申报资料，包括涉税信息、财务数据等资料与某一设定好的数值进行对比分析，包括同一纳税人不同时期的数据对比，同一行业中不同企业的相同时期的数据对比以及某一纳税人当期申报资料的数据与该值正常范围变动边界值的对比，进而找出其中的差异，并对差异的合理性或合法性进行分析判断的一种评估分析方法。

（一）绝对数比较分析法

绝对数比较分析是指将相互关联的涉税指标的绝对值直接进行对比，来揭示和发现它们之间的差异，并根据这些差异判断问题的性质和程度。例如，对企业不同时期的销售收入进行对比，对不同企业或同一企业不同时期的纳税金额进行对比。通过这种对比，可以反映相关事项的增减变动是否正常，从而发现潜在的问题和风险。

（二）相对数比较分析

相对数比较分析法是指对涉税数据中内容不同但相互关联的税收指标进行对比计算，根据对比基础的不同，又可以分为比率相对数比较、构成比率相对数比较。前者是通过计算有关项目的百分比、比率或比值结构等进行比较来揭示其中的差异，如应收账款周转率、存货结构、税负率等都属于比率相对数比较。后者是通过计算每一个经济指标各组成部分的占比情况来分析其相应的构成比率变化，从而发现存在的异常变动。例如，通过计算企业外购货物与销售货物、期末存货的构成比率是否具备同一性，可以发现该企业是否有虚假进货、隐瞒公司销售收入等行为。

在税务风险识别中，由于经济环境日益复杂，企业在不同纳税年度间的变化可能比较大，所以运用相对数比较分析法往往比绝对数比较分析法更为准确，也更易于发现问题。因此，在运用绝对数比较分析相关事项后，可以运用相对数比较分析加以验证，以确保分析判断的准确性。

一般而言，在实践中使用比较分析法时，应重点关注以下两个问题：一是在使用比较分析法之前，应确认该方法使用时所涉及内容的正确性；二是用于分析比较的指标必须具有可比性，且对比的指标口径应当保持一致。

【案例 3-8】某购物中心 2021 年 6 月应税销售额 596.52 万元（上年同期 548.27 万元），应纳增值税额 0（上年同期 0 元），增值税税负为 0。税务机关公布的同行业增值税税负预警值为 1.41%。2020 年 6 月和 2021 年 6 月的相关财务数据见表 3-1 和表 3-2。

表 3-1　相关财务数据 1　单位：万元

指标名称	2020 年 6 月	2021 年 6 月
销售收入净额	548.27	596.52
销售成本	469.15	528.84
营业费用	44.27	119.77
利润总额	23.46	-22.41
固定资产折旧额	297.60	403.50
固定资产原值	6 147.37	6 625.47

表 3-2　相关财务数据 2　单位：万元

指标名称	2020 年 6 月		2021 年 6 月	
资产	期初数	期末数	期初数	期末数
资产总额	8 083.62	8 819.06	9 320.46	9 811.78
存货	1 300.32	1 679.98	1 695.74	1 575.95

【解析】

1. 增值税税负分析。该企业增值税税负为零，税务机关公布的增值税税负预警值为 1.41%，低于预警值。

疑点一：增值税税负明显偏低。

2. 收支类指标分析。

（1）收入成本指标配比分析。

2021 年 6 月主营业务收入变动率 =（596.52 - 548.27）÷ 548.27 ×

100% =8.80%

2021年6月主营业务成本变动率 =（528.84 - 469.15）÷469.15 × 100% =12.72%

2020年6月毛利率 =（548.27 - 469.15）÷548.27 ×100% =14.43%

2021年6月毛利率 =（596.52 - 528.84）÷596.52 ×100% =11.35%

疑点二：通过指标计算，该购物中心2021年6月主营业务成本变动率为12.72%，而2021年6月主营业务收入变动率却为8.80%，主营业务收入变动率小于主营业务成本变动率，两者比值为0.69 <1，两者不同步增长，并且2020年6月毛利率为14.43%，而2021年6月毛利率却为11.34%，2021年6月收入在增长的同时，毛利率却出现了下降。

（2）收入费用指标配比分析。

2021年6月主营业务收入变动率 =（596.52 - 548.27）÷548.27 ×100% = 8.80%

2021年6月营业费用变动率 =（119.77 - 44.27）÷44.27 × 100% = 170.54%

疑点三：通过指标计算，该购物中心2021年6月营业费用变动率170.54%，而2021年6月主营业务收入变动率为8.80%，主营业务收入变动率小于营业费用变动率，两者比值为0.0516∶1。可能存在少计收入、多列费用的问题。

3. 资产类评估指标分析。

固定资产综合折旧率 = 固定资产折旧总额 ÷ 固定资产原值总额 ×100%

2020年6月固定资产综合折旧率 =297.60 ÷6 147.38 ×100% =5%

2021年6月固定资产综合折旧率 =403.50 ÷6 625.47 ×100% =6%

通过指标计算，该购物中心2020年6月固定资产综合折旧率为5%，2021年6月固定资产综合折旧率为6%。

疑点四：2021年6月的综合折旧率高于上年同期，需关注该企业是否有适用固定资产加速折旧、一次性税前扣除等政策的情况，如无，可能存在税前多列固定资产折旧的问题。

三、逻辑推理法

主要利用有关涉税数据和信息间内在的逻辑关系来推断指标体系中某

一特定指标的真实性和合理性。例如在企业财务报表中，各项收入和支出之间按照会计准则应当具备一定的逻辑关系，如果某一项指标违背了准则要求，就会破坏本应存在的逻辑关系。指标逻辑关系推断法就是利用数据间的这种逻辑关系发现问题，识别风险。

逻辑推理法利用企业生产经营中的各种已知条件和数据，根据事物之间内在的相互关系，对未知事物的结果进行推理判断，从而分析企业纳税相关数据是否异常。常用的逻辑推理法包括以下几种：

（一）比率分析法

利用数理统计学的原理挖掘大样本数据，分析比对企业财务上存在固有配比关系的相关指标之间的相关性，判断其合理性。如成本费用率指标是根据纳税人申报数据计算出各类费用（营业费用、管理费用、财务费用）与当期主营业务成本之间的比率关系，与所设置的相应预警值做比较。

成本费用率 =（分析期营业费用 + 管理费用 + 财务费用）÷ 分析期主营业务成本 × 100%

在一般情况下，费用与成本的关系应该是期间费用的增长幅度小于主营业务成本的增长幅度，并且费用总额也应该小于成本总额，因此所设置的预警值应小于 1。如果测算出的成本费用率近似于预警值，说明纳税申报数据正常；如果测算出的结果小于预警值，说明纳税人可能存在多列支成本问题；如果测算出的结果大于预警值，说明纳税人可能多列支期间费用。

【案例 3 – 9】 某企业 2022 年度申报数据中主营业务成本为 270 万元，营业费用 25 万元、管理费用 15 万元、财务费用 10 万元，预警值 25%—30%，运用成本费用率指标进行分析。

【解析】 成本费用率 =（分析期营业费用 + 管理费用 + 财务费用）÷ 分析期主营业务成本 × 100% =（25 + 15 + 10）÷ 270 × 100% = 18.5% < 25%，说明纳税人可能存在多列支成本问题。

（二）杜邦分析法

杜邦分析法是指利用几个财务指标间的内在关系，来综合反映企业财务状况的方法。

净资产利润率 = 资产净利率 × 权益乘数

权益乘数 = 资产总额 ÷ 所有者权益 = 资产总额 ÷（资产总额 - 负债总额）= 1 ÷（1 - 资产负债率）

资产净利润 = 销售净利率 × 资产周转率

在进行企业所得税税收分析时，根据杜邦分析体系，计算企业当年的净资产利润率，并与同期同行业企业进行横向对比以及与历史同期水平进行纵向对比，若明显低于行业平均水平或历史最低水平，可能存在异常。

（三）因素分析法

从数据样本中总结并提取出若干个互相关联的因素，用其变化来解释结果的变化，从而分析出因变量与自变量之间的关系。如企业所得税应纳税额的变动受应纳税所得额变动的影响，应纳税所得额的变动又受到收入、成本、费用、税金、其他支出等多种因素的影响。因此，分析应纳税额的变动时，就可以从其影响因素入手，分析出每个因素对应纳税额变动的影响程度，进而判断出应纳税额的变动是否合理。

四、控制计算法

控制计算法指根据有关数据之间的相互控制、相互制约关系，用可靠的或科学测定的数据来证实账面资料是否正确的一种纳税检查方法。比如，以耗核产、以进核出、以产核销、以存计销、以存计耗等都属于这种方法。

（一）保本经营测算法（费用倒挤法）

保本经营测算法又称费用倒挤法，是按照纳税人生产经营保本这一最基本要求，根据其一定属期内的费用开支状况，倒挤出纳税人当期的最低保本销售收入，并以此来分析、核实其申报信息是否真实的方法。

1. 适用范围。该方法主要适用于不建账或建简易账的个体工商户及规模不大、财务核算不规范的小型企业。

2. 具体应用。费用推算最低销售收入差异率 =（按适用税率征税货物及劳务销售额 - 费用推算最低销售收入）÷ 费用推算最低销售收入

费用推算最低销售收入 =（分析期营业费用 + 分析期管理费用 + 分析期财务费用）÷ 行业平均毛利率

在实际工作中，保本经营测算法的操作计算比较简单，关键是要摸清

纳税人费用开支的真实情况。

3. 注意问题。

（1）确定纳税人必不可少的费用支出项目，如房租、水电费、雇员工资、卫生费、品牌使用费以及其他必要的费用支出等；

（2）合理确定纳税人费用支出额度和非生产经营收入，如确定纳税人的房租支出时，应参照同一地段其他纳税人的房租水平；在确定雇员工资时，不仅要参照当地雇工的平均工资水平，还应根据纳税人的生产经营规模，准确掌握雇工人数；在确定纳税人其他费用开支时，还应摸清纳税人的家庭人员构成状况，有无其他收入来源；等等。

4. 案例。

【案例3－10】 B超市有限公司于2000年9月办理税务登记证并申请认定为一般纳税人，公司注册资金50万元人民币，经营各类百货、日用杂品、副食品和针纺织品等零售业务。现有营业网点2个，其中：大庆南路营业面积900平方米（转租钟表、服装两柜组50平方米，年收取租金2万元），商业街营业面积150平方米；年上交租金23.5万元，正常水电费年10万元，人员工资（含养老保险）28万元，其他业务费用年7万元。2021年累计申报增值税应税销售收入3 594 362.51元，实现增值税50 574.71元，当期税负为1.41%。省局公布最低商业超市税负1.51%、商业超市平均毛利率为11%。

【解析】

疑点一：税负偏低。

采用保本测算法：依据企业2021年度发生或必须承担费用额，按该省省局公布的商业超市平均毛利率11%，测算年保本销售额。

年费用额＝租金23.5万元－转租收入2万元＋水电费10万元＋人员工资（含养老保险）28万元＋其他业务费用7万元＝66.5万元

年保本销售额＝66.5万元÷11%＝604.55万元

差额＝年保本销售额－申报销售额＝604.55－359.43＝245.12万元

疑点二：该企业可能存在少计收入、少交税款问题。

（二）能耗测算法

根据纳税人分析期内水、电、煤、气、油等能源、动力的生产耗用情况，利用单位产品能耗定额测算纳税人实际生产、销售数量，并与纳税人申报信息对比、分析的一种方法。其中，耗电、耗水等数据可从电力部门、自来水公司等第三方取得、核实，相对较为客观。

1. 适用范围。该分析方法广泛应用于工业企业。对账务核算不健全、材料耗用情况难以估算，但可从第三方取得客观能耗信息的小规模企业或个体工商户同样适用。

2. 具体应用。

分析期测算产品产量 = 分析期生产能耗量 ÷ 分析期单位产品能耗定额

分析期测算产品销售数量 = 分析期期初库存产品数量 + 分析期测算产品产量 − 分析期期末库存数量

分析期销售收入测算数 = 分析期测算产品销售数量 × 分析期产品销售单价

问题值 =（测算应税销售收入 − 企业实际申报应税销售收入）× 适用税率（征收率）

3. 注意问题。正常的企业非生产性（办公照明、空调使用等）用电占比很小，可以忽略不计。但对差异额较大的，应分析是否存在隐瞒产量少计销售收入的可能，是否存在将电转售其他企业或用于不得抵扣项目等少计其他业务收入或多抵进项情况；对需要由电费推算用电量的，应考虑扣除企业缴纳的基本电费。

4. 案例。

【案例3－11】 某企业2003年12月8日被认定为增值税一般纳税人，注册资本1 200万元，生产工人380人，主要生产高强度瓦楞纸，共有纸机6台，分别是1575型3台、1760型1台、1880型1台、2400型1台。2022年1—12月申报销售14 996 419.57元，已纳税额387 967.91元，税负2.7%，当年入库产成品11 392.438吨，该产品投入产出比为55%、单位产品耗煤量为0.69吨/吨、单位产品耗电量为400千瓦时/吨。

（1）按单位产品耗草模型计算：

该单位2022年1—12月账面记载：上期结转草7 336.921吨，本期购进草44 586.313吨，年末结存草24 691.594吨。

分析期耗用麦草数量 = 期初库存麦草数量 + 分析期购进麦草数量 − 期末库存麦草数量 = 7 336.921 + 44 586.313 − 24 691.594 = 27 231.64（吨）

分析期产品产量 = 分析期耗用麦草数量 × 投入产出率 = 27 231.64 × 55% = 14 977.40（吨）

（2）按单位产品耗煤模型计算：

该单位 2022 年 1—12 月账面记载：上期结转煤 625.8 吨，本期购进煤 9 118.78 吨，年末结存煤 −563.9 吨（未收到发票、未记账，煤已先使用）。

分析期耗用煤的数量 = 期初库存数量 + 分析期购进数量 − 期末库存数量 = 625.8 + 9 118.78 − （ −563.9） = 10 308.48（吨）

分析期产品产量 = 分析期耗用煤数量/单位产品耗煤量 = 10 308.48 ÷ 0.69 = 14 939.826（吨）

（3）按单位产品耗电模型计算：

该单位 2022 年 1—12 月共计耗电 5 992 080 千瓦时。

分析期产品产量 = 分析期耗电量 ÷ 单位产品耗电量 = 5 992 080 ÷ 400 = 14 980.2（吨）

按该厂耗用的原材料、煤、电推算的产品生产数量与设备设计生产能力大致相同，说明造纸业的评估模型基本符合企业实际。推算出的纳税人分析期产量与账面记载产量相差 3 500 多吨，说明其很可能存在隐匿产量、未记销售的现象。

（三）投入产出法

投入产出，对企业而言是个效率指标。从广义上讲，企业的投入产出既包括货物流的投入产出，也包括资金流的投入产出，还包括人力的投入产出。从狭义上讲，仅指企业货物流的投入产出。这里使用的是狭义的概念，即投入产出法就是根据企业分析期实际投入原材料、辅助材料、包装物等的数量，按照确定的投入产出比（定额）测算出企业分析期的产品产量，结合库存产品数量及产品销量、销售单价测算分析纳税人实际产销量、销售收入，并与纳税人申报信息进行对比分析的方法。

1. 适用范围。投入产出法主要适用于产品相对较为单一的工业企业。由于测算、分析侧重的内容和角度不同，不同的行业适用的投入产出测算指标和模型不同，分析的方法也不尽相同。按其侧重面的不同可分为原材料投入产出率、废料的产出及再利用率、单位产品辅助材料（包装物）耗用定额的分析等。

2. 具体应用。

（1）分析指标。

分析期投入产出率 = 分析期产品产量 ÷ 分析期投入原材料（辅助材

料、包装物）数量×100%

（2）分析方法。若分析期投入产出率小于行业最低投入产出率，则可推断企业可能存在不计、少计收入或多转原材料（辅助材料、包装物）成本情况，须结合主营业务收入变动率与期间费用变动率及主营业务收入变动率与主营业务成本变动率等通用配比指标进一步分析。

①若主营业务收入变动率低于期间费用变动率，则可能存在不计、少计收入问题。

分析期不计、少计产品产量＝当期投入原材料（辅助材料、包装物）数量×投入产出率－当期产品产量

不计、少计收入问题值＝分析期不计、少计产品产量×分析期产品销售单价

应交增值税问题值＝不计、少计收入问题值×适用税率（征收率）

应交企业所得税问题值＝（应纳税所得额＋不计、少计收入问题值）×适用税率－已交企业所得税税额

②若主营业务收入变动率与期间费用变动率基本同步而主营业务收入变动率低于主营业务成本变动率，则可能存在多转材料成本问题。

分析期多转材料数量＝当期投入原材料（辅助材料、包装物）数量－当期产品产量÷投入产出率

应交企业所得税问题值＝分析期多转材料数量×分析期材料单位成本×（分析期产品销售数量÷分析期产品产量）×适用税率

3. 注意问题。

（1）对测算分析结果，应从企业仓库保管、库存明细账目、辅助材料、包装物耗用等多方面印证、分析；

（2）注意模型中指标的计量单位，特殊情况下必须进行单位换算，以免出现错误；

（3）对农副产品收购、废旧物资收购等企业可利用该法关联分析收购发票开具的真实性。

4. 案例。

【案例3－12】 某织布厂2002年6月被认定为增值税一般纳税人，现有职工90人，共有织机11台，主要产品为不割绒茶巾、浴巾。2022年1—12月，实现销售收入684 500元，销项税额88 985元，进项税额78 477元，缴纳增值税10 508元，当期税负1.53%。产品平均售价为19.2元/千克（不

含税)，1—12月投入棉纱62 385千克，账面期初无库存，期末库存为13 000千克，销量为37 000千克，该行业投入产出比在85%以上。

【解析】运用投入产出比模型测算结果如下：

分析期产品产量＝62 385(分析期投入原材料)×85%(投入产出率)＝53 027.25（千克）

分析期产品销售量＝53 027.25（分析期产量）－13 000（期末库存）＝40 027.25（千克）

问题值＝40 027.25(分析期销售量)－37 000(账面销量)＝3 027.25（千克）

评估差异金额＝3 027.25×19.2(每千克售价)＝58 123.2（元）

测算税款与申报税款差异额＝58 123.2×13%＝7 556.02（元）

利用企业申报的数据测算其投入产出率＝[37 000(账面销量)＋13 000(期末库存)－0(期初库存)]÷62 385(分析期投入原材料)×100%＝80.15%

与该产品正常投入产出率85%相比也存在差异。经约谈，该厂承认为打开销路，部分产品无偿赠送给了客户，由于资金紧张，部分产品作为工资福利发放给了职工，数量和金额与预测数据基本一致。

（四）设备生产能力法

设备生产能力是指主要生产设备在原料、动力和人员等正常运转下产出的能力。可分为设计生产能力和实际生产能力。设计生产能力指按照国家标准生产或引进的设备，经过国家有关部门审验、认可的标准性生产能力。实际生产能力是指设备在实际运转时的生产能力。在一般情况下，设备的实际生产能力与设计生产能力有一定出入。随着各个行业国标、强制性国标及行业管理标准的出台和完善，设备的实际生产能力越来越接近设计生产能力。

1. 适用范围。该方法主要适用于一些特定的行业，如造纸业、水泥制造业、微粉、发电等行业。该方法与能耗测算法、投入产出法等分析方法结合使用，效果会更好。

2. 具体应用。

分析期测算产品产量＝分析期若干设备的日产量或时产量×分析期正常工作日或工作时

测算应税销售收入 =（期初库存产品数量 + 分析期测算产品产量 - 期末库存产品数量）× 分析期产品销售单价

问题值 =（测算应税销售收入 - 企业实际申报应税销售收入）× 适用税率（征收率）

该方法通过设备生产能力、生产耗用的时间测算产品的生产量，进而测算其销售额和应纳税额，并与申报信息进行对比分析，查找涉税疑点和线索。

对于物流企业，测算营业收入值 = $\sum$ 各种（微型、轻型、中型、重型等）车型（总载质量 × 每吨每天营运收入 × 营运天数），对比测算的营业收入和实际申报的营业收入，找出问题值。

3. 注意问题。

（1）可从随机文件中得到设备生产能力。随机文件包括产品说明书、合格证、装箱单等。产品说明书对了解和掌握纳税人的设备生产能力较为重要；

（2）要注意正确区分设备的规格、型号、数量和生产能力；

（3）设备生产能力一般有幅度，要结合企业实际情况进行掌握。

4. 案例。

【案例3-13】 某运输集团公司成立于2008年，主营公路货物运输，一般纳税人，现有职工108人，车辆23台，核定载质量192.5吨。全年车辆运转时间为80%。2022年度申报营业收入9 768 542.56元。企业的车辆情况见表3-3。

表3-3　××运输集团公司车辆情况

车型 吨位	微型	轻型	中型			重型	合计
	0	2.5吨	9吨	10吨	13吨	0	0
台数	0	5台	6台	10台	2台	0	23台
总吨位	0	12.5吨	54吨	100吨	26吨	0	192.5吨

中型车主要跑省外长途运输，每吨每天平均营运收入为181.47元；轻型车主要跑省内短途运输，每吨每天平均营运收入为136.8元。

【解析】

（1）营业天数：全年车辆运转时间为80%，2022年营运天数为365 ×

80% =292（天）

（2）测算运输业务收入 = $\sum$ 各车型总载质量 × 每吨每天营运收入 × 营运天数 = 292 × 181.47 × 180 + 292 × 136.8 × 12.5 = 9 538 063.2 + 499 320 = 10 037 383.2（元）

申报运输业务收入：9 768 542.56（元）

偏离值 = 10 037 383.2 − 9 768 542.56 = 268 840.64（元）

偏离系数 = 268 840.64 ÷ 10 037 383.2 × 100% = 2.68%

该企业可能存在隐瞒收入的问题。

（五）设备生产周期法

纳税人生产一定数量的产品周期，结合设备或生产线开工情况测算分析生产量，再结合库存，核实其销售数量或销售金额，然后与申报信息比对、分析申报是否异常的方法。

1. 适用范围。该方法主要适用于砖瓦制造、水泥制品制造等行业。由于设备生产周期主要考虑时间因素，在实际应用中，该方法往往与设备生产能力法结合使用。

2. 具体应用。

分析期测算产品产量 = 分析期生产的周期数 × 设备每一周期的生产能力或总容量

分析期生产的周期数 = 分析期有效生产天数或小时数 ÷ 设备运行一个周期的天数或小时数

测算应税销售收入 =（期初库存产品数量 + 分析期测算产品产量 − 期末库存产品数量）× 分析期产品销售单价

问题值 =（测算应税销售收入 − 企业实际申报应税销售收入）× 适用税率（征收率）

该方法主要体现的是设备生产周期对纳税人产品产量的稳定影响。通过设备生产周期、设备的生产能力、容量等测算产品的生产量，进而测算其销售额和应纳税额，并与申报信息进行对比分析，查找疑点和线索。

3. 注意问题。

（1）该方法与设备生产能力法配合使用，效果会更好；

（2）该方法在运用中应考虑点火或开工时间、非正常中断等影响生产周期的不确定因素；

（3）应注意季节对生产周期的影响。

4. 案例。

【案例3-14】 某税务稽查局对某制砖厂进行税务检查。该砖厂共有106座小砖窑。每个小砖窑平均一个生产周期为15天，每个砖窑每周期平均生产量为5 000块红砖，每块红砖0.26元。该制砖厂2022年9月申报销售收入253 400元。期初、期末库存均为零。

【解析】 以设备生产周期计算月产量：

（1）分析期生产的周期数＝当期有效生产天数或小时数÷设备运行一个周期的天数或小时数＝30÷15＝2。

（2）分析期产品产量＝设备每一周期的生产能力或总容量×分析期生产的周期数＝5 000×106×2＝1 060 000（块）。

（3）测算应税销售收入＝（期初库存产品数量＋分析期产品产量－期末库存产品数量）×分析期产品销售单价＝1 060 000×0.26＝275 600（元）。

（4）问题值＝（测算应税销售收入－企业实际申报应税销售收入）×适用税率＝（275 600－253 400）×13%＝2 886（元）。

（六）工时（工资）耗用法

在单位产品耗用生产时间基本确定的前提下，按照纳税人在一定时期耗用工时总量，分析、测算该时期内的产品产量及销售数量或销售额，并与申报信息对比分析的方法。工资耗用是生产耗用工时反映在货币上的金额表现。

1. 适用范围。该方法主要适用于单位产品耗用工时或者工资基本稳定，工资或工时记录完整、核算规范的工业企业。

由于工时在纳税人的账面上不反映，不易于收集。工时往往反映在工资上。这部分工资仅仅指生产一线工人的工资，即生产成本中的直接人工成本部分，可以在会计核算健全的纳税人账簿、凭证中直接反映。

2. 具体应用。

分析期测算产品产量＝分析期生产人员工时总量（工资总额）或某一主要生产环节工时总量（工资总额）÷单位产品耗用工时（或者工资）

测算应税销售收入＝（期初库存产品数量＋分析期测算产品产量－期末库存产品数量）×分析期产品销售单价

问题值＝（测算应税销售收入－企业实际申报应税销售收入）×适用

税率(征收率)

3. 注意问题。

(1) 企业的生产工时（工资）标准或者关键生产环节工时（工资）标准应相对稳定，相关数据应易于收集和计算；

(2) 应参考当地同行业或规模、效益相近企业的生产工时（工资）标准；

(3) 生产工时总量（工资总额）的所属期要与生产产品的所属期配比。

4. 案例。

【案例3-15】 A食品生产企业，2022年申报销售收入8 536 070元，该公司2022年期初库存产量1 500吨，期末库存产量800吨，该公司生产食品平均每吨售价5 000元。该公司全年计提生产人员工资总额为1 025 500元，而当地生产每吨食品平均人工工资为800元。

【解析】 (1) 测算产量=分析期生产人员工时工资总额÷单位产品耗用工资=1 025 500÷800=1 281.875（吨）

(2) 测算销售量=1 500+1 281.875-800=1 981.875（吨）

(3) 按平均售价5 000元/吨计算：

测算销售收入=1 981.875（吨）×5 000元/吨=9 909 375（元）

(4) 问题值=9 909 375-8 536 070=1 377 305（元），初步分析认定该公司有隐瞒销售收入的可能。

【案例3-16】 某造纸机械厂2010年初投入生产运营，增值税一般纳税人，以生产复卷机为主。2022年1—12月申报应税销售收入660万元，应缴增值税8万元，每台复卷机需要喷漆280个小时，0.5元/工时，全年工时102 980个，工资51 490元。2022年1月期初无库存，年底账面库存20台，当年复卷机市场平均单位售价2万元（不含税）。

【解析】 运用工时（工资）耗用法测算。

测算的本期产品产量=本期工时总量÷单位产品耗用工时=102 980÷280=368（台）

测算的本期应税销售收入=(期初库存产品数量+测算的本期产品产量-期末库存产品数量)×本期产品销售单价=(0+368-20)×2=696（万元）

问题值=(测算的本期应税销售收入-本期实际申报应税销售收入)×13%=(696-660)×13%=4.68（万元）

该企业2022年1月期初无库存，根据分析企业应生产复卷机368台，年底账面库存20台，则销量应为348台。

申报销售收入660万元，申报销售数量 = 销售收入 ÷ 产品不含税单价 = 660 ÷ 2 = 330（台）。

问题值 =（测算的本期销售数量 - 本期实际申报销售数量）× 产品平均单价 × 13% =（348 - 330）× 2 × 13% = 4.68（万元）。

据此分析，企业少申报产量18台，隐瞒销售收入36万元（不含税），应补税款4.68万元。

（七）毛利率法

毛利是指商业企业经营收入与营业成本的差额。毛利率是毛利额与商业企业经营收入的比率。商业企业在多年的经营中，形成了行业中较为固定的毛利率，以便企业在经营中参考和借鉴。

毛利率法就是以企业的毛利率与行业（商品）毛利率相对比，筛选出差异幅度异常的企业，通过有关指标测算企业应税销售收入，并与企业申报信息进行对比分析的一种方法。

1. 适用范围。该方法主要适用于商业企业，如钢材批发业、汽车销售业等。

2. 具体应用。

毛利差异率 =（企业毛利率 - 行业或商品毛利率）÷ 行业或商品毛利率 × 100%

（1）在企业毛利率明显偏低的情况下，若企业应收账款、其他应收款、其他应付款等科目期末余额长期过大，则有销售挂账隐瞒收入的嫌疑。再对企业的资产结构和存货结构是否合理进行分析，商业企业库存商品占流动资金比例长期较大，且库存量逐期增大，则说明企业可能有虚增库存、多列进项的嫌疑。

（2）在企业毛利率明显偏低的情况下，若企业存在滞留票情况，即其取得的进项发票未入账抵扣，则企业有购进货物不入账、销售不开票、进行账外循环的可能。

（3）在企业毛利率明显偏低的情况下，可运用保本经营测算法等，结合有关指标，进一步测算企业的应税销售收入及应纳税额是否异常。同时，应分析企业是否存在取得返利未抵减进项税额的情况。重点审查企业的费用账目、应付账款、预付账款等科目，看其是否将返利冲减费用或抵顶应付账款或增加预付账款等。

3. 注意问题。

（1）季节性因素。企业生产经营受季节的影响变化，如果进入销售淡季，则会出现应税销售收入降低，同时，为销售旺季准备生产，购进货物大幅增加，也会造成购销失衡等。

（2）政策性因素。出口企业本期出口销售额占销售总额的比例突然增加，直接免抵税额增加，应纳税额减少。

（3）价格因素。受市场竞争影响，企业经营的货物价格本期大幅度下降，增值额减少，毛利率低。

（4）经营范围发生较大变化等特殊情况。

4. 案例。

【案例3－17】 A企业成立于2015年7月，注册资本5 000万元，2015年8月1日认定为增值税一般纳税人，行业为有色金属矿采掘业，主要产品是锌矿石和锌精粉，年设计采矿能力为50万吨，选矿能力为35万吨，年预计产值50 000万元。通过对同行业财务指标数据的分析比较，某局6户锌矿采选企业中，C企业销售毛利率明显高于其他企业，销售毛利率情况见表3－4：

表3－4　2019年度A、B、C企业销售毛利率对比情况　单位：%

企业 项目	采选一体企业		单选企业		单选企业	
	A企业	同行业水平	B企业	同行业水平	C企业	同行业水平
产品销售毛利率	87	90	20.8	30	81.4	30

通过以上销售毛利率的对比分析可见，A企业销售毛利率略低于同行业水平，B、C属同类型企业，产品及工艺流程相同，而B企业销售毛利率远远低于C企业。同时，通过对同类企业财务指标的深入对比分析发现：一是C企业销售毛利率高的原因是锌矿石购进价格低于同行业平均水平；二是C企业的原材料全部来源于A企业；三是A企业锌矿石全部销售给B企业和C企业。由于以上三家企业存在购销关系且财务指标异常，评估人员采取合并对比的分析方法对这三家企业做进一步分析，判断A企业是否存在无正当理由低价销售情况。

【案例3-18】某汽车销售服务有限公司，增值税一般纳税人，经营奥迪小轿车，2022年1—12月申报销售收入1 951万元，销售成本1 861万元、缴纳增值税5.5万元，税负率0.28%。市场同品牌车的平均毛利率为5.2%。

【解析】销售毛利率=(销售收入-销售成本)÷销售收入×100%=(1 951-1 861)÷1 951=4.6%

销售毛利差异率=(销售毛利率-市场同品牌平均毛利率)÷市场当期同品牌平均毛利率×100%=(4.6%-5.2%)÷5.2%=-11.54%

企业销售毛利差异率明显偏高且为负数，据此分析企业可能有少计收入或多计成本的问题。因此，对企业进行了进一步检查，最后确定：该企业所馈赠礼品未计销售收入，只作费用支出；企业有4辆车以巡展的名义跨地区移送，并长期未入账。

（八）以进控销法

根据企业分析期购进商品数量金额，结合库存信息，测算商品销售数量、金额的一种分析方法。

1. 适用范围。该方法适用于商业企业，如珠宝首饰零售业、加油站、药品零售业、钢材批发业、废旧物资回收企业等，对经营的商品单宗大额、便于盘库、财务核算相对健全的企业尤为适用。

2. 具体应用。企业成本核算方式分为进价核算和售价核算。针对企业成本核算方式，建立不同的进控销模型：

（1）以金额表现。

①采用售价核算。

测算应税销售收入=期初库存商品金额+分析期购进商品金额-期末库存商品金额

问题值=(测算应税销售收入-企业实际申报应税销售收入)×适用税率(征收率)

②采用进价核算。

测算应税销售收入=(期初库存商品金额+本期购进商品金额-期末库存商品金额)÷(1-毛利率)

问题值=(测算应税销售收入-企业实际申报应税销售收入)×适用税率(征收率)

（2）以数量表现。

测算应税销售收入 =（期初库存商品数量 + 分析期购进商品数量 - 期末库存商品数量）× 分析期商品销售单价

问题值 =（测算应税销售收入 - 企业实际申报应税销售收入）× 适用税率（征收率）

3. 注意问题。

（1）尽量按照单品数据进行测算分析，以求测算结果的相对准确；

（2）对测算异常的，应分析其是否存在销售货物未作收入处理或虽作处理但未申报，发生视同销售行为减少存货未计提销项税额，以货抵债未计销售收入，以物易物未计销售收入，发生非正常损失未作进项税额转出等情况；

（3）该方法在运用时可结合存货周转率和存货变动率联动分析。

4. 案例。

【案例 3-19】 某首饰有限公司为小规模纳税人，主营金银首饰、珠宝、钱币。2019 年 3 月，销售黄金首饰申报增值税收入 180 000 元、缴纳增值税 5 400 元，消费税 9 000 元。账载期初库存商品 362.5 克、本期购进商品 280 克、期末库存商品 30 克，当期黄金平均售价 320 元/克（不含税）。

【解析】 采用以进控销法对企业相关数据进行测算。

测算的本期商品销售数量 = 期初库存商品数量 + 本期购进商品数量 - 期末库存商品数量 = 362.5 + 280 - 30 = 612.5（克）

测算的本期商品销售收入 = 测算的本期商品销售数量 × 商品平均销售单价 = 612.5 × 320 = 196 000（元）

测算的本期应纳增值税税额 = 测算的本期销售收入 × 征收率 = 196 000 × 3% = 5 880（元）

增值税税额问题值 = 5 880 - 5 400 = 480（元）

测算的本期应纳消费税税额 = 测算的本期销售收入 × 适用税率 = 196 000 × 5% = 9 800（元）

消费税税额问题值 = 9 800 - 9 000 = 800（元）

进一步核查发现，该公司黄金首饰有 50 克价值 16 000 元已减少库存，但未见开票，也未作不开票收入，应补增值税 480 元，应补消费税 800 元。另有钱币收入 6 000 元未申报增值税 180 元。以上合计应补税 1 460元。

（九）产品（行业）链分析法

通过企业产品或其所属行业与其上下游相关的产品或行业形成的链条式关系，对企业申报信息进行分析对比的一种方法。

1. 适用范围。该方法适用于产业链相对集中在某一区域、链条内各环节经营信息易取得的企业或行业，如混凝土行业、建材行业等。

2. 具体应用。将企业购进信息、进项税额信息与上游企业的发票开具信息、销项税额信息进行对比，如不相一致，则分析企业有购进货物不入账，收入不开票、进行账外循环的可能，或上游产品或行业有隐瞒收入的可能。

3. 注意问题。实施产品（行业）链分析，一般是对控制进销项起关键性作用的产品或行业，如纺织行业，要以棉花收购、加工、纺纱、织布环节作为链条式管理对象。

4. 案例。

【案例3-20】某市甲公司为混凝土生产企业，以经营混凝土（水泥为原料）加工、销售为主，2022年申报销售收入1 050万元。原材料主要从水泥生产企业乙公司购进，产品主要销售给本市6家大型建筑公司。检查人员从电子底账系统采集了乙公司发票开具信息，统计数据显示乙公司销售给甲公司4 678吨水泥，但甲公司申报抵扣进项的发票中水泥数量却总共只有3 897吨，两者差额781吨。税务检查人员初步判断甲公司可能存在购进原材料不入账，账外经营隐匿收入的问题。

【案例3-21】某市税务局在增值税电子底账系统中发现一家露天煤炭生产企业没有土方剥离的进项税额认证信息，风险部门随即对其上游企业展开调查，发现为其做土方剥离的施工2家企业未及时报验登记、未申报增值税。2家企业于2022年7月补缴增值税112.43万元，被加收滞纳金0.1万元。

【案例3-22】甲市税务局2022年7月在电子底账系统中采集了某装卸搬运企业油耗情况，发现该运输企业油耗比超过了装卸搬运企业的油耗比例预警指标，通过其开具的发票发现其下游企业即接受劳务方企业为乙区某化工企业，甲市税务局随即与乙区税务局联合展开调查。在乙区某化工企业调取该企业上述装卸搬运企业每月向其提供劳务的情况，发现该装卸搬运企业存在少申报、迟申报收入的情况。

【案例3－23】 G市税务局在税负调查分析工作中，选择某啤酒经销企业作为验证商业企业链式税负评估方法的突破口，采取向上游源头生产及批发企业收集销售信息，包括供货渠道、产品品种、客户分布、销售数量，以此为线索，按照货物流向，对下游购货企业进行纳税评估分析。

（1）选定链式评估的主线商品品种，摸清营销脉络。G地区啤酒经销市场商家众多、竞争激烈，本着先易后难的原则，首先选取哈啤、雪花、燕京、青岛等4大品牌啤酒作为税负调查分析的重点品种，原因在于：一是这些品牌在G市均设有总代理商或生产基地（如哈啤在G市建立了啤酒生产厂），且经营正规、核算健全，容易取得完整的销售信息；二是这些总代理商或生产厂家向下游供货的渠道清晰、营销格局相对合理，整个营销体制比较稳定。

确定评估主线品种后，市税务局立即部署对这些总代理商及生产企业的啤酒销售情况展开了调查，要求其如实提供3方面情况：一是该品种在G地区的总体销售情况，如营销网络分布、营销策略、销售总规模等；二是下游经销商情况，包括企业名单、经营规模、结算方式等；三是近3年来的供货情况，要求其提供完整的、逐户的下游二级批发企业购货信息。

经过认真细致的调查核实，基本掌握了全地区这4大品牌啤酒的经销情况和二级批发企业情况。从二级经销企业的户数看，雪花啤酒37户、哈啤30户、青岛啤酒1户、燕京啤酒2户，其中有些企业兼营2种以上品牌，最后确定56户纳税人。通过掌握上游总代理商或生产企业的营销信息，为下一步开展对二级经销企业的税负分析评估提供了宝贵线索。

（2）对二级经销企业开展实地调查。针对收集到的上述56户分销商的名单和地址，G市税务局进行了地域归口，部署各分局上门实地调查，在调取征管资料的同时，还要摸清相关经营情况：一是了解基本情况（如经营规模、店铺地段、营业面积、用工人数等）；二是货物购销及资金结算情况；三是财务状况，包括资金来源、毛利率、工资、租金等。通过取得这些纳税和经营资料，为下一步做好案头分析奠定了基础。

（3）上、下游企业购销数据比对，确定疑点问题。在掌握了上游总代理商或生产企业营销信息的基础上，该局又通过实地调查，取得了分销商的购货和销售数据。在案头分析时，评估人员将上游企业的供货信息与下游企业的购货数据和销售数据进行了对比，以发现分销商是否存在隐瞒销售偷逃税款的问题。从比对分析结果看，取得了非常好的效果。

如从某啤酒生产厂取得的供货信息显示，某啤酒二级批发商年销量为最高的4万—5万箱，最低的2万—3万箱，平均每箱销售价格80元。然而，这些分销商（绝大部分是小规模纳税人）大部分均享受小微企业免征增值税优惠政策，纳税额与从上游供货企业获得的实际销售数据相比差距较大。按此方法，评估人员顺藤摸瓜，用行业链分析方法，对全市56户啤酒分销商的上、下游购销数据逐一加以比对、评估，发现其中48户分销商存在隐瞒销售少缴税款嫌疑，占全部评估分销商的81.36%。

（4）实施约谈，取得成效。针对案头分析发现的疑点问题，评估人员对企业实施了重点约谈：一是对与上、下游企业购销数据不符的情况说明原因；二是说明少计销售是什么原因；三是说明查账征收的小规模纳税人税负异常是什么原因；四是说明个别纳税人连续3年亏损为什么还能持续经营；五是说明日常经营性费用支出如何核算、如何弥补费用支出；六是说明其他商品是否存在纳税问题。

经过约谈，本次调查分析的56户啤酒分销商均开展了自查，其中存在问题的48户分销商自查、补缴了增值税和所得税。

（十）外部信息核对法

贯穿于纳税人整个生产经营过程的始终，并与之密不可分的第三方信息。外部信息核对法就是利用与纳税人生产经营密切相关的第三方信息来分析、核实纳税人申报信息是否真实的一种方法。

1. 适用范围。该方法主要适用于某些生产经营指标受国家主管部门严格考核或控管的企业及国家有严格质量检验标准、产品品种较为单一的企业等。

2. 具体应用。分析期测算产品产量＝第三方信息数据（投入总量或专用总额）÷单位产品耗用定额或缴纳费用标准

测算应税销售收入＝（期初库存产品数量＋分析期测算产品产量－期末库存产品数量）×分析期产品销售单价

问题值＝（测算应税销售收入－企业实际申报应税销售收入）×适用税率（征收率）

在实际工作中，外部信息核对法的操作计算比较简单，关键要找准第三方信息，并确保其真实、准确。

3. 注意问题。

（1）找准与企业生产经营密切相关的第三方信息；

（2）确保第三方数据信息的真实准确。

4. 案例。

【案例 3－24】 利用电力部门信息测算产量。某铁厂为增值税一般纳税人，主要产品为铸造生铁。2022 年 1—12 月实现销售额 133 692 462.5 元，申报抵扣进项税额 14 699 879.47 元，缴纳增值税 2 680 140.66 元，税负 2.0%。已知该行业增值税税负预警下限为 2.37%。经调查核实，该厂 1—12 月用电 9 906 604.04 千瓦时，行业单位产品耗电定额为 150 千瓦时/吨。账载期初库存产成品 232 吨，期末库存产成品 8 980 吨，产品平均销售单价 2 360 元/吨（不含税）。根据以上情况，分析该企业存在的税务风险。

【解析】

（1）增值税税负 ＝2 680 140.66 ÷133 692 462.5 ×100% ＝2%

行业增值税税负预警下限为 2.37%，该企业增值税税负为 2%，低于行业税负预警值下限。

（2）分析期产品产量 ＝9 906 604.04 ÷150 ＝66 044.03（吨）

测算应税销售收入 ＝（232 ＋66 044.03 －8 980）×2 360 ＝135 218 630.8（元）

测算应税销售收入与申报销售收入的差额 ＝135 218 630.8 －133 692 462.5 ＝1 526 168.3（元）

【案例 3－25】 利用互联网信息查找风险。某市税务机关在日常管理中，将加强对限售股股权转让活动的监控，作为强化高净值自然人税收征管的重要措施，税务人员应用“网络爬虫”技术采集上市公司公告数据和信息，并借助个人限售股选案模型，分析互联网信息及征管数据，以及时发现个人转让限售股的线索。

不久前，市税务人员从巨潮资讯网、东方财富网等多家行业网站中采集公告信息数据实施风险分析。税务人员发现，本地上市企业 F 公司大股东吴某近期分批在外地证券公司减持其持有的解禁限售股，总金额逾亿元。但比对吴某减持年度个税综合收入申报信息，却发现吴某并未在“财产转让所得”一栏中申报该项股份转让事项。

税务人员认为，F 上市公司大股东吴某存在转让限售股后未足额申报个人财产转让所得的疑点，于是决定跟进调查。

税务人员了解到，F公司是高新技术企业，2010年上市向社会公开发行股票，并在深圳证券交易所挂牌交易。根据有关规定，F公司上市时大股东吴某手中持有的股份限售期为3年。

税务人员发现，吴某在限售股解禁期满后，分别在广东某市、福建某市等地分批次通过股票交易市场转让其所持有的股份合计3 000多万股，涉及金额逾亿元。对于企业限售股转让所形成收入的税收问题，《财政部 国家税务总局 证监会关于个人转让上市公司限售股所得征收个人所得税有关问题的通知》（财税〔2009〕167号）明确规定，限售股转让所得的个人所得税，以限售股持有者为纳税义务人，以个人股东开户的证券机构为扣缴义务人，在证券机构所在地缴纳限售股个人所得税。

税务人员认为，由于吴某通过异地证券公司减持其持有的企业股份时，全国个人所得税缴纳信息数据尚未联网，加上吴某未在当年个人所得税申报中反映这一信息，因此，税务机关没能及时掌握吴某转让股份这一情况。

因涉及金额较大，为进一步摸清吴某减持股份的交易情况，核实其个人所得税缴纳状况，该市税务机关决定对该项交易实施深入调查，派出税务人员先期赴深圳证券交易所了解吴某减持限售股的具体情况，再根据调查获取的信息，进一步核实吴某是否存在缴税问题。

第二节 税务机关分析税务风险的信息来源

一、案例解析

【案例3－26】 金华图邦广告有限公司虚开增值税发票案例

（一）检查过程简介

1. 通过登记的电话号码无法与法定代表人取得联系。从金华市金东区市场监督管理局查询档案登记及询问经办人倪盼君发现，工商登记注册手续委托倪盼君代办，登记所需材料随意填写，注册地址、房屋租赁等均不属实。实地检查公司注册地址——金华市金东区东孝街道存统路1301号101室，未发现该公司在此办公，证实该公司注册地址虚假。

2. 经对电子底账系统上开具普通发票注明的开户银行及账号（中国建设银行金华金东支行账号为6222031056146541）进行了检查，银行证实账号不存在，为银行开户信息虚假。同时，公司资产负债表及利润表所有栏次的期初与期末余额均为0，证明该公司无实际生产及经营能力。

3. 公司领用发票及申报情况核实。经查询金三系统、增值税发票电子底账管理系统及防伪税控系统发现：该公司存续期间共领用增值税普通发票75份，开具50份，金额4 195 937.94元，税额125 878.06元，价税合计4 321 816.00元，共涉及22家受票企业。2017年10—12月申报销售收入4 195 937.94元（免税销售收入3 416 423.33元），应纳增值税0元。申报2017年四季度营业收入4 195 937.94元，营业成本4 195 937.94元，特定业务计算的应纳税所得额4 195 937.94元，不征税收入8 391 875.88元，实际利润额－4 195 937.94元，应纳所得税额0元。

2018年1月起，金三系统内无申报信息。经查发现，该公司无免税经营项目备案，公司虽然申报但通过虚假填列增值税纳税申报表相关栏次，规避税务机关审核比对，属虚假纳税申报。

4. 该公司成立于2017年11月30日，2018年5月10日被国家税务总局金华市金东区税务局认定为非正常户，因公司已走逃（失联），2019年1月30日，在金华市税务局对外网站对“税务检查通知书”进行了公告送达。

综合以上情况分析，并依据《最高人民法院关于行政诉讼证据若干问题的规定》（法释〔2002〕21号）第六十八条第一款第（五）项规定，经该局案件审理委员会集体审理认定：该公司注册地址虚假，无实际货物购销，虚假纳税申报，为空壳虚假企业。依据《中华人民共和国发票管理办法》（国务院令第587号）第二十二条第二款第（一）项规定，该公司行为已构成为他人开具与实际经营业务情况不符的发票50份。

（二）评析

通过上述案例，我们可以看到：

1. 在认定金华图邦广告有限公司虚开增值税发票行为过程中，虽然由于公司法人无法联系，但税务机关通过各种途径搜集的信息依然可以清晰地认定该公司行为已构成为他人开具与实际经营业务情况不符的发票50份的事实。

2. 税务机关核查企业涉税问题时并不仅仅从“金三”系统、增值税发票电子底账管理系统等税务机关内部搜集信息，还会从银行、海关、工商等第三方获取相关信息，同时也会将企业报送的信息作为重点项目进行分析。

（1）认定注册地址虚假的信息来源：税务机关内部信息和第三方信息。

①税务登记信息中的电话号码，联系未果；

②市场监督管理局查询档案登记信息（第三方信息）和询问经办人倪盼君发现登记所需材料随意填写，注册地址、房屋租赁等均不属实，经实地检查后证实该公司注册地址虚假。

（2）认定银行账户虚假信息来源：增值税发票电子底账管理系统。从电子底账系统上开具普通发票票面信息获得该企业注明的开户银行及账号信息，经实地核查后，银行证实账号不存在，为银行开户信息虚假。

（3）认定无实际生产及经营能力信息来源：企业报送的财务报表。公司资产负债表及利润表所有栏次的期初与期末余额均为0，证明该公司无实际生产及经营能力。

（4）认定虚开发票份数、金额及虚假纳税申报信息来源："金三"系统、增值税发票电子底账管理系统及防伪税控系统。

①虚开发票份数、金额：共领用增值税普通发票75份，开具50份，金额4 195 937.94元，税额125 878.06元，价税合计4 321 816.00元，共涉及22家受票企业；

②虚假纳税申报：2017年10—12月申报销售收入4 195 937.94元（免税销售收入3 416 423.33元），应纳增值税0元。无免税经营项目备案，通过虚假填列增值税纳税申报表免税收入相关栏次，规避税务机关审核比对，属虚假纳税申报。

二、税务机关分析税务风险的信息来源

（一）税收征管数据

包括纳税人纳税申报数据和征税人税收管理数据。主要来源于税务机关内部征管系统数据库，具体包括：纳税人的税务登记、税种认定、纳税申报、财务报表、税款征收信息；发票信息；税收优惠信息；土地、房屋、车辆登记信息；纳税评估和税务稽查信息等。

【案例 3－27】 利用财务报表信息分析税务风险案例

某税务检查人员在审阅甲企业资产负债表时，发现报表中“其他应收款”项目为负数，于是进一步检查其他应收款明细账，发现该企业 6 月 8 日有一笔其他应收款业务，摘要中注明是“收回欠款”，但未注明借款单位名称，该明细账户借方也未见记载，于是查阅了该笔业务的凭证。记账凭证的会计分录为：

借：银行存款　　120 000

　　贷：其他应收款　　120 000

所附原始凭证为 1 张“银行进账单”收款通知和一项专用技术转让书。

专用技术属于无形资产，其转让净收益应反映在“营业外收入”科目或“营业外支出”科目并应按规定申报缴纳增值税，将其反映在“其他应收款”科目贷方，一方面，截留了当期收入，偷逃了增值税和企业所得税税款，另一方面，也导致无形资产账面虚列，造成无形资产多摊，减少了企业所得税。因此，对于先发生在贷方的其他应收款，税务机关一定会关注企业收到的是一笔什么款项，企业是否存在隐瞒收入的问题，以及后续是否从借方转出，如果长期挂账，应该会落实是否属无法支付的应付款项，是否应并入当期所得。

【案例 3－28】 利用纳税申报信息分析核查税务风险案例

1. 案件来源。2021 年 4 月，某市税务局稽查局（以下简称“稽查局”）经过科学选案、周密部署和精心准备，展开了一场针对医疗卫生行业的税收专项检查，选案人员通过对辖区内的营利性民营医院的纳税情况进行横向分析对比，发现某医院自行申报的销售额与其经营规模不相匹配，存在重大偷税嫌疑，确定将这家医院列为重点稽查对象。

2. 纳税人的基本情况。某医院由王某个人筹资兴办，在市卫生主管部门及税务机关的初始登记时间为 1998 年 8 月 9 日，原注册登记名称为某门诊部，注册类型为个体工商户。2000 年 12 月，区卫生局审核认定为营利性医疗机构。

3. 检查过程与检查方法。2021 年 4 月 23 日，稽查局对某医院下达了“税务检查通知书”，办案人员第一次调取的账册、凭证和银行对账单，除了银行对账单能反映该院确实有较大的现金流量外，报表、账簿和凭证反映的营业收入和医院的自报数完全相符。医院的相关人员都矢口否认医院做假账。然而，办案人员通过细心的检查，在调取的资料中，发现了《某医院集团财务工作规范意见》及《某医院外账建设工作安排》两份重要文件，也正是这两份文件，暴露了该医院利用网络技术，有组织、有预谋地制作“两套账”的偷税事实，成为案件最初的突破口。

5月16日，在及时总结了第一次行动的经验和教训后，稽查局对该医院实施第二次检查。行动时，专案组兵分几路，严格按照事前分工，分别进驻不同的部门，调查不同的人员。案件主办人员分别与案件当事人展开多次单独谈话，并一一指出各人谈话内容的矛盾之处，指出哪些人在哪些方面说了谎。经过长时间的心理攻坚，运用各种办案技巧进行政策攻心，对当事人晓之以理、动之以情，终于使医院当事人认识到了问题的严重性，主动配合执法行动。在当事人的配合下，经办人员顺藤摸瓜，最终在该医院租用的另外一栋物业的某房间里，找到了该院真实的账册资料和财务数据，成功完成了对该医院的调账。

经过检查，有证据材料显示，该医院聘请社会中介机构的会计专业人员，为其制定《某医院集团财务工作规范意见》及《某医院外账建设工作安排》，进行所谓的财务策划；同时，使用“金蝶”和“用友”两套电子计算机财务核算软件，分别承担真、假两套账的制作与管理，并辅以“瑞雪”收费管理软件（现已升级，称为捷信达医院管理系统）进行日常经营收费的管理。该收费软件由软件供应商设置了大额收费隐藏功能，使用者可依需要设定隐藏数值，不但能够真实、准确地记录实际经营收入，而且可以隐藏、加工数据，以规避税务机关的监督管理。医院还依托网络技术，对原始收费数据进行了远程备份，所有财务核算数据都定期转移到职工宿舍内的备份电脑上。在整栋医院大楼内，任何一台计算机里都没有存放真实的财务核算账簿和原始凭证。另外，该医院建立了相互配合、相互制约的账目管理制度，使“外人”难以获得真实的账册资料。

（二）政府职能部门共享信息

各地税务机关都在努力建立和完善第三方数据采集机制，利用信息化手段开发全社会的综合治税平台，通过平台与财政、工商、住建、交通、国土、商务、科技、统计、发展改革委、海关、证交所、公安、法院等职能部门开展常态化的信息交换工作。信息来源与种类大致如下：

1. 财政部门：财政专项资金使用信息；财政奖励信息；政策性拆迁

补偿信息；政府招标采购信息；房地产项目土地返还款信息；车辆维修定点单位/结算信息等。

2. 发展改革委：固定资产投资项目审批、核准、备案信息；国家和省、市预算内基本建设项目投资信息；市重点建设项目、中央预算内投资项目、城市基础设施建设投资项目信息等。

3. 工商部门：股权转让信息；集团企业信息；企业增资信息；注册资本明细信息；自然人信息等。

4. 民政部门：城镇退役士兵自谋职业及企业安置复转军人信息；福利企业安置残疾人员就业信息；福利彩票销售、奖励、纳税信息；福利彩票代销点登记管理信息。

5. 国土资源部门：采矿权、探矿权出让、转让信息；非农业建设项目占用耕地信息；土地权属登记信息；国有土地使用权转让信息；应税矿产品开采信息等。

6. 公安部门：查处经济案件信息；金融机构营业场所和金库建设审批信息；经营性停车场信息；酒店行业客房入住统计信息；房屋租赁登记信息等。

7. 交警部门：驾驶登记管理及学员报名考试信息；机动车驾驶培训信息；车辆检测信息等。

8. 交通运输部门：机动车驾驶培训学校信息；经营性教练场地登记管理信息；机动车维修企业信息；货（客）运公司、场站登记管理信息等。

9. 海关部门：进口设备明细信息；海关分类管理信息；企业进出口报关单信息等。

10. 审计部门：被审计单位应税收入等涉税信息；工程建设项目审计情况；审计中发现的税收违法行为；涉税审计信息。

11. 科技部门：高新技术企业和技术先进型服务企业审核登记信息；单位及个人技术转让信息；经认定登记的委托外部研究开发合同信息等。

12. 人民银行：企业存款、贷款、资信、评级、资金流向、经营收入等信息；境内机构、个人向境外支付服务贸易、收益、经常性转移、资本项目外汇等服务贸易项目对外支付信息；进口设备对外支付信息；境外企业向境内单位或个人账户付款信息；境外投资企业收汇、付汇信息；外债收汇及支出信息等。

13. 知识产权管理部门：转让专利权的个人名单信息、转让专利权的企业名单信息等。

14. 供电、供水、燃气、供热公司：非居民用电、用水、用气、用热信息；供电部门工程建设项目招投标信息；供电建设项目涉税数据；供水管网建设等工程项目投资信息；供气管网建设等工程项目投资信息；供热管网建设等工程项目投资信息等。

15. 残疾人联合会：残疾人证发放统计信息、福利企业信息、企业安置残疾人信息。

16. 安全生产监督部门：非矿山企业安全生产许可信息、危险化学品生产企业信息、烟花爆竹生产企业信息等。

17. 城市管理行政执法部门：广告工程信息；广告企业发布户外广告登记信息；户外广告资源招标、拍卖信息；市容市貌、环卫建设项目施工及竣工验收实施信息等。

18. 人民法院：动产不动产无形资产处置的拍卖信息、执行信息、裁定判决调解信息、法院执行案件信息、破产案件涉税信息等。

【案例3-29】 利用交警部门信息分析核查税务风险案例

2021年底，某市税务局稽查局接到某驾驶员培训有限公司纳税情况的检查任务。该公司主要从事一级普通机动车驾驶员培训业务，注册资本200万元，规模不大。但最终该案涉及查补数额近300万元，给该行业的税收管理敲响了警钟。

稽查经过：在接到该公司的检查任务后，检查人员首先在“金三”系统内全面了解企业的基本情况、税种鉴定以及相关纳税情况等，并对自查申报、企业所得税年终汇算清缴表进行分析，寻找疑点。通过案头信息检查人员发现该公司经营状况较差，开业当年亏损较大。开业4年来，年度利润率也仅有不到5%。然而，检查人员分析认为，近几年驾校如雨后春笋般越办越多，这充分说明该行业是有利可图的。根据该行业多为现金交易的特点，其中是否存在少作收入、多列成本的问题？为此，检查人员将此作为检查时的重中之重。

进入企业检查后，检查人员没有急于开展检查，而是声东击西，与企业负责人、财务人员先进行了随意交谈，以便摸清实情。检查人员让企业人员带领去“参观”训练场地，对企业目前的经营规模、拥有的教练车辆及收费标准做到了心中有数。随后，检查人员到驾校专门负责招收学员的部门进行了查看，里面的3位工作人员正各司其职，埋头做事，比较繁忙。也了解到企业具体的收费有两部分，一是代收费用，二是驾校自身收取入账作收入的培训费。招生部门负责招生的一切事项并收取相关费用，而财务部门根据招生部门报送过来的资料进行做账，但并不参与、监督具体的收费工作，营业收入的核算是否正确财务并无监管，其真实性也就值得怀疑。然而，在进行账面检查时却陷入了僵局。针对企业可能存在的少报收入的问题，检查人员对发票上所反映的信息进行电脑录入，对时间、人员、收费金额等，一一进行整理汇总。但该公司最近3年换了3任会计，现任会计到该公司时间不长，对企业检查年度的具体情况不太了解。对该公司其他相关人员询问，也均是一问三不知。检查人员试图通过同行业相关数据来找出本检查单位可能存在的问题。分别从其他3个驾校单位进行相关数据采集，将掌握的相关数据进行比较分析后发现，该公司收费标准相对于其他驾校来说要低，拥有的教练车比其他驾校要多，但营业收入却远远低于同等水平的驾校。

问题查找到了，但从哪方面入手查找证据却是个难题。从企业那里肯定找不到有效的证据资料了，那么是否可以从其他方面入手呢？检查人员联想到驾校的整个培训要经过学员报名、体检、理论学习、车管所制准考证、场考、路考、驾照领取等程序，涉及许多相关部门，一定有相关部门掌握着驾校培训学员的真实信息。随即，稽查局成立了专案小组，到车管部门调查学员报名情况、企业培训车辆的数量及培训学员备案资料，随后又到驾驶员场地培训中心调查参与场地培训学员的资料等。专案小组通过以上外部调查，取得了培训学员的真实人数，后又和该公司相关人员见面沟通和询问取证，账面真实情况终于得以呈现。

【案例3-30】 利用车购办、车管所等部门的相关信息分析核查税务风险案例

检查人员在对汽贸行业的检查中，根据其行业经营特点，充分利用车购办、车管所等部门的相关信息，通过数据分析比对发现涉税疑点，并通过外围调查取得资金流、货物流证据，查证企业隐瞒收入偷逃税款的违法事实。该案查办后，税务机关适时组织开展了行业专项检查，进一步规范了该地区汽车行业税收秩序。

1. 案件来源。某市原国税局稽查局（以下简称“稽查局”）通过选案分析发现，该市汽车经销企业逐年增加，销售收入连上台阶，但增值税

税负长期在低位徘徊，增值税平均税负率为0.45%，低于该省同行业平均水平。稽查局针对这一情况，于2016年1月选取S汽贸公司（以下简称“S公司”）进行检查。

2. 纳税人基本情况。S公司成立于1998年，为增值税一般纳税人，主营汽车销售业务，从3万元左右的经济车型到价值上百万元的高端车型均有销售。2014—2015年实现主营业务收入2.6亿元，缴纳增值税91万元，增值税税负0.35%。

3. 检查过程与检查方法。

（1）开展账面检查工作。通过账面检查，仅发现S公司存在部分车型低价销售的问题，未发现其他涉税问题。检查组及时调整思路，对企业内控制度及工作流程进行分析。通过综合分析，检查组认为：由于S公司会计核算不健全，依法纳税意识淡薄，可能存在采取返利不入账、故意压低整车售价、按零配件开具普通发票或不开具发票以及买票代开等方式隐瞒销售收入的行为，于是决定采取部门联动、数据比对、内查外调等方式寻找案件突破口。

（2）进行数据比对分析。检查组拓宽渠道收集数据信息：一是从S公司的销售部门提取客户资料和销售台账数据，与账务核算数据进行比对；二是通过市公安局车管所取得上户车辆统计数据，包括S公司销售车辆数据、车辆识别代码信息及S公司相关信息的数据，如公司印章、经办人员等；三是从市国税局“车购办”提取缴纳车辆购置税的数据。检查人员围绕以上3组数据开展环比分析，寻找差异数量和金额，分析差异原因。

①将车管所数据与S公司销售台账数据进行比对。车管所一组数据信息显示，某部门2015年6月购买越野车2辆，价税合计128万元，机动车销售发票所属地域为广东省，但加盖S公司印章。经对企业相关人员进行询问并发函调查，证实S公司通过他人取得2份机动车销售发票，车辆销售收入未入账。

②将车管所数据和车购办数据进行比对，发现自然人A于2015年8月购买某品牌小汽车一辆，向车管所提供伪造的车购税完税证申请上户，偷逃车购税。

③将车管所异常数据（发票载明销售价格低于车购税计税价格）与销售台账信息进行比对，发现S公司2015年度销售的51台某款车型售价均低于成本价，也低于车购税计税价格。对检查人员的疑问，S公司的销

售经理、出纳均以记不清为由无法做出合理解释。根据此情况，检查人员推测S公司可能存在故意压低整车售价、按零配件开具普通发票或不开具发票的情况，于是决定外围调查取证，同时查询银行核实资金流向。

④将销售台账数据与增值税申报信息进行比对，发现S公司账列收入均按期申报纳税。

（3）外围调查取证。针对数据比对时发现的销售价格偏低等异常情况，检查组决定对重点客户逐一调查。调查发现，S公司利用购车者为少缴车购税的心理，与购车者达成默契，将售车款分解为两部分，对其中一部分价款（进价+差价的30%左右）开具机动车销售统一发票，另一部分价款（差价的70%左右）不开任何单据。通过外围调查，检查人员厘清了S公司的售车流程。

（4）核查资金流向。检查组对S公司在3家银行开设的6个银行账户以及公司销售经理、出纳、导购员、客户代表等7名员工的15个个人银行账户进行查询，将查询获得的资金信息与账面销售数据、车购所异常信息比对，发现17个账户存在资金疑点，其中，销售经理、出纳2人的9个储蓄存款账户存在公款私存的现象，2015年转入公司销售收入165万元。

（5）核实汽车生产商的销售优惠措施。针对公司整体毛利率低且部分车型销售价格低于成本价的问题，S公司法定代表人向检查组解释：部分车型的赢利模式主要是通过提高销量争取厂家的销售奖金，因此该公司只能利用低售价占领市场扩大销售额。但检查组认为此解释与汽车销售的实际情况不符，存在疑点。而根据前期调查情况综合分析，该公司极可能存在返利销售的情况。检查组仔细核查公司账册，未发现返利核算的会计记录；询问财务人员，其也声称未收到任何返利。在此情况下，检查组一方面加强与汽车生产企业所在地税务机关联系，寻找证据，另一方面责令S公司提供厂家商务政策及合同。迫于压力，S公司提供了2015年的购销协议，结合前期对个人银行账户的查询，最终核实S公司收取生产厂家返利款，并将返利款存入个人银行账户的违法事实。该公司共取得返利收入60万元，未入账核算、亦未申报纳税。

（三）利益相关方提供的信息

银行、保险、电力、水务、关联交易公司、行业协会等提供的，与税务部门的征管活动或者纳税人的生产经营活动相关联的信息，一方面丰富了纳税人的涉税信息资料，另一方面这些信息可以与税务机关内部信息互相印证。

【案例3-31】利用铜产品市场信息、电力部门信息、铁路运输部门信息等利益相关方信息分析核查税务风险案例

2021年9月征收期过后，某税务人员对本辖区内纳税人的申报信息进行分析与筛选，平台生成的“连续3个月零申报清单”表明，甲铜业有限责任公司6—8月征期均为零负申报。该企业是经营多年且生产正常的冶炼企业，税务人员了解到近期铜产品的市场行情比较稳定，而企业却出现6—8月连续3个月零负申报的情况，疑点较大。税务人员当即将该企业列入当月风险监控对象。

自2021年5月起，该企业资产负债表中的“库存商品（产成品）”账户余额急剧递增，5月为282.89万元，8月为3 568.99万元。8月与5月相比，期末余额增加了1 161.62%。存货收、发、存明细表反映的铜产品库存情况为：5月库存40吨，到8月库存已达到770吨，8月与5月相比，库存产品变动率达到1 825%，库存商品畸高。

该市税务局2018年提出了从第三方取得涉税信息工作的意见，并得到市政府同意，由市政府牵头，税务机关和涉及的政府部门及企业有关人员组成信息采集小组，有关部门或企业根据税务机关的需求把相关指标定期或不定期通过互联网传输到市人民政府政务平台，市税务局数据处理部门再将相关数据处理后上传到税务机关信息平台，以便税务机关掌握各行业生产要素中的能耗（水、电、油、运），物耗（矿石、甘蔗），财务费用（工资、劳保、福利）等数据指标及各种涉税信息。因此，税务人员充分利用当地税务机关建立起来的第三方信息获取机制，借助第三方数据，与纳税人展开博弈。

（1）从电业公司提供的数据，税务人员了解到，该铜业公司6—8月的电耗为185.67万千瓦时；从政府工业主管部门提供的数据中，评估人员查到该公司的铜产品单位产量电耗在610千瓦时/吨左右，以此测算企业这期间铜产品产量为3 043吨。

（2）根据事先掌握的情况，该纳税人主要通过铁路运输部门发货。因此，税务人员通过第三方数据获取机制，从铁路运输部门调取该公司在2021年6—8月的发货信息以及具体的发货数量共计2 960吨。

测算出该公司2021年8月的期末库存应该是：

期末库存＝期初库存＋本期入库－本期销售＝40＋3 043－2 960＝123（吨）

以 2021 年 5 月底库存数为期初数（1—5 月税负水平接近行业税负，库存数视同准确）。

在事实面前，该公司财务主管承认企业上月铜产品实际库存仅为 88 吨，与税务机关测算的结果基本一致。至于 6—8 月零申报的原因主要是购货方拖欠了部分货款，严重影响到企业资金的正常周转。财务人员为了不让企业直接产生欠税，想等到收到货款后再反映收入进行申报缴税，以减轻企业流动资金方面的压力。

【案例 3－32】利用电力部门信息分析核查税务风险案例

某企业产成品年初库存 420. 5 吨，评估期生产入库 4 101. 7 吨，期末库存 817. 3 吨。单位产品耗电量为：1 月 3 408. 83 千瓦时/吨，2 月、3 月 1 840. 3千瓦时/吨，4 月 1 621. 2 千瓦时/吨，5 月 4 040. 33 千瓦时/吨，6 月 2 706. 53 千瓦时/吨。不难看出每月耗电指标大起大落，极不稳定，也极不配比。为了彻底摸清该公司实际情况，税务人员到电力部门采集其用电量，充分利用第三方的数据，为测算其产量和进行纳税评估提供强有力的证据。经过采集相关数据，该公司 2018 年 1—6 月生产用电情况见表 3－5。

表 3－5　××公司 2018 年 1—6 月生产用电情况

月份	该公司自行申报生产用电量		供电公司核查生产用电量	
1	52. 02 万元	236 万千瓦时	154. 73 万元	330. 82 万千瓦时
2	0（结转至 3 月份抵扣）	102 万千瓦时	115. 8 万元	226. 66 万千瓦时
3	111. 13 万元	187 万千瓦时	174. 47 万元	351. 12 万千瓦时
4	71. 74 万元	185 万千瓦时	264. 50 万元	545. 44 万千瓦时
5	144. 87 万元	363 万千瓦时	250. 08 万元	504. 84 万千瓦时
6	68. 54 万元	168 万千瓦时	190. 21 万元	401. 24 万千瓦时
合计	448. 3 万元	1 241 万千瓦时	1 149. 79 万元	2 360. 12 万千瓦时

差额 1 149. 79－448. 3＝701. 49 万元，说明企业可能存在隐匿产量问题，需做进一步核查。

（四）社会大众掌握的信息

上市公司披露的重大投资、业务重组、债务豁免等公告信息以及互联网、媒体等发布的有关纳税人商情、广告、营销等方面的行业资讯信息，往往也是税务机关核查企业税务风险的线索来源。

【案例3－33】 利用报刊公告信息分析核查税务风险案例

2017年6月，江西省鹰潭市某公司因为迁址办公需要，在本市报纸刊登了一则相关公告，没想到这份普普通通的告市民书，却引起了该市地税局税务人员的关注。因为该公司自旧址拆迁后，在征管系统中显示没有申报税款，而公告显示，该公司新建办公大楼已投入使用，税务人员通过公共资源交易网查询，发现该公司不仅有新建办公大楼及水厂，且新增房产正投入使用。由此判断该公司可能存在未缴纳房产税和城镇土地使用税的问题，决定将其列入风险监控对象。

采取“三步走”的调查方法：

第一步，数据整备。该公司2016年房产税申报金额与登记金额不一致。调取该公司2016年的财务报表和税款入库数据，查询该企业房租等申报数与利润表其他业务收入反映数，发现多个涉税风险点。

第二步，外围调查。经核实，该公司老办公楼按市政府的老城区改造工程项目要求已拆除，1 628平方米属于划拨土地，并获取了市政府补偿金。

第三步，实地考察。该公司新的经营场地共有两栋大楼，分别为11层和7层建筑，外观已完成施工，大楼后为自来水净化装置用地和房屋。

存在的5个涉税风险点：

（1）2016年度在建工程科目期初余额为4 745万元，年末余额为8 433万元，余额和增加额很大，结合外围调查的情况，其存在房产已投入使用，但未按规定缴纳房产税的风险。

（2）《财政部 国家税务总局关于安置残疾人就业单位城镇土地使用税等政策的通知》（财税〔2010〕121号）规定，对按照房产原值计税的房产，无论会计上如何核算，房产原值均应包含地价，包括为取得土地使用权支付的价款、开发土地发生的成本费用等。2016年度无形资产科目年末余额为669万元，核算土地价值的可能性很大，存在地价未并入房产原值计算缴纳房产税的风险。

（3）结合2016年度建安工程承包合同印花税申报信息和在建工程、工程结算收入数据测算，存在少缴建安工程承包合同印花税的风险。

（4）2016年度长期借款科目期初余额为2 025万元，年末余额为6 837万元，但2016年度无借款合同印花税申报入库信息，存在未按规定申报借款合同印花税的风险。

（5）其他业务收入每年未足额申报，企业可能存在未按规定申报企业所得税的风险。

该财务负责人否认公司有偷逃、漏报税款的嫌疑，声称未及时申报是误以为新的办公大楼并未完全投入使用，未办理验收和竣工决算不应该缴纳房产税，如要缴纳房产税，应针对已使用的楼层缴纳，未使用的楼层不应该缴纳房产税。至于代收的污水处理费手续费，认为属于财政支付的费用，不需要缴纳所得税。对公司借款合同印花税未申报，原因是办税人员疏忽，将自查补缴。

《财政部 税务总局关于房产税若干具体问题的解释和暂行规定》（财税地字〔1986〕第8号）和《国家税务总局关于房产税城镇土地使用税有关政策规定的通知》（国税发〔2003〕89号）对此都作出了相关规定。

综上所述，正确的处理方法是该企业新建办公楼的房产税计税依据应包括地价、工程造价和装修费等，并从使用的次月起申报缴纳房产税，待工程验收结算后，再按入账后价格调整，办理税款的退补手续，进行自查补报。

2017年8月，该公司补缴了上述税（费）共计298 209.99元。

（五）涉税举报信息

内部离职员工、外部竞争对手等掌握企业实际经营情况的，出于某种原因向税务机关举报企业违法行为，税务机关按照举报提供线索开展分析核查。

【案例3－34】利用举报信息分析核查税务风险案例

本案纳税人为一般纳税人，通过注册多家公司，分解销售收入，将新设公司的年销售额均控制在500万元以内，各自按小规模纳税人3%的征收率申报一般纳税人的销售收入，人为降低企业税负。稽查人员根据举报信息，围绕9家公司的关联关系展开调查，最终查实该公司通过分解收入及账外经营等方式偷税的违法行为。

1. 案件来源。2019年4月中旬，某市税务局举报中心接到一封举报信，举报L科技有限公司（以下简称“L公司”）及其关联公司涉嫌偷税。举报信反映：L公司及其关联公司设立账外账、隐瞒关联交易，通过私人银行账户隐瞒收入偷逃巨额税款。举报信得到该市税务局的高度关注，并将案件转交该市税务局稽查局（以下简称“稽查局”）办理。

2. 纳税人基本情况。自2016年起，L公司在某市陆续成立了8家名为“LX科技有限公司”的公司，多为私营有限责任公司，主营批发、零售医疗器械等产品。9家公司的注册经营地分别在某市5个不同区域，但法定代表人、联系电话均相同。其中L公司为一般纳税人，另8家公司为小规模纳税人。

3. 检查过程与检查方法。

（1）联系举报人核实情况。核实9家公司的实际经营地址，实地调查了解企业经营地情况，为突击检查做好准备。通过调查，核实9家公司实际在同一经营地址办公，即L公司的注册经营地。

（2）对9家公司同时实施突击检查。主要查清以下问题：一是9家公司的股东是否相同，产品销售、客户、财务核算是否为一体？二是9家公司是否利用一般纳税人与小规模纳税人“搭配”经营，是否互相利用关联企业的银行账号隐瞒销售收入？三是9家公司之间是否有业务往来？如有业务往来，是否存在故意压低价格，将收入和利润转入税负较低一方达到少缴或不缴税款目的的情况？

5月22日上午，检查人员在公安人员的配合下，对9家公司实施突击检查。由于L公司经营地有严密的保安措施，为防止检查工作受到干扰，检查组决定首先由2名检查人员以联系业务的名义进入公司，其余检查人员再相继进入。在20余名公司人员没有任何防备的情况下，检查人员出示检查证，并出具“税务检查通知书”和“调账通知书”。检查人员迅速找到存放会计账簿及电脑的房间，但法定代表人孙某不在公司，财务人员以不知道电脑密码为由，拒绝打开电脑。财务室只有部分2017年的账册，检查组调取企业财务资料受阻。

在此情况下，检查组决定直接调查其销售情况。检查人员前往L公司销售部，通过销售主管人员找到了记载销售情况的2台电脑。通过查看L公司的电脑销售资料，检查人员发现9家公司的销售产品、客户完全相同，实际上经营着同一项业务。经对该公司人员进行询问，了解到9家公司的资金、人员、产品、客户、财务核算均为一体，L公司按销售区域成立8家公司，其目的是将销售额由大化小，将8家公司的年销售额控制在500万元以内，以保持小规模纳税人资格，按3%的征收率缴纳增值税。

（3）进行数据比对，发现新的涉税问题。检查人员将公司电脑中的销售资料与公司的申报纳税资料进行比对，发现电脑记载的销售收入与公司申报的收入差额较大，如2017年的销售收入为3 144万元，但其向税务机关申报收入仅为1 352万元。据此，检查人员认为该公司在分解销售收入的同时还可能存在账外经营行为。

（4）确定检查重点，外围调查取证。从调取的账簿资料来看，该公司纸质账簿缺失严重，只有2017年的电脑资料比较完整。根据案情，检查组决定：重点检查2017年的销售情况，并通过外围调查和发函协查的方式核实9家公司的销售情况，查证其违法事实。

①对所有销售客户进行发函外调取证，核实企业销售收入情况。在外调过程中，检查人员抽取重点企业进行检查，从L公司的一个主要客户G公司处发现了一份签订于2017年3月1日的购销合同，合同标的额为1 000万元，合同履行期为3个月。但检查L公司的账册资料，其仅收到G公司货款200万元。经询问G公司法定代表人，其称该合同已履行完毕，其余800万元款项应L公司的要求，分别转入了L公司的6家关联公司的银行账户（查询银行得以证实）。由此证明，L公司存在将销售收入存入其关联公司的银行账号、隐瞒销售收入的行为。

②集中协查，核实电脑资料的真实性。通过对20多家受票单位393份发票进行协查，证实所有发票载明的金额与电脑销售记载的金额完全吻合。根据外调和协查的结果：L公司电脑记载的销售数据为其真实的销售数据，证实L公司存在账外经营隐瞒销售收入的违法行为。

（5）法定代表人到案，案件告破。检查人员多措并举，对企业法定代表人侯某形成了巨大的心理压力，其于6月14日主动到稽查局接受调查。侯某反映该公司的产品增值率很高，且进项税额有时难以取得，造成公司的实际税负也很高。为了降低税负，该公司将一般纳税人的销售额存入其他几家小规模纳税人的银行账号隐匿了不需要开具发票的收入，达到少缴税款的目的。随后，该公司又主动向稽查局提供了隐瞒收入统计表等资料，案件成功告破。

第二篇

税务风险管理操作实务

第四章

增值税税务风险管理

增值税是我国第一大税种。自2012年第一次“营改增”以来，改革不断推进，政策不断更新，由此也给企业带来了各种潜在的税务风险。因此，如何通过内部控制来强化增值税税务风险管理、降低税务风险是大多数企业现阶段亟待解决的难题。

风险分析是企业税务风险管理的前提。因此，本章将围绕强化风险管理、减少税务风险的目标，全面解析增值税税务风险分析相关指标；同时，通过案例解析的形式指导企业财务人员学会识别风险特征、分析风险原因、预估风险后果、防范风险发生。

第一节　增值税税务风险分析指标

一、单项指标分析

（一）增值税一般纳税人税负变动率异常

1. 指标值。

税负率 =（本期应纳税额 ÷ 本期应税收入）× 100%

税负变动率 =（本期税负率 − 基期税负率）÷ 基期税负率 × 100%

2. 指标预警值。正常区间：−30%—30%。

3. 问题指向。企业税负变化过大，税务检查人员可能会认为企业存在账外经营、已实现纳税义务而未结转收入、取得进项税额不符合规定、购进货物用于免税、集体福利等不得抵扣项目未做进项转出或虚开发票等问题。

税务检查人员会详细检查销售业务，从原始凭证到记账凭证、销售、应收账款、货币资金、存货等。将本期与其他各时期进行比较分析，对异常变动情况进一步查明原因，以核实是否存在漏记、隐瞒或虚记收入的行为，有无将外购的存货用于职工福利、个人消费、对外投资、捐赠等情况。

4. 案例。

【案例4-1】 甲企业为批发零售业一般纳税人。2021年实现销售额1 000万元，应交增值税44万元，期初无留抵税额。2022年实现销售额1 200万元，应交增值税29.9万元。

【解析】 2021年增值税税负率 = 44 ÷ 1 000 × 100% = 4.4%

2022年增值税税负率 = 29.9 ÷ 1 200 × 100% = 2.49%

税负变动率 =（本期税负率 - 基期税负率）÷ 基期税负率 × 100% =（2.49% - 4.4%）÷ 4.4% = -43.41%

【分析疑点】 该企业增值税税负变动率为 -43.41%，小于预警值下限 -30%，存在异常，可能存在少计收入或虚抵进项、应转出未转出进项税额等问题。

（二）海关完税凭证抵扣进项占比异常

1. 指标值。

指标值 = 本期海关完税凭证抵扣进项税额 ÷ 本期进项税总额 × 100%

2. 指标预警值。对纳税人本期取得海关完税凭证抵扣进项税额占本期进项税总额比例过高或月单笔抵扣进项税额超过20万元（含）的情况，税务机关可能会进行监控。

3. 问题指向。海关完税凭证抵扣进项占比过大，税务机关会认为企业可能存在取得虚开、虚假或者不合规定的海关完税凭证抵扣进项税额及虚列费用的风险。

4. 案例。

【案例4-2】 2016年11月，主管税务机关发现青岛JY国际贸易有限公司（以下简称“JY公司”）凭借所取得的一份海关完税凭证，抵扣进项税款664万元。由于单笔抵扣进项税额金额过大，检查人员立即通过征管系统查询了JY公司的相关情况，发现JY公司虽然存续期间较长，但在不到一年的时间内年销售额猛增到近40亿元，是其以前年度销售额的30倍。其间，该公司的进项税额抵扣凭证基本上由海关完税凭证构成，这些凭证存在比对不符、缺联票、重号票较多的情况。“JY 公司存在重大虚开发票的嫌疑。”检查人员作出初步判断。

根据调查取证资料，JY 公司实际控制人赵某庆因经营钢材亏损，经武某介绍，向林某雄拆借资金数百万元。后因赵某庆无力还款，经由武某调解，赵某庆将 JY 公司交由林某雄操控，用于虚开增值税专用发票，这样赵某庆所欠资金就不必归还了。2016 年 3 月，赵某庆等 3 人商议后分工合作，林某雄从郭某雄等人手中以票面金额的一定比例，购买套用广西某公司真实信息的虚假海关完税凭证，伪造配套的销售三方协议，加价后转卖给 JY 公司，作为其申报抵扣增值税进项税额的凭据。林某雄控制 JY 公司、广东 MY 等公司的银行账户，伪造有关销售业务的资金流。JY 公司在接受虚开完税凭证抵扣进项税款的同时，还大肆对外虚开增值税专用发票。该公司开出的发票一部分加价后卖给由林某雄直接控制的在揭阳、梅州等地的 9 户企业，一部分卖给林某雄通过林某江等人联系的买票企业，其余部分由赵某庆和武某自行处理。

（三）进项税额控制额异常

1. 指标值。

指标值 =（本期进项税额 ÷ 进项税额控制额 − 1）×100%

进项税额控制额 = [（本期期末存货 − 本期期初存货）+ 本期主营业务成本] × 主要外购货物的增值税税率 + 本期固定资产进项税额 + 本期不动产进项税额 + 本期购进服务进项税额

2. 指标预警值。指标值 >10%，视为异常。

3. 问题指向。具体分析时，先计算本期进项税金控制额，以进项税金控制额与增值税申报表中的本期进项税额核对，若前者明显小于后者，则可能存在虚抵进项税额问题。

4. 案例。

【案例 4－3】 甲企业为日用品批发企业，2022 年 9 月期初存货金额 1 000万元，期末存货 1 300 万元，主营业务成本 450 万元，运费不含税支出 60 万元。申报抵扣进项税金 180 万元。

【解析】

进项税额控制额 =（本期期末存货金额 − 本期期初存货金额 + 本期主营业务成本）× 本期外购货物税率 + 本期运费进项税额合计 =（1 300 − 1 000 + 450）×13% +60 ×9% =102.9（万元）

指标值＝（本期进项税额÷进项税额控制额－1）×100%＝（180÷102.9－1）×100%＝74.93%＞10%，可能存在虚抵进项税额的问题。

进一步核查发现，企业有80万元的库存商品由于管理不善被盗，未做进项税金转出处理。

【案例4－4】 某食品有限责任公司，系增值税一般纳税人，主要从事生产加工饼干、面包食品等业务。从增值税纳税申报资料来看，2022年1—12月累计申报应税销售收入1 200万元，累计销售成本1 040万元，累计销项税额156万元；累计进项税额300万元，其中，取得运输发票抵扣进项税额20万元，购进设备抵扣进项税额90万元；本年初库存商品余额650万元，6月末库存商品余额780万元。

本期进项税额控制额＝［（本期期末存货－本期期初存货）＋本期主营业务成本］×13%＋运费进项税额＋本期固定资产进项税额＝［（780－650）＋1 040］×13%＋20＋90＝262.1（万元）

进项税额控制额差异率＝（本期进项税额÷进项税额控制额－1）×100%＝（300÷262.1－1）×100%＝14.46%

该企业进项税额控制差异率＞10%，可能存在虚抬收购价格、虚抵进项税的问题。

【案例4－5】 某税务机关通过监控平台，发现某制药股份有限公司2022年9—12月申报增值税的税负率环比明显下降，进项税额控制额差异率为－30.42%，于是向该公司下达了“税务风险提醒告知书”，要求该公司进行增值税自查。该企业财会人员逐一审核9—12月取得的增值税专用发票，发现2019年9月和11月，该公司分别从投资方某实业有限公司接受实物投资入股金额455万元，而取得的5份增值税专用发票是第三方通达贸易有限公司开具的，进项税额合计77万元，并已全部申报抵扣。经进一步询问公司管理层人员，核实第三方属于虚假企业，其填开的增值税专用发票与实际不相符，造成9—12月增值税纳税申报不实。该企业财务人员向公司法定代表人进行了报告，说明利害关系，该公司主动到税务机关补缴了税款和滞纳金。税务机关依法按所取得专用发票的份数，处以1万元以下的罚款。

（四）农产品收购凭证抵扣进项占比异常

1. 指标值。

指标值＝本期农产品收购凭证抵扣进项税额÷本期进项税总额×100%

2. 指标预警值。对纳税人取得农产品收购凭证抵扣进项占当期进项税额比例过高或月单笔抵扣进项超过 20 万元（含）的情况，税务机关可能会监控。

3. 问题指向。如果企业存在上述情况，税务机关可能会认为纳税人存在取得虚开、虚假或不合规定的农产品收购凭证抵扣进项税额及虚列费用的风险，会实地核查企业生产能力、库存商品的情况，确定收购业务及款项支付的真实性。

4. 案例。

【案例4－6】 A纺织有限公司于2011年1月开业，同年3月认定为一般纳税人，从业人员4人，从事棉纱、绦纱、布匹制造、销售，注册资金50万元。该企业2022年全年销售收入（无免税和出口销售）为3 164.34万元，同比增幅317.28%；应纳税额为37.71万元，同比增幅236.88%；税负为1.19%，同比降幅19.27%；农产品抵扣税额为470.01万元，同比增幅468.11%；农产品抵扣税额占全部进项比例为94.88%，同比增幅35.44%；电费支出17.15万元，同比降幅45.63%；存货减少467.53万元。

【解析】

疑点一：农产品抵扣税额占全部进项比例为94.88%，同比增幅35.44%，农产品抵扣进项占比过高，有虚抵进项税金的可能。

疑点二：电费支出17.15万元，同比降幅45.63%，一般情况下说明企业生产机器运转时间减少45.63%左右，产量应该同比例下降。但是，该企业全年销售收入却增长了317.28%，增长了2 406.01万元，有虚开发票的可能。

（五）运费发票抵扣进项占比异常

1. 指标值。

指标值＝本期运费发票抵扣进项÷本期进项税总额×100%

2. 指标预警值。对纳税人取得运费发票抵扣进项占当期进项税额比例超过10%或月单笔抵扣进项超过20万元（含）情况，税务机关可能会监控。

3. 问题指向。如果企业存在上述情况，税务机关可能会认为纳税人存在取得虚开、虚假或不合规定的运费发票抵扣进项税额及虚列费用的风险。

4. 案例。

【案例4-7】 2022年3月，某县税务局稽查局对全县运费抵扣进项税额较大且环比变动异常的企业进行筛选排查，发现某化工制品有限公司近几年营业费用中运费所占份额较大，抵扣增值税金额逐年上升，数据异常，于是，对该公司2019—2021年的纳税情况进行了税务检查。

经检查发现，该公司接受的大额运输发票较多，单份运费发票金额绝大多数超过5万元，有的单份金额甚至高达40万元。经过仔细核对运费发票，发现承运车辆都为本地牌号，发票却是江苏东台、盐城等外地运费发票。

检查人员于是对该公司2019—2021年取得的所有运费发票进行逐份核对，找出运费发票对应的销售发票和进货发票，核对被查货运发票对应的货物流。经核对，发现该公司采购原料过程中发生的运费与货物购进情况基本一致，但产品销售过程中发生的运费与货物发出的方向、数量大多不一致。为查清事实，检查人员根据运费发票所反映的运输车辆牌号，到车管所调取运输车辆的资料，向车主了解运输情况。据发票上注明的本地牌号的车主反映：他们没有帮助该化工制品有限公司运送过货物。至此，该公司接受虚开运费发票抵扣增值税初露端倪。

鉴于案情重大，县税务局决定提请公安介入，由检查人员与公安人员一起到东台、盐城等地进行异地情报交换、外调协查。经协查了解，东台、盐城等地的相关运输公司反映：这些发票是某化工制品有限公司的几个业务员向他们缴了一定费用后，要他们开的。为了锁定证据，检查人员决定“兵分两路”：一路检查人员对该公司销售科业务员进行询问，另一路检查人员对该公司会计资料进行检查，对运费的结算情况进行核实。

在大量的事实面前，该公司业务员终于说出了事情的真相。原来，该公司为了鼓励业务员多创效益，对推销产品价格高出该公司出厂价的部分按80%提取结算销售费用，在公司报支的销售费用一律凭有效票据报支。没有有效票据报支的部分，一律按国家有关规定代扣个人所得税。业务员为逃避缴纳个人所得税，虚开运费发票用以冲抵业务费；同时，检查人员在销售科找出了该公司制定的销售费用考核细则，该细则规定的业务费结算办法与销售科业务员的陈述完全一致。

经对该公司会计资料的检查发现，所附原始凭证是业务员提供的运费发票，现金的领取人是该公司的业务员。该公司通过“其他应付款——

其他应付往来款”科目核算并抵扣税金，业务员为逃避缴纳个人所得税，虚开运费发票用以冲抵业务费，而该公司又用这些虚开的运费发票申报抵扣了增值税。

（六）成品油抵扣进项税额异常

1. 指标值。

指标值 = 本期购进成品油抵扣进项税额 ÷ 本期进项税总额 × 100%

2. 指标预警值。指标值 > 10%，视为异常。

3. 问题指向。成品油作为一种运输燃料，除专业运输企业以外，其他企业耗用一般较小，如果成品油抵扣进项税额超过总进项税额的 10%，会被税务机关视为异常，可能存在成品油经销企业将个人消费者不要发票的收入虚开给企业，虚抵进项税金、虚增费用的情况。

税务机关会核查成品油的具体用途，是运输油耗还是生产油耗，实际生产经营中是否需要大量的成品油。会核查购进大金额成品油的企业有无储油设备。

4. 案例。

【案例 4－8】 某商贸有限责任公司的经营范围为煤炭及煤炭制品的零售、水暖器材等。2022 年销售收入 36 103 687 元，进项税额 5 762 507. 03 元，成品油购进金额 12 069 518. 23 元，成品油进项税 1 569 037. 37 元。经核查，该企业无大型运输车辆，仅办公用轿车 3 辆，且无储油设备。

【解析】 成品油进项占比 = 本期购进成品油抵扣进项税额 ÷ 本期进项税额总额 × 100% = 1 569 037. 37 ÷ 5 762 507. 03 × 100% = 27. 22%。

该企业经营范围无成品油经销业务，且无大型运输车辆，也无业务储油设备，但是成品油进项占比超过了 10%，存在取得虚开增值税专用发票、虚抵进项税额的可能。

（七）商贸企业进销税率不一致

1. 指标值。

（1）9% 税率进项税额占比 = 本期 9% 税率进项税额 ÷ 本期进项税总额 × 100%

（2）13% 税率销项税额占比 = 本期 13% 税率销项税额 ÷ 本期销项税总额 × 100%

2. 指标预警值。9%税率进项税额占比>50%且13%税率销项税额占比>50%，视为异常。

3. 问题指向。如果商贸企业一般纳税人购进货物中9%税率占比达到50%以上，说明购进货物以低税率为主，但企业销售13%税率的货物占到50%以上，这说明该企业销售货物以高税率货物为主，这样企业购销存在明显的不匹配的现象，可能存在利用农产品发票虚抵进项税额的问题。

税务机关会核实企业库存，确认库存商品的真实性，以及是否存在真实的购进相关货物的行为；同时，可能会核查企业是否存在真实的委托加工业务。

4. 案例。

【案例4-9】甲企业为医药经销企业，2022年进项税总额为67.85万元，其中，农产品抵扣进项税额42.56万元。销项税额69.96万元，其中，13%税率销项税额40.68万元。全年应纳增值税税额2.11万元。

【解析】9%税率进项税额占比=本期9%税率进项税额÷本期进项税总额×100%=42.56÷67.85×100%=62.73%

13%税率销项税额占比=本期13%税率销项税额÷本期销项税总额×100%=40.68÷69.96×100%=58.14%

9%税率进项税额占比>50%且13%税率销项税额占比>50%，数据异常。税务机关对该企业进行了核查，发现该企业存在账实不符的情况，实际购进中药材等低税率农产品仅占全部购进货物的10%左右，为了达到少缴税款的目的，该公司通过虚开收购凭证等行为虚抵进项税额。

二、指标配比分析

（一）一般纳税人增值税税负变动率与销售额变动率配比分析

1. 指标值。

税负率=（本期应纳税额÷本期应税收入）×100%

税负变动率=（本期税负率-基期税负率）÷基期税负率×100%

销售额变动率=（本期销售额-基期销售额）÷基期销售额×100%

2. 指标预警值。计算分析企业税负变动率，与销售额变动率等指标配比分析，以下3种情况均可能会被视同存在异常：（1）销售额变动率高于正常峰值或销售额变动率正常，税负变动率低于正常峰值；（2）销售额变动率与税负变动率均低于正常峰值；（3）销售额变动率及税负变动率均高于正常峰值。

3. 问题指向。

（1）销售额变动率高于正常峰值及税负变动率低于正常峰值或销售额变动率正常，而税负变动率低于正常峰值的，税务机关会以进项税额为核查重点，查证有无扩大进项税抵扣范围、虚抵进项税额、不按规定申报抵扣等问题。

（2）销售额变动率与税负变动率均低于正常峰值的，税务机关会核实销项税额计算的正确性。对销项税额的核查，会侧重查证有无账外经营、瞒报、迟报计税销售额、错用税率等问题。

（3）销售额变动率及税负变动率均高于正常峰值的，税务机关会重点核实企业是否存在虚开发票问题。

4. 案例。

【案例 4－10】 甲企业为批发零售业一般纳税人。2021 年，实现销售额 1 000 万元，增值税销项税额 130 万元，购进货物、服务、劳务等共计 600 万元，进项税额 78 万元，期初无留抵税额。2022 年，实现一般计税项目销售额 1 200 万元，增值税销项税额 156 万元；出租"营改增"前取得的不动产采用简易计税，取得不含税出租收入 200 万元；购进货物、服务、劳务等共计 1 000 万元，进项税额 118 万元。

【解析】

（1）销售额变动率＝(1 400－1 000)÷1 000×100%＝40%

（2）2021 年应纳增值税＝130－78＝52（万元）

税负率＝52÷1 000×100%＝5.2%

2022 年应纳增值税＝(156－118)＋200×5%＝48（万元）

税负率＝48÷1 400×100%＝3.43%

税负变动率＝(本期税负率－上期税负率)÷上期税负率×100%＝(3.43%－5.2%)÷5.2%＝－34.04%

【分析疑点】

疑点一：企业 2022 年销售额与上年相比增加了 40%，但是增值税税负却下降了 34.04%。增值税税负变动与销售额变动方向相反且不配比。

疑点二：该企业增值税税负变动率为－34.04%，小于预警值－30%，存在异常。

进一步核查发现出现异常的原因有两个：一是出租不动产采用简易计税，征收率为5%，税率较低；二是简易计税项目对应的进项税金不得抵扣，未做进项税金转出处理。

【案例4－11】 某企业是从事国内图书、期刊销售，音像制品销售的国有增值税一般纳税人商业企业，该企业2022年1—12月累计应税销售额1 000万元，应纳增值税税额30万元，上年同期累计应税销售额800万元。该行业销售额变动率峰值为20%、税负率平均值为4%。

【解析】 销售额变动率＝（本期销售额－基期销售额）÷基期销售额×100%＝（1 000－800）÷800×100%＝25%

税负率＝本期应纳税额÷本期应税销售额×100%＝30÷1 000×100%＝3%

税负率差异幅度＝（本期税负率－税负率平均值）÷税负率平均值×100%＝（3%－4%）÷4%＝－25%

该企业销售额变动率大于指标峰值20%，税负率低于行业平均值4%，可能存在多抵进项税额或少提销项税额的问题。

（二）进项税额变动率与销项税额变动率配比分析

1. 指标值。

进项税额变动率＝（本期进项税额－基期进项税额）÷基期进项税额×100%

销项税额变动率＝（本期销项税额－基期销项税额）÷基期销项税额×100%

指标值＝（进项税额变动率－销项税额变动率）÷销项税额变动率×100%

2. 指标预警值。正常区间：－10%—10%。

3. 问题指向。理想状态下，两者变动方向和幅度基本一致。企业进项税额变动率高于销项税额变动率，可能会被税务机关怀疑存在少计收入或虚抵进项税额问题。会从以下几个方面进行核查：

（1）查证企业是否由于新增在建工程或购入新固定资产而增加了进项税额，如有，属于正常；

（2）如果企业本期费用类进项税额是否偏大，会核实费用的真实性；

（3）核实有无用于不得抵扣项目的购进货物等未做进项税额转出，

如免税项目、简易计税项目，集体福利等，有无非正常损失类产品的进项税额没有及时转出等问题；

（4）有无视同销售行为没有申报问题；

（5）核实销项税额计算的正确性，侧重查证有无漏报、迟报计税销售额、错用税率等问题。

4. 案例。

【案例 4－12】 某企业本期销项税额 5 606 585 元，上期销项税额 12 450 037 元；本期进项税额 2 014 056 元，上期进项税额 3 222 085 元。

【解析】 进项税额变动率 =（本期进项税额 － 上期进项税额）÷ 上期进项税额 ×100% =（2 014 056 － 3 222 085）÷ 3 222 085 ×100% = －37.49%

销项税额变动率 =（本期销项税额 － 上期销项税额）÷ 上期销项税额 ×100% =（5 606 585 － 12 450 037）÷ 12 450 037 ×100% = －54.97%

指标值 =（进项税额变动率 － 销项税额变动率）÷ 销项税额变动率 = [（－37.49%）－（－54.97%）] ÷（－54.97%）= －31.78%

疑点：指标值小于 －10%，本期销项税额减少了 54.97%，但是进项税额却只减少了 37.49%，两者变动幅度相差过大，可能存在少计收入或者虚抵进项的问题。

经进一步核查发现，企业有 300 万元的未开票收入未按规定申报纳税。

（三）销售毛利率变动率与税负率变动率配比分析

1. 指标值。

指标值 = 毛利率变动率 ÷ 税负变动率 ×100%

毛利率 =（主营业务收入 － 主营业务成本）÷ 主营业务收入 ×100%

毛利率变动率 =（本期毛利率 － 基期毛利率）÷ 基期毛利率 ×100%

税负率 =（本期应纳税额 ÷ 本期应税收入）×100%

税负变动率 =（本期税负率 － 基期税负率）÷ 基期税负率 ×100%

2. 指标预警值。正常情况下两者应基本同步增长，指标值应接近 1。

3. 问题指向。税务机关主要通过上述配比分析判断企业是否存在实现销售收入而不计提销项税额或扩大抵扣范围而多抵进项的问题。如果分析过程中出现以下几种情况，可能会被视为异常：

（1）若指标值 >1 且两者都为正数，可能存在企业将自产产品或外购货物用于免税项目、简易计税项目、无偿捐赠、集体福利等，不计收入或未做进项税额转出等问题。

（2）当指标值 <1 且两者都为负数，可能存在上述问题。

（3）当指标值 <1，前者为正后者为负时，可能存在上述问题。

出现上述情况，税务检查人员会了解企业收入变化情况。针对收入疑点，会实地核实原材料、半成品、包装物等购进、验收、入库、领用、周转等收发货登记相关记录；检查企业各开户银行的对账单，了解其资金流向，结合购销合同，分析材料购进及货物销售数量及价格；审核收款记录，将收款情况与开票情况进行核对，检查是否存在货物发出并已取得货款但未开发票未计提销项税的情况；针对多抵进项的疑点，会检查企业存货分配情况及"生产成本""制造费用"等借方发生额；检查"营业费用""管理费用"等发生业务，是否存在将外购存货用于职工福利、个人消费等情况；检查农产品入库记录、款项支付等情况，结合历史或同行业单位定耗量，判断是否存在虚开问题。

4. 案例。

【案例4－13】 某区税务局对某企业相关信息进行了采集，该公司2022年累计实现销售收入为1 431.5万元，销售成本为1 386.9万元，销项税额186.1万元，进项税额184.47万元，实现增值税1.63万元，税负率为0.11%。该公司2021年累计实现销售收入为1 256.5万元，销售成本为1 202万元，销项税额163.35万元，进项税额154.72万元，实现增值税8.63万元，税负率为0.69%。

【解析】 指标值＝毛利率变动率÷税负变动率

（1）2021年毛利率＝(主营业务收入－主营业务成本)÷主营业务收入×100%＝(1 256.5－1 202)÷1 256.5×100%＝4.34%

2022年毛利率＝(主营业务收入－主营业务成本)÷主营业务收入×100%＝(1 431.5－1 386.9)÷1 431.5×100%＝3.12%

毛利率变动率＝(本期毛利率－基期毛利率)÷基期毛利率×100%＝(3.12%－4.34%)÷4.34%×100%＝－28.11%

（2）2021年税负率＝0.69%

2022年税负率＝0.11%

税负变动率＝(本期税负率－基期税负率)÷基期税负率×100%＝(0.11%－0.69%)÷0.69%×100%＝－84.05%

（3）指标值 = 毛利率变动率 ÷ 税负变动率 =（ −28.11%）÷（ −84.05%）= 0.33

当指标值 <1 且两者都为负数，可能存在企业将自产产品或外购货物用于免税项目、简易计税项目、无偿捐赠、集体福利等，不计收入或未做进项税额转出等问题。

（四）销售额变动率与应纳税额变动率配比分析

1. 指标值。

指标值 = 销售额变动率 ÷ 应纳税额变动率

销售额变动率 =（本期销售额 − 基期销售额）÷ 基期销售额 ×100%

应纳税额变动率 =（本期应纳税额 − 基期应纳税额）÷ 基期应纳税额 ×100%

2. 指标预警值。正常情况下两者应基本同步增长，指标值应接近 1。

3. 问题指向。判断企业是否存在实现销售收入而不计提销项税额或扩大抵扣范围而多抵进项的问题。

（1）比值 >1 且两者都为正数时，可能存在企业将自产产品或外购货物用于免税项目、简易计税项目、无偿捐赠、对外投资、集体福利等，不计收入或未做进项税额转出等问题；

（2）比值 <1 且两者都为负数时，可能存在上述问题；

（3）比值为负数，前者为正后者为负时，可能存在上述问题。

出现上述情况，税务机关将检查企业的主要经营范围，查看营业执照、税务登记、经营方式以及征管范围界定情况，以及是否兼营不同税率的应税货物；查阅仓库货物收发登记簿，了解材料购进、货物入库、发出数量及库存数量，并与申报情况进行比对；审核企业明细分类账簿，会重点核实“应收账款”“应付账款”“预付账款”等明细账，并与主营业务收入、应交税费明细核对，审核有无将收入长期挂往来账、少计销项税额以及多抵进项税等问题；审核进项税额抵扣凭证、检查有无将购进货物用于免税项目、简易计税项目、集体福利等情况。

4. 案例。

【案例 4 −14】 甲公司 2022 年累计实现销售收入为 2 300 万元，销项税额 299 万元，进项税额 236 万元。2021 年累计实现销售收入为 1 800 万元，销项税额 234 万元，进项税额 143 万元，期初无留抵税额。

【解析】指标值＝销售额变动率÷应纳税额变动率

（1）销售额变动率＝（本期销售额－基期销售额）÷基期销售额×100%＝（2 300－1 800）÷1 800×100%＝27.78%

（2）2021年应纳税额＝234－143＝91（万元）

2022年应纳税额＝299－236＝63（万元）

应纳税额变动率＝（本期应纳税额－基期应纳税额）÷基期应纳税额×100%＝（63－91）÷91＝－30.77%

（3）指标值＝销售额变动率÷应纳税额变动率＝27.78%÷（－30.77%）＝－0.9

当比值为负数，前者为正后者为负时，可能存在企业将自产产品或外购货物用于免税项目、简易计税项目、无偿捐赠、集体福利等，不计收入或未做进项税额转出等问题。

（五）存货与预收账款配比分析

1. 指标值。存货与预收账款是性质相反的两个账户，一般情况下，余额的变化方向应相反。

2. 指标预警值。

（1）如果存货期末余额比较大，说明产品滞销；

（2）如果预收账款期末余额比较大，说明产品畅销。

3. 问题指向。存货与预收账款是性质相反的两个账户，如果两者余额同时比较大，则说明预收账款的真实性存在问题，可能是销售收入已实现，由于对方不要发票或者延迟要发票，企业未及时确认收入。或者是货物已经发出，未及时确认收入、结转成本。

4. 案例。

【案例4－15】某税务机关对甲企业2022年度增值税纳税情况进行监控时发现，该企业预收账款科目年初、年末均为贷方余额50万元，全年未发生变动，而存货科目年初余额130万元、年末余额为70万元，该企业可能存在预收账款结算方式下货物已发出未计销售的问题，于是税务机关对该企业进行了纳税提醒，要求该企业进行排查，甲企业收到税务机关提醒通知后进行了核查。

经核查，甲企业预收账款余额50万元，为收取乙公司的货款，甲企业于2021年与乙公司签订供货合同，2年内按乙公司需求供货，收取乙公司预付货款 50 万元，2 年结束后按实际结算。从仓库的出库单来看，确有向乙公司发出货物，由于仓库保管员工作疏忽，未将相关单据传递到会计部门，导致 2022 年实际销售乙公司货物 60 万元漏记销售，甲企业依法补计收入 60 万元，并补缴了税款和滞纳金。

（六）期末预收账款变动率与销售收入变动率配比分析

1. 指标值。

期末预收账款变动率 =（本期预收账款期末值 − 上期预收账款期末值）÷ 上期预收账款期末值 × 100%

销售收入变动率 =（本期销售额 − 上期销售额）÷ 上期销售额 × 100%

指标值 = 期末预收账款变动率 ÷ 销售收入变动率

2. 指标预警值。正常情况下两者应同步增长，指标值应接近 1。

3. 问题指向。

（1）当指标值大于 1、两者都为正时，可能存在实现销售收入而不计提销项税额或扩大抵扣范围多抵进项税金的问题。

（2）当指标值小于 1，两者都为负时，可能存在上述问题。

（3）当指标值为负数、前者为正后者为负时，可能存在上述问题。

出现上述情况，税务检查人员会重点核查以下三个方面：一是通过预收账款核算的前提是否存在，如购货方有无必要预付货款，有无订立预付账款购销合同；二是通过检查有关销货合同、仓库发货单、货运单据、收款凭证、记账凭证等，分析已实现销售的商品是否及时转销预收账款，以确定预收账款和销售收入核算的正确性和合理性；三是对税法规定必须纳税的预收账款，是否已及时、足额纳税。

4. 案例。

【案例 4－16】 甲公司 2021 年期末预收账款 300 万元，2022 年期末预收账款 500 万元；2021 年销售额为 1 800 万元，2022 年销售额为 1 600 万元。

期末预收账款变动率 =（本期预收账款期末值 − 上期预收账款期末值）÷ 上期预收账款期末值 100% =（500 − 300）÷ 300 × 100% = 66.67%

销售收入变动率 =（本期销售额 − 上期销售额）÷ 上期销售额 × 100% =（1 600 − 1 800）÷ 1 800 × 100% = −11.11%

指标值 = 期末预收账款变动率 ÷ 销售收入变动率 = 66.67% ÷

(−11.11%)=−6

当指标值为负数，前者为正、后者为负时，可能存在实现销售收入而不计提销项税额或扩大抵扣范围多抵进项税金的问题。

（七）应纳税额与工（商）业增加值配比分析

1. 指标值。

指标值=应纳税额增长率÷工（商）业增加值增长率

其中：

应纳税额增长率=(本期应纳税额−基期应纳税额)÷基期应纳税额×100%

工(商)业增加值增长率=[本期工(商)业增加值−基期工(商)业增加值]÷基期工(商)业增加值×100%

应纳税额是指纳税人缴纳的增值税应纳税额；工（商）业增加值是指工资、利润、折旧、税金的合计。

2. 指标预警值。正常情况下两者应同步增长，指标值接近1。

3. 问题指向。指标值异常，则企业可能有少缴税款的问题。税务机关会通过其他相关纳税分析指标与方法，结合纳税人生产经营的实际情况作进一步分析，对其申报真实性进行判断。

4. 案例。

【案例4−17】某化工原料加工厂，2022年生产A产品2 500吨，不含税平均出厂单价1 450元/吨，对外加工收入50万元，当年缴纳的增值税应纳税额1 417.5万元，工业增加值1 236万元。2021年缴纳的增值税应纳税额1 285.13万元，工业增加值1 056.41万元。

【解析】

(1) 应纳税额增长率。

应纳税额增长率=(本期应纳税额−基期应纳税额)÷基期应纳税额×100%=(1 417.5−1 285.13)÷1 285.13×100%=10.3%

(2) 工业增加值增长率。

工业增加值增长率=(本期工业增加值−基期工业增加值)÷基期工业增加值×100%=(1 236−1 056.41)÷1 056.41=17%

(3) 应纳税额与工业增加值配比分析。

应纳税额与工业增加值比值=应纳税额增长率÷工业增加值增长率=

10.3% ÷17% =0.61

应纳税额与工业增加值比值预警值一般为1，该厂指标值小于1，结合其他相关增值税风险指标分析，可能存在少缴增值税的问题。进一步核查后发现：办税人员填写申报资料时，将销售收入3 675万元，误写成3 275万元，少申报销项税额400万元。

（八）工（商）业增加值税负差异分析

1. 指标值。工（商）业增加值税负差异率是指企业一定时期内的工（商）业增加值税负占同行业工（商）业增加值税负的比例，反映企业税负与同行业税负的相对差异。

工（商）业增加值税负差异率 =［本企业工（商）业增加值税负 ÷同行业工（商）业增加值税负］×100%。其中：本企业工（商）业增加值税负 = 本企业应纳税额 ÷本企业工（商）业增加值；同行业工（商）业增加值税负 =同行业应纳税额总额 ÷同行业工（商）业增加值。

2. 指标预警值。本企业工（商）业增加值税负如低于同行业工（商）业增加值平均税负，视为异常。

3. 问题指向。应用该指标分析本企业工（商）业增加值税负与同行业工（商）业增加值税负的差异，如低于同行业工（商）业增加值平均税负，则企业可能存在隐瞒收入、少缴税款等问题，税务机关会结合其他相关指标和方法进一步分析，对其申报真实性进行判断。

4. 案例。

【案例4-18】 某百货公司，2022年申报商品销售收入6 642.3万元，销项税额863.5万元，进项税额731.62万元，应纳增值税额131.88万元，该公司商业增加值237.38万元；本地区同行业应纳增值税总额为16 594万元，同行业商业增加值19 912.8万元。

【解析】 该公司工（商）业增加值税负 =该公司应纳税额 ÷该公司工（商）业增加值 =131.88 ÷237.38 =0.56

同行业工（商）业增加值税负 =同行业应纳税额总额 ÷同行业工（商）业增加值 =16 594 ÷19 912.8 =0.83

工（商）业增加值税负差异率 =（该公司商业增加值税负 ÷同行业商业增加值税负）×100 % =0.56 ÷0.83 ×100% =67.47%

结合其他风险指标和方法进一步分析，则企业可能存在隐瞒收入、少缴税款等问题。进一步核查发现：该企业设有一非独立核算的门市部，由于门市部有关人员请长期病假，2022年第四季度门市部销售收入未记账，少计销售收入200万元，少计提销项税额26万元。

（九）新办一般纳税人购销情况风险分析

1. 指标值。销售额高且固定资产小的新办一般纳税人。

2. 指标预警值。

（1）销售额高且固定资产小；

（2）开业不满一年；

（3）使用增值税专用发票。

3. 问题指向。销售高却投资少，开业后短时间内收入陡增，使用增值税专用发票的企业，可能存在虚抵虚开情况。

4. 案例。

【案例4－19】某市税务局以销售额高且固定资产小的新办一般纳税人为筛选对象，利用智能分析筛选风险企业：销售超千万元且固定资产小于1万元的企业（销售高投资少）；2022年4月1日后登记的企业（开业不满一年）；使用增值税专用发票的企业（可能存在虚开）。通过智能分析筛出22家风险企业，对其中销售额排名靠前的4家企业进行重点分析。

（1）销项分析。利用金三系统对其中下游交易对象查询，发现4家企业新办不久，主营业务内容相似，近半年的合计销售额达8 000万元以上，产品主要销往广东和江西等地。具体情况见表4－1。

表4－1　　4家企业销售情况统计表

纳税人名称	开业时间	2022年销售额（万元）	主要销售地
甲城A皮革有限公司	2022年7月	2 064.96	广东、江西
甲城C皮革有限公司	2022年5月	2 308.12	广东、江西
甲城B棉业有限公司	2022年8月	1 773.37	广东、江西
甲城D皮革有限公司	2022年4月	1 967.01	广东、江西

疑点一：开业后收入陡增，存在虚开发票风险。

（2）进项分析。利用“金三”系统对上下游交易对象查询，统计出该4家企业的进项抵扣情况，发现收购凭证抵扣占比均超过97%。具体情况见表4－2。

表4－2　4家企业购进情况统计表

纳税人名称	进项税总额（万元）	收购凭证抵扣税额（万元）	收购凭证抵扣税额占进项税总额的比重
甲城D皮革有限公司	312.72	307.79	97.8%
甲城B棉业有限公司	279.13	278.85	99.9%
甲城C皮革有限公司	338.70	333.62	98.5%
甲城A皮革有限公司	321.89	314.49	97.7%

疑点二：农产品抵扣进项占比过高，存在虚抵进项税金风险。

（3）电费分析。经分析2022年某省甲供电公司开出的电费增值税专用发票情况，发现其下游交易对象无A、B、C、D公司，得出结论这4家公司均无电费发生。

疑点三：生产加工企业固定资产小于1万元，且无电费支出，即存在虚假经营风险。

（4）企业股东关系分析。通过血缘关系查询，发现该4家企业法定代表人和主要股东均为某省某市人，而且该4家企业财务负责人有关联。A公司财务负责人为B公司法定代表人，其余B、C、D 3家公司财务负责人均为同一人，显示该4家企业为关联企业。

疑点四：4家企业为关联企业，开业时间相近，存在风险问题相同，可能为虚开增值税发票团伙。

三、发票异常分析指标

（一）增值税专用发票用量变动异常

1. 指标值。

（1）指标值＝（增税专用发票本月使用量－增值税专用发票上月使用量）÷增值税专用发票上月使用量×100%。

（2）本月发票增量次数及增票总数。

2. 指标预警值。

（1）纳税人开具增值税专用发票超过上月工业30%（含），商业120%（含）以上并超过上月10份以上，视为异常。

（2）1个月内出现3次增票且增票总数超过240份（平均每次超过80份），视为异常。

3. 问题指向。增值税专用发票用量骤增，除正常业务变化外，可能有虚开现象。

一般情况下，企业出现销售波动时要求增票也是合理的，但企业在1个月内出现3次增票且增票总数超过240份（平均每次超过80份），会被认为企业经营波动太大，不符合经营常理。

当出现上述异常指标，税务检查人员会对企业进行检查，防止虚开后突然注销以及走逃，一般会检查纳税人的购销合同是否真实、检查纳税人的生产经营情况是否与签订的合同情况相符并实地检查存货等。主要检查存货类“原材料”“产成品”以及“货币资金”“银行存款”“现金”以及“应收账款”“预收账款”等科目。对于临时增量购买专用发票的还将重点审查其合同履行情况。

注意：对于专用发票领用量变动是否异常的判断，税务机关会结合企业设立时间与一般纳税人身份取得时间进行分析。虚开企业通常会在刚开始经营的前3个月业务增长很快，月收入在千万元左右，年总销售额至少接近亿元以上，发票领用、开具数量激增。根据这些特征，主管税务机关应在新办企业中筛选出一部分企业进行重点监控。

4. 案例。

【案例4-20】 某市税务局税务人员在分析企业数据时发现：该市R公司、W公司、T公司等9家煤炭贸易企业发票领购情况异常。9家企业相继办理税务登记并申请为增值税一般纳税人后，随即开始频繁申请临时增票，成立3个月时间内，平均每家每月申领近百份发票。

从金税三期系统和电子底账系统中调取9家企业信息实施案头分析：9家煤炭贸易企业经营“两头在外”；9家企业存在关联关系；企业主要人员存在交叉任职现象；法定代表人电话均无法接通。

经查，R公司、W公司等9家煤炭贸易企业从北京、大连等9个地市的34家企业非法取得发票882份，价税合计1.02亿元，涉及税额1 500

万元。在虚抵进项后，向河北、河南等10个省市的22户企业虚开增值税专用发票927份，价税合计1.06亿元，涉及税额1 500万元。由于涉案企业和相关人员已走逃，该市税务局稽查局将案件移交公安机关进一步查处。

（二）销项发票客户离散度异常

1. 指标值。远距离销售货物收入占总销售收入比例较大且一次性交易占比高。

2. 指标预警值。与距离大于500公里的购货方的交易额占收入总额的50%以上，且一次性交易比例大于50%，视为异常。

3. 问题指向。该指标主要是通过纳税人远距离销售货物收入占总销售收入比例较大且一次性交易占比高的情况分析，监控企业虚假交易和虚开情况。

因为每家企业的实力都是有限的，过散、过多的客户往往意味着企业销售能力范围较大，但实际上一家企业受地域成本限制，其较远的交易在很多情况下是不现实的。如果存在客户离散度大且物流方向或加工不合理，税务检查人员则会进一步对主要客户进项核查，以确定是否存在真实交易。客户过多、过散，可能存在虚假交易和虚开情况。

4. 案例。

【案例4-21】 一张普通发票上，货物名称是“混凝土”，票面各种问题都没有，填写非常规范。购买方是河南省某商贸公司，销售方是广西部门某建筑材料公司。该河南公司说，买混凝土是用于建设规划为5层的办公楼。检查人员问，货物是广西的企业在本地有临时生产场所，还是从广西直接送到河南的呢？

答曰：从广西购买，直接送来的。

检查人员当时就断定，这笔业务是虚假的。为什么呢？

混凝土的特性是什么？从生产到使用，时间最多不能超过3个小时，否则它就会凝结，无法使用。因此，怎么可能从广西购买的混凝土到河南还可用呢？

企业承认，确实购买了混凝土，不过是从本地购买后取得了这张发票。

（三）发票作废率偏高

1. 指标值。

增值税发票作废率 = 本月增值税发票作废份数 ÷（本月正常开具增值

税发票份数+本月作废增值税发票份数）×100%

2. 指标预警值。

（1）增值税发票作废率>10%，视为异常。

（2）同一笔销售发票当月作废，次月重开，且在起征点左右直接纳入风险扫描重点，并由系统自动提醒。

3. 问题指向。

（1）恶意隐瞒收入：这是一种较为常见的情况，纳税人将已开具的发票作废，下月重开，将当月发票开具金额降至起征点以下，从而达到不交税的目的。

（2）恶意串通，销售方违规作废，接票方虚列成本：销售方与受票方在没有真实业务的前提下恶意串通，销售方违规作废开具的部分发票（未收回发票联），接票方虚列成本，从而达到偷税目的。

（3）涉嫌虚开发票：部分企业涉嫌虚开发票，但为了避免被税务机关发现，将部分发票进行作废，以平销、微利达到虚开发票的目的。

4. 案例。

【案例4-22】2015年5月4日，某市国税局政策法规部门的税务人员在专项风险排查中发现，某建材公司每个月领用的增值税普通发票由25份逐渐增加至400份，但是，发票领用数增加后，该公司申报销售收入与之前相差不大。这一异常情况立即引起了税务人员的警觉，经过进一步查证发现，该公司2014年7月才注册成立。该公司自成立以来，几乎每个月月初都有领用发票的记录，但奇怪的是，一到月底，该公司就会通过开票系统将开出的增值税普通发票大量作废，此举显然不符合经营交易常规。

为何开了发票又作废，而且数量金额突然剧增？带着疑问，市国税局随即对全市企业开票情况展开全面排查。另一家建材公司就此进入了税务人员的视线。同样于2014年7月注册成立的某贸易公司，大量作废发票的做法与某建材公司如出一辙。税务人员向票面上的部分受票企业询问核实，证实了他们收到的确为已通过系统作废的发票。

税务人员进一步核查发现，截至2015年5月5日，2家企业从成立开始合计已作废发票5 398份，作废金额高达5.71亿元。这2家疯狂作废发票的企业背后到底有何牵连？凭借丰富的工作经验，税务人员初步判断，这些被作废的发票可能涉嫌虚开，一起以“建材贩子”为中间人的虚开增值税普通发票案件开始浮出水面。

根据案件情况，市国税局立即启动应急方案，将案件移交至稽查局。检查人员进一步分析2家企业的相关数据发现，从2014年7月到2015年4月，这2家企业存在将开具的增值税普通发票的发票联给受票企业后，又将该发票的电子信息作废的行为。企业向税务机关申报销售仅有9.8万元，且没有进项税额申报抵扣，存在未购进货物的可能。上述行为已涉嫌虚开增值税普通发票。从作案手段和登记信息来看，这2家企业很有可能是由同一团伙操控。

该局及时将涉案线索移送至市公安局经侦大队。税、警双方成立了专案组。2015年6月下旬，税、警双方做了大量内查外调工作，案情渐渐明朗。从已掌握的证据看，某建材公司及某贸易公司在无真实业务的情况下，采取月初开票、月底作废的手段，虚开发票共计6 000余份，票面涉案金额高达6.5亿元，受票企业遍布全国各地，受票金额在百万元以上的企业就有近200家。

【案例4－23】 甲县税务局充分利用市局征管基础及税务风险预警监控平台，重点关注发票作废率高、开票数额较大等异常情况数据。针对企业发票异常情况，结合电子底账系统、省税务大数据管理平台、增值税发票数据应用分析系统等进行切实比对分析，准确把握线索，精准命中风险。通过及时与企业法定代表人、财务人员沟通，关注发票作废率高的企业是否程序完整、符合规范，账务处理是否健全；认真核实企业经济业务真实性及合规性，要求纳税人提供作废发票原件作废理由。对作废后又重开情形，认真核对合同流、货物（服务）流、资金流是否真实等，对需要纳税评估的，及时下发任务。通过征管基础及税务风险预警监控平台提供数据以及人工分析，发现某建筑工程甲县分公司作废发票不合规，通过风险评估任务下发发现，目前该企业已缴纳相关税款和滞纳金合计202.5万元，其中涉及增值税181.81万元，城市维护建设税和附加税18.18万元，印花税0.6万元，滞纳金1.91万元。

（四）专用发票长期顶额开具异常

1. 指标值。增值税发票顶额开具率＝本月增值税发票顶额开具份数÷本月开具增值税发票份数×100%

2. 指标预警值。增值税发票顶额开具率>90%，视为异常。

3. 问题指向。大部分发票顶额开具，发票开具金额满额度高于90%，可能存在虚开发票的现象。

4. 案例。

【案例4－24】2022年5月，某市税务局稽查局发现，当地A区甲建筑材料有限公司等多家新注册的公司，在日常经营中开具的增值税发票，存在重大异常：这些企业发票开具异常，税负非常低，半年来销售收入呈井喷式增长，短期内集中顶额开具发票，初次领取发票就申请增量，但申报缴纳金额却很低，进项发票没有人工费、水电费等经营性的支出。不仅如此，随着对这些企业的资金流、货物流以及发票流展开调查，税务人员还发现，这些企业都出现资金回流的可疑现象。

鉴于涉案金额巨大，且牵涉企业众多，2022年7月27日，税务部门根据相关法律规定，将案件移交公安部门侦查。而同一时间，市公安局也接到乙建筑材料有限公司涉嫌虚开大量增值税专用发票的线索，发现其中18家企业共接受了488份虚开增值税专用发票，涉及金额4 971万元。销售发票的资金，流向一名何姓男子的银行账户后，又分多笔流向鹰潭、福建、景德镇等地的多个账户。但经调取、比对当地银行的数据和视频证据，警方发现，这些账户的持卡人都是虚假身份，企业门牌号码等注册信息也是假的，办公室人去楼空。这些持卡人通过中间人大量购买居民身份证，经代办公司将购买的居民身份证用于办理工商注册和涉税事项，陆续在A区注册了某建材有限公司等65家空壳企业。这些企业之间存在着复杂的资金回流链。最后，经侦人员先后奔赴福建等地实地核查，掌握了福建地区40多个涉案企业支付“开票费”，通过中间人向何某某团伙购买发票的确凿证据。

异常增值税扣除凭证相关链接：

【链接一】国家税务总局关于印发《异常增值税扣税凭证处理操作规程》的通知（税总发〔2017〕46号）

一、走逃（失联）企业的异常凭证

税务机关依照规定的程序和方法、履行规定的手续后，依法判定为走逃（失联）的企业，发生下列情形之一的，所对应属期开具的增值税专用发票列入异常凭证范围。

1. 商贸企业购进、销售货物名称严重背离的；生产企业无实际生产加工能力且无委托加工，或生产能耗与销售情况严重不符，或购进货物并不能直接生产其销售的货物且无委托加工的。

2. 直接走逃失踪不纳税申报，或虽然申报但通过填列增值税纳税申报表相关栏次，规避税务机关审核比对，进行虚假申报的。

政策依据：《关于走逃（失联）企业开具增值税专用发票认定处理有关问题的公告》（国家税务总局公告2016年第76号）

二、税务风险分析评估中发现的异常凭证

发生下列第二种情形，导致税务机关无法实施约谈的，在纳税人主动联系主管税务机关之前，主管税务机关可通过增值税发票系统升级版暂停该纳税人开具发票，并将其取得和开具的增值税发票列入异常凭证范围，录入增值税抵扣凭证审核检查系统。

1. 增值税一般纳税人存在购进、销售货物（服务）品名明显背离，虚假填列纳税申报表特定项目以规避税务机关审核比对等。

2. 电话、地址等税务登记信息虚假无法联系或两次约谈不到。

政策依据：《关于异常增值税扣税凭证抵扣问题的通知》（税总发〔2015〕148号）

三、发票开具和纳税申报数据监控发现的异常凭证

税务机关在对纳税人开票数据进行实时监控分析预警中发现下列第一种情形的，或者对增值税纳税申报数据的监控中发现下列第二种情形的，作为异常情形，应及时约谈纳税人。因下列第三种情形，导致无法约谈的，主管税务机关可通过升级版暂停该纳税人开具发票，同时暂停其网上申报业务，将其近60天内（自纳税人最后一次开票日期算起）取得和开具的增值税发票列入异常发票范围，并应在2个工作日内，录入增值税抵扣凭证审核检查系统，开展异常发票委托核查。

1. 纳税人存在购销不匹配、有销项无进项、大部分发票顶额开具、发票开具后大量作废、发票开具金额突增等异常情形。

2. 纳税人当期申报存在未开具发票（或开具其他发票）栏次填报负数；无免税备案但有免税销售额；应纳税额减征额填报金额较大；进项税额转出填报负数；当期农产品抵扣进项占总进项比例较大且与实际经营情况不符；代扣代缴税收缴款凭证、运输费用结算单据等栏填报数额异常等情形。

3. 地址、电话等税务登记信息虚假无法联系或者经税务机关两次约谈不到的。

政策依据：《国家税务总局关于加强增值税发票数据应用防范税务风险的指导意见》（税总发〔2015〕122号）

四、非正常户的失控发票

已办理税务登记的纳税人发生未按照规定的期限申报纳税情形的，在税务机关责令其限期改正后，逾期仍然不改正的，税务机关应当派员实施实地检查程序。对于履行核查手续后，查无下落并且无法强制其履行纳税义务的，由检查人员制作非正常户认定书，存入纳税人档案，认定其为非正常户。对于非正常户所持有的增值税发票，税务机关按照失控发票采集标准，将相关增值税专用发票列入防伪税控系统，实施失控发票管理。

政策依据：《国家税务总局关于修改〈税务登记管理办法〉的决定》（国家税务总局令第36号）、《国家税务总局关于失控增值税专用发票处理的批复》（国税函〔2008〕607号）

五、稽核比对结果的异常抵扣凭证

在增值税稽核比对中，通过全国增值税专用发票稽核系统产生稽核比对结果为“不符”“缺联”“属于作废”的增值税专用发票，列入异常抵扣凭证管理。对于这些异常凭证的判断和处理需要结合不同的情况。

1.“不符”发票

（1）抵扣联票面信息与抵扣联电子信息相符的，传递给销售方主管税务机关审核检查；

（2）抵扣联票面信息与抵扣联电子信息不相符、与存根联电子信息相符的，按相关规定进行处理；

（3）抵扣联票面信息与抵扣联、存根联电子信息均不相符的，根据抵扣联票面信息修改抵扣联电子信息，传递给销售方主管税务机关审核检查。

2.“缺联”发票

（1）抵扣联票面信息与抵扣联电子信息相符的，传递给销售方主管税务机关审核检查；

（2）抵扣联的票面信息与抵扣联电子信息不相符的，根据抵扣联票面信息修改抵扣联电子信息，传递给销售方主管税务机关审核检查。

3.“属于作废”发票

（1）纳税人未申报抵扣的，按规定进行处理；

（2）纳税人已申报抵扣，传递给销售方主管税务机关审核检查。

政策依据：《增值税专用发票审核检查操作规程（试行）》（国税发

〔2008〕33 号）

【链接二】《国家税务总局关于异常增值税扣税凭证管理等有关事项的公告》（国家税务总局公告 2019 年第 38 号）

现将异常增值税扣税凭证（以下简称“异常凭证”）管理等有关事项公告如下：

一、符合下列情形之一的增值税专用发票，列入异常凭证范围：

（一）纳税人丢失、被盗税控专用设备中未开具或已开具未上传的增值税专用发票；

（二）非正常户纳税人未向税务机关申报或未按规定缴纳税款的增值税专用发票；

（三）增值税发票管理系统稽核比对发现“比对不符”“缺联”“作废”的增值税专用发票；

（四）经税务总局、省税务局大数据分析发现，纳税人开具的增值税专用发票存在涉嫌虚开、未按规定缴纳消费税等情形的；

（五）属于《国家税务总局关于走逃（失联）企业开具增值税专用发票认定处理有关问题的公告》（国家税务总局公告 2016 年第 76 号）第二条第（一）项规定情形的增值税专用发票。

二、增值税一般纳税人申报抵扣异常凭证，同时符合下列情形的，其对应开具的增值税专用发票列入异常凭证范围：

（一）异常凭证进项税额累计占同期全部增值税专用发票进项税额 70%（含）以上的；

（二）异常凭证进项税额累计超过 5 万元的。

纳税人尚未申报抵扣、尚未申报出口退税或已作进项税额转出的异常凭证，其涉及的进项税额不计入异常凭证进项税额的计算。

三、增值税一般纳税人取得的增值税专用发票列入异常凭证范围的，应按照以下规定处理：

（一）尚未申报抵扣增值税进项税额的，暂不允许抵扣。已经申报抵扣增值税进项税额的，除另有规定外，一律作进项税额转出处理。

（二）尚未申报出口退税或者已申报但尚未办理出口退税的，除另有规定外，暂不允许办理出口退税。适用增值税免抵退税办法的纳税人已经办理出口退税的，应根据列入异常凭证范围的增值税专用发票上注明的增值税额作进项税额转出处理；适用增值税免退税办法的纳税人已经办理出口退税的，税务机关应按照现行规定对列入异常凭证范围的增值税专用发票对应的已退税款追回。

纳税人因骗取出口退税停止出口退（免）税期间取得的增值税专用发票列入异常凭证范围的，按照本条第（一）项规定执行。

（三）消费税纳税人以外购或委托加工收回的已税消费品为原料连续生产应税消费品，尚未申报扣除原料已纳消费税税款的，暂不允许抵扣；已经申报抵扣的，冲减当期允许抵扣的消费税税款，当期不足冲减的应当补缴税款。

（四）纳税信用A级纳税人取得异常凭证且已经申报抵扣增值税、办理出口退税或抵扣消费税的，可以自接到税务机关通知之日起10个工作日内，向主管税务机关提出核实申请。经税务机关核实，符合现行增值税进项税额抵扣、出口退税或消费税抵扣相关规定的，可不作进项税额转出、追回已退税款、冲减当期允许抵扣的消费税税款等处理。纳税人逾期未提出核实申请的，应于期满后按照本条第（一）项、第（二）项、第（三）项规定作相关处理。

（五）纳税人对税务机关认定的异常凭证存有异议，可以向主管税务机关提出核实申请。经税务机关核实，符合现行增值税进项税额抵扣或出口退税相关规定的，纳税人可继续申报抵扣或者重新申报出口退税；符合消费税抵扣规定且已缴纳消费税税款的，纳税人可继续申报抵扣消费税税款。

四、经税务总局、省税务局大数据分析发现存在涉税风险的纳税人，不得离线开具发票，其开票人员在使用开票软件时，应当按照税务机关指定的方式进行人员身份信息实名验证。

五、新办理增值税一般纳税人登记的纳税人，自首次开票之日起3个月内不得离线开具发票，按照有关规定不使用网络办税或不具备风险条件的特定纳税人除外。

第二节　增值税税务风险点

一、纳税人身份确定风险

增值税纳税人分为一般纳税人和小规模纳税人，在通常情况下，一般纳税人采用一般计税方法（特殊应税事项也可采用简易计税方法），小规模纳税人只能采用简易计税方法。根据身份确定计税方法，而计税方法的选用将直接影响到企业税负的高低。因此，身份的确定不但需要符合相关规定，也应结合企业的实际情况综合考量。

（一）已达标未登记风险

1. 登记一般纳税人的相关规定。《增值税一般纳税人登记管理办法》第二条规定："增值税纳税人，年应税销售额超过财政部、国家税务总局规定的小规模纳税人标准的，除本办法第四条规定外，应当向主管税务机关办理一般纳税人登记。

本办法所称年应税销售额，是指纳税人在连续不超过 12 个月或 4 个季度的经营期内累计应征增值税销售额，包括纳税申报销售额、稽查查补销售额、纳税评估调整销售额。

销售服务、无形资产或者不动产有扣除项目的纳税人，其应税行为年应税销售额按未扣除之前的销售额计算。纳税人偶然发生的销售无形资产、转让不动产的销售额，不计入应税行为年应税销售额。"

2. 风险表现。在年应税销售额超过规定标准的月份（或季度）的所属申报期结束后 15 日内，应按照《增值税一般纳税人登记管理办法》第六条或者第七条的规定办理相关手续；未按规定时限办理的，主管税务机关应当在规定时限结束后 5 日内制作"税务事项通知书"，告知纳税人应当在 5 日内向主管税务机关办理相关手续；逾期仍不办理的，次月起按销售额依照增值税税率计算应纳税额，不得抵扣进项税额，直至纳税人办理相关手续为止。

3. 案例。

【案例 4－25】 甲超市为增值税小规模纳税人，按月申报纳税。由于年应税销售额达到一般纳税人登记标准后未及时办理登记手续，于 2022 年 6 月 20 日收到了税务机关制作的"税务事项通知书"，但该公司逾期仍未办理相关手续。该超市 2022 年 7 月销售货物 30 万元，购进货物 20 万元（取得增值税专用发票）。当月增值税应纳税额为多少？

【解析】 甲超市应按销售额依照增值税税率计算应纳税额 $=30\times13\%=3.9$（万元），不得抵扣进项税额，也不得使用增值税专用发票，直至其办理相关手续为止。

（二）纳税人身份相关风险

1. 选择登记为一般纳税人的相关规定。《增值税一般纳税人登记管理办法》第三条规定："年应税销售额未超过规定标准的纳税人，会计核算健全，能够提供准确税务资料的，可以向主管税务机关办理一般纳税人登记。

本办法所称会计核算健全，是指能够按照国家统一的会计制度规定设置账簿，根据合法、有效凭证进行核算。"

2. 风险表现。未准确测算税负，年应税销售额未超过规定标准但自愿登记为一般纳税人，导致税负上升。

3. 案例。

【案例4-26】 乙技术服务企业年应纳增值税销售额为400万元，可抵扣进项占比较少。能够抵扣进项只占销项税额的20%。

【解析】 乙公司如果登记为一般纳税人：

应纳税额 $=400\times6\%-400\times6\%\times20\%=19.2$（万元）

乙公司如果为小规模纳税人：

应纳税额 $=400\times3\%=12$（万元）

4. 如何选择纳税人身份。根据《管理办法》，符合一定条件的小规模纳税人即使年应税销售额未达到标准，也可以选择一般纳税人身份。那么，未达标的小规模纳税人该如何进行身份的选择？可以通过以下几种方法进行测算：

（1）方法一：增值率判别法。增值额占不含税销售额的比率。假设某企业某年度的不含税销售额是A，不含税购进额为B，增值率为C，假设增值税适用税率为13%。

一般纳税人应纳税额 $=(A-B)\times13\%=A\times C\times13\%$

小规模纳税人应纳税额 $=A\times3\%$

两类纳税人应纳税额相等：$A\times C\times13\%=A\times3\%$，$C=23.08\%$

即增值率为23.08%时，企业无论是选择成为一般纳税人还是小规模纳税人，增值税的应纳税额都是相等的。如果增值率小于23.08%，选择成为一般纳税人应纳税额小于小规模纳税人。如果增值率大于23.08%，选择成为小规模纳税人应纳税额小于一般纳税人。

【案例4-27】 甲企业某年度的不含税销售额是300万元，不含税购进额为260万元（假设销售、购进适用税率均为13%）。

【解析】 增值率：C＝(300－260)÷300×100%＝13.33%

一般纳税人应纳税额＝(300－260)×13%＝5.2（万元）

小规模纳税人应纳税额＝300×3%＝9（万元）

对甲企业而言，不考虑其他因素，选择成为一般纳税人增值税税负较低。

【案例4－28】 假设乙企业某年度的不含税销售额是300万元，不含税购进额为220万元（假设销售、购进适用税率均为13%）。

【解析】 增值率：C＝(300－220)÷300×100%＝26.67%

一般纳税人应纳税额：(300－220)×13%＝10.4（万元）

小规模纳税人应纳税额：300×3%＝9（万元）

对乙企业而言，不考虑其他因素，选择成为小规模纳税人增值税税负较低。

(2) 方法二：不含税购货额占不含税销售额比重判别法。假设某企业某年度的不含税销售额是A，B为不含税购进额占不含税销售额的比重，A×B为购进货物的不含税金额。假设增值税适用税率为13%。

一般纳税人应纳税额＝(A－A×B)×13%

小规模纳税人应纳税额＝A×3%

两类纳税人应纳税额相等：(A－A×B)×13%＝A×3%，B＝76.92%

即企业不含税购货额占不含税销售额的比重为76.92%时，企业无论是选择成为一般纳税人还是小规模纳税人，增值税的应纳税额都是相等的。如果比重大于76.92%，选择成为一般纳税人应纳税额小于小规模纳税人；如果比重小于76.92%，选择成为小规模纳税人应纳税额小于一般纳税人。

【案例4－29】 假设甲企业某年度的不含税销售额是300万元，不含税购进额为260万元（假设销售、购进适用税率均为13%）。

【解析】 不含税购货额占不含税销售额比重：B＝260÷300×100%＝86.67%

一般纳税人应纳税额：(300－260)×13%＝5.2（万元）

小规模纳税人应纳税额：300×3%＝9（万元）

对甲企业而言，不考虑其他因素，选择成为一般纳税人增值税税负较低。

【案例4－30】 假设乙企业某年度的不含税销售额是300万元，不含税购进额为220万元（假设销售、购进适用税率均为13%）。

【解析】 不含税购货额占不含税销售额比重：B = 220 ÷ 300 × 100% = 73.33%

一般纳税人应纳税额：(300 − 220) × 13% = 10.4（万元）

小规模纳税人应纳税额：300 × 3% = 9（万元）

对乙企业而言，不考虑其他因素，选择成为小规模纳税人增值税税负较低。

（3）方法三：含税购货额与含税销售额比较法。假设某企业某年度的含税销售额是A，含税购进额是B（假设销售、购进适用税率均为13%）。

一般纳税人应纳税额 = [A ÷ (1 + 13%) − B ÷ (1 + 13%)] × 13%

小规模纳税人应纳税额 = A ÷ (1 + 3%) × 3%

两类纳税人应纳税额相等：[A ÷ (1 + 13%) − B ÷ (1 + 13%)] × 13% = A ÷ (1 + 3%) × 3%

B ÷ A = 74.8%

即企业含税购货额占同期含税销售额的比重为74.8%时，企业无论是选择成为一般纳税人还是小规模纳税人，增值税的应纳税额都是相等的。如果比重大于74.8%，选择成为一般纳税人应纳税额小于小规模纳税人。如果比重小于74.8%，选择成为小规模纳税人应纳税额小于一般纳税人。

【案例4－31】 假设甲企业某年度的含税销售额是300万元，含税购进额为260万元（假设销售、购进适用税率均为13%）。

【解析】 B ÷ A = 260 ÷ 300 × 100% = 86.67%

一般纳税人应纳税额 = [300 ÷ (1 + 13%) − 260 ÷ (1 + 13%)] × 13% = 4.6（万元）

小规模纳税人应纳税额 = 300 ÷ (1 + 3%) × 3% = 8.73（万元）

对甲企业而言，不考虑其他因素，选择成为一般纳税人增值税税负较低。

【案例4－32】 假设乙企业某年度的含税销售额是300万元，含税购进额为220万元（假设销售、购进适用税率均为13%）。

【解析】 B ÷ A = 220 ÷ 300 × 100% = 73.33%

一般纳税人应纳税额 = [300 ÷ (1 + 13%) − 220 ÷ (1 + 13%)] × 13% = 9.2（万元）

小规模纳税人应纳税额 = 300 ÷ (1 + 3%) × 3% = 8.73（万元）

对乙企业而言，不考虑其他因素，选择成为小规模纳税人增值税税负较低。

5. 转登记为小规模纳税人对下游企业的影响。如果一般纳税人转登记为小规模纳税人，在对下游企业的销售价格不变的情况下，可能造成对方销售利润降低，影响合作。

【案例4-33】 A公司为批发零售业纳税人，适用增值税税率13%，长期供货商为B公司，A、B公司均为一般纳税人。2020年8月，A公司销售收入为40万元，当月仅从B公司购进货物30万元，取得进项税额3.9万元，期初无留抵。

【解析】 增值税应纳税额 $=40\times13\%-3.9=1.3$（万元）

城建税等附加税费 $=1.3\times12\%=0.156$（万元）

销售利润 = 销售收入 - 购进成本 - 城建税等附加税费 $=40-30-0.156=9.844$（万元）

如果B企业符合转登记小规模纳税人条件，转登记为小规模纳税人，A公司仅从B公司购进货物30万元，取得进项税额0.9万元。

增值税应纳税额 $=40\times13\%-0.9=4.3$（万元）

城建税等附加税费 $=4.3\times12\%=0.516$（万元）

销售利润 = 销售收入 - 购进成本 - 城建税等附加税费 $=40-30-0.516=9.484$（万元）

在这种情况下，A公司的销售利润降低了0.36万元，可能会停止和B公司的合作关系，另找进货渠道。B公司可以考虑调低价格来帮助A公司利润水平不发生变化。那么，价格调低多少合适呢？或者说，如何寻找价格平衡点呢？

销售利润 = 销售收入 - 购进成本 - 城建税等附加税费

假设某企业的销售收入为X（不含税），当供应商为增值税一般纳税人时，购货成本为A（含税价），供应商为小规模纳税人时，购货成本为B（含税价），（城建税税率为7%，教育附加费征收率为3%，地方教育附加费征收率为2%）。

（1）当供应商为一般纳税人时：

销售利润1 = X - A ÷（1 + 增值税适用税率）-［X × 增值税适用税率 - A ÷（1 + 增值税适用税率）× 增值税适用税率］×（城建税税率 + 教育附加费征收率 + 地方教育附加费征收率）= X - A ÷（1 + 增值税适用税率）-

［X×增值税适用税率－A÷(1＋增值税适用税率)×增值税适用税率］×12%

(2) 当供应商为小规模纳税人时：

销售利润2＝X－B÷(1＋增值税征收率)－［X×增值税适用税率－B÷(1＋增值税征收率)×增值税征收率］×(城建税税率＋教育附加费征收率＋地方教育附加费征收率)＝X－B÷(1＋增值税征收率)－［X×增值税适用税率－B÷(1＋增值税征收率)×增值税征收率］×12%

(3) 令销售利润1＝销售利润2

X－A÷(1＋增值税适用税率)－［X×增值税适用税率－A÷(1＋增值税适用税率)×增值税适用税率］×12%＝X－B÷(1＋增值税征收率)－［X×增值税适用税率－B÷(1＋增值税征收率)×增值税征收率］×12%

A÷(1＋增值税适用税率)－A÷(1＋增值税适用税率)×增值税适用税率×12%＝B÷(1＋增值税征收率)－B÷(1＋增值税征收率)×增值税征收率×12%

(A－A×增值税适用税率×12%)÷(1＋增值税适用税率)＝(B－B×增值税征收率×12%)÷(1＋增值税征收率)

(4) 结论。

如果供应商为一般纳税人时适用13%税率，为小规模纳税人时适用3%征收率，则B＝90.06%×A时，等式成立。

如果供应商为一般纳税人时适用9%税率，为小规模纳税人时适用3%征收率，则B＝93.83%×A时，等式成立。

如果供应商为一般纳税人时适用6%税率，为小规模纳税人时适用3%征收率，则B＝96.88%×A时，等式成立。

【案例4－34】 A公司为批发零售业纳税人，适用增值税税率13%，长期供货商为B公司，A、B公司均为一般纳税人。2020年8月，A公司销售收入为40万元，当月仅从B公司购进货物30万元，取得进项税额3.9万元，期初无留抵。

【解析】 增值税应纳税额＝40×13%－3.9＝1.3（万元）

城建税等附加＝1.3×12%＝0.156（万元）

销售利润＝销售收入－购进成本－税金及附加＝40－30－0.156＝9.844（万元）

如果B企业符合转登记小规模纳税人条件，转登记为小规模纳税人，则仅从B公司购进货物，B公司调整价格为一般纳税人时含税价的90.06%，则：

B = 90.06% × A = 33.9 × 90.06% = 30.53万元，不含税价为30.53 ÷ (1 + 3%) = 29.64万元，税额 = 29.64 × 3% = 0.889（万元）

增值税应纳税额 = 40 × 13% − 0.889 = 4.311（万元）

城建税等附加 = 4.311 × 12% = 0.516（万元）

销售利润 = 销售收入 − 购进成本 − 税金及附加 = 40 − 29.64 − 0.516 = 9.844（万元）

无论B公司是一般纳税人还是小规模纳税人，对A公司的利润都没有影响。

二、销项税额相关风险

销项税额，是指纳税人发生应税行为按照销售额和增值税税率计算并收取的增值税额。销项税额计算公式：

销项税额 = 销售额 × 税率

一般计税方法的销售额不包括销项税额，纳税人采用销售额和销项税额合并定价方法的，按照下列公式计算销售额：

销售额 = 含税销售额 ÷ (1 + 税率)

（一）纳税义务发生时间确认错误风险

1. 增值税纳税义务发生时间规定。对于增值税纳税义务发生时间的界定，总的来讲是“发生应税销售行为的，为收讫销售款项或者取得索取销售款项凭据的当天；先开具发票的，为开具发票的当天。进口货物，为报关进口的当天”。就发生应税销售行为而言，确定其增值税纳税义务发生时间的总原则就是，以“收讫销售款项、取得索取销售款项凭据或者发票开具时间”三者孰先（谁在前）的原则确定。

具体来讲，增值税的纳税义务发生时间包括但不限于以下时点：

(1) 纳税人发生销售货物或者加工、修理修配劳务，销售服务、无形资产、不动产的应税销售行为，先开具增值税发票的，为开具发票的当天（纳税人收取款项但未发生销售货物、应税劳务、服务、无形资产或不动产的行为，按照国家税务总局的规定使用“未发生销售行为的不征税项目”编码开具不征税发票的情形除外）。

（2）纳税人采取直接收款方式销售货物，不论货物是否发出，均为收到销售款或者取得索取销售款凭据的当天。

（3）纳税人采取赊销方式销售货物，签订了书面合同的，为书面合同约定的收款日期的当天。无书面合同的或者书面合同没有约定收款日期的，为货物发出的当天。

（4）纳税人采取分期收款方式销售货物，签订了书面合同的，为书面合同约定的收款日期的当天。无书面合同的或者书面合同没有约定收款日期的，为货物发出的当天。

（5）纳税人采取预收货款方式销售货物（特定货物除外），为货物发出的当天。如果生产销售生产工期超过12个月的大型机械设备、船舶、飞机等特定货物，为收到预收款或者书面合同约定的收款日期的当天。

（6）纳税人委托其他纳税人代销货物，为收到代销单位的代销清单或者收到全部或者部分货款的当天。未收到代销清单及货款的，为发出代销货物满180天的当天。

（7）纳税人销售加工、修理修配劳务，为提供劳务同时收讫销售款或者取得索取销售款的凭据的当天。

（8）纳税人进口货物，为报关进口的当天。

（9）纳税人发生销售服务、无形资产或者不动产的，为其应税行为发生过程中或者完成后收到销售款项的当天。签订了书面合同并确定了付款日期的，为书面合同确定的付款日期的当天。签订了书面合同但未确定付款日期的，为服务、无形资产转让完成的当天或者不动产权属变更的当天。未签订书面合同的，为服务、无形资产转让完成的当天或者不动产权属变更的当天。

（10）纳税人销售（有形动产和不动产）租赁服务采取预收款方式的，为收到预收款的当天。

（11）纳税人销售建筑服务，被工程发包方从应支付的工程款中扣押的质押金、保证金，未开具发票的，为纳税人实际收到质押金、保证金的当天。

（12）纳税人从事金融商品转让的，为金融商品所有权转移的当天。金融企业发放贷款后，自结息日起90天内发生的应收未收利息按现行规定缴纳增值税，自结息日起90天后发生的应收未收利息暂不缴纳增值税，待实际收到利息时按规定缴纳增值税。

上述所称金融企业，是指银行（包括国有、集体、股份制、合资、外资银行以及其他所有制形式的银行）、城市信用社、农村信用社、信托投资公司、财务公司、证券公司、保险公司、金融租赁公司、证券基金管理公司、证券投资基金以及其他经中国人民银行、银保监会、证监会批准成立且经营金融保险业务的机构。

（13）银行提供贷款服务按期计收利息（纳税人提供贷款服务，一般按月或按季结息）的，结息日当日计收的全部利息收入，均应计入结息日所属期（增值税纳税义务发生时间）的销售额，按照现行规定计算缴纳增值税。

（14）纳税人发生下列视同销售货物行为，为货物移送的当天：

①将自产、委托加工的货物用于集体福利或者个人消费；

②将自产、委托加工或者购进的货物作为投资，提供给其他单位或者个体工商户；

③将自产、委托加工或者购进的货物分配给股东或者投资者；

④将自产、委托加工或者购进的货物无偿赠送其他单位或者个人。

（15）纳税人发生以下视同销售的情形，为服务、无形资产转让完成的当天或者不动产权属变更的当天：

①单位或者个体工商户向其他单位或者个人无偿提供服务，但用于公益事业或者以社会公众为对象的除外；

②单位或者个人向其他单位或者个人无偿转让无形资产或者不动产，但用于公益事业或者以社会公众为对象的除外；

③财政部和国家税务总局规定的其他情形。

（16）增值税扣缴义务发生时间为被代扣税款的纳税人增值税纳税义务发生的当天。

2. 风险表现。未按规定时间确认纳税义务，导致未能及时缴纳税款，被税务机关按照《中华人民共和国税收征收管理法》第三十二条“纳税人未按照规定期限缴纳税款的，扣缴义务人未按照规定期限解缴税款的，税务机关除责令限期缴纳外，从滞纳税款之日起，按日加收滞纳税款万分之五的滞纳金”之规定责令缴纳，并加收滞纳金。

3. 案例。

【案例4－35】 A公司出租房屋，以下3种方式的纳税义务发生时间是否相同？

（1）2021年6月1日，与甲公司签订房屋租赁合同，租期一年（2021年6月1日—2022年5月31日），年租金100万元，分季支付。合同约定，A公司于2021年6月15日将一年100万元租金发票开给甲公司。

（2）2021年5月25日与乙公司签订房屋租赁合同，租期一年（2021年6月1日—2022年5月31日），年租金100万元。A公司于2021年5月30日一次性收取一年100万元租金。

（3）2021年6月1日与丙公司签订房屋租赁合同，租期一年（2021年6月1日—2022年5月31日），年租金100万元，分季支付。合同约定，A公司于2021年6月10日收取第一季度租金25万元，由于丙公司出现债务危机，租金尚未支付。

【解析】（1）合同约定是分季支付租赁款，但是已于2021年6月15日将一年100万元租金发票开给甲公司，但是按照纳税义务发生时间的规定"先开具发票的，为开具发票的当天"，纳税义务发生时间为开具发票的当天，即2021年6月15日，按100万元计提销项税额。

（2）纳税人销售（有形动产和不动产）租赁服务采取预收款方式的，纳税义务发生时间为收到预收款的当天，即2021年5月30日，按100万元计提销项税额。

（3）纳税人销售服务、无形资产或者不动产，签订了书面合同并确定了付款日期的，为书面合同确定的付款日期的当天。合同约定，A公司应于2021年6月10日收取第一季度租金25万元，由于丙公司出现债务危机，租金虽然尚未支付，但仍然按照2021年6月10日确认纳税义务，按25万元计提销项税额。

【案例4-36】某企业因未按税法规定的纳税义务发生时间确认销售收入，被税务机关查处。原来该企业一直采用分期收款方式销售货物，合同均约定了具体收款时间，但是由于该企业的购货人往往不按合同约定，存在延迟付款的现象，所以该企业在进行财务处理时以收到货款的当日作为增值税销售收入的实现时间来计提销项税额，结果造成少缴增值税5.8万元。

【解析】《增值税暂行条例实施细则》第二十八条第三款规定：采取分期收款方式销售货物，为书面合同约定的收款日期的当天，无书面合同的或者书面合同没有约定收款日期的，为货物发出的当天。据此，税务机关对该企业少缴增值税的行为作出追缴增值税5.8万元及相应的滞纳金并按《税收征管法》第六十四条第二款的规定处以未缴税款0.5倍的罚款。

【案例4－37】 M公司是上海知名服装机械生产企业K公司在武进区设立的全资子公司，注册资本500万元。按照集团安排，M公司主要承担生产基地职能，负责原材料采购、整机与零配件的组装生产；K公司则主要承担研发、设计、销售和资金调配等职能。

分析M公司开票信息后发现，每年12月M公司会集中开具一批零部件销售发票；其他月份则未发现零部件发票，增值税纳税申报中也没体现未开票收入。与M公司财务人员沟通后，税务人员了解到，这些零部件主要用于整机的售后维修。K公司会根据库存结余情况，动态向M公司发送订货通知。M公司发出零部件后，先计入“发出商品”科目，待年末母公司发出结算指令后，统一向其开具发票，申报纳税。

《中华人民共和国增值税暂行条例实施细则》第三十八条规定，条例第十九条第一款第（一）项规定的收讫销售款项或者取得索取销售款项凭据的当天，按销售结算方式的不同，具体为：（三）采取赊销和分期收款方式销售货物，为书面合同约定的收款日期的当天，无书面合同的或者书面合同没有约定收款日期的，为货物发出的当天。

根据上述规定，M公司和K公司属于采取赊方式销售货物，无书面合同的或者书面合同没有约定收款日期的，纳税义务发出时间为货物发出的当天。

（二）预收账款未及时确认纳税义务风险

1. 采取预收款方式销售货物、提供租赁服务纳税义务发生时间的规定。

（1）《中华人民共和国增值税暂行条例实施细则》（财政部 国家税务总局第50号令）第三十八条规定：“……（四）纳税人采取预收货款方式销售货物（特定货物除外），为货物发出的当天。如果生产销售生产工期超过12个月的大型机械设备、船舶、飞机等特定货物，为收到预收款或者书面合同约定的收款日期的当天。”

（2）《营业税改征增值税试点实施办法》第四十五条规定，增值税纳税义务、扣缴义务发生时间为：“……（二）纳税人提供租赁服务采取预收款方式的，其纳税义务发生时间为收到预收款的当天。”

2. 风险表现。

（1）纳税人采取预收款方式销售货物，货物已发出，不按规定确认纳税义务。

（2）纳税人提供租赁服务采取预收款方式的，未在收到预收款时确认增值税纳税义务，而是分期确认或延后确认。

3. 案例。

【案例4－38】甲公司主要从事商铺租赁与管理服务，市税务局在税务检查过程中发现该公司2021年9月预收账款增幅异常。经核实，预收款为预收的1年房租款（2021年10月1日—2022年9月30日），共计261.6万元。进一步核查纳税申报表发现，该公司此项业务2021年未计提销项税额，未缴纳增值税，企业账务处理如下：

借：银行存款　　2 616 000
　　贷：预收账款　　2 616 000

会计人员认为客户尚未索取租金发票，因此纳税义务时间尚未发生。税务人员立刻纠正了会计人员的误解，明确告诉公司财务人员，纳税人提供租赁服务采取预收款方式的，其纳税义务发生时间为收到预收款的当天；并及时要求公司会计补缴了21.6万元增值税，并依法按日加收万分之五的滞纳金。

正确的处理应该是：

第一步，预收1年房租。

借：银行存款　　2 616 000
　　贷：预收账款　　2 400 000
　　　　应交税费——应交增值税（销项税额）　　216 000

第二步，每月底确认租金收入。

借：预收账款　　200 000
　　贷：主营业务收入　　200 000

【案例4－39】某机电公司发出商品不及时申报纳税案例。甲机电公司为私营企业，系增值税一般纳税人，经营机电工具。税务机关对其上年度即2022年的经营情况进行纳税检查时，发现某账务处理为："借：银行存款（应收账款等），贷：预收账款"。因该种情形的账务处理较多，从而产生了怀疑。

经过检查该企业的资产负债表，发现2022年12月末"预收账款"贷方余额为60万元。该企业经营的机电产品，属于非紧俏商品，基本上是买方市场，购货单位先付款后提货的可能性较小，故检查重点放到“预收账款（暂收款）”账户。此账户反映出2022年度贷方发生额比较频繁，故抽取调阅发生额较大的凭证详细检查。经询问，没有相关销售合同，查阅其业务日报表和销售部门的发货记录，发现付款单位已将货提走，但发票未开，因而未确定收入。经过逐项核实，发现该企业将销售货款挂“预收账款”，未转入“主营业务收入”，少报销售额50万元。

（三）视同销售行为未按规定确认收入申报纳税风险

增值税视同销售是指在会计上不作为销售核算，而在增值税上需作为销售，确认收入计缴税金的商品、服务或劳务的转移行为。

1. 增值税视同销售相关规定。

（1）《增值税暂行条例实施细则》第四条规定，单位或个体经营者的下列行为，视同销售货物：

①将货物交付他人代销；

②销售代销货物；

③设有两个以上机构并实行统一核算的纳税人，将货物从一个机构移送其他机构用于销售，但相关机构设在同一县（市）的除外；

④将自产、委托加工或购买的货物作为投资，提供给其他单位或个体经营者；

⑤将自产、委托加工或购买的货物分配给股东或投资者；

⑥将自产、委托加工的货物用于集体福利或个人消费；

⑦将自产、委托加工或购买的货物无偿赠送他人。

（2）《营业税改征增值税试点实施办法》第十四条规定，下列情形视同销售服务、无形资产或者不动产：

①单位或者个体工商户向其他单位或者个人无偿提供服务，但用于公益事业或者以社会公众为对象的除外；

②单位或者个人向其他单位或者个人无偿转让无形资产或者不动产，但用于公益事业或者以社会公众为对象的除外；

③财政部和国家税务总局规定的其他情形。

2. 风险表现。发生增值税视同销售行为，未按规定计提销项税或计算应交税款。

3. 案例。

【案例4－40】 购进货物无偿赠送他人未视同销售缴纳增值税。

A公司是一家生产汽车配件的企业，全国各地的很多汽车维修站均在使用、销售该公司配件。2022年8月，A公司将5月购进的一批配件无偿赠送给北京、沈阳、哈尔滨等地的各个维修站，配件购进时含税金额为1 469 000元。赠送时不含税公允价值1 400 000元。该公司对该项业务做出了如下账务处理：

借：销售费用——维修服务　　1 300 000
　　应交税费——应交增值税（进项税额）　　169 000
　　贷：应付账款——备品　　1 469 000

【解析】《增值税暂行条例实施细则》第四条规定，将自产、委托加工或购买的货物无偿赠送他人需视同销售缴纳增值税。

该公司正确的做法应当是在购进配件时：

借：库存商品　　1 300 000
　　应交税费——应交增值税（进项税额）　　169 000
　　贷：应付账款　　1 469 000

在将配件对外赠送时应当计提增值税销项税额：

借：销售费用　　1 482 000
　　贷：库存商品　　1 300 000
　　　　应交税费——应交增值税（销项税额）　　182 000

（四）价外费用未按规定申报纳税风险

1. 价外费用的相关规定。

(1)《增值税暂行条例实施细则》第十二条规定："条例第六条第一款所称价外费用，包括价外向购买方收取的手续费、补贴、基金、集资费、返还利润、奖励费、违约金、滞纳金、延期付款利息、赔偿金、代收款项、代垫款项、包装费、包装物租金、储备费、优质费、运输装卸费以及其他各种性质的价外收费。"

下列项目不包括在价外费用内：

①受托加工应征消费税的消费品所代收代缴的消费税。

②同时符合以下条件的代垫运输费用：

A. 承运部门的运输费用发票开具给购买方的；

B. 纳税人将该项发票转交给购买方的。

③同时符合以下条件代为收取的政府性基金或者行政事业性收费：

A. 由国务院或者财政部批准设立的政府性基金，由国务院或者省级人民政府及其财政、价格主管部门批准设立的行政事业性收费；

B. 收取时开具省级以上财政部门印制的财政票据；

C. 所收款项全额上缴财政。

④销售货物的同时代办保险等而向购买方收取的保险费，以及向购买方收取的代购买方缴纳的车辆购置税、车辆牌照费。

（2）《营业税改征增值税试点实施办法》第三十七条规定，价外费用，是指价外收取的各种性质的收费，但不包括以下项目：

①代为收取并符合本办法第十条规定的政府性基金或者行政事业性收费；

②以委托方名义开具发票代委托方收取的款项。

（3）《国家税务总局关于增值税若干征管问题的通知》（国税发〔1996〕155 号）第一条规定："对增值税一般纳税人（包括纳税人自己或代其他部门）向购买方收取的价外费用，应视为含税收入，在征税时换算成不含税收入并入销售额计征增值税。"

2. 风险表现。应并入销售额的价外费用未按规定并入销售额计征增值税。

3. 案例。

【案例 4-41】 甲公司与乙公司于 2022 年 7 月签订了货物销售合同，合同约定，甲公司应在 2022 年 10 月前全部发货，合同价款为 600 万元。乙公司应于合同签订之日起 5 日内预付 30% 的预付款，于收到货物之日起 10 日内，付清全款。如一方违约，须向对方支付 5 万元违约金。

【解析】 情形 1：合同正常履行，乙方违约，甲方收取了 5 万元的违约金，销售方价外向购买方收取的违约金，属于价外费用，应视为含税收入，在征税时换算成不含税收入并入销售额计征增值税。

情形 2：合同正常履行，甲方违约，乙方收取了 5 万元的违约金，不属于价外费用，不需要并入销售额计征增值税。

情形 3：合同未履行，业务未发生，甲方向乙方收取了 5 万元的违约金，不属于价外费用，不需要并入销售额计征增值税。

情形 4：合同未履行，业务未发生，乙方向甲方收取了 5 万元的违约金，不属于价外费用，不需要并入销售额计征增值税。

【案例4-42】 某一般纳税人销售一批A产品，价款10 000元（不含税），随同价款收取价外补贴费565元，购货方以银行转账支票付款。企业作如下账务处理：

借：银行存款　　11 865

　　贷：产品销售收入　　10 000

　　　　应交税费——应交增值税（销项税额）　　1 300

　　　　其他应付款　　565

该纳税人的账务处理是错误的，错在将价外费用未记销售收入，未提销项税额。

应补提销项税额 $=565\div(1+13\%)\times13\%=65$（元）

调整有关账户：

借：其他应付款　　565

　　贷：产品销售收入　　500

　　　　应交税费——应交增值税（销项税额）　　65

（五）未在同一张发票上分别注明价款和折扣额风险

1. 销售折扣的相关规定。《营业税改征增值税试点实施办法》第四十三条规定："纳税人发生应税行为，将价款和折扣额在同一张发票上分别注明的，以折扣后的价款为销售额；未在同一张发票上分别注明的，以价款为销售额，不得扣减折扣额。"

2. 风险表现。折扣销售时，未在同一张发票上分别注明价款和折扣额，只能以价款为销售额，不得扣减折扣额。

3. 案例。

【案例4-43】 A公司销售新商品，每件定价300元，为了促进商品销售，与客户达成购销协议。约定如果客户累计购买达到8 000件时，商品可以享受2%的价格折扣，A公司是增值税一般纳税人，增值税率为13%，商品成本每件126元。B客户每次购买3 000件，第三次购买时，根据约定可以享受48 000元（300×2%×8 000）折扣，A公司按照全额开具发票后，另外又在"备注"栏中注明价款折扣48 000元，增值税款折扣6 240元。

【解析】 A公司按折扣销售时，未在同一张发票上分别注明价款和折扣额，只在“备注”栏中注明价款折扣48 000元，增值税款折扣6 240元。

第三次销售时，增值税应税收入中不得减除折扣额，以300×3 000 = 900 000（元）计提增值税销项税额。

（六）存在兼营行为未分别核算风险

1. 兼营的相关规定。

（1）《营业税改征增值税试点实施办法》第三十九条规定：“纳税人兼营销售货物、劳务、服务、无形资产或者不动产，适用不同税率或者征收率的，应当分别核算适用不同税率或者征收率的销售额；未分别核算的，从高适用税率。”

把握兼营非应税劳务时注意3个“两”：

①指纳税人的经营范围包含不同业务，包括销售货物、劳务、服务、无形资产或不动产等；

②销售货物、劳务和提供服务等不是同时发生在同一购买者身上，不是发生在同一销售行为中，即价款向两个以上消费者收取；

③各种行为如分别核算，分别适用各自税率和征收率；对兼营的行为不分别核算或不准确核算的，从高适用税率。

（2）《国家税务总局关于进一步明确营改增有关征管问题的公告》（国家税务总局公告2017年第11号）第一条规定，纳税人销售活动板房、机器设备、钢结构件等自产货物的同时提供建筑、安装服务，不属于《营业税改征增值税试点实施办法》（财税〔2016〕36号）第四十条规定的混合销售，应分别核算货物和建筑服务的销售额，分别适用不同的税率或者征收率。

（3）《国家税务总局关于明确中外合作办学等若干增值税征管问题的公告》（国家税务总局公告2018年第42号）第六条规定：

①一般纳税人销售自产机器设备的同时提供安装服务，应分别核算机器设备和安装服务的销售额，安装服务可以按照甲供工程选择适用简易计税方法计税；

②一般纳税人销售外购机器设备的同时提供安装服务，如果已经按照兼营的有关规定，分别核算机器设备和安装服务的销售额，安装服务可以按照甲供工程选择适用简易计税方法计税。

（4）注意：一项销售行为既涉及销售货物又涉及销售服务的作为兼

营行为处理而不作为混合销售的一共有3种：

①是一般纳税人销售自产机器设备的同时提供安装服务，应分别核算机器设备和安装服务的销售额；

②是纳税人销售活动板房、机器设备、钢结构件等自产货物的同时提供建筑、安装服务，应分别核算货物和建筑服务的销售额；

③是一般纳税人销售外购机器设备的同时提供安装服务，应分别核算机器设备和安装服务的销售额。

除这3种以外的任何一种销售行为涉及服务又涉及货物，则为混合销售。

2. 风险表现。存在兼营销售货物、劳务、服务、无形资产或者不动产，未分别核算适用不同税率或者征收率的销售额，导致从高适用税率。

3. 案例。

【案例4－44】 某食品有限责任公司，主要经营生猪肉、生牛肉、鱼以及食品罐头，2022年3月开业并申请办理一般纳税人资格，2022年4月1日认定为增值税一般纳税人，2022年5月10日到税务机关办理增值税纳税申报，缴纳增值税2.6万元。税务机关对其报送的增值税纳税申报资料进行审核时，发现申报的销售额均以9%税率纳税，可能存在错用税率的问题，就进行了风险提醒。该公司经自查，2022年4月取得销售收入60万元，其中生猪肉销售收入40万元，食品罐头20万元，会计上实行分别核算，全部按照9%税率计提销项税5.4万元，当月取得并认证的增值税专用发票上注明的进项税额2.8万元，并据此申报纳税。按税法规定，生猪肉适用9%税率，各种食品罐头适用13%税率，应补提销项税0.8万元，该企业于2022年5月15日进行了补充申报，补缴税款0.8万元。

【案例4－45】 甲公司是一家商贸公司，一般纳税人。主营设备销售，同时兼营安装业务以及保养服务，2022年8月，该公司将外购的设备对外销售，不含税金额1 000万元，同时给客户提供安装服务，不含税收入200万元，同时也对安装运行后的机器设备提供维护保养服务，收取维保费不含税收入100万元。

【解析】

情形1：会计人员对以上3项收入未分别核算，属于混合销售，适用主业税率。

则应计提销项税额＝(1 000＋200＋100)×13%＝169（万元）

情形2：会计人员对以上3项收入进行了分别核算，则按兼营分别适用不同的税率。

销售设备计提增值税销项税额 =1 000 ×13% =130（万元）

安装服务一般计税的计提增值税销项税额 =200 ×9% =18（万元）

维护保养服务计提增值税销项税额 =100 ×6% =6（万元）

合计：154万元

比第一种情形少计销项 =169 −154 =15（万元）

情形3：会计人员对以上3项收入进行了分别核算，且对安装服务采用简易征收，则分别适用不同的税率或者征收率计税。

销售设备计提增值税销项税额 =1 000 ×13% =130（万元）

安装服务简易计税的增值税应纳税额 =200 ×3% =6（万元）

维护保养服务计提增值税销项税额 =100 ×6% =6（万元）

合计：142万元

比第一种情形少计销项 =169 −142 =27（万元）

（七）混合销售行为适用税率错误风险

1. 混合销售的相关规定。《营业税改征增值税试点实施办法》第四十条规定："一项销售行为如果既涉及服务又涉及货物，为混合销售。从事货物的生产、批发或者零售的单位和个体工商户的混合销售行为，按照销售货物缴纳增值税；其他单位和个体工商户的混合销售行为，按照销售服务缴纳增值税。本条所称从事货物的生产、批发或者零售的单位和个体工商户，包括以从事货物的生产、批发或者零售为主，并兼营销售服务的单位和个体工商户在内。"

在把握混合销售行为时应注意3个"一"：

（1）同一项销售行为中既包括销售货物又包括提供服务，强调同一项销售行为；

（2）销售货物和提供服务的价款是同时从一个购买方取得的；

（3）混合销售只适用一种税率。

2. 风险表现。存在混合销售行为错误按照兼营行为处理，或者混合销售税率适用错误。

3. 案例。

【案例4 −46】A汽车美容店（一般纳税人）主要从事汽车打蜡业务，

在向车主提供打蜡服务的同时销售车蜡。2022年9月取得打蜡服务及销售车蜡不含税收入共计20万元，上述行为属于混合销售还是兼营行为？如何计税？

【解析】 打蜡服务适用生活服务6%税率，车蜡销售适用13%税率，但向车主提供打蜡服务的同时销售车蜡，属于同一项销售行为，该汽车美容店主体不属于生产批发零售企业，其提供打蜡服务同时销售车蜡的行为，应按照销售服务缴纳增值税，应按生活服务6%的税率计算销项税额 $=20\times6\%=1.2$（万元）。

（八）无正当理由低价销售商品或服务风险

1. 价格明显偏低并无正当理由的，由主管税务机关核定其销售额的相关规定。

（1）《中华人民共和国增值税暂行条例》第七条规定，纳税人发生应税销售行为的价格明显偏低并无正当理由的，由主管税务机关核定其销售额。

（2）《中华人民共和国增值税暂行条例实施细则》第十六条规定，纳税人有条例第七条所称价格明显偏低并无正当理由或者有本细则第四条所列视同销售货物行为而无销售额者，按下列顺序确定销售额：

①按纳税人最近时期同类货物的平均销售价格确定；

②按其他纳税人最近时期同类货物的平均销售价格确定；

③按组成计税价格确定。组成计税价格的公式为：

组成计税价格 = 成本 ×（1 + 成本利润率）

属于应征消费税的货物，其组成计税价格中应加计消费税额。

公式中的成本是指销售自产货物的为实际生产成本，销售外购货物的为实际采购成本。公式中的成本利润率由国家税务总局确定。

（3）《营业税改征增值税试点实施办法》第四十四条规定，纳税人发生应税行为价格明显偏低或者偏高且不具有合理商业目的的，或者发生本办法第十四条所列行为而无销售额的，主管税务机关有权按照下列顺序确定销售额：

①按照纳税人最近时期销售同类服务、无形资产或者不动产的平均价格确定；

②按照其他纳税人最近时期销售同类服务、无形资产或者不动产的平

均价格确定；

③按照组成计税价格确定。组成计税价格的公式为：

组成计税价格 = 成本 ×（1 + 成本利润率）

成本利润率由国家税务总局确定。

不具有合理商业目的，是指以谋取税收利益为主要目的，通过人为安排，减少、免除、推迟缴纳增值税税款，或者增加退还增值税税款。

（4）注意："无正当理由"一般应满足三个条件：一是必须存在人为规划的一个或一系列行动或交易安排；二是企业必须从该安排中获取减少应纳税额的税收利益；三是企业将获取税收利益作为其从事某种安排的唯一或者主要目的。如果纳税人的行为满足了这三个条件，则可断定其行为已经构成"无正当理由"。

2. 风险表现。关联方的应税销售行为价格明显偏低或者偏高，并且没有正当理由，税务机关会怀疑企业通过此种方式转移利润以达到少交税款的目的。

3. 案例。

【案例 4 – 47】 某省 A 县税务局检查发现：甲置业有限公司 2016 年 3 月销售 14 间商铺，申报计税价格明显低于同期同类商铺的平均售价，且无正当理由。另外，对 1 000 多平方米的回迁面积未按规定申报纳税。依据相关规定，A 县税务局 2019 年 1 月要求该公司补缴税款、滞纳金等共计 298.9 万元。

甲公司向市税务局申请复议，结果未变。2019 年 6 月该公司向法院提起诉讼，败诉；再上诉，仍未得到支持。二审法院认为，A 县税务局提供的资料表明，甲公司存在部分商铺销售价格折半、明显偏低的事实。但不能提供证据说明其同类商铺大幅降价的合理理由，认定 A 县税务局作出的有关处理决定认定事实清楚、证据充分、适用法律正确。

（九）处置自己使用过的固定资产，未计算缴纳增值税风险

1. 处置使用过的固定资产计征增值税相关规定。

（1）其他个人销售自己使用过的物品免征增值税。《中华人民共和国增值税暂行条例》（中华人民共和国国务院第 538 号令）第十五条规定，销售自己使用过的物品免征增值税。

《中华人民共和国增值税暂行条例实施细则》（财政部 国家税务总局

令第50号）第三十五条规定："条例第十五条规定的部分免税项目的范围限定如下：……（三）第一款第（七）项所称自己使用过的物品，是指其他个人自己使用过的物品。"

（2）小规模纳税人（除其他个人外，下同）销售自己使用过的固定资产，减按2%征收率征收增值税。《关于部分货物适用增值税低税率和简易办法征收增值税政策的通知》（财税〔2009〕9号）第二条规定："下列按简易办法征收增值税的优惠政策继续执行，不得抵扣进项税额：（一）纳税人销售自己使用过的物品，按下列政策执行：……2.小规模纳税人销售自己使用过的固定资产，减按2%征收率征收增值税。小规模纳税人销售自己使用过的除固定资产以外的物品，应按3%的征收率征收增值税。"

（3）一般纳税人销售自己使用过的固定资产。

①购进固定资产时为小规模纳税人，处置资产时为一般纳税人。《国家税务总局关于一般纳税人销售自己使用过的固定资产增值税有关问题的公告》（国家税务总局公告2012年第1号）第一条规定："增值税一般纳税人销售自己使用过的固定资产，属于以下两种情形的，可按简易办法依4%征收率减半征收增值税，同时不得开具增值税专用发票：一、纳税人购进或者自制固定资产时为小规模纳税人，认定为一般纳税人后销售该固定资产……"

《财政部 国家税务总局关于简并增值税征收率政策的通知》（财税〔2014〕57号）第一条规定："一、《财政部 国家税务总局关于部分货物适用增值税低税率和简易办法征收增值税政策的通知》（财税〔2009〕9号）第二条第（一）项和第（二）项中'按照简易办法依照4%征收率减半征收增值税'调整为'按照简易办法依照3%征收率减按2%征收增值税'。"

②增值税一般纳税人发生按简易办法征收增值税应税行为，销售其按照规定不得抵扣且未抵扣进项税额的固定资产。《国家税务总局关于一般纳税人销售自己使用过的固定资产增值税有关问题的公告》（国家税务总局公告2012年第1号）第二条规定："增值税一般纳税人销售自己使用过的固定资产，属于以下两种情形的，可按照简易办法依照3%征收率减按2%征收增值税，同时不得开具增值税专用发票：……二、增值税一般纳税人发生按简易办法征收增值税应税行为，销售其按照规定不得抵扣且未

抵扣进项税额的固定资产。”

③一般纳税人销售自己使用过的按规定不得抵扣且未抵扣进项税额的固定资产，按简易办法依3%减按2%征收增值税。

A.《财政部 国家税务总局关于部分货物适用增值税低税率和简易办法征收增值税政策的通知》（财税〔2009〕9号）第二条规定：“下列按简易办法征收增值税的优惠政策继续执行，不得抵扣进项税额：（一）纳税人销售自己使用过的物品，按下列政策执行：1. 一般纳税人销售自己使用过的属于条例第十条规定不得抵扣且未抵扣进项税额的固定资产，按简易办法依4%征收率减半征收增值税。”

B.《关于一般纳税人销售自己使用过的固定资产增值税有关问题的公告》（国家税务总局公告2012年第1号）第二条规定：“增值税一般纳税人销售自己使用过的固定资产，属于以下两种情形的，可按简易办法依4%征收率减半征收增值税，同时不得开具增值税专用发票：……二、增值税一般纳税人发生按简易办法征收增值税应税行为，销售其按照规定不得抵扣且未抵扣进项税额的固定资产。”

C.《财政部 国家税务总局关于简并增值税征收率政策的通知》（财税〔2014〕57号）第一条规定：“《财政部 国家税务总局关于部分货物适用增值税低税率和简易办法征收增值税政策的通知》（财税〔2009〕9号）第二条第（一）项和第（二）项中‘按照简易办法依照4%征收率减半征收增值税’调整为‘按照简易办法依照3%征收率减按2%征收增值税’。”

D.《国家税务总局关于简并增值税征收率有关问题的公告》（国家税务总局2014年第36号公告）第六条规定：“纳税人适用按照简易办法依3%征收率减按2%征收增值税政策的，按下列公式确定销售额和应纳税额：销售额＝含税销售额÷(1＋3%)，应纳税额＝销售额×2%。”

④销售自己使用过的2009年1月1日以后购进或者自制的固定资产，按照适用税率征收增值税。《财政部 国家税务总局关于全国实施增值税转型改革若干问题的通知》（财税〔2008〕170号）第四条规定：“自2009年1月1日起，纳税人销售自己使用过的固定资产，应区分不同情形征收增值税：（一）销售自己使用过的2009年1月1日以后购进或者自制的固定资产，按照适用税率征收增值税……”

2. 风险表现。

（1）处置使用过的固定资产未按规定确认收入；

（2）不符合按照简易办法依3%征收率减按2%征收增值税政策条件的，按照简易计税办法计税。

3. 案例。

【案例4－48】 2022年3月5日，税务检查人员对某有限公司纳税申报资料进行案头审核，就固定资产规模与变动情况分析时发现：该企业2021年年初固定资产原值为1 480万元，年末固定资产原值为1 450万元，全年固定资产减少30万元，于是就打电话给该企业的办税人员询问详细情况，该企业办税人员告知：固定资产减少是因为销售已使用过的设备一台，按简易办法申报缴纳了增值税。实地核查情况如下：2021年3月26日出售一台使用过的设备，原价为35.1万元（含增值税），购入时间为2009年2月，售价210 600元，按照简易办法申报缴纳增值税4 089元，而该设备购入时属于可以抵扣固定资产，并于当月抵扣进项税51 000元。按税法规定，该企业应按设备的适用税率计算销项税额24 228.32元，不得按简易办法计算，为此，该企业于2022年3月10日进行了补申报，补缴增值税20 139.32元，并加收滞纳金。

【案例4－49】 甲公司为增值税小规模纳税人，2021年第2季度销售自己使用过的电脑等固定资产，自行开具增值税普通发票，金额103 000元。

【解析】 销售自己使用过固定资产的不含税收入＝103 000÷（1＋3%）＝100 000（元）

按照3%征收率计算本期应纳税额＝100 000×3%＝3 000（元）

应纳税额减征额＝100 000×（3%－2%）＝1 000（元）

【案例4－50】 乙公司2022年3月登记为一般纳税人。于2022年6月将2021年12月（小规模纳税人期间）购进的电脑等固定资产进行了处置，自行开具增值税普通发票，金额103 000元。该公司2022年6月主表第19栏“应纳税额”与第21栏“简易计税办法计算的应纳税额”之和为10 000元（一般计税应纳税额7 000元，简易计税应纳税额3 000元）。

【解析】 纳税人购进或者自制固定资产时为小规模纳税人，登记为一般纳税人后销售该固定资产，按照简易办法依照3%征收率减按2%征收增值税。

销售自己使用过固定资产的不含税收入＝103 000÷（1＋3%）＝100 000（元）

按照3%征收率计算本期应纳税额＝100 000×3%＝3 000（元）

应纳税额减征额 = 100 000 ×（3% －2%）= 1 000（元）

【案例 4 －51】丙公司于 2008 年 1 月认定为一般纳税人，并于 2012 年购入一辆自用小汽车，取得普通发票，未抵扣进项税额。2021 年 6 月要对自用小汽车进行处置，能否按简易计税相关规定处理？

【解析】从 2009 年 1 月 1 日起，增值税一般纳税人购进或者自制固定资产发生的进项税额，可按规定从销项税额中抵扣，但是自用的应征消费税的摩托车、汽车、游艇，仍然不得抵扣进项税额。从 2013 年 8 月 1 日起，自用的应征消费税的摩托车、汽车、游艇，其进项税额准予从销项税额中抵扣。因此，丙公司 2012 年购进的自用小轿车属于按照规定不得抵扣且未抵扣进项税额的固定资产。

根据上述规定，丙公司销售 2013 年 8 月前购进的小汽车可依照 3% 征收率减按 2% 征收增值税，计算公式为：销售额 = 含税销售额 ÷（1 + 3%），应纳税额 = 销售额 ×2%。

【案例 4 －52】丁公司为一般纳税人，2021 年 6 月销售 2019 年 4 月购进的建筑设备一批，销售价款 113 000 元（价税合计），并开具增值税普通发票。

【解析】销售自己使用过的 2009 年 1 月 1 日以后购进或者自制的固定资产，按照适用税率征收增值税。

销售自己使用过固定资产的不含税收入 = 113 000 ÷（1 + 13%）= 100 000（元）

按照适用税率 13% 计算销项税额 = 100 000 ×13% = 13 000（元）

【案例 4 －53】戊公司 2018 年 4 月登记为一般纳税人。于 2021 年 6 月将 2017 年 12 月（小规模纳税人期间）购进的电脑等固定资产进行了处置。处置时选择放弃减税，开具了增值税专用发票，金额 103 000 元（价税合计）。

【解析】《国家税务总局关于营业税改征增值税试点期间有关增值税问题的公告》（国家税务总局公告 2015 年第 90 号）第二条规定：“纳税人销售自己使用过的固定资产，适用简易办法依照 3% 征收率减按 2% 征收增值税政策的，可以放弃减税，按照简易办法依照 3% 征收率缴纳增值税，并可以开具增值税专用发票。”

纳税人购进或者自制固定资产时为小规模纳税人，登记为一般纳税人后销售该固定资产，可以按照简易办法依照 3% 征收率减按 2% 征收增值税。但该公司选择放弃减税，按照简易办法依照3%征收率缴纳增值税，并可开具增值税专用发票。

销售自己使用过固定资产的不含税收入 = 103 000 ÷（1 + 3%）= 100 000（元）

按照3%征收率缴纳增值税 = 100 000 × 3% = 3 000（元）

（十）出售废品、废料未按规定计税风险

1. 出售废品、废料计税的相关规定。《财政部 国家税务总局关于部分货物适用增值税低税率和简易办法征收增值税政策的通知》（财税〔2009〕9号）第二条第一款第1项规定，一般纳税人销售自己使用过的除固定资产以外的物品，应当按照适用税率征收增值税。

2. 风险表现。

（1）出售废品、废料未按适用税率计算增值税；

（2）错用简易计税方式或错用低税率。

3. 案例。

【案例4－54】 某公司是农副产品销售公司，适用9%的税率，销售废品，是否也可以按9%的税率交增值税？

【解析】 增值税是按项目适用税率，而不是按企业类型适用税率。所以，一般纳税人销售废旧物资的增值税税率是13%。

【案例4－55】 2022年3月，税务机关利用税源监控平台，发现某机械设备有限公司2021年度销售额变动率、税负率均低于行业平均水平，可能存在少申报增值税税款的问题，对该公司进行风险提醒，该公司收到风险提醒后，及时组织会计人员进行排查，通过核查收入类账户反映的收入金额与应交税费账户反映的销项税额之间的勾稽关系，发现销项税额小于按收入金额和相应税率计算的税额。采用抽查法抽查“主营业务收入”“其他业务收入”等账户以及相关的记账凭证、附件资料，进一步发现在2021年3月23日第23号凭证上有这样一笔分录：

借：银行存款　　180 000

　　贷：其他业务收入　　180 000

记账凭证后附“磅码单”一份，上面注明货物为废铁和铁屑，查实了该公司实现销售漏计提销项税额。通过全面排查，发现此问题导致2021年全年少提销项税额3.06万元。

三、进项税额相关风险

进项税额，是指纳税人购进货物、劳务、服务、无形资产、不动产支付或者负担的增值税额。

《增值税暂行条例》第八条规定，下列进项税额准予从销项税额中抵扣：

（一）从销售方取得的增值税专用发票上注明的增值税额。

（二）从海关取得的海关进口增值税专用缴款书上注明的增值税额。

（三）购进农产品，除取得增值税专用发票或者海关进口增值税专用缴款书外，按照农产品收购发票或者销售发票上注明的农产品买价和11%的扣除率计算的进项税额，国务院另有规定的除外。[①] 进项税额计算公式：

进项税额 = 买价[②] × 扣除率

（四）自境外单位或者个人购进劳务、服务、无形资产或者境内的不动产，从税务机关或者扣缴义务人取得的代扣代缴税款的完税凭证上注明的增值税额。

准予抵扣的项目和扣除率的调整，由国务院决定。

（一）取得不符合规定的增值税扣税凭证风险

1. 取得不符合规定的增值税扣税凭证不得抵扣进项税额的相关规定。

（1）《营业税改征增值税试点实施办法》第二十六条规定，纳税人取得的增值税扣税凭证不符合法律、行政法规或者国家税务总局有关规定的，其进项税额不得从销项税额中抵扣。

增值税扣税凭证，是指增值税专用发票、海关进口增值税专用缴款

① 《财政部 税务总局关于调整增值税税率的通知》（财税〔2018〕32号）第二条规定：纳税人购进农产品，原适用11%扣除率的，扣除率调整为10%。《财政部 税务总局 海关总署关于深化增值税改革有关政策的公告》（财政部、税务总局、海关总署公告2019年第39号）第二条规定：纳税人购进农产品，原适用10%扣除率的，扣除率调整为9%。纳税人购进用于生产或者委托加工13%税率货物的农产品，按照10%的扣除率计算进项税额。

② 买价，是指纳税人购进农产品在农产品收购发票或者销售发票上注明的价款和按照规定缴纳的烟叶税。购进农产品，按照《农产品增值税进项税额核定扣除试点实施办法》抵扣进项税额的除外。

书、农产品收购发票、农产品销售发票和完税凭证。

纳税人凭完税凭证抵扣进项税额的，应当具备书面合同、付款证明和境外单位的对账单或者发票。资料不全的，其进项税额不得从销项税额中抵扣。

（2）《国家税务总局关于修订〈增值税专用发票使用规定〉的通知》（国税发〔2006〕156号）第二十五条规定，用于抵扣增值税进项税额的专用发票应经税务机关认证相符（国家税务总局另有规定的除外）。认证相符的专用发票应作为购买方的记账凭证，不得退还销售方。

本规定所称认证，是税务机关通过防伪税控系统对专用发票所列数据的识别、确认。

本规定所称认证相符，是指纳税人识别号无误，专用发票所列密文解译后与明文一致。

（3）《国家税务总局关于修订〈增值税专用发票使用规定〉的通知》（国税发〔2006〕156号）第二十六条规定，经认证，有下列情形之一的，不得作为增值税进项税额的抵扣凭证，税务机关退还原件，购买方可要求销售方重新开具专用发票。

①无法认证。本规定所称无法认证，是指专用发票所列密文或者明文不能辨认，无法产生认证结果。

②纳税人识别号认证不符。本规定所称纳税人识别号认证不符，是指专用发票所列购买方纳税人识别号有误。

③专用发票代码、号码认证不符。本规定所称专用发票代码、号码认证不符，是指专用发票所列密文解译后与明文的代码或者号码不一致。

（4）《国家税务总局关于纳税人虚开增值税专用发票征补税款问题的公告》（国家税务总局公告2012年第33号）规定，纳税人取得虚开的增值税专用发票，不得作为增值税合法有效的扣税凭证抵扣其进项税额。

（5）《国家税务总局关于加强增值税征收管理若干问题的通知》（国税发〔1995〕192号）第一条第三款规定，购进货物或应税劳务支付货款、劳务费用的对象。纳税人购进货物或应税劳务，支付运输费用，所支付款项的单位，必须与开具抵扣凭证的销货单位、提供劳务的单位一致，才能够申报抵扣进项税额，否则不予抵扣。

（6）《国家税务总局关于修订〈增值税专用发票使用规定〉的通知》（国税发〔2006〕156号）第十二条规定，一般纳税人销售货物或者提供应税劳务可汇总开具专用发票。汇总开具专用发票的，同时使用防伪税控系统开具《销售货物或者提供应税劳务清单》，并加盖财务专用章或者发票专用章。

2. 风险表现。取得不符合规定的增值税扣税凭证抵扣了进项税金。

3. 案例。

【案例 4-56】 A企业为增值税一般纳税人，2022年6月，境外B企业向其提供咨询服务，A企业在主管税务机关为B企业代扣代缴增值税6 000元，取得了完税凭证。但A企业不能够提供与该业务相关的境外单位的对账单或者发票。故该笔进项税额不得抵扣。

【案例 4-57】 A公司向外地企业购进一批建筑材料，与供货商签订供货合同后，通过银行转账支付货款共计208万元（含税），先后取得供货商提供的增值税专用发票22份，并通过税务系统认证申报抵扣增值税23.92万元。而后，供货商所在地税务部门发出的《已证实虚开通知单》证实，上述22份发票均属虚开。税务机关认为，根据《关于纳税人善意取得虚开增值税专用发票处理问题通知》（国税发〔2000〕18号）第二条第一款和《关于纳税人善意取得虚开增值税专用发票已抵扣税款加收滞纳金问题的批复》（国税函〔2007〕1240号）规定，上述22份发票为善意取得虚开发票，是不合法的凭证，于是作出A公司进项税额23.92万元不予抵扣、税款予以追缴的决定。

【解析】（1）构成"善意取得虚开增值税专用发票"的法律要件。根据《国家税务总局关于纳税人善意取得虚开的增值税专用发票处理问题的通知》（国税发〔2000〕187号）的规定，构成"善意取得虚开增值税专用发票"必须满足以下法律要件：

①购货方与销售方存在真实的交易；

②销售方使用的是其所在省（自治区、直辖市和计划单列市）的专用发票；

③专用发票注明的销售方名称、印章、货物数量、金额及税额等全部内容与实际相符；

④没有证据表明购货方知道销售方提供的专用发票是以非法手段获得的。

（2）"善意取得虚开增值税专用发票"的增值税处理。根据《国家税务总局关于纳税人善意取得虚开增值税专用发票已抵扣税款加收滞纳金问题的批复》（国税函〔2007〕1240号）、《国家税务总局关于〈国家税务总局关于纳税人取得虚开的增值税专用发票处理问题的通知〉的补充通知》（国税发〔2000〕182号）和《国家税务总局关于纳税人虚开增值税专用发票征补税款问题的公告》（国家税务总局公告2012年第33号）的规定，纳税人“善意取得虚开增值税专用发票”的增值税处理总结如下：

①纳税人无论善意还是恶意取得虚开的增值税专用发票，都不得作为增值税合法有效的扣税凭证抵扣其进项税额。

②在“纳税人善意取得虚开增值税专用发票”的情况下，如果购货方能够重新从销售方取得防伪税控系统开出的合法、有效的专用发票，且取得了销售方所在地税务机关已经或者正在依法对销售方虚开专用发票行为进行查处证据的，购货方所在地税务机关应依法准予抵扣进项税款或者出口退税；如不能重新取得合法、有效的专用发票，不准其抵扣进项税款或追缴其已抵扣的进项税款。

③根据《国家税务总局关于〈国家税务总局关于纳税人取得虚开的增值税专用发票处理问题的通知〉的补充通知》（国税发〔2000〕182号）的规定，纳税人善意取得虚开的增值税专用发票被依法追缴已抵扣税款的，不再按日加收滞纳税款万分之五的滞纳金。

（3）防范取得虚开的增值税专用发票风险。

①关注供应商是否存在异常情形。签订合同之前，可以通过天眼查等软件，查询对方企业工商登记等相关信息，关注对方企业是否存在企业法人、财务人员、办税人员一人兼任等情形；对方企业是否存在成立时间短或停业多年后法人、投资方出现变更后突然经营且营业规模增速异常等情形；关注合同价格是否存在远低于行业平均水平等情况，切莫相信会有天上掉馅饼的好事。

②拒绝现金方式支付货款。在签订合同时，要明确拒绝现金方式支付货款，因为现金支付货款后一旦对方开具的发票为虚开增值税专用发票，则一方面本企业在资金流方面无法自证清白，另一方面，根据现行政策规定购进货物的成本支出也不能在企业所得税税前列支扣除。建议保留一定比例的质保金，期限在半年甚至一年左右。

③留存相关信息。合同履约完毕后，归档保存本次交易购销双方业务人员姓名、联系方式、身份证复印件甚至经办人员照片等信息。保存购销合同、对方工商登记营业执照复印件及交货单据等原始资料，一旦存在虚

开问题既可以向税务机关提供相关证据材料，也可明确追责到个人。

（二）不得抵扣进项税额项目未做进项转出风险

1. 不得抵扣进项税额的具体情形。

第一种情形：用于简易计税方法计税项目的。

简易计税方法是指一般纳税人发生财政部和国家税务总局规定的特定应税行为，可以选择适用简易计税方法计税，适用简易计税方法计税的一般纳税人，其取得的用于简易计税方法计税项目的进项税额不得抵扣，如房地产开发企业一般纳税人销售自行开发的房地产老项目、一般纳税人为建筑工程老项目提供的建筑服务等。

第二种情形：用于免征增值税项目的。

免征增值税是指财政部及国家税务总局规定的免征增值税的项目，如养老机构提供的养老服务、婚姻介绍服务、从事学历教育的学校提供的教育服务、农业生产者销售的自产农产品等。

第三种情形：用于集体福利的。

集体福利是指纳税人为内部职工提供的各种内设福利部门所发生的设备、设施等费用，包括职工食堂、职工浴室、理发室、医务所、托儿所、疗养院等集体福利部门的设备、设施及维修保养费用。

第四种情形：用于个人消费的。

个人消费是指纳税人内部职工个人消费的货物、劳务及服务等所发生的费用。

上述四种情形涉及的固定资产、无形资产、不动产，仅指专用于上述项目的固定资产、无形资产（不包括其他权益性无形资产）、不动产。若纳税人取得的固定资产、无形资产、不动产同时用于正常缴纳增值税项目和简易计税方法计税项目、免征增值税项目、集体福利或者个人消费的，则进项税额可以抵扣。

第五种情形：非正常损失对应的进项税额。

（1）非正常损失的购进货物，以及相关的加工修理修配劳务和交通运输服务。

（2）非正常损失的在产品、产成品所耗用的购进货物（不包括固定资产）、加工修理修配劳务和交通运输服务。

（3）非正常损失的不动产，以及该不动产所耗用的购进货物、设计服务和建筑服务。

（4）非正常损失的不动产在建工程所耗用的购进货物、设计服务和建筑服务。

非正常损失是指因管理不善造成货物被盗、丢失、霉烂变质，以及因违反法律法规造成货物或者不动产被依法没收、销毁、拆除的情形。

第六种情形：购进贷款服务。

贷款服务是指将资金贷与他人使用而取得利息收入的业务活动，比如：银行提供的贷款服务、金融商品持有期间利息收入、信用卡透支利息收入、买入返售金融商品利息收入、融资融券收取的利息收入，以及融资性售后回租、押汇、罚息、票据贴现、转贷等业务取得的利息及利息性质的收入。纳税人取得的贷款服务的进项税额不得抵扣。

第七种情形：购进餐饮服务。

餐饮服务是指通过同时提供饮食和饮食场所的方式为消费者提供饮食消费服务的业务活动，纳税人取得的餐饮服务的进项税额不得抵扣。

第八种情形：购进居民日常服务。

居民日常服务是指主要为满足居民个人及其家庭日常生活需求提供的服务，包括市容市政管理、家政、婚庆、养老、殡葬、照料和护理、救助救济、美容美发、按摩、桑拿、氧吧、足疗、沐浴、洗染、摄影扩印等服务。纳税人取得的居民日常服务的进项税额不得抵扣。

第九种情形：购进娱乐服务。

娱乐服务是指为娱乐活动同时提供场所和服务的业务。具体包括：歌厅、舞厅、夜总会、酒吧、台球、高尔夫球、保龄球、游艺（包括射击、狩猎、跑马、游戏机、蹦极、卡丁车、热气球、动力伞、射箭、飞镖）。纳税人取得的娱乐服务的进项税额不得抵扣。

第十种情形：因购买货物而从销货方取得的各种形式的返还资金。

《国家税务总局关于商业企业向货物供应方收取的部分费用征收流转税问题的通知》（国税发〔2004〕136号）规定：对商业企业向供货方收取的与商品销售量、销售额挂钩（如以一定比例、金额、数量计算）的各种返还收入，均应按照平销返利行为的有关规定冲减当期增值税进项税金。

2. 风险表现。发生应做进项税额转出事项的，未按规定进行转出处理，导致少交增值税。

3. 进项税额转出计算。

（1）《营业税改征增值税试点实施办法》第二十九条规定，适用一般计税方法的纳税人，兼营简易计税方法计税项目、免征增值税项目而无法划分不得抵扣的进项税额，按照下列公式计算不得抵扣的进项税额：

不得抵扣的进项税额 = 当期无法划分的全部进项税额 ×（当期简易计税方法计税项目销售额 + 免征增值税项目销售额）÷ 当期全部销售额

主管税务机关可以按照上述公式依据年度数据对不得抵扣的进项税额进行清算。

注意以下几点：

一是“当月全部销售额、营业额合计”是指与“当月无法划分的全部进项税额”有关的应税项目销售额、简易计税项目以及免税项目销售额，不包括与“能够准确划分进项税额”有关的应税项目销售额、免税项目销售额以及简易计税项目销售额；

二是“当月无法划分的全部进项税额”是指既用于应税项目，又用于简易计税项目以及免税项目，但又无法准确划分不得抵扣的进项税额；

三是免税项目销售额不得进行不含税收入的换算；

四是对于纳税人而言，进项税额转出是按月进行的，但由于年度内取得进项税额的不均衡性，有可能会造成按月计算的进项转出与按年度计算的进项转出产生差异，主管税务机关可在年度终了对纳税人进项转出计算公式进行清算，可对相关差异进行调整。

五是纳税人取得的进项税额既用于简易计税项目又用于一般计税项目的，其中涉及固定资产、无形资产、不动产的进项税额可全额抵扣。

【案例 4 - 58】 甲建筑公司 2022 年有两个建筑项目，其中 A 项目属于甲供材项目，选择简易计税方法，B 项目采用一般计税方法。2022 年 12 月，甲公司购进 400 万元（不含税）的原材料，取得增值税专用发票，认证并抵扣进项税金 52 万元。共同用于 A 项目和 B 项目，无法准确划分各项目使用原材料金额。该公司 12 月 A 项目不含税收入 600 万元（简易计税征收率 3%），B 项目取得不含税收入 800 万元（适用税率为 9%）。

【解析】 不得抵扣的进项税额 = 当期无法划分的全部进项税额 ×（当期简易计税方法计税项目销售额 + 免征增值税项目销售额）÷ 当期全部销售额 = 52 × 600 ÷（600 + 800）= 22.29（万元）。

（2）《房地产开发企业销售自行开发的房地产项目增值税征收管理暂

行办法》（国家税务总局公告2016年第18号）第十三条规定，一般纳税人销售自行开发的房地产项目，兼有一般计税方法计税、简易计税方法计税、免征增值税的房地产项目而无法划分不得抵扣的进项税额的，应以《建筑工程施工许可证》注明的“建设规模”为依据进行划分，此处的“建设规模”是建筑面积。

不得抵扣的进项税额 = 当期无法划分的全部进项税额 ×（简易计税、免税房地产项目建设规模 ÷ 房地产项目总建设规模）

【案例4－59】 甲房产公司开发A、B两个楼盘，A项目适用简易计税方法，B楼盘适用一般计税方法。2022年12月甲公司发生展览费、广告费等共计84.8万元（含税），进项税额4.8万元，取得增值税专用发票，于当月认证抵扣。假设上述费用无法在两个项目间分摊，A楼盘和B楼盘建筑面积分别为3万平方米和5万平方米。

【解析】 不得抵扣的进项税额 = 当期无法划分的全部进项税额 ×（简易计税、免税房地产项目建设规模 ÷ 房地产项目总建设规模）= 4.8 × 3 ÷（3 + 5）= 1.8（万元）。

（3）《营业税改征增值税试点实施办法》第三十条规定：“已抵扣进项税额的购进货物（不含固定资产）、劳务、服务，发生本办法第二十七条规定情形（简易计税方法计税项目、免征增值税项目除外）的，应当将该进项税额从当期进项税额中扣减；无法确定该进项税额的，按照当期实际成本计算应扣减的进项税额。”

【案例4－60】 某企业为一般纳税人，适用一般计税方法。2022年5月1日购进洗涤剂准备用于销售，取得增值税专用发票列明的金额10万元，增值税额1.3万元，当月认证抵扣。2022年7月，该纳税人将所购进的该批次洗涤剂全部用于职工食堂。

【解析】 纳税人将已抵扣进项税额的购进货物用于集体福利的，应于发生的当月将已抵扣的1.3万元进行进项税额转出。

应当注意的是，购进货物、劳务用于不得抵扣情形的进项税转出还应当包括购进货物、劳务相应承担的交通运输服务中所包含的增值税。以上述为例，假设当期运输洗涤剂发生运费的实际成本为1 000元，相应还应当转出运费进项税额1 000 × 9% = 90（元）。

【案例4－61】 甲制药厂系增值税一般纳税人，从事药品的生产销售。2022年3月，税务机关对该企业2月增值税纳税申报情况进行分析时发现，该企业申报应税收入223万元、免税收入117万元，进项税额26万元，进项税额转出额0，应纳税额2.99万元。按照税法规定，用于免税项目的进项税额不得抵扣，而该企业有免税收入，却没有申报进项转出，可能存在少交增值税问题。为此，税务机关对该企业进行了提醒。该企业核实，当月购进生产用原材料一批，取得增值税专用发票注明税款26万元，用于生产消炎药、避孕药两种药品。这两种药品无法分清各自耗用原材料数额，由于工作疏忽，当月避孕药品所耗用原材料进项税额未作转出处理，应转出进项税额 = 26 × 117 ÷ (223 + 117) = 8.95（万元），所以，当月应纳增值税额 = 223 × 13% − (26 − 8.95) = 11.94（万元），少缴增值税额 = 11.94 − 2.99 = 8.95（万元）。该企业进行补税8.95万元，并缴纳了滞纳金。

（4）《财政部 国家税务总局关于全面推开营业税改征增值税试点的通知》（财税〔2016〕36号）“附件1”第二十七条规定，下列项目的进项税额不得从销项税额中抵扣：……（二）非正常损失的购进货物，以及相关的加工修理修配劳务和交通运输服务；（三）非正常损失的在产品、产成品所耗用的购进货物（不包括固定资产）、加工修理修配劳务和交通运输服务；（四）非正常损失的不动产，以及该不动产所耗用的购进货物、设计服务和建筑服务；（五）非正常损失的不动产在建工程所耗用的购进货物、设计服务和建筑服务。纳税人新建、改建、扩建、修缮、装饰不动产，均属于不动产在建工程。

①非正常损失的购进货物，以及相关的加工修理修配劳务和交通运输服务。

A. 一般情况。

【案例4－62】A公司于2022年10月2日采购了一批货物，不含税价30万元，进项税额3.9万元，发生运输费1万元，进项税额0.09万元，当月入库。以上事项均取得增值税专用发票。2022年12月20日，A公司销售部门在交通要道兜售该货物，被工商部门没收，没收货物不含税价值3万元。12月22日晚，公司仓库着火（值班人员吸烟所致）烧毁一批货物不含税价值2万元。12月25日，公司因不可抗力原因，损失一批货物不含税价值5万元。

【解析】在交通要道兜售该货物，被工商部门没收，没收货物不含税价值3万元。仓库着火（值班人员吸烟所致）烧毁一批货物不含税价值2

万元。这两种情况，是因A公司管理不善所致，符合财税〔2016〕36号文件对“非正常损失”的定义，需要做进项转出处理。

因公司不可抗力原因，损失一批货物不含税价值5万元。这种情况，不是该公司管理不善的原因，因此不符合财税〔2016〕36号文件对“非正常损失”的定义，不需要做进项转出处理。

不得抵扣的进项税额 =（3.9 +0.09）×（5 ÷30）=0.665（万元）。

B. 购进免税农产品发生非正常损失情况。由于外购免税农产品是在“含税”状态下（即“含税”支付额）计算抵扣进项税额的，当纳税人购进免税农产品进行会计处理时，即分离出进项税额和不含税成本；而当不含税成本（不含税支付额）下的免税农产品及运费改变用途及发生非正常损失须转出进项税额时，则必须先将不含税支付额还原成含税支付额，然后再计算应转出的进项税额。

免税农产品（计算抵扣进项税额的货物）进项税额转出 = 账面成本 ÷（1 −9%）×9%

【案例4 −63】 甲公司（一般纳税人）2022年8月从农业生产者收购棉花用于销售，支付买价20 000元。购进当月计算抵扣进项税金1 800元。2022年10月，由于管理不善发生火灾，购进棉花全部损失。

【解析】 自行计算抵扣9%的进项税额，20 000 ×9% =1 800（元）

20 000 −1 800 =18 200（元）计入成本

由于管理不善进项转出 = 账面成本 ÷（1 −9%）×9% =18 200 ÷（1 −9%）×9% =1 800（元）

应当注意：纳税人购进用于生产或者委托加工13%税率货物的农产品，按照10%的扣除率计算进项税额，相应进项税转出时，也应当按照10%的扣除率还原计算应转出的进项税额。

②非正常损失的在产品、产成品所耗用的购进货物（不包括固定资产）、加工修理修配劳务和交通运输服务。由于在产品、产成品成本中既包括购进货物及应税劳务成本，也包括工资成本以及制造费用等，因此，非正常损失的在产品、产成品不能直接计算进项税额转出额，而应根据在产品、产成品中所耗用的购进货物及应税劳务成本比例情况计算应转出的进项税额。

计算公式为：应转出的进项税额 = 损失在产品、产成品的实际成本 × 外购货物占在产品、产成品成本的比例 × 外购货物的增值税税率

【案例 4-64】2022 年 8 月，某服装厂因管理不善造成产品仓库被盗，共损失产品账面价值 80 000 元，当月总的生产成本为 420 000 元，其中耗用外购原材料的价值为 300 000 元。

【解析】损失产品成本中所耗外购货物的实际成本 = 80 000 × (300 000 ÷ 420 000) = 57 143（元）

应转出的进项税额 = 57 143 × 13% = 7 428.59（元）

③非正常损失的不动产，以及该不动产所耗用的购进货物、设计服务和建筑服务。《营业税改征增值税试点实施办法》第三十一条规定，已抵扣进项税额的固定资产、无形资产或者不动产，发生本办法第二十七条规定情形的，按照下列公式计算不得抵扣的进项税额：

不得抵扣的进项税额 = 固定资产、无形资产或者不动产净值 × 适用税率

固定资产、无形资产或者不动产净值，是指纳税人根据财务会计制度计提折旧或摊销后的余额。

固定资产、无形资产和不动产为生产商品、提供劳务对外出租或经营管理而持有的，使用寿命超过一个会计年度，所以，其发生的成本费用应当以折旧或摊销方式分期计入当期损益。

【案例 4-65】某企业为一般纳税人，2022 年 5 月 1 日购进复印机 1 台，在会计上作为固定资产核算，折旧期 5 年，取得增值税专用发票列明的货物金额 1 万元，于当月认证抵扣。2022 年 11 月，复印机因管理不善被盗。

【解析】购买的固定资产因管理不善被盗属于非正常损失，不得抵扣进项，应于发生的次月计算不得抵扣的进项税额：

固定资产的净值 = 10 000 - (10 000 ÷ 5 ÷ 12 × 6) = 9 000（元）

应转出的进项税额 = 9 000 × 13% = 1 170（元）

注意：已抵扣进项税额的固定资产发生不得抵扣情形的进项税转出还应当包括购进固定资产相应承担的交通运输服务中所包含的增值税。

【案例 4-66】A 公司于 2022 年 8 月对自有生产车间进行维修改造，维修费为 20 万元，取得增值税专用发票，进项税额 1.8 万元。2022 年 10 月，该车间被纳入市政拆迁范围，并于 11 月予以正常拆迁。

【解析】对自有的车间进行维修改造，而后被纳入市政拆迁范围予以正常拆迁，不属于财税〔2016〕36 号文件对“非正常损失”的定义，已

抵扣的进项税额不需作转出处理。

（三）发生进货退回或折让进项税额未转出风险

1. 进货退回进项税额转出相关规定。

（1）《营业税改征增值税试点实施办法》第三十二条规定："纳税人适用一般计税方法计税的，因销售折让、中止或者退回而退还给购买方的增值税额，应当从当期的销项税额中扣减；因销售折让、中止或者退回而收回的增值税额，应当从当期的进项税额中扣减。"

（2）《国家税务总局关于红字增值税发票开具有关问题的公告》（国家税务总局公告2016年第47号）规定："一、增值税一般纳税人开具增值税专用发票（以下简称"专用发票"）后，发生销货退回、开票有误、应税服务中止等情形但不符合发票作废条件，或者因销货部分退回及发生销售折让，需要开具红字专用发票的，按以下方法处理：购买方取得专用发票已用于申报抵扣的，购买方可在增值税发票管理新系统中填开并上传"开具红字增值税专用发票信息表"（以下简称"信息表"），在填开"信息表"时不填写相对应的蓝字专用发票信息，应暂依"信息表"所列增值税税额从当期进项税额中转出，待取得销售方开具的红字专用发票后，与"信息表"一并作为记账凭证。"

2. 风险表现。发生退货或取得折让未按规定做进项税额转出，多抵扣进项税额。

3. 案例。

【案例4-67】 甲有限公司于2022年5月10日从乙有限公司购进货物一批，取得乙有限公司开具的增值税专用发票一张，价款200万元，增值税款26万元。甲有限公司对该张专用发票进行了认证并当月抵扣。6月20日，该批货物销售时被发现质量存在问题，经与乙有限公司协商同意退货，甲有限公司在增值税发票管理新系统中填开并上传"信息表"，之后取得销售方开具的红字专用发票。

甲有限公司于7月10日进行纳税申报后，税务机关审核该公司申报资料时，发现"进项税额转出"栏金额为0，立即电话提醒该公司。该公司经核查，的确未按规定扣减当期进项税额，于是重新进行了申报，如实扣减了进项税额。

【案例4-68】 甲企业为一般纳税人，2022年5月购买原材料一批，取得增值税专用发票，发票注明金额 50 万元，税额 6.5 万元。发票于当月认证抵扣。2022 年 6 月，由于质量原因，上述原材料全部发生销货退回。

【解析】 甲企业可在增值税发票管理新系统中填开并上传“信息表”，在填开“信息表”时不填写相对应的蓝字专用发票信息，应暂依“信息表”所列增值税税额从当期进项税额中转出，待取得销售方开具的红字专用发票后，与“信息表”一并作为记账凭证。

应转出的进项税额 =50×13% =6.5（万元）

（四）收到返利进项税额未转出风险

1. 返利进项税额转出的相关规定。

（1）《国家税务总局关于纳税人折扣折让行为开具红字增值税专用发票问题的通知》（国税函〔2006〕1279 号）规定，纳税人销售货物并向购买方开具增值税专用发票后，由于购货方在一定时期内累计购买货物达到一定数量，或者由于市场价格下降等原因，销货方给予购货方相应的价格优惠或补偿等折扣、折让行为，销货方可按现行《增值税专用发票使用规定》的有关规定开具红字增值税专用发票。

（2）《国家税务总局关于商业企业向货物供应方收取的部分费用征收流转税问题的通知》（国税发〔2004〕136 号）第一条第三款规定，对商业企业向供货方收取的与商品销售量、销售额挂钩（如以一定比例、金额、数量计算）的各种返还收入，均应按照平销返利行为的有关规定冲减当期增值税进项税金。第三条规定，应冲减进项税金的计算公式调整为：当期应冲减进项税金 = 当期取得的返还资金 ÷（1 + 所购货物适用增值税税率）× 所购货物适用增值税税率。

返利的实质是折扣，属于事后折扣，即在一段时期的销售额度实现后才能获得的折扣，无法满足开在一张发票上的折扣的要求，应采取开具红字发票的措施解决。无论是现金折扣还是实物折扣，均须按照文件规定执行，销售方冲销收入与销项税额，采购方冲减成本与进项税额。同时，用于返利的货物，销售方按照正常的销售进行处理，开具蓝字专用发票申报销项税额，采购方取得专票用于抵扣。

2. 风险表现。

（1）不同形式返利涉税处理错误；

（2）收到返利未做进项税额转出处理。

3. 不同形式返利的涉税处理案例。

（1）现金返利。对于代理商向厂商收取的返还资金，代理商不出具发票，由厂商开具红字专用发票。

【案例4－69】甲企业是汽车经销企业，为一般纳税人，2022年12月收到厂家给予的现金返利150 000元。

【解析】当期应冲减进项税金＝当期取得的返还资金÷（1＋所购货物适用增值税税率）×所购货物适用增值税税率＝150 000÷（1＋13%）×13%＝17 256.64（元）。

【案例4－70】2022年12月，A代理商收到B供应商给予的现金返利11.3万元。

【解析】

①A代理商的财税处理。A代理商取得专用发票已用于申报抵扣的，A代理商在增值税发票管理新系统中填开并上传“信息表”，暂依“信息表”所列增值税税额从当期进项税额中转出，待取得销售方开具的红字专用发票后，与“信息表”一并作为记账凭证进行会计处理（单位：万元，下同）：

借：银行存款	113 000	
贷：主营业务成本		100 000
应交税费——应交增值税（进项税额转出）		13 000

填开并上传“信息表”当月，A代理商在当期增值税申报表附表二“红字专用发票信息表注明的进项税额”栏作进项税额转出申报。

②B供应商的财税处理。B供应商开具红字专用发票，凭此红字发票进行会计处理：

借：主营业务收入	100 000	
应交税费——应交增值税（销项税额）	13 000	
贷：银行存款		113 000

B供应商在当期增值税申报表上并不专门体现红字专用发票销售额，而是作为对销售收入的抵减额合并申报。

（2）实物返利。相对于现金返利而言，实物返利的处理要复杂一些。

【案例4－71】甲公司为某商场的商品供应商，每期期末，按商场销售本公司商品金额的5%进行实物返利。2022年6月，商场共销售甲公司商品金额 226 万元，按约定收到含税价值为 11.3 万元的实物返利。

【解析】 国家税务总局《关于平销行为征收增值税问题的通知》（国税发〔1997〕167 号）规定，供应商平销返利的方式不论是资金返还赠送实物或其他方式，商业企业因购买货物而从供应方取得的各种形式的返还资金，均应依所购货物的增值税税率计算应冲减的进项税金，并从其取得返还资金当期的进项税金中予以冲减。

相应的，供应商的实物返利应作如下处理：一是实物的视同销售，二是完成利润返还。完成利润返还与现金返还的处理一致，而返利实物的视同销售要计征增值税销项税额。也就是说，供应商在实物返利时，要同时确认前期已确认收入、销项税额的减少，以及赠送实物视同销售引起本期收入、销项税额的增加。在开具发票方面，也会涉及两份发票：一是返利的红字发票，二是视同销售的蓝字发票。

①商场的财税处理。2022 年 6 月，经计算返利 11.3 万元，商场取得供应商红字专用发票（“票 1”），先暂依“信息表”所列增值税税额从当期进项税额中转出，取得销售方开具的红字专用发票后，与“信息表”一并作为记账凭证进行会计处理，同时取得返利实物的增值税蓝字发票（“票 2”）抵扣联，按正常购进货物进行会计处理：

借：库存商品——平销返利　　100 000
　　应交税费——应交增值税（进项税额）　　13 000（票 2）
　　贷：主营业务成本　　100 000
　　　　应交税费——应交增值税（进项税额转出）13 000（票 1）

票 1 对应的进项税额，商场在当期增值税申报表附表二“红字专用发票信息表注明的进项税额”栏作进项税额转出申报；票 2 对应的进项税额，则在当期增值税申报表附表二第 2 行“本期认证相符且本期申报抵扣”作抵扣进项税额申报。

②供应商的财税处理。2022 年 6 月 30 日，经计算应返利 11.3 万元，供应商开具返利引起的红字专用发票（票 1），同时开具返利实物视同销售的增值税蓝字发票（票 2）：

借：主营业务收入　　100 000
　　应交税费——应交增值税（销项税额）　　13 000（票 1）
　　贷：库存商品　　100 000
　　　　应交税费——应交增值税（销项税额）　13 000（票 2）

与现金返利相同，供应商在当期增值税申报表上并不专门体现红字专用发票销售额，而是作为对销售收入的抵减额合并申报。

需要注意的是，对外购实物进行返利，计算缴纳企业所得税时，要相应调增视同销售收入10万元及相应成本10万元。

（3）返利以销售折扣形式在同一张发票上反映。冲抵货款的销售返利在实务中俗称票扣返利。在获得冲抵货款的销售返利时，一律按照净额进行会计处理，即以折扣后的货物价款净额计入“库存商品”和“应付账款”，这样处理使得存货管理信息系统记录的商品金额与实际库存余额不符。因此，针对票扣方式的账务处理建议如下：

①购买方收到含有折扣的发票后，对发票中的正数部分和负数部分分别处理：发票正数部分做采购分录，不含税金额计库存商品；负数部分冲减成本，不含税金额记主营业务成本；正负相抵后的税额记应交税费——应交增值税（进项税）；正负相抵后的总金额记应付账款或银行存款。

借：库存商品（正数部分不含税金额）

　　应交税费——应交增值税（进项税额）（发票正负相抵后的进项税额）

　　贷：应付账款——B公司（扣除返利后要付给对方的合计金额）

　　　　主营业务成本（负数部分不含税金额）

②销售方开出含有折扣的发票后：正负相抵后的金额做收入，按不含税金额记主营业务收入；正负相抵后的税额记销项税额；正负相抵后的合计金额记应收账款或银行存款。按实际成本价结转成本。

确认收入：借：应收账款——A公司（正负相抵后的合计金额）

　　　　　贷：主营业务收入（正负相抵后的不含税金额）

　　　　　　　应交税费——应交增值税（销项税额）（正负相抵后的税额）

结转成本：

借：主营业务成本

　　贷：库存商品

【案例4-72】2022年9月8日，A公司的供应商B在A公司完成了以前制订的销售完成计划，决定为A公司返利113万元，通过冲减发货货款的形式，即票扣方式，A公司从B供应商当月进货价税合计135.6万元，付款是 135.6－113＝22.6（万元），B 公司货物成本为 96 万元。

【解析】

①A 公司会计处理：

正数部分：金额 120 万元（不含税），税额：15.6 万元；

负数部分：金额－100 万元（不含税），税额：－13 万元；

合计部分：金额为 20 万元（不含税），税额：2.6 万元。

借：库存商品　　1 200 000
　　应交税费——应交增值税（进项税额）　　26 000
　　贷：应付账款——B 公司　　226 000
　　　　主营业务成本　　1 000 000

支付 B 公司货款：

借：应付账款——B 公司　　226 000
　　贷：银行存款　　226 000

②B 公司会计处理：

借：应收账款——A 公司　　226 000
　　贷：主营业务收入　　200 000
　　　　应交税费——应交增值税（销项税额）　　26 000

借：主营业务成本　　960 000
　　贷：库存商品　　960 000

收到 A 公司货款

借：银行存款　　226 000
　　贷：应收账款——A 公司　　226 000

4. 进场费、广告促销费、上架费、展示费、店庆费、管理费等的会计处理。《关于商业企业向货物供应方收取的部分费用征收流转税问题的通知》（国税发〔2004〕136 号）规定，对商业企业向供货方收取的与商品销售量、销售额无必然联系，且商业企业向供货方提供一定劳务的收入，如进场费、广告促销费、上架费、展示费、管理费等，不属于平销返利，不冲减当期增值税进项税金，应按服务业缴纳增值税。

【案例 4－73】 某食品生产厂家付给连锁超市 0.1 万元的展台制作费、0.2 万元的管理费、0.2 万元的店庆费、0.2 万元的节日促销费、0.3 万元的广告费（以上均为不含税价）。

【解析】 以上费用与商品销售无必然联系，不属于平销返利，不冲减当期增值税进项税金，应按增值税的对应税目、税率计算销项税额。

借：银行存款　　10 600
　　贷：其他业务收入　　10 000
　　　　应交税费——应交增值税（销项税额）　　600

（五）固定资产、不动产进项税额处理错误风险

1. 兼用于简易计税方法计税项目、免征增值税项目、集体福利的固定资产、不动产可以抵扣进项税额。

（1）相关规定。《营改增试点实施办法》第二十七条规定："（一）用于简易计税方法计税项目、免征增值税项目、集体福利或者个人消费的购进货物、加工修理修配劳务、服务、无形资产和不动产不得抵扣进项税额。其中涉及的固定资产、无形资产、不动产，仅指专用于上述项目的固定资产、无形资产（不包括其他权益性无形资产）、不动产。"

（2）风险表现。兼用于简易计税方法计税项目、免征增值税项目、集体福利的固定资产、不动产对应进项税额作进项转出处理，导致多交增值税。

（3）案例。

【案例4－74】某企业为一般纳税人，提供货物运输服务和装卸搬运服务，其中货物运输服务适用一般计税方法，装卸搬运服务选择适用简易计税方法。该纳税人2022年7月购入办公楼一层，不含税价8 000万元，进项税额720万元，取得增值税专用发票并于当月认证抵扣，且该进项税额无法在货物运输服务和装卸搬运服务间划分。该纳税人当月取得货物运输收入60万元，装卸搬运服务40万元。

【解析】购进办公楼兼用于一般计税项目和简易计税方法计税项目，可以抵扣进项税额，因此不需要做进项转出，720万元进项税额可以全额抵扣。

2. 已抵扣进项税额的固定资产、不动产发生不得抵扣进项税金情形的，应计算不得抵扣进项税额。

（1）相关规定。

①《营改增试点实施办法》第三十一条规定，已抵扣进项税额的固定资产、无形资产或者不动产，发生本办法第二十七条规定情形的，按照下列公式计算不得抵扣的进项税额：

不得抵扣的进项税额＝固定资产、无形资产或者不动产净值×适用税率

固定资产、无形资产或者不动产净值，是指纳税人根据财务会计制度计提折旧或摊销后的余额。

②《不动产进项税额分期抵扣暂行办法》第七条规定，已抵扣进项税额的不动产，发生非正常损失，或者改变用途，专用于简易计税方法计税项目、免征增值税项目、集体福利或者个人消费的，按照下列公式计算不得抵扣的进项税额，并从当期进项税额中扣减：

不得抵扣的进项税额 = 已抵扣进项税额 × 不动产净值率

不动产净值率 = (不动产净值 ÷ 不动产原值) × 100%

注意：应于该不动产改变用途的当期，将不得抵扣进项税额从进项税额中扣减。

（2）风险表现。已抵扣进项税额的固定资产、不动产发生不得抵扣进项税金情形的，未计算或计算错误不得抵扣进项税额。

（3）案例。

【案例 4－75】 某企业为一般纳税人，2022 年 6 月 1 日，购进客货车一辆用于生产经营，在会计上作为固定资产核算，折旧期 4 年（假设无残值），取得增值税专用发票列明的金额为 12 万元，于当月认证抵扣。2022 年 12 月，该纳税人将上述车辆移送至职工食堂。

【解析】 已抵扣进项税额的固定资产用于不得抵扣项目应做进项税金转出处理。

不得抵扣的进项税额 = 固定资产、无形资产或者不动产净值 × 适用税率

固定资产的净值 = 12 − (12 ÷ 4 ÷ 12 × 6) = 10.5（万元）

应转出的进项税额 = 10.5 × 13% = 1.365（万元）

从 2023 年 1 月起，按 11.865 万元（10.5 + 1.365）计算计提折旧。

【案例 4－76】 甲企业（一般纳税人）花费 5 450 万元于 2022 年 6 月购进一栋办公楼，取得增值税专用发票，当期认证抵扣进项税额 450 万元。2022 年 12 月，将该办公楼专用于职工宿舍。企业计算折旧使用平均年限法，预计使用寿命 20 年，不考虑净残值率。

【解析】 不动产净值 = 5 000 − (5 000 ÷ 20 ÷ 12 × 6) ≈ 4 875（万元）

不得抵扣的进项税额 = 已抵扣进项税额 × 不动产净值率 = 450 × (4 875 ÷ 5 000) × 100% = 438.75（万元）

3. 原用于不得抵扣且未抵扣进项税额的固定资产，转用于允许抵扣进项税额的应税项目时，可在用途改变的次月计算可以抵扣的进项

税额。

（1）相关规定。

①《营业税改征增值税试点有关事项的规定》第二条规定，试点纳税人按照《试点实施办法》第二十七条第（一）项规定不得抵扣且未抵扣进项税额的固定资产、无形资产、不动产，发生用途改变，用于允许抵扣进项税额的应税项目，可在用途改变的次月按照下列公式计算可以抵扣的进项税额：

可以抵扣的进项税额 = 固定资产、无形资产、不动产净值 ÷ (1 + 适用税率) × 适用税率

上述可以抵扣的进项税额应取得合法有效的增值税扣税凭证。

注意：在用途改变的次月计算抵扣进项税额。

②《不动产进项税额分期抵扣暂行办法》第八条规定，按照规定不得抵扣进项税额的不动产，发生用途改变，用于允许抵扣进项税额项目的，按照下列公式在改变用途的次月计算可抵扣进项税额。

可抵扣进项税额 = 增值税扣税凭证注明或计算的进项税额 × 不动产净值率

依照本条规定计算的可抵扣进项税额，应取得2016年5月1日后开具的合法有效的增值税扣税凭证。

（2）风险表现。原用于不得抵扣且未抵扣进项税额的固定资产，转用于允许抵扣进项税额的应税项目时，未按规定计算可以抵扣的进项税额，导致多交增值税。

（3）案例。

【案例4-77】 企业于2021年11月购置一辆中型客车，价款合计180万元，取得增值税专用发票注明税额23.4万元，于次月开始计提折旧，折旧年限10年，无残值。增值税专用发票在限期内进行了认证。此辆客车购进时用于企业福利部门，发票认证抵扣后进行了进项税额转出处理。该企业又于2022年3月将该辆客车转用于生产经营。

【解析】 购进时固定资产原值 180 × (1 + 13%) = 203.4（万元）（不考虑其他税费）

计提折旧 = 203.4 ÷ 10 × 4 ÷ 12 = 6.78（万元）

固定资产净值 = 203.4 − 6.78 = 196.62（万元）

可以抵扣的进项税额 = 固定资产净值 ÷ (1 + 适用税率) × 适用税率 =

196.62 ÷（1 + 13%）× 13% = 22.62（万元）

【案例 4 - 78】 2021 年 6 月 15 日，某一般纳税人购进大楼一座专用于职工宿舍，价款共计 3 270 万元（含税），并于次月开始计提折旧，折旧年限 20 年，无残值。6 月 20 日，取得如下 2 份发票：增值税专用发票 1 份并认证相符，注明的金额为 2 100 万元，税额 189 万元；增值税普通发票 1 份，注明金额 900 万元，税额 81 万元。2022 年 6 月，纳税人将该大楼改变用途，用于生产经营。

不动产折旧额 = 3 270 ÷（20 × 12）× 12 = 163.5（万元）

不动产净值率 =（3 270 - 163.5）÷ 3 270 = 95%

可抵扣的进项税额 = 增值税扣税凭证注明或计算的进项税额 × 不动产净值率 = 189 × 95% = 179.55（万元）

注意：购进大楼取得增值税普通发票不属于合法扣税凭证，所以在改变用途时不能计算可以抵扣的进项税额，参与可抵扣进项税额计算仅是取得增值税专用发票并认证的税额。

（六）农产品抵扣进项税额处理错误风险

1. 农产品抵扣进项税额相关规定。《财政部 国家税务总局关于简并增值税税率有关政策的通知》（财税〔2017〕37 号）和《关于深化增值税改革有关政策的公告》（财政部、税务总局、海关总署公告 2019 年第 39 号）规定：

（1）纳税人购进农产品，按下列规定抵扣进项税额：纳税人购进农产品［用于生产或者委托加工 13%（由 17% 调整为 13%）税率货物的除外］，取得一般纳税人开具的增值税专用发票或海关进口增值税专用缴款书的，以增值税专用发票或海关进口增值税专用缴款书上注明的增值税额为进项税额；取得（开具）农产品销售发票或收购发票的，以农产品销售发票或收购发票上注明的农产品买价和 9%（由 11% 调整为 9%）的扣除率计算进项税额。从按照简易计税方法依照 3% 征收率计算缴纳增值税的小规模纳税人取得增值税专用发票的，以增值税专用发票上注明的金额和 9%（由 11% 调整为 9%）的扣除率计算进项税额；取得（开具）农产品销售发票或收购发票的，以农产品销售发票或收购发票上注明的农产品买价和 9%（由 11% 调整为 9%）的扣除率计算进项税额。

（2）纳税人购进农产品，原适用 10% 扣除率的，扣除率调整为 9%。纳税人购进用于生产或者委托加工 13% 税率货物的农产品，按照 10% 的扣除率计算进项税额。

（3）纳税人购进农产品既用于生产销售或委托受托加工13%（由17%调整为13%）税率货物又用于生产销售其他货物服务的，应当分别核算用于生产销售或委托受托加工13%（由17%调整为13%）税率货物和其他货物服务的农产品进项税额。未分别核算的，统一以增值税专用发票或海关进口增值税专用缴款书上注明的增值税额为进项税额，或以农产品收购发票或销售发票上注明的农产品买价和9%（由11%调整为9%）的扣除率计算进项税额。

（4）执行农产品进项税核定扣除的纳税人，仍按照农产品进项税核定扣除管理办法规定，以“销”定“进”：以农产品加工成产品对外销售的销项税率作为进项税的扣除率。也就是说，产品销项税率为13%的，农产品进项税的扣除率为13%；产品销项税率为9%的，农产品进项税的扣除率为9%。

2. 农产品抵扣凭证类型（见表4－3）。

表4－3　　农产品抵扣凭证类型表

序号	凭证种类	进项税额计算方法	备注
1	一般纳税人开具的增值税专用发票	增值税专用发票上注明的增值税额为进项税额	
2	一般纳税人开具的海关进口增值税专用缴款书	海关进口增值税专用缴款书上注明的增值税额为进项税额	
3	按照简易计税方法依照3%征收率计算缴纳增值税的小规模纳税人开具的增值税专用发票	以增值税专用发票上注明的金额和9%的扣除率计算进项税额	
4	农产品销售发票或收购发票	以农产品销售发票或收购发票上注明的农产品买价和9%的扣除率计算进项税额	
5	购进用于生产或者委托加工13%税率货物的农产品，按照10%的扣除率计算进项税额		注意：分别核算

注意：纳税人从批发、零售环节购进适用免征增值税政策的蔬菜、部分鲜活肉蛋而取得的普通发票，不得作为计算抵扣进项税额的凭证。

按照简易计税方法依照3%征收率计算缴纳增值税的小规模纳税人开具的增值税普通发票，不得作为计算抵扣进项税额的凭证。

农业生产者销售自产农产品免征增值税，不能开具专用发票，所以农产品收购发票或者销售发票都是增值税普通发票。

农产品销售发票，是指农业生产者销售自产农产品适用免征增值税政策而开具的普通发票。农产品收购发票是收购方自己开给自己的，发票左上角自动打印“收购”字样，纳税人只能是向农业生产者个人购买自产农产品才能开具，向从事农业生产的自然人以外的单位和个人购进农产品，应索取发票，不能自行开具农产品收购发票。农产品销售发票和收购发票作为扣税凭证，仅限于纳税人从农业生产者购入的自产免税农产品。

3. 风险表现。

（1）购进农产品抵扣凭证不符合规定；

（2）购进农产品抵扣进项税额计算错误；

（3）纳税人购进农产品，既用于生产销售或委托受托加工13%税率货物，又用于生产销售其他货物服务的，未分别核算。

4. 案例。

【案例4-79】甲企业2022年1月向一般纳税人购买棉花用于生产棉布（13%税率），取得增值税专用发票，票面金额10万元，税率9%，增值税额0.9万元，价税合计10.9万元。2022年3月当月全部领用，用于生产棉布。

【解析】纳税人在购进农产品时，应按照农产品抵扣的一般规定，按照9%计算抵扣进项税额。在领用农产品环节，如果农产品用于生产或者委托加工13%税率货物，则再加计1%进项税额。因此，2022年1月购进时按照9%计算抵扣进项税额；2022年3月领用时，确定用于生产13%税率货物，则在3月再加计1%进项税额。

（1）2022年1月购进时抵扣进项税额9 000元；

（2）2022年3月全部领用时：

加计扣除农产品进项税额＝当期生产领用农产品已按票面税率（扣除率）抵扣税额 ÷票面税率（扣除率）×1%＝9 000÷9%×1%＝1 000（元）

【案例4-80】甲企业2022年8月向农业合作社收购棉花用于生产棉布，取得农产品销售发票，金额90 000元，本月全部领用。

【解析】纳税人在购进农产品时，应按照农产品抵扣的一般规定，按

9%计算抵扣进项税额。在领用农产品环节，如果农产品用于生产或者委托加工13%税率货物，则再加计1%进项税额。

（1）2022年8月购进时，取得农产品销售发票，以农产品销售发票上注明的农产品买价和9%的扣除率计算进项税额8 100元。

（2）2022年8月全部领用，用于生产13%税率货物时：

加计扣除农产品进项税额＝当期生产领用农产品已按票面税率（扣除率）抵扣税额 ÷票面税率（扣除率）×1%＝8 100÷9%×1%＝900（元）

（3）假设甲企业购进农产品还用于生产其他税率的货物或用于销售，未分别核算，则不得加计扣除。

【案例4－81】 甲企业2022年1月向小规模纳税人收购棉花用于销售，取得其从税务机关代开的增值税专用发票，票面金额1 000元，征收率3%，税额30元，价税合计1 030元。

【解析】 纳税人购进农产品，从按照简易计税方法依照3%征收率计算缴纳增值税的小规模纳税人取得增值税专用发票的，以增值税专用发票上注明的金额和9%的扣除率计算进项税额：

进项税额＝1 000×9%＝90（元）

【案例4－82】 甲企业2022年1月向小规模纳税人收购棉花用于生产棉布，取得其从税务机关代开的增值税专用发票，票面金额1 000元，征收率3%，税额30元，价税合计1 030元。2022年3月领用一半，用于生产棉布。

【解析】 纳税人购进农产品，从按照简易计税方法依照3%征收率计算缴纳增值税的小规模纳税人取得增值税专用发票的，以增值税专用发票上注明的金额和9%的扣除率计算进项税额：

购进时，进项税额＝1 000×9%＝90（元）

领用一半，用于生产13%税率货物时：

加计扣除农产品进项税额＝当期生产领用农产品已按票面税率（扣除率）抵扣税额÷票面税率（扣除率）×1%＝90×50%÷9%×1%＝5（元）

【案例4－83】 某企业2022年6月向小规模纳税人收购牛尾用于生产牛毛（9%税率），取得其从税务机关代开的增值税专用发票，票面金额1 000元，征收率3%，税额30元，价税合计1 030元，当月领用一半原材料。

【解析】 购进时，进项税额＝1 000×9%＝90（元）

领用一半用于生产时，由于不是用于生产13%税率的货物，不得加计扣除。

（七）运输服务抵扣进项税额风险

1. 旅客运输服务抵扣进项税额分析。

（1）旅客运输服务抵扣进项税额相关规定。《财政部 税务总局 海关总署关于深化增值税改革有关政策的公告》（财政部、税务总局、海关总署公告2019年第39号公告）第六条规定，纳税人购进国内旅客运输服务，其进项税额允许从销项税额中抵扣。

纳税人取得增值税专用发票的，以发票上注明的税额为进项税额。纳税人未取得增值税专用发票的，暂按照以下规定确定进项税额：

①取得增值税电子普通发票的，为发票上注明的税额；

②取得注明旅客身份信息的航空运输电子客票行程单的，按照下列公式计算进项税额：

航空旅客运输进项税额 =（票价 + 燃油附加费）÷（1 + 9%）× 9%

③取得注明旅客身份信息的铁路车票的，按照下列公式计算的进项税额：

铁路旅客运输进项税额 = 票面金额 ÷（1 + 9%）× 9%

④取得注明旅客身份信息的公路、水路等其他客票的，按照下列公式计算进项税额：

公路、水路等其他旅客运输进项税额 = 票面金额 ÷（1 + 3%）× 3%

（2）注意事项。

①抵扣人员范围。“国内旅客运输服务”，限于与本单位签订了劳动合同的员工，以及本单位作为用工单位接受的劳务派遣员工发生的国内旅客运输服务。

②电子发票开具要求。纳税人购进国内旅客运输服务，以取得的增值税电子普通发票上注明的税额为进项税额的，增值税电子普通发票上注明的购买方“名称”“纳税人识别号”等信息，应当与实际抵扣税款的纳税人一致，否则不予抵扣。

纸质增值税普通发票不能抵扣进项税额。

③适用时间。纳税人允许抵扣的国内旅客运输服务进项税额，是指纳税人2019年4月1日及以后实际发生，并取得合法有效增值税扣税凭证注明的或依据其计算的增值税税额。

以增值税专用发票或增值税电子普通发票为增值税扣税凭证的，为

2019年4月1日及以后开具的增值税专用发票或增值税电子普通发票。

（3）风险表现。

①非本单位员工发生的国内旅客运输服务抵扣了进项税额；

②不符合规定的凭证抵扣了进项税额。

（4）案例。

【案例4-84】甲公司2022年3月取得国内旅客运输服务发票如下：（1）公司高管是外籍人员，到省会出差，取得注明本人身份信息的火车票，票面金额109元。（2）邀请外地讲师到公司进行员工培训，取得注明其身份信息的汽车票，票面价格103元。（3）收到本公司业务员小王递交的，其乘坐火车前往北京洽谈业务及其返程取得的火车票，两张车票票面金额共327元，且已注明本人身份信息，以及其在洽谈业务期间打车出行取得的纸质增值税普通发票，票面税额6元。（4）收到本公司业务员小林递交的，其2月到邻市洽谈业务产生的交通费用取得的：①增值税电子普通发票，开具购买方名称为小林本人，票面注明税额3元；②手写注明乘客为小林本人的长途客运手撕客票，票面金额51.5元。

【解析】

（1）本单位在职的外籍人员取得的注明旅客身份信息的铁路车票，按照规定可以抵扣进项税额。该发票符合抵扣条件，其可抵扣的进项税额为9元 $=109\div(1+9\%)\times9\%$。

（2）邀请外地讲师到公司进行员工培训，讲师非本单位员工，该发票不得抵扣。

（3）本公司业务员小王递交的火车票符合抵扣条件，可抵扣的进项税额为27元 $=327\div(1+9\%)\times9\%$。

允许抵扣进项税额的国内旅客运输服务凭证，除增值税专用发票外，只限于增值税电子普通发票和注明旅客身份信息的航空运输电子客票行程单、铁路车票、公路、水路等其他客票，不包括纸质增值税普通发票。纸质增值税普通发票不符合抵扣条件。

（4）小林递交的增值税电子普通发票的，开具购买方名称为小林本人，票面注明税额3元；根据“以取得的增值税电子普通发票上注明的税额为进项税额的，发票上注明的购买方‘名称’‘纳税人识别号’等信息，应当与实际抵扣税款的纳税人一致，否则不予抵扣”之规定，该发票不符合抵扣条件。

手写注明乘客为小林本人的长途客运手撕客票，属于未注明旅客身份信息的其他票证（手写无效），暂不允许作为扣税凭证。因此，不能打印旅客信息的长途客运手撕票不能抵扣进项税额。

2. 货物运输服务抵扣进项税额风险分析。

（1）货物运输服务发票开具要求。《国家税务总局关于停止使用货物运输业增值税专用发票有关问题的公告》（国家税务总局公告 2015 年第 99 号）规定："一、增值税一般纳税人提供货物运输服务，使用增值税专用发票和增值税普通发票，开具发票时应将起运地、到达地、车种车号以及运输货物信息等内容填写在发票备注栏中，如内容较多可另附清单。

铁路运输企业受托代征的印花税款信息，可填写在发票备注栏中。中国铁路总公司及其所属运输企业（含分支机构）提供货物运输服务，可自 2015 年 11 月 1 日起使用增值税专用发票和增值税普通发票，所开具的铁路货票、运费杂费收据可作为发票清单使用。"

（2）风险表现。

①取得未按规定填写相关内容货物运输服务增值税专用发票，存在不能抵扣进项税额风险；

②货物运输发票项目与实际经营情况不符。

（3）案例。

【案例 4－85】 税务稽查人员在对甲企业进行税务检查时发现，该企业 2021 年抵扣进项税金的增值税专用发票中有 5 张货物运输服务发票，备注栏填写起运地、到达地分别为上海至杭州，但是与之对应的购买货物的增值税专用发票是江苏省增值税专用发票，销货方为南京某企业；且货物运输发票备注栏备注运输货物信息与购买货物增值税发票信息不符。通过进一步协查，核实车辆信息虚假，运输企业并无备注车号的车辆。最终确定 5 张货物运输发票为虚开的增值税专用发票。

四、视同销售和进项税额转出混淆风险

（一）视同销售与进项税额转出的区别

1. 增值税进项税额转出，是指购进货物改变用途或发生非正常损失，原来已经抵扣的进项税应转出，计入应交税费——应交增值税（进项税额转出）。增值税进项税额转出严格来说只是会计的一种做账方法，税法中

并没有明确说明什么情况需要进项税额转出，但规定了进项税不得从销项税额中抵扣的情况，其中的一些项目在会计上就作为进项税额转出处理。

2. 增值税视同销售，是指会计上不按销售做账，不确认收入，但税法要求视同销售处理，并按正常销售征收增值税。这里体现了会计与税法的区别，会计意义上的“销售”与税法意义上的“销售”不同，对于会计不作为销售而税法却作为销售的经济业务，由于增值税必须按照税法规定的金额缴纳，此时会计上就采用视同销售处理。

3. 如何判断一项经济事项是属于进项税额转出还是视同销售。首先，判断货物在企业是否发生增值。根据计税原理，增值税是对商品生产和流通中各环节的新增价值或商品附加值进行征税。从企业的生产流程来看，若外购货物并没有进入生产环节，没有成为企业的产成品或在产品，那么就没有在企业内发生增值，与之相关的经济业务就很可能是增值税进项税额转出。对于已经进入生产环节，成为产成品或在产品的购进货物，由于发生了增值，若发生特定经济业务时，就应按照增值后的计税价格视同销售而不是进项税额转出。因此，将自产、委托加工的货物不管是用于集体福利、个人消费，还是作为投资提供给其他单位、分配给股东、无偿捐赠，都视同销售进行处理。这里的自产、委托加工货物就是前面所提到的在企业生产过程中发生增值的货物。

其次，对于未发生增值的外购货物，主要看是用于内部还是外部。若用于免征增值税项目、集体福利或者个人消费，一般认为属于用于企业内部，按进项税额转出处理；若作为投资，提供给其他单位或者个体工商户，分配给股东或者投资者，无偿赠送其他单位或者个人，一般认为是用于外部单位和个人，则视同销售处理。

（二）风险表现

视同销售行为和进项转出行为混淆不清，计提销项税额和进项税额转出处理错误。

（三）案例

【案例4-86】 甲公司购进一批布料，委托服装厂加工成服装。购买布料和支付加工费均取得增值税专用发票，并在当月认证抵扣。加工服装完工后，一部分作为职工福利发放给职工，另一部分无偿赠送给客户。甲公司对于此项业务的处理是将购进布料和委托加工劳务的增值税进项税额进行转出处理。

【解析】 甲公司对于此项业务的增值税处理是错误的。外购布料委托加工成服装，属于外购货物进入生产环节发生了增值，成为产成品，发生无偿赠送和集体福利时，应按照增值后的计税价格视同销售而不是进项税额转出。正确的处理方法是：购进布料和委托加工劳务的增值税进项税额正常抵扣；同时，无偿赠送和集体福利的服装视同销售按照市场公允价格计提销项税额。

【案例4-87】 乙公司购进一批月饼，用于中秋节作为职工福利发放给员工。购买月饼取得增值税专用发票，并在当月认证抵扣。甲公司对于此项业务的处理是将购进月饼的增值税进项税额进行抵扣，在给职工发放后视同销售按照市场公允价格计提销项税额。

【解析】 乙公司对于此项业务的增值税处理是错误的。外购货物没有进入生产环节，没有成为企业的产成品或在产品，没有在企业内发生增值，用于集体福利，属于用于企业内部，应按进项税额转出处理。

五、兼营免税项目未分别核算风险

（一）兼营免税、减税项目应分别核算的相关规定

《增值税暂行条例》第十六条规定："纳税人兼营免税、减税项目的，应当分别核算免税、减税项目的销售额；未分别核算销售额的，不得免税、减税。"

《营业税改征增值税试点实施办法》第四十一条规定："纳税人兼营免税、减税项目的，应当分别核算免税、减税项目的销售额；未分别核算的，不得免税、减税。"

（二）风险表现

兼营免税、减税项目的，未分别核算免税、减税项目的销售额，不能享受免税、减税优惠政策。

（三）案例

【案例4-88】 甲公司是一家大型连锁超市，为增值税一般纳税人。

除销售适用13%增值税税率的日用百货外，还批发、零售蔬菜。2021年12月销售收入共计60万元，当期进项税额共计5.1万元。由于未分别核算，因此无法分清日用百货和蔬菜的销售额。

【解析】《财政部 国家税务总局关于免征蔬菜流通环节增值税有关问题的通知》（财税〔2011〕137号）规定：对从事蔬菜批发、零售的纳税人销售的蔬菜免征增值税；纳税人既销售蔬菜又销售其他增值税应税货物的，应分别核算蔬菜和其他增值税应税货物的销售额；未分别核算的，不得享受蔬菜增值税免税政策。

根据上述规定，由于甲公司未分别核算蔬菜和其他增值税应税货物的销售额，不得享受蔬菜增值税免税政策。本期应纳增值税额 $=60\times13\%-5.1=2.7$（万元）。

六、对开增值税发票风险

发票管理办法明确规定，除特殊情况下，应该由实际收款方向付款方开具发票。

（一）开具发票主体的相关规定

《中华人民共和国发票管理办法实施细则》第十九条规定："销售商品、提供服务以及从事其他经营活动的单位和个人，对外发生经营业务收取款项，收款方应当向付款方开具发票；特殊情况下，由付款方向收款方开具发票。"

《中华人民共和国发票管理办法实施细则》第二十四条规定："《办法》第十九条所称特殊情况下，由付款方向收款方开具发票，是指下列情况：

（1）收购单位和扣缴义务人支付个人款项时；

（2）国家税务总局认为其他需要由付款方向收款方开具发票的。"

（二）"对开发票"行为发生的主要原因

1. 购货方在发生"销售退回"时，为了规避开红字发票的麻烦，由退货企业再开一份销售专用发票视同购进后又销售给了原生产企业。

2. 企业之间为了完成销售任务而对开发票。

（三）风险表现

1. 发生销售退回时，未按规定开具红字专用发票，实行对开发票有可能增加税收负担。《增值税暂行条例实施细则》第十一条规定："一般纳税人销售货物或者应税劳务，开具增值税专用发票后，发生销售货物退回或者折让、开票有误等情形，应按国家税务总局的规定开具红字增值税专用发票。未按规定开具红字增值税专用发票的，增值税额不得从销项税额中扣减。"

《国家税务总局关于红字增值税发票开具有关问题的公告》（国家税务总局公告2016年第47号）规定了需要开具红字发票的情形：增值税一般纳税人开具增值税专用发票后，发生销货退回、开票有误、应税服务中止等情形但不符合发票作废条件，或者因销货部分退回及发生销售折让，需要开具红字专用发票。

2. 没有货物往来的发票对开可能被视为虚开发票。《最高人民法院关于适用〈全国人民代表大会常务委员会关于惩治虚开、伪造和非法出售增值税专用发票犯罪的决定的若干问题的解释〉的通知》（法发〔1996〕30号）明确，具有下列行为之一的，属于虚开增值税专用发票：没有货物购销或者没有提供或接受应税劳务而为他人、为自己、让他人为自己、介绍他人开具增值税专用发票。

（四）案例

【案例4－89】2022年4月，某市甲公司销售A商品给乙公司，开具增值税专用发票。5月，由于部分商品存在质量问题，乙公司将存在质量问题的商品退回，共1 000千克，不含税单价50 000元，按税法规定，应当由甲公司给乙公司开具红字增值税专用发票。双方认为申请红字发票比较麻烦，由乙公司给甲公司按退货金额及税额开具了增值税专用发票。税务机关查实后，根据《增值税暂行条例实施细则》第十一条"未按规定开具红字增值税专用发票的，增值税额不得从销项税额中扣减"之规定，不允许甲公司从增值税额中扣减退回部分的销项税额。

【案例4－90】某集团企业为达到相关部门规定的产值增长指标，通过在生产企业、销售公司之间循环开票，做大销售额度。虽然该行为本身未实际减少税收，但却违反了《发票管理办法》以及《税收征管法》的规定，形成了税务风险。

第五章

企业所得税税务风险管理

企业所得税具有政策性强、核算形式多样、计算过程复杂、政策更新较快、优惠政策涉及面广等特点，特别是税收制度与会计制度之间存在着较大差异，因此，税务风险点也较多。如果企业不能有效识别相关风险点，无疑将存在极大的税收隐患。

本章从企业所得税税务风险分析指标、收入类项目风险点、税前扣除风险点及汇算清缴风险提示4个方面阐述企业所得税税务风险管理的要点和方向。

第一节　企业所得税税务风险分析指标

一、单项指标分析

（一）企业所得税税收贡献率异常

1. 指标值。

（1）企业所得税贡献率 = 企业所得税应纳所得税额 ÷ 企业所得税应税收入 × 100%

（2）指标值1 =（企业所得税贡献率 - 该行业所得税贡献率）÷ 该行业所得税贡献率 × 100%

指标值2 =（企业所得税贡献率 - 企业前三年平均所得税贡献率）÷ 企业前三年平均所得税贡献率 × 100%

2. 指标预警值。指标值 ≤ -20%，视为异常。

3. 问题指向。将本企业分析期所得税贡献率与当地同行业同期平均所得税贡献率或本企业前三年平均所得税贡献率相比，低于预警值视为异常，可能存在不计或少计销售（营业）收入、多列成本费用、扩大税前扣除范围等问题，税务检查人员会对收入、成本、费用等进行分别剖析，找到影响指标值的具体因素，进行进一步的核查。

4. 案例。

【案例5-1】 甲企业成立于2004年2月，登记注册类型为其他有限责任公司，行业是木材加工及木、竹、藤、棕、草制品业，经营范围是高（中）密度纤维板、三聚氰胺浸渍纸、复合地板的生产和销售。该企业2022年度营业收入为252 041 577.87元，其中：主营业务收入为248 625 453.80元，其他业务收入3 376 095.01元，视同销售收入40 029.06元，债务重组收益156 949.25元。营业成本223 338 450.67元，其中：主营业务成本222 042 780.66元，其他业务成本1 295 670.01元。期间费用29 293 590.48元，未分配利润9 246 686.51元，弥补2021年亏损4 674 098.18元，应纳税所得额17 397 784.84元，应纳所得税4 349 446.21元。

【解析】 税务机关对该企业进行核查时，发现企业所得税贡献率异常。

甲企业在2022年度应纳所得税额4 349 446.21元，营业收入252 041 577.87元，企业当年所得税贡献率为1.72%，而全省同行业平均所得税贡献率为3%。

指标值=（企业所得税税收贡献率-该行业所得税税收贡献率）÷该行业所得税税收贡献率×100%=（1.72%-3%）÷3%×100%=-42.66%<-20%

因指标异常，税务机关认为企业可能存在销售货物不计收入、多列成本费用、扩大税前扣除范围等问题。

（二）营业利润率异常

1. 指标值。

（1）营业利润率=营业利润÷营业总收入×100%

营业利润=营业收入-营业成本-税金及附加-销售费用-管理费用-财务费用-资产减值损失+公允价值变动净收益+投资净收益

（2）指标值1=（企业营业利润率-该行业营业利润率平均值）÷该行业营业利润率平均值×100%

指标值2=（企业营业利润率-企业前三年营业利润率平均值）÷企业

前三年营业利润率平均值×100%

2. 指标预警值。

（1）通过营业利润率指标与前三年平均情况对比分析，了解企业本期营业利润情况。本期营业利润率低于前三年平均水平一定比例（如1%），则本期营业利润率偏低，视为异常。

（2）本企业本期营业利润率与同行业营业利润率比较，如果偏离比较大，指标值≤-20%，则本企业本期营业利润率偏低，视为异常。

3. 问题指向。通过与本企业不同年度的纵向比较，或者通过与同行业的横向比较，发现营业利润率偏低问题，进一步查找是否存在利润核算不准确的风险。

4. 案例。

【案例5-2】甲企业2022年度各项财务数据见表5-1。

表5-1　　甲企业财务数据明细表　　单位：元

序号	项　目	金额
1	营业总收入	750 635 596.59
2	营业总成本	798 548 187.99
(1)	其中：营业成本	627 819 013.1
(2)	税金及附加	4 008 581.45
(3)	销售费用	37 074 839.51
(4)	管理费用	62 321 636.9
(5)	财务费用	58 515 578.15
(6)	资产减值损失	8 808 539.27
3	投资收益	24 327 956.50

该企业所处行业营业利润率平均值为3%。

【解析】营业利润=750 635 596.59（总收入）-798 548 187.99（总成本）+24 327 956.5（投资收益）=-23 584 634.9（元）

营业利润率=营业利润÷营业总收入×100%=(-23 584 637.9)÷750 635 596.59=-3.14%

指标值=(企业营业利润率-该行业营业利润率平均值)÷该行业营业利润率平均值=(-3.14%-3%)÷3%×100%=-204.67%<-20%

指标值异常，可能存在少计收入或多列支成本费用、扩大税前扣除范围等问题。

（三）主营业务收入变动率异常

1. 指标值。

主营业务收入变动率 =（本期主营业务收入 - 基期主营业务收入）÷基期主营业务收入 ×100%

2. 指标预警值。

（1）一般情况下，企业的主营业务收入应是增长状态，所以预警值一般为正值；

（2）通过主营业务收入变动率指标与前三年平均情况对比分析，了解企业本期主营业务收入变动情况。

3. 问题指向。

（1）如主营业务收入变动率为负值，或虽为正值但远远小于预警值，可能存在少计收入等问题；

（2）本期主营业务收入变动率低于前三年平均水平，则本期主营业务收入率偏低，须运用其他指标进一步分析。

4. 案例。

【案例5-3】某企业2018年、2019年、2020年、2021年、2022年度主营业务收入额分别为600万元、680万元、740万元、810万元和820万元。

【解析】

2019年主营业务收入变动率 =（680 - 600）÷600 ×100% =13.3%

2020年主营业务收入变动率 =（740 - 680）÷680 ×100% =8.82%

2021年主营业务收入变动率 =（810 - 740）÷740 ×100% =9.46%

三年主营业务收入变动率的平均值 =（13.3% +8.82% +9.46%）÷3 =10.53%

2022年主营业务收入变动率 =（820 - 810）÷810 ×100% =1.23% < 三年平均值10.53%。

2022年度可能存在少计收入等问题，须进一步结合其他指标分析其收入变动情况是否正常。

【案例5-4】某企业2022年度纳税申报数据中，主营业务收入为600万元，2021年申报的主营业务收入为840万元，税务机关根据本地区该行业具体情况所设置的预警值为±25%。

【解析】 主营业务收入变动率＝(600－840)÷840×100%＝－28.6%

变动率为负值且小于预警值，可能存在少计收入等问题，须进一步结合其他指标分析其收入变动情况是否正常。

（四）主营业务成本变动率异常

1. 指标值。

主营业务成本变动率＝(本期主营业务成本－基期主营业务成本)÷基期主营业务成本×100%

2. 指标预警值。

（1）通过主营业务成本变动率指标与前三年平均情况对比分析，了解企业本期主营业务成本变动情况；

（2）一般情况下，企业的主营业务成本出现增长状态是正常的，但是如果增长过多过快，则视为异常。

3. 问题指向。

（1）本期主营业务成本变动率高于前三年平均水平，则可能本期主营业务成本偏高，须运用其他指标进一步分析；

（2）如主营业务成本变动率为正值，且远远大于预警值，可能存在多计成本等问题。

4. 案例。

【案例5－5】 某企业2018年、2019年、2020年、2021年、2022年度主营业务成本额分别为500万元、560万元、620万元、690万元和800万元。

【解析】

2019年主营业务成本变动率＝(560－500)÷500×100%＝12%

2020年主营业务成本变动率＝(620－560)÷560×100%＝10.71%

2021年主营业务成本变动率＝(690－620)÷620×100%＝11.29%

三年主营业务成本变动率的平均值＝(12%＋10.71%＋11.29%)÷3＝11.33%

2022年主营业务成本变动率＝(800－690)÷690×100%＝15.94%＞三年平均值11.33%

2022年度可能存在多计成本等问题，须进一步结合其他指标分析其成本变动情况是否正常。

【案例5-6】 某企业2022年度纳税申报数据中，主营业务成本为840万元，2021年申报的主营业务成本为600万元。税务机关根据本地区该行业具体情况所设置的预警值为25%。

【解析】 主营业务成本变动率=(840-600)÷600×100%=40%

主营业务成本变动率达到40%，超过预警值，可能存在多列成本等问题，须进一步结合其他指标分析其成本变动情况是否正常。

（五）三项费用变动率异常

1. 指标值。

三项费用变动率=(本期三项费用总额-基期三项费用总额)÷基期三项费用总额×100%

销售（管理、财务）费用变动率={[本期销售（管理、财务）费用-基期销售（管理、财务）费用]÷基期销售（管理、财务）费用}×100%

2. 指标预警值。

(1) 通过三项费用变动率指标与前三年平均情况对比分析，了解企业本期费用变动情况；

(2) 一般情况下，企业的三项费用出现增长状态是正常的，但是如果增长过多过快，则视为异常。

3. 问题指向。

(1) 本期三项费用变动率高于前三年平均水平，则可能本期三项费用偏高，须运用其他指标进一步分析；

(2) 如三项费用变动率为正值，且远远大于预警值，可能存在多计费用、扩大税前扣除等问题。

4. 案例。

【案例5-7】 某企业2018年、2019年、2020年、2021年、2022年度三项费用总额分别为200万元、220万元、246万元、268万元和312万元。

【解析】

2019年三项费用变动率=(220-200)÷200×100%=10%

2020年三项费用变动率=(246-220)÷220×100%=11.81%

2021年三项费用变动率=(268-246)÷246×100%=8.94%

三年三项费用变动率的平均值=(10%+11.81%+8.94%)÷3=10.25%

2022 年三项费用变动率 =(312 - 268)÷268×100% =16.41% > 三年平均值 10.25%。

2022 年度可能存在多计费用、扩大税前扣除等问题，须进一步结合其他指标分析其费用变动情况是否正常。

【案例5-8】 某企业 2022 年度纳税申报数据中三项费用总额为 65 万元，2021 年度的纳税申报数据中三项费用总额为 42 万元，税务机关根据本地区该行业具体情况所设置的预警值为 20%—30%。

【解析】 三项费用变动率 =(65 - 42)÷42×100% =54.8% >30%

以上结果表明，该企业在 2022 年度可能存在多列费用的问题，须进一步结合其他指标分析其费用变动情况是否正常。

【案例5-9】 某企业 2022 年度纳税申报数据中销售费用为 75 万元、管理费用为 50 万元、财务费用为 45 万元。该企业 2021 年度三项费用分别为 50 万元、40 万元、40 万元。税务机关根据本地区该行业具体情况所设置的预警值相应为 20%—30%、10%—20%、10%—20%。

【解析】

销售费用变动率 =[(75 - 50)÷50]×100% =50% >30%

管理费用变动率 =[(50 - 40)÷40]×100% =25% >20%

财务费用变动率 =[(45 - 40)÷40]×100% =12.5% <20%

以上结果表明，该企业 2022 年度可能存在税前多列支销售费用和管理费用的问题，财务费用基本正常。

（六）主营业务收入费用率异常

1. 指标值。

（1）主营业务收入费用率 = 本期期间费用 ÷ 本期主营业务收入 ×100%

（2）指标值 1 =（主营业务收入费用率 - 企业前三年平均主营业务收入费用率）÷ 企业前三年平均主营业务收入费用率 ×100%

指标值 2 =（主营业务收入费用率 - 全市行业平均主营业务收入费用率）÷ 全市行业平均主营业务收入费用率 ×100%

2. 指标预警值。指标值 >10%，视为异常。

3. 问题指向。主营业务收入费用率明显高于行业平均水平的，或高于前三年平均水平的，应判断为异常，可能存在多提、多摊相关费用，将资本性支出一次性在当期列支或少计收入等问题。

如果存在上述指标异常，税务机关会对“应付账款”“预收账款”和“其他应付账款”等科目的期初、期末数进行分析，如“应付账款”“其他应付账款”出现红字和“预收账款”期末大幅度增长等情况，可能存在少计收入问题，将对这些科目做详细检查。检查纳税人营业费用、财务费用、管理费用的增长情况并判断其增长是否合理，是否存在取得虚开发票、虚列费用问题；对企业短期借款、长期借款的期初、期末数据进行分析，是否存在基建贷款利息挤入当期财务费用等问题，以判断有关财务费用是否资本化，同时要求纳税人提供相应的举证资料。

4. 案例。

【案例5－10】 某批发零售企业2022年营业收入共计1 000万元，期间费用合计200万元，本地区同行业平均主营业务收入费用率为15%。

【解析】 主营业务收入费用率＝(销售费用＋管理费用＋财务费用)÷营业收入×100%＝200÷1 000×100%＝20%

指标值＝(主营业务收入费用率－全市行业平均主营业务收入费用率)÷全市行业平均主营业务收入费用率×100%＝(20%－15%)÷15%×100%＝33.33%＞10%

期间费用占比过高，可能存在多列费用扩大税前扣除范围或少做收入的问题。核查过程中发现大部分费用发票为新疆发生的费用发票。后经协查证实，上述发票为虚开的发票。

【案例5－11】 某生产公司全年营业收入1.2亿元，当年期间费用高达3 200万元，其中财务费用就达到了2 000万元，本地区同行业平均主营业务收入费用率为10%。

【解析】 主营业务收入费用率＝(销售费用＋管理费用＋财务费用)÷营业收入×100%＝3 200÷12 000×100%＝26.67%

指标值＝(主营业务收入费用率－全市平均主营业务收入费用率)÷全市平均主营业务收入费用率×100%＝(26.67%－10%)÷10%×100%＝166.7%＞10%

期间费用占比过高，可能存在多列费用扩大税前扣除范围或少做收入的问题。进一步核查发现，该企业当年度有新的未完工的在建工程，于是对在建工程核算内容进行了详细检查，发现在建工程涉及的利息支出全部没有资本化，都作为当期财务费用在税前扣除。

（七）主营业务收入成本率异常

1. 指标值。

（1）主营业务收入成本率＝主营业务成本÷主营业务收入×100%

（2）指标值＝主营业务收入成本率－全市行业主营业务收入成本率

2. 指标预警值。指标值＞5%，视为异常。

3. 问题指向。主营业务收入成本率明显高于同行业平均水平的，应判断为异常，须查明纳税人有无多转成本或虚增成本。

如果存在上述指标异常，税务人员会检查企业原材料的价格是否上涨，企业是否有新增设备或设备出现重大变故以致影响产量等，检查企业原材料结转方法是否发生改变，产成品与在产品之间的成本分配是否合理，是否存在将在建工程成本挤入生产成本等问题。

4. 案例。

【案例5－12】某汽车销售服务有限公司为增值税一般纳税人、某品牌小轿车的经销商。2022年1—12月该公司销售收入1 951万元，销售成本1 802万元。全市行业平均主营业务收入成本率为85%。

【解析】主营业务收入成本率＝主营业务成本÷主营业务收入×100%＝1 802÷1 951×100%＝92.36%

指标值＝主营业务收入成本率－全市行业主营业务收入成本率＝92.36%－85%＝7.36%＞5%

该企业主营业务收入成本率明显高于同行业平均水平，可能存在多转成本等问题，须结合其他指标做进一步分析。

（八）成本费用率异常

1. 指标值。

成本费用率＝（本期销售费用＋本期管理费用＋本期财务费用）÷本期主营业务成本×100%

2. 指标预警值。在一般情况下，费用与成本的关系应该是期间费用的增长幅度低于主营业务成本的增长幅度，并且费用总额也应该小于成本总额，因此所设置的预警值应小于1。

3. 问题指向。该指标是根据纳税人申报数据计算出各类费用（营业费用、管理费用、财务费用）与当期主营业务成本之间的比率关系，与所设置的相应预警值做比较。如果测算出的成本费用率近似于预警值，说明纳税申报数据正常；如果测算出的结果小于预警值，说明纳税人可能存在多列支成本问题；如果测算出的结果大于预警值，说明纳税人可能存在多列支期间费用问题。

4. 案例。

【案例 5－13】 某企业 2022 年度纳税申报数据中，销售费用为 75 万元、管理费用为 50 万元、财务费用为 45 万元，主营业务成本 300 万元。税务机关根据本地区该行业具体情况所设置的预警值为 25%—30%。

【解析】 成本费用率 =（75 + 50 + 45）÷ 300 × 100% = 56.7% > 30%

以上结果表明，该企业 2022 年度可能存在多列支期间费用问题，须进一步结合其他指标分析其费用变动情况是否正常。

【案例 5－14】 某企业 2022 年度申报数据中，主营业务成本为 270 万元、营业费用 25 万元、管理费用 15 万元、财务费用 10 万元，税务机关根据本地区该行业具体情况所设置的预警值为 25%—30%。

【解析】 成本费用率 =（25 + 15 + 10）÷ 270 × 100% = 18.5% < 25%

以上结果表明，该企业 2022 年度可能存在多列支成本问题，须进一步结合其他指标分析其成本变动情况是否正常。

（九）成本费用利润率异常

1. 指标值。

成本费用利润率 =（本期利润总额 ÷ 本期成本费用总额）× 100%

本期成本费用总额 = 主营业务成本总额 + 费用总额

2. 指标预警值。

（1）通过成本费用变动率指标与前三年平均情况对比分析，本期成本费用利润率低于前三年平均水平一定比例，则视为异常；

（2）计算成本费用利润变动率小于预警值，视为异常。

3. 问题指向。

（1）通过成本费用利润率指标与前三年平均情况对比分析，了解企业本期利润总额占成本费用总额的比例情况。本期成本费用利润率低于前三年平均水平一定比例，则可能存在少计收入或多列成本费用等问题；

（2）该指标是根据纳税申报数据计算出的利润总额与成本费用总额之间的比率关系，与相应预警值做比较。一般情况下，计算出的结果大于等于预警值，说明纳税人的申报数据正常；如果计算出的结果小于预警值，说明纳税人可能存在多列成本费用支出、少计收入的问题。

4. 案例。

【案例5-15】 某企业2019年、2020年、2021年、2022年度利润总额分别为80万元、90万元、96万元和78万元。主营业务成本分别为500万元、560万元、620万元和746万元。三项费用总额分别为200万元、220万元、246万元和268万元。

【解析】 2019年成本费用利润率=(利润总额÷成本费用总额)×100%=80÷(500+200)×100%=11.43%

2020年成本费用利润率=(利润总额÷成本费用总额)×100%=90÷(560+220)×100%=11.54%

2021年成本费用利润率=(利润总额÷成本费用总额)×100%=96÷(620+246)×100%=11.09%

三年成本费用利润率平均值=(11.43%+11.54%+11.09%)÷3=11.35%

2022年成本费用利润率=(利润总额÷成本费用总额)×100%=78÷(746+268)×100%=7.69%<三年成本费用利润率平均值11.35%

以上结果说明，该企业2022年度可能存在多列成本费用支出或少计收入的问题，须结合其他指标进一步分析。

【案例5-16】 某企业2022年度利润总额为75万元、营业成本为300万元，销售费用为75万元、管理费用为50万元、财务费用为45万元，税务机关根据本地区该行业具体情况所设置的预警值为25%—30%。

【解析】 成本费用利润率=75÷(300+75+50+45)×100%=16%<20%

以上结果表明，该企业2022年度可能存在多列支成本费用或少计收入等问题，须结合其他指标进一步分析。

（十）净资产收益率异常

1. 指标值。

净资产收益率=净利润÷平均净资产×100%

平均净资产=(所有者权益年初数+所有者权益年末数)÷2

2. 指标预警值。指标值同期银行存款利率，视为异常。

3. 问题指向。通过近三年净资产收益率指标与同期银行存款利率对比分析，了解企业净资产收益情况。如果企业近三年净资产收益率低于同期银行存款利率，则属于净资产收益率偏低，可能存在多列支成本费用或少计收入等问题。

4. 案例。

【案例 5－17】 某公司 2020 年、2021 年、2022 年的净资产收益率分别为 1.03%、2.74% 和 2.92%，银行同期存款利率为 3%。

【解析】

三年净资产收益率平均值 =（1.03% + 2.74% + 2.92%）÷ 3 = 2.23%

该公司连续三年加权平均净资产收益率低于一年期存款利率。由于行业景气及公司投资周期的影响，偶尔一年低于银行利率，可能存在，若长年低于银行利率，这家公司还在持续经营就存在异常了。

（十一）减免税期满后利润陡降

1. 指标值。

指标值 =（减免税期满后当期利润总额 － 企业上期利润总额）÷ 企业上期利润总额 × 100%

2. 指标预警值。指标值≤ －50% 以上，视为异常。

3. 问题指向。减免税期满后利润陡降，企业可能存在人为调节利润、少缴企业所得税的风险。

上述指标异常，税务机关会核查企业减免期内成本费用核算是否存在人为后置、期间费用摊销是否正确、减免项目与非减免项目核算是否分开、享受税收减免优惠的项目是否单独核算并合理分担期间费用等问题。

4. 案例。

【案例 5－18】 A 公司优惠期满后利润大幅下降。A 公司是一家软件企业，2016—2020 年经营规模不断扩大，收入逐年增加，其利润率均在 30% 以上，但到 2021 年，其利润率锐减至不足 10%。A 公司利润大幅下降的原因是什么？其中是否存在逃避纳税的问题？这引起主管税务机关的注意，该公司很快被列为税务稽查对象。

检查组通过查询征管信息得知，A 公司享受软件企业三免三减半所得税优惠政策，2016—2018 年免税，2019—2020 年减按 12.5% 税率纳税，从 2021 年起按 25% 税率纳税。由于 A 公司所属的 C 集团公司已在国内上市，检查组查询了上市公司的财务报表，发现 A 公司的营业收入占到 C

集团公司收入的60%以上，2020年以前对C集团公司的利润贡献率为80%，2021年骤降为20%。但在A公司利润率下降的同时，C集团公司的整体利润在上升，A公司与其关联企业之间的交易规模也在大幅增加。“这些现象说明，A公司2021年度利润降低，很有可能与其集团公司内的企业间利润转移有关。”检查组针对异常数据做出了预判。

分析开票数据和年报锁定关联企业。围绕疑点，检查组从了解企业的销售情况入手，展开深入分析。由于没有A公司2021年度与其关联企业业务往来的申报信息，检查组调取A公司的开票系统数据，查询分析该公司与其关联企业间的交易情况。通过分析，检查组发现，2021年C集团公司中销售额最大的企业是B公司，销售规模达到2亿元以上，占到A公司销售收入的30%。A公司与B公司是不是关联企业？检查人员将目光投向了C集团公司披露的上市公司年度报告。通过分析报告中2021年度C集团各公司的收入和利润情况，检查人员发现，B公司2020年成立于西部地区，享受西部大开发地区15%税率的优惠。其与A公司同为被第三方100%投资控制的子公司，构成关联企业。从C集团各公司的利润构成情况看，除B公司外，其他公司变化不大。B公司2021年度营业利润超过2亿元，同比增长20余倍。B公司与A公司营业利润的一增一减，将这两家公司间的转让定价问题拉出水面，检查组对A公司利润锐降的猜疑有了答案。

从三方面调查关联交易是否避税。接下来，检查组从A、B公司相关业务的真实性、价格的合理性以及B公司的经营情况三方面展开调查。两公司的业务往来情况如何？通过调查，检查组发现以下事实。A公司的销售业务分为两部分：一是直销业务，即把软件产品通过自己的销售终端直接卖给消费者；二是经销商业务，即把产品卖给经销商，通过经销商分销。2016—2020年A公司的经销商数量稳定在70家左右，从经销商取得的销售收入在3亿元左右。但到2021年底，其经销商仅剩20余家，收入锐减到不足2000万元。这一变化是因为自2021年度起，A公司将其与经销商间的直接销售方式，改为先由A公司将货物销售给B公司，再由B公司销售给经销商。这意味着A公司将原属于自己的销售市场让渡给了B公司。增加B公司销售环节，导致A公司的收入和利润急剧下降。而事实上，虽然增加了B公司销售环节，但与以往的销售方式相比，三项主要内容并无变化：一是销售政策不变，并未因改变销售方而改变销售价格或销售条件；二是经销商不变，并未因改变销售方而扩大销售区域和新增经销商；三是向经销商的供货渠道不变，发货地点和结算方式未发生大变化。检查组由此确定，A公司的销售方式调整不具备商业实质，利润转移特征明显。

两公司间的交易价格是否合理？通过调查A公司与B公司间的交易定价政策，并将此政策与A公司向非关联经销商的定价政策作对比，检查组发现：A公司对B公司的销售定价政策为“完全成本加10%”，而对非关联经销商的销售定价采取折扣价方法，即以产品成本5倍的挂牌价为基础，根据经销商的级别按不同折扣率确定销售价格。根据企业三年的经销商折扣率资料，计算出此销售渠道的平均折扣率为47%。据此计算，A公司面向非关联经销商的销售价格是面向B公司销售价格的2倍以上。也就是说，同一项销售业务，若A公司直接卖给经销商，所取得利润是成本的近2倍，而若卖给B公司，取得的利润仅为成本的10%。B公司的真实经营情况是什么？在调查A公司的同时，检查组也从侧面调查了B公司的财务信息，发现2021年B公司营业收入近5亿元，营业利润超过2亿元，该公司从A公司购入货物总量达到2亿元以上，超过当年其存货总购入量的80%。检查组据此确定，B公司2021年度的收入和利润基本来源于A公司产品的销售收入，基本上反映了A公司向B公司转移利润的规模。综上所述，检查组认为，作为关联企业，A公司与B公司间的业务往来缺乏商业目的和商业实质，交易价格明显偏低。由于企业间存在所得税税负差，通过转让定价避税的目的明显。

令检查组尴尬的是境内关联交易避税问题难以处理，虽然有关A、B两家关联企业通过转让定价避税的证据确凿，税务稽查部门却无法处理。《企业所得税法》第四十一条规定：“企业与其关联方之间的业务往来，不符合独立交易原则而减少企业或者其关联方应纳税收入或者所得额的，税务机关有权按照合理方法调整。”但稽查部门并不能简单地按照独立交易原则对相关企业进行调整。对于关联交易，税务机关的处理依据为《特别纳税调整实施办法（试行）》（国税发〔2009〕2号），但该文件主要立足于国际反避税领域，有一套复杂而专业的方法，稽查人员往往难以胜任。此外，该文件对相关业务的处理程序有专门规定，导致相关调查和取证的时间都比较长，与《税务稽查工作规程》规定的相关程序、时限和工作要求不符。另外，国税发〔2009〕2号文件第三十条规定：“实际税负相同的境内关联方之间的交易，只要该交易没有直接或间接导致国家总体税收收入的减少，原则上不做转让定价调查、调整。”从本案例来看，A、B两家境内关联企业间的交易，造成二者的实际税负明显不同，直接导致国家总体税收收入的减少，理应做转让定价调查、调整。但依据现行法律法规，稽查部门无法处理，只能移交反避税部门处理。

案例点评：

建立遏制境内关联交易避税机制

北京市税务局第一稽查局副局长　夏宇

从本案例可以看出，虽然从20世纪90年代起我国在企业所得税法立法和实践中已经不断完善转让定价管理机制，尤其是《特别纳税调整实施办法（试行）》（国税发〔2009〕2号）实施后，对打击国际避税起到了相当大的作用，但目前仍主要立足于国际税收领域，不能满足境内关联企业间避税调查和调整的现实需要。随着国内集团企业的兴起，境内关联企业间利用税率差、盈亏差等转移利润的现象越来越多，造成大量税收流失。相关问题如果都由反避税部门来处理，反避税部门势必不堪重负，且会分散其国际反避税的精力。而如果由稽查部门来处理，不仅国税发〔2009〕2号文件在处理程序与时限上与《税务稽查工作规程》有冲突，而且因境内关联企业转让定价远没有国际间转让定价复杂，导致启动特别纳税调整程序成本较高。因此，建议政策制定方对特别纳税调整实施分类管理，针对境内关联企业间的避税行为出台专门管理办法，赋予稽查部门相应的权力，简化调整程序，防止滥用税收优惠，避免税收流失。

（十二）总资产报酬率异常

1. 指标值。

总资产报酬率 =（利润总额 + 利息支出）÷ 平均资产总额

平均资产总额 =（资产合计年初数 + 资产合计年末数）÷ 2

2. 指标预警值。

（1）通过总资产报酬率指标与前三年平均情况对比分析，本期总资产报酬率低于前三年平均水平一定比例，则视为异常；

（2）计算总资产报酬率小于预警值，视为异常。

3. 问题指向。通过总资产报酬率指标与前三年平均情况对比分析，了解企业本期总资产报酬率情况。本期总资产报酬率低于前三年平均水平，则本期可能存在少做收入或多列支成本、费用，扩大税前扣除范围等问题。

4. 案例。

【案例 5－19】 某企业 2019 年度平均总资产为 5 000 万元，营业利润总额为 700 万元，利息支出为 120 万元。2020 年度平均总资产为 5 200 万元，营业利润总额为 760 万元，利息支出为 130 万元。2021 年度平均总资产为 5 200 万元，营业利润总额为 780 万元，利息支出为 140 万元。2022 年度平均总资产为 5 600 万元，营业利润总额为 680 万元，利息支出为 138 万元。

【解析】

2019 年总资产报酬率 =（利润总额 + 利息支出）÷ 平均资产总额 =（700 + 120）÷ 5 000 × 100% = 16.4%

2020 年总资产报酬率 =（利润总额 + 利息支出）÷ 平均资产总额 =（760 + 130）÷ 5 200 × 100% = 17.12%

2021 年总资产报酬率 =（利润总额 + 利息支出）÷ 平均资产总额 =（780 + 140）÷ 5 200 × 100% = 17.69%

三年总资产报酬率平均值 =（16.4% + 17.12% + 17.69%）÷ 3 = 17.07%

2022 年总资产报酬率 =（利润总额 + 利息支出）÷ 平均资产总额 =（680 + 138）÷ 5 600 × 100% = 14.61% < 三年总资产报酬率平均值 17.07%

以上结果说明，该企业可能存在少做收入或多列支成本、费用，扩大税前扣除范围等问题，须结合其他指标做进一步分析。

（十三）无形资产综合摊销率变动异常

1. 指标值。

指标值 =（本期综合摊销率 − 基期综合摊销率）÷ 基期综合摊销率 × 100%

综合摊销率 = 无形资产摊销 ÷ 无形资产原值 × 100%

2. 指标预警值。指标值≥20%，视为异常。

3. 问题指向。无形资产综合摊销变动率在 20% 以上的，应判断为异常，须查明纳税人有无改变无形资产摊销方法、多摊无形资产。

4. 案例。

【案例 5－20】 某企业 2021 年无形资产原值为 560 万元，无形资产摊销 56 万元。2022 年无形资产原值为 620 万元，无形资产摊销 116 万元。

【解析】 2021 年综合摊销率 = 无形资产摊销 ÷ 无形资产原值 × 100% = 56 ÷ 560 × 100% = 10%

2022年综合摊销率 = 无形资产摊销 ÷ 无形资产原值 × 100% = 116 ÷ 620 × 100% = 18.7%

指标值 =（本期综合摊销率 - 基期综合摊销率）÷ 基期综合摊销率 × 100% =（18.7% - 10%）÷ 10% = 87% > 20%

该企业无形资产摊销变动率异常，可能存在未按规定摊销无形资产的情况，须实地核查无形资产相关情况。

（十四）纳税净调整异常

1. 指标值。

（1）应纳税所得额 = 利润总额 +／- 所得税前利润中予以调整的项目

所得税前利润中予以调整的项目包括纳税调整增加项目和纳税调整减少项目。

（2）纳税调整率 = 纳税调整额 ÷ 纳税调整后所得 × 100%

（3）纳税调整额 = 纳税调整后所得 - 利润总额

2. 指标预警值。

（1）纳税调整额 ≤ -10 000；

（2）纳税调整额 < 0 且纳税调整后所得 > 0 时，纳税调整率 ≤ -30%；

（3）纳税调整额 < 0 且纳税调整后所得 < 0 时，纳税调整率 ≥ 30%。

3. 问题指向。指标值异常，可能存在未按照税会差异进行正确的纳税调整、人为调减应纳税所得额的可能。

4. 案例。

【案例5-21】 某企业2022年度利润总额180万元。全年销售收入3 500万元，成本费用等共计3 320万元，其中：业务招待费28万元、2022年收到财政性资金（按不征税收入处理）对应支出50万元。2022年12月，购进准予一次性税前扣除的固定资产价值50万元，会计上按10年计提折旧（假设无残值），税法上选择一次性税前扣除。2022年申报纳税调增0元，纳税调减45万元。

【解析】

应纳税所得额 = 利润总额 + 纳税调增额 - 纳税调减额 = 180 - 45 = 135（万元）

纳税调整率 = 纳税调整额 ÷ 纳税调整后所得 × 100% = -45 ÷ 135 × 100% = -33.33%

纳税调整额<0且纳税调整后所得>0时，纳税调整率< -30%，为异常。

根据企业申报数据及分析结果，可能存在业务招待费未按规定税前扣除、不征税收入对应支出未按规定纳税调增的问题。

（十五）营业外支出金额增减率异常

1. 指标值。

营业外支出增减额=本期营业外支出-上期营业外支出

营业外支出金额增减率=营业外支出增减额÷上期营业外支出金额×100%

2. 指标预警值。本期营业外支出增减额大于50万元或营业外支出金额增减率在10%以上。

3. 问题指向。通过营业外支出金额增减率指标比对分析，看营业外支出科目中是否有不予税前列支的项目。若本期营业外支出增减额大于50万元或营业外支出金额增减率在10%以上，则营业外支出金额增长过大，可能存在相关涉税风险。

4. 案例。

【案例5-22】2022年8月某市税务局经风险扫描发现A房地产开发有限公司存在“营业外支出异常”的疑点，具体情况如下：A公司2020年营业外支出为500 000元，2021年营业外支出为16 194 313.42元。

营业外支出增减额=本期营业外支出-上期营业外支出=16 194 313.42-500 000=15 694 313.42（元）

营业外支出金额增减率=营业外支出增减额÷上期营业外支出金额×100%=15 694 313.42÷500 000×100%=3 138.86%

本期营业外支出增减额大于50万元或营业外支出金额增减率在10%以上，数据异常，于是进一步进行了核查。

经查，A公司在2021年11月15日和11月18日分别缴纳税款所属期为2018年企业所得税滞纳金12 792 000元和3 402 313.42元，合计16 194 313.42元；查看该企业2021年11月15日补充申报的2018年企业所得税年度申报表，其附表“税收滞纳金——调增金额”为0。继续查看2022年完成的2021年度企业所得税年度申报表，也未发现此项滞纳金调整事项。由于税收滞纳金不能在税前扣除，调增应纳税所得额16 194 313.42元。

【案例5-23】 税务机关到A化妆品公司检查，通过对该企业申报的数据进行简单比对，发现该企业营业外支出金额较大，于是将营业外支出锁定为风险点。检查过程中发现，该企业营业外支出中金额大的原因是报损金额较大，且报损产品种类集中在三四种产品，报损时间集中在春节和中秋节。财务人员对此解释为：报损的产品集中在三四个品种，是因为这几个品种的生产量大、销量大，自然报损额大；每个月的报损是平时正常对过期产品进行的处理，春节和中秋节报损额特别大，是因为进行了两次全面盘点。这种解释听起来似乎很有道理，但是检查人员发现公司每次报废的理由均为“过期”。从生产、销售产品的周期来说，周转很快，库存也没有积压，不应该会有过期产品，即使有也不应该金额这么大。检查人员了解到，公司在过节会给员工发本公司化妆品，领导也时常拿着本公司化妆品礼盒送人。但是A公司账面上反映的产品赠送其他单位和个人视同销售的情形，全年的累计金额仅9 000多元。于是检查人员怀疑企业为了偷逃税款，将视同销售的产品以报损的名义列入营业外支出。面对检查人员的质疑，财务经理无法解释，只好承认事实真相。原来，A公司经常要将生产的化妆品特别是新产品作为礼品对外赠送和发放给员工作福利品，由于全部视同销售税负很高，就只将一小部分做了视同销售，而大多数则以报损的名义列入营业外支出，从而偷逃了大量的增值税、消费税和企业所得税。

（十六）纳税人固定资产综合折旧率变动异常

1. 指标值。

综合折旧率 = 固定资产折旧 ÷ 固定资产原值 × 100%

指标值 =（本期综合折旧率 - 基期综合折旧率）÷ 基期综合折旧率 × 100%

2. 指标预警值。固定资产综合折旧变动率在20%以上的，视为异常。

3. 问题指向。固定资产综合折旧变动率在20%以上的，应判断为异常，税务人员会核实纳税人有无改变固定资产折旧方法、多提折旧的问题。

4. 案例。

【案例5-24】 某企业本年度固定资产原值总额为3 500万元，折旧总额为700万元，上一年度所报的折旧率为14.5%。

【解析】 本期综合折旧率 = 700 ÷ 3 500 × 100% = 20%

指标值 =（本期综合折旧率 - 基期综合折旧率）÷ 基期综合折旧率 × 100% =（20% - 14.5%）÷ 14.5% × 100% = 37.93% > 20%

经核实，该企业无享受固定资产加速折旧及固定资产一次性税前扣除等政策的情况。

以上结果说明，该企业可能存在多个固定资产折旧税前扣除问题。

（十七）资产减值准备异常

1. 指标值。

指标值 = 会计报表资产减值损失金额 - 资产减值准备纳税调整额

2. 指标预警值。指标值 >0，视为异常。

3. 问题指向。通过对资产减值准备项目纳税调整金额比对分析，进一步核实企业计提的资产减值准备是否进行纳税调整，若资产减值准备项目异常大于0，则可能资产减值准备项目未调整到位。

4. 案例。

【案例 5 - 25】 A 公司 2022 年度坏账准备的期初余额为 100 万元，期末余额为 180 万元，无其他资产减值损失事项。企业报送的企业所得税年底纳税申报表资产减值准备纳税调整额为 0。

【解析】 指标值 = 会计报表资产减值损失金额 - 资产减值准备纳税调整额 =（180 - 100）- 0 = 80（万元）

指标值 >0，可能资产减值准备项目未调整到位。

（十八）残疾人员工资加计扣除异常

1. 指标值。

加计扣除人员工资比例 = 加计扣除人员工资 ÷ 企业所有职工工资 ×100%

2. 指标预警值。

本期加计扣除人员工资金额大于 20 万元或残疾人员工资比例在 30% 以上。

3. 问题指向。企业安置残疾人员的，在按照支付给残疾职工工资据实扣除的基础上，可以在计算应纳税所得额时按照支付给残疾职工工资的 100% 加计扣除。

通过残疾人员、国家鼓励安置的其他人员工资扣除风险指标分析，进一步查看企业残疾人员、国家鼓励安置的其他人员工资发放是否真实、准确，是否存在不合理享受优惠政策的涉税风险。若本期加计扣除人员工资金额大于 20 万元或残疾人员工资比例在 30% 以上，则残疾人员工资金额或比例过高。

税务机关核查重点：

（1）是否依法与安置的每位残疾人签订了1年以上（含1年）的劳动合同或服务协议，并且安置的每位残疾人在企业实际上岗工作；

（2）是否为安置的每位残疾人按月足额缴纳了企业所在区县人民政府根据国家政策规定的基本养老保险、基本医疗保险、失业保险和工伤保险等社会保险；

（3）是否定期通过银行等金融机构向安置的每位残疾人实际支付了不低于企业所在区县适用的经省级人民政府批准的最低工资标准的工资；

（4）是否具备安置残疾人上岗工作的基本设施。

4. 案例。

【案例5－26】 A公司2022年度工资薪金总额为800万元，其中：残疾人员工资300万元，应纳税所得额400万元，缴纳企业所得税100万元。

【解析】 加计扣除人员工资比例＝加计扣除人员工资÷企业所有职工工资×100%＝300÷800×100%＝37.5%

本期加计扣除人员工资金额大于20万元或残疾人员工资比例在30%以上。

由于数据异常，税务机关对该企业进行了实地核查，发现残疾人员信息虚假，并未与工资明细中的残疾人签订1年以上（含1年）的劳动合同或服务协议，所谓安置残疾人也大都未在企业实际上岗工作。

二、指标配比分析

（一）主营业务收入变动率与主营业务成本变动率配比分析

1. 指标值。

主营业务收入变动率＝（本期主营业务收入－基期主营业务收入）÷基期主营业务收入×100%

主营业务成本变动率＝（本期主营业务成本－基期主营业务成本）÷基期主营业务成本×100%

指标值＝主营业务收入变动率÷主营业务成本变动率

2. 指标预警值。在正常情况下，指标值应接近1。

3. 问题指向。在正常情况下，两者基本同步增长。对以下3种情况应引起注意：

（1）当比值 >1 且相差较大、两者都为负时，可能存在企业少计收入、多列成本、扩大税前扣除范围等问题；

（2）当比值 <1 且相差较大、两者都为正时，可能企业存在少计收入、多列成本、扩大税前扣除范围等问题；

（3）当比值为负数，且前者为负、后者为正时，可能存在企业少计收入、多列成本、扩大税前扣除范围等问题。

4. 案例。

【案例 5-27】 某企业 2022 年度纳税申报数据中，主营业务收入为 600 万元，主营业务成本为 500 万元。2021 年度该企业纳税申报数据中，主营业务收入为 500 万元，主营业务成本为 380 万元。

【解析】 主营业务收入变动率 =（本期主营业务收入 - 基期主营业务收入）÷ 基期主营业务收入 ×100% =（600 - 500）÷ 500 ×100% = 20%

主营业务成本变动率 =（本期主营业务成本 - 基期主营业务成本）÷ 基期主营业务成本 ×100% =（500 - 380）÷ 380 ×100% = 31.6%

两者的比值 = 20% ÷ 31.6% = 0.63 < 1

属于当比值 <1 且相差较大、两者都为正的情况，也就是说，收入在增长，成本也在增长，但是成本增长的幅度超过了收入增长的幅度，该企业可能存在少计收入或多列成本、扩大税前扣除范围等问题。

（二）主营业务收入变动率与期间费用变动率配比分析

1. 指标值。

主营业务收入变动率 =（本期主营业务收入 - 基期主营业务收入）÷ 基期主营业务收入 ×100%

期间费用变动率 =（本期三项费用总额 - 基期三项费用总额）÷ 基期三项费用总额 ×100%

指标值 = 主营业务收入变动率 ÷ 期间费用变动率

2. 指标预警值。在正常情况下，指标值应接近 1。

3. 问题指向。在正常情况下，两者基本同步增长。对以下 3 种情况应引起注意：

（1）当比值 >1，且相差较大、两者都为负时，可能存在企业少计收入、多列费用、扩大税前扣除范围问题；

（2）当比值<1且相差较大、两者都为正时，可能存在企业少计收入、多列费用、扩大税前扣除范围等问题；

（3）当比值为负数，且前者为负、后者为正时，可能存在企业少计收入、多列费用、扩大税前扣除范围等问题。

4. 案例。

【案例5-28】 某企业2022年度纳税申报数据中，主营业务收入为420万元，三项费用总额为42万元。2021年度该企业纳税申报数据中，主营业务收入为500万元，三项费用总额为35万元。

【解析】 主营业务收入变动率 =（本期主营业务收入 - 基期主营业务收入）÷基期主营业务收入 ×100% =（420 - 500）÷500 ×100% = -16%

期间费用变动率 =（本期三项费用总额 - 基期三项费用总额）÷基期三项费用总额 ×100% =（42 - 35）÷35 ×100% =20%

两者的比值 =（-16%）÷20% = -0.8

属于比值为负数，且前者为负、后者为正，也就是说，收入在减少，费用却在增加，该企业可能存在少计收入、多列费用、扩大税前扣除范围等问题。

（三）主营业务收入变动率与主营业务利润变动率配比分析

1. 指标值。

主营业务收入变动率 =（本期主营业务收入 - 基期主营业务收入）÷基期主营业务收入 ×100%

主营业务利润变动率 =（本期主营业务利润总额 - 基期主营业务利润总额）÷基期主营业务利润总额 ×100%

指标值 = 主营业务收入变动率 ÷ 主营业务利润变动率 ×100%

2. 指标预警值。在正常情况下，指标值应接近1。

3. 问题指向。在正常情况下，两者基本同步增长。对以下3种情况应引起注意：

（1）当比值<1，且相差较大、两者都为负时，可能存在企业多列成本费用、扩大税前扣除范围等问题；

（2）当比值>1且相差较大、两者都为正时，可能存在企业多列成本费用、扩大税前扣除范围等问题；

（3）当比值为负数，且前者为正、后者为负时，可能存在企业多列成本费用、扩大税前扣除范围等问题。

4. 案例。

【案例 5-29】 某企业 2022 年度纳税申报数据中，主营业务收入为 600 万元，主营业务利润总额为 42 万元，上一年度该企业纳税申报数据中，主营业务收入为 500 万元，主营业务利润总额为 48 万元。

【解析】 主营业务收入变动率 =（本期主营业务收入 - 基期主营业务收入）÷ 基期主营业务收入 ×100% =（600 - 500）÷ 500 ×100% =20%

主营业务利润变动率 =（本期主营业务利润总额 - 基期主营业务利润总额）÷ 基期主营业务利润总额 ×100% =（42 - 48）÷ 48 ×100% = -12.5%

指标值 = 主营业务收入变动率 ÷ 主营业务利润变动率 ×100% =20% ÷（-12.5%）= -1.6

属于比值为负数，且前者为正、后者为负，也就是说，收入在增加，利润却在减少，该企业可能存在多列成本费用、扩大税前扣除范围等问题。

（四）企业所得税应税收入变动率与应纳税额变动率配比分析

1. 指标值。

企业所得税应税收入变动率 =（本期企业所得税应税收入 - 基期企业所得税应税收入）÷ 基期企业所得税应税收入 ×100%

应纳税额变动率 =（本期应纳税额 - 基期应纳税额）÷ 基期应纳税额 ×100%

指标值 = 企业所得税应税收入变动率 ÷ 应纳税额变动率

2. 指标预警值。在正常情况下，指标值应接近 1。

3. 问题指向。在正常情况下，两者基本同步增长。对以下 3 种情况应引起注意：

（1）当比值 <1 且相差较大、两者都为负时，可能存在企业多列成本费用、扩大税前扣除范围等问题；

（2）当比值 >1 且相差较大、二者都为正时，可能存在企业多列成本费用、扩大税前扣除范围等问题；

（3）当比值为负数，且前者为正、后者为负时，可能存在企业多列成本费用、扩大税前扣除范围等问题。

4. 案例。

【案例5-30】某企业2022年度纳税申报数据中，企业所得税申报收入为1 000万元，应纳税额为26万元。2021年度该企业企业所得税申报收入为1 200万元，应纳税额为38万元。

【解析】企业所得税应税收入变动率=(本期企业所得税应税收入-基期企业所得税应税收入)÷基期企业所得税应税收入×100%=(1 000-1 200)÷1 200×100%=-16.67%

应纳税额变动率=(本期应纳税额-基期应纳税额)÷基期应纳税额×100%=(26-38)÷38×100%=-31.58%

指标值=应税销售额变动率÷应纳税额变动率=(-16.67%)÷(-31.58%)=0.53

属于比值<1，且相差较大、两者都为负。也就是说，企业所得税应税收入在减少，应纳税额也在减少，但是应纳税额减少的幅度大于应税收入减少的幅度，该企业可能存在多列成本费用、扩大税前扣除范围等问题。

（五）存货周转率变动率与销售收入变动率配比分析

1. 指标值。

存货周转率=主营业务成本÷[(期初存货成本+期末存货成本)÷2]×100%

“(期初存货成本+期末存货成本)÷2”表示本期存货成本总量

存货周转率变动率=(本期存货周转率-基期存货周转率)÷基期存货周转率×100%

销售收入变动率=(本期销售收入-基期销售收入)÷基期销售收入×100%

指标值=存货周转率变动率÷销售收入变动率

2. 指标预警值。在正常情况下，指标值应接近于1。

3. 问题指向。在正常情况下，两者应基本同步增长，对以下3种情况应引起注意：

（1）当指标值大于1，且相差较大、两者都为正时，可能存在企业少计收入问题；

（2）当指标值小于1，且相差较大、两者都为负时，可能存在企业少计收入问题；

（3）当指标值为负数，前者为正、后者为负时，可能存在企业少计收入问题。

4. 案例。

【案例 5-31】 某企业 2022 年度申报数据中，期初存货成本为 100 万元，期末存货成本为 180 万元，主营业务成本为 300 万元，本期申报销售收入为 1 650 万元。该企业 2021 年期初存货成本为 160 万元，主营业务成本为 240 万元，该年度申报销售收入 2 000 万元。

【解析】 2022 年存货周转率 = 300 ÷ [（100 + 180）÷ 2] × 100% = 214%

2021 年存货周转率 = 240 ÷ [（160 + 100）÷ 2] × 100% = 184%

存货周转率变动率 =（本期存货周转率 - 基期存货周转率）÷ 基期存货周转率 × 100% =（214% - 184%）÷ 184% × 100% = 16.3%

销售收入变动率 =（本期销售收入 - 基期销售收入）÷ 基期销售收入 × 100% =（1 650 - 2 000）÷ 1 650 × 100% = -21.2%

指标值 = 存货周转率变动率 ÷ 销售收入变动率 = 16.3% ÷（-21.2%）= -0.77

指标值为负数，前者为正、后者为负，该企业可能存在企业少计收入问题。

（六）企业期末应收账款变动率与销售收入变动率配比分析

1. 指标值。

期末应收账款变动率 =（本期应收账款期末值 - 基期应收账款期末值）÷ 基期应收账款期末值 × 100%

销售收入变动率 =（本期销售收入 - 基期销售收入）÷ 基期销售收入

指标值 = 期末应收账款变动率 ÷ 销售收入变动率

2. 指标预警值。在正常情况下，指标值应接近于 1。

3. 问题指向。在正常情况下，两者应基本同步增长，对以下 3 种情况应引起注意：

（1）当指标值大于 1，且相差较大、两者都为正时，可能存在少计收入问题；

（2）当指标值小于 1，且相差较大、两者都为负时，可能存在少计收入问题；

（3）当指标值为负数，前者为正、后者为负时，可能存在少计销售收入问题。

如果企业存在上述异常情况，税务机关会检查纳税人“库存商品”“产成品”“应付账款”“预收账款”“其他应付款”等科目，详细了解业务内容，并要求企业提供相应的合同等举证资料、实地检查库存等。

4. 案例。

【案例5-32】 甲公司2021年期末应收账款400万元，2022年期末应收账款600万元；2021年销售收入为2 000万元，2022年销售收入为1 700万元。

【解析】 期末应收账款变动率=（本期应收账款期末值-基期应收账款期末值）÷基期应收账款期末值=（600-400）÷400×100%=50%

销售收入变动率=（本期销售收入-基期销售收入）÷基期销售收入×100%=（1 700-2 000）÷1 700×100%=-17.65%

指标值=期末应收账款变动率÷销售收入变动率=50%÷（-17.65%）=-2.83

当指标值为负数，前者为正、后者为负时，即应收账款增加，销售收入却减少，该企业可能存在少计销售收入等问题。

三、关联交易分析指标

（一）关联收入申报异常

1. 指标值。

关联收入申报异常值=关联收入金额-已申报关联收入金额

关联收入金额=集团企业和成员企业个别财务报表营业收入合计金额-合并财务报表营业收入金额

2. 指标预警值。关联收入申报异常值>0，视为异常。

3. 问题指向。通过个别财务报表数据与合并财务报表数据比对，分析集团企业内部是否存在关联交易，进一步查找集团企业和成员企业申报的关联交易是否齐全、准确；关联收入申报异常值大于零，则可能集团成员企业申报关联交易不全面、不准确。

税务机关通过集团企业合并财务报表采集“营业收入”“其他业务收入”“营业外收入”金额，通过集团企业和成员企业个别财务报表采集“主营业务收入”“其他业务收入”“营业外收入”金额；已申报关联收入为企业所得税年度纳税申报表附表年度关联业务往来报告表“商品（材料）销售”“劳务收入”“出让无形资产”“出让固定资产”“融资应计利息收入”合计金额。

4. 案例。

【案例5-33】 甲公司为集团企业，共有8家子公司。2022年度，集团企业和8家子公司个别财务报表营业收入合计金额为1.6亿元，合并财务报表营业收入金额为1.2亿元。集团企业及成员企业企业所得税年度纳税申报表附表年度关联业务往来报告表“商品（材料）销售”“劳务收入”“出让无形资产”“出让固定资产”“融资应计利息收入”合计金额共计2 800万元。

【解析】 关联收入金额=集团企业和成员企业个别财务报表营业收入合计金额-合并财务报表营业收入金额=160 000 000-120 000 000=40 000 000（元）。

关联收入申报异常值=关联收入金额-已申报关联收入金额=40 000 000-28 000 000=12 000 000（元）

该企业关联收入申报异常值>0，则可能存在集团成员企业申报关联交易不全面、不准确的问题。

（二）关联应收、应付款项比例异常

1. 指标值。

关联应收（应付）款项异常值=集团企业和成员企业个别财务报表应收（应付）款项合计金额-集团企业合并财务报表中应收（应付）款项

关联应收（应付）款项异常值占比=关联应收（应付）款项÷集团成员企业应收（应付）款项合计金额×100%

2. 指标预警值。关联应收（应付）款项异常金额在500万元或占比在10%以上，视为异常。

3. 问题指向。通过个别财务报表数据与合并财务报表数据比对，分析集团企业内部是否存在债权债务关系，进一步查找集团企业与成员企业之间、成员企业与成员企业之间关联交易、资金拆借中的涉税风险；关联应收（应付）款项金额在500万元或占比在10%以上，则集团成员企业之间存在关联应收、应付款项涉税风险。

数据来源：应收款项包括“应收账款”“应收票据”“预付账款”“长期债券投资”“应收股利”“其他应收款”，应付款项包括“应付账款”“应付票据”“预收账款”“应付债券”“应付股利”“其他应付款”；

集团企业合并财务报表中应收、应付金额，集团企业和成员企业个别财务报表应收、应付合计金额。

4. 案例。

【案例5-34】 甲公司为集团企业，共有8家子公司。2022年度，集团企业和成员企业个别财务报表应收（应付）款项合计金额为8 000万元，集团企业合并财务报表中应收（应付）款项为6 000万元。

【解析】 关联应收（应付）款项异常值＝集团企业和成员企业个别财务报表应收（应付）款项合计金额－集团企业合并财务报表中应收（应付）款项＝8 000－6 000＝2 000（万元）。

关联应收（应付）款项异常值占比＝关联应收（应付）款项÷集团成员企业应收（应付）款项合计金额×100%＝2 000÷8 000×100%＝25%

该企业关联应收（应付）款项异常金额在500万元且占比在10%以上，集团成员企业之间存在关联应收、应付款项涉税风险。

（三）关联借款费用异常

1. 指标值。

关联借款费用异常值＝集团成员企业财务费用合计金额－集团企业合并财务报表中财务费用金额

2. 指标预警值。关联借款费用异常值在20万元以上，视为异常。

3. 问题指向。通过个别财务报表数据与合并财务报表数据比对，分析集团企业内部是否存在因借款而支付相关费用事项，进一步查找集团企业与成员企业之间、成员企业与成员企业之间关联交易、资金拆借中的涉税风险；关联借款费用异常金额在20万元以上，则集团成员企业之间可能存在借款费用涉税风险。

4. 案例。

【案例5-35】 甲公司为集团企业，共有8家子公司。2022年度，集团成员企业财务费用合计金额为500万元，集团企业合并财务报表中，财务费用金额为420万元。

【解析】 关联借款费用＝集团成员企业财务费用合计金额－集团企业合并财务报表中财务费用金额＝500－420＝80（万元）。

该企业关联借款费用异常金额在20万元以上，集团成员企业之间可能存在借款费用涉税风险。

（四）关联交易金额变动率

1. 指标值。

关联交易金额变动率 = 关联交易变动金额 ÷ 基期关联交易金额 ×100%

关联交易变动金额 = 本期关联交易金额 - 基期关联交易金额

2. 指标预警值。关联交易变动金额在500万元以上或关联交易金额变动率在10%以上，视为异常。

3. 问题指向。通过关联交易金额变动率比对，分析集团成员企业关联交易异常，进一步查找集团成员企业之间商品、劳务、资产交易及资金拆借中的涉税风险；关联交易变动金额在500万元以上或关联交易金额变动率在10%以上，则关联交易金额变动异常。

数据来源：集团各成员企业的企业所得税年度纳税申报表“附表”年度关联业务往来报告表（2）中“交易总金额”“关联交易金额”合计数。

4. 案例。

【案例5-36】 甲公司2022年关联交易金额为380万元，2021年关联交易金额为300万元。

【解析】 关联交易变动金额 = 本期关联交易金额 - 基期关联交易金额 = 380 - 300 = 80（万元）

关联交易金额变动率 = 关联交易变动金额 ÷ 基期关联交易金额 × 100% = 80 ÷ 300 × 100% = 26.67%

该企业关联交易金额变动率在10%以上，关联交易金额变动异常。

（五）关联交易毛利率异常

1. 指标值。

关联交易毛利率 =（关联销售收入 - 关联销售成本）÷ 关联销售收入 ×100%

主营业务毛利率 =（主营业务收入 - 主营业务成本）÷ 主营业务收入 ×100%

指标值 =（关联交易毛利率 - 主营业务毛利率）÷ 主营业务毛利率 × 100%

2. 指标预警值。关联交易毛利率偏离企业主营业务毛利率2%以上，视为异常。

3. 问题指向。通过关联交易毛利率与企业主营业务毛利的比对分析，进一步查找集团成员企业之间商品、劳务等关联交易的涉税风险；如果指标值异常，关联交易毛利偏离主营业务毛利，则可能存在关联交易价格不公允问题。

数据来源：企业报送的关联交易明细表及财务报表中“关联销售收入”“关联销售成本”，企业报送的财务报表中的“主营业务收入”“主营业务成本”。

4. 案例。

【案例5－37】 甲公司2022年度关联销售收入为800万元，关联销售成本为760万元，主营业务收入为3 600万元，主营业务成本为3 200万元。

【解析】 关联交易毛利率＝（关联销售收入－关联销售成本）÷关联销售收入×100%＝（800－760）÷800×100%＝5%

主营业务毛利率＝（主营业务收入－主营业务成本）÷主营业务收入×100%＝（3 600－3 200）÷3 600×100%＝11.11%

指标值＝（关联交易毛利率－主营业务毛利率）÷主营业务毛利率×100%＝（5%－11.11%）÷11.11%＝－55%

该企业关联交易毛利率偏离企业主营业务毛利率55%，可能存在关联交易价格偏低问题。

【案例5－38】 M公司是上海知名服装机械生产企业K公司在武进区设立的全资子公司，注册资本500万元。按照集团安排，M公司主要承担生产基地职能，负责原材料采购、整机与零配件的组装生产；K公司则主要承担研发、设计、销售和资金调配等职能。在开展风险应对时，税务人员发现，M公司存在的关联交易毛利率偏低的税务风险点。税务人员在检查中发现，M公司仅有K公司一家客户，多年来毛利率维持在5%—6%，导致企业整体税负较低。对此，集团财务总监解释称，M公司作为生产基地向母公司供货，不需要承担研发失败和市场波动等外部风险，作为单一职能的生产商，获得6%左右的利润，是合理的。该财务总监同时表示税务机关不应对境内关联交易开展检查和调整。

解析：《特别纳税调查调整及相互协商程序管理办法》（国家税务总局公告2017年第6号印发，以下简称《管理办法》）第三十八条规定，实际税负相同的境内关联方之间的交易，只要该交易没有直接或者间接导致国家总体税收收入的减少，原则上不作特别纳税调整。这导致部分企业财务人员产生了“境内关联交易不存在税务风险”的错误认知，却忽略了“实际税负相同”这一关键前提条件。

通过异地情报查询，税务人员获取了K公司的相关财务信息和申报数据。资料显示，K公司为高新技术企业，享受15%的企业所得税税率优惠，且整机再销售业务的毛利率高达70%以上。而M公司不享受任何企业所得税优惠，适用25%税率，因此，K公司与M公司存在企业所得税税负差，不满足《管理办法》第三十八条的要求。税务机关进一步调查后，确认M公司向K公司销售整机定价偏低，应按照独立交易原则，对M公司的收入进行调整。

第二节　企业所得税收入类项目税务风险点

一、企业所得税收入确认风险

（一）未按规定确认企业所得税应税所得

1. 企业所得税应税所得的相关规定。

（1）《中华人民共和国企业所得税法》第三条规定：“居民企业应当就其来源于中国境内、境外的所得缴纳企业所得税。

非居民企业在中国境内设立机构、场所的，应当就其所设机构、场所取得的来源于中国境内的所得，以及发生在中国境外但与其所设机构、场所有实际联系的所得，缴纳企业所得税。

非居民企业在中国境内未设立机构、场所的，或者虽设立机构、场所但取得的所得与其所设机构、场所没有实际联系的，应当就其来源于中国境内的所得缴纳企业所得税。”

（2）《企业所得税法实施条例》第六条规定：“企业所得税法第三条所称所得，包括销售货物所得、提供劳务所得、转让财产所得、股息红利等权益性投资所得、利息所得、租金所得、特许权使用费所得、接受捐赠所得和其他所得。”

（3）《企业所得税法实施条例》第十四条—第二十二条规定：“销售货物收入，是指企业销售商品、产品、原材料、包装物、低值易耗品以及其他存货取得的收入。

提供劳务收入，是指企业从事建筑安装、修理修配、交通运输、仓储租赁、金融保险、邮电通信、咨询经纪、文化体育、科学研究、技术服务、教育培训、餐饮住宿、中介代理、卫生保健、社区服务、旅游、娱乐、加工以及其他劳务服务活动取得的收入。

转让财产收入，是指企业转让固定资产、生物资产、无形资产、股权、债权等财产取得的收入。

股息、红利等权益性投资收益，是指企业因权益性投资从被投资方取得的收入。

利息收入，是指企业将资金提供他人使用但不构成权益性投资，或者因他人占用本企业资金取得的收入，包括存款利息、贷款利息、债券利息、欠款利息等收入。

租金收入，是指企业提供固定资产、包装物或者其他有形资产的使用权取得的收入。

特许权使用费收入，是指企业提供专利权、非专利技术、商标权、著作权以及其他特许权的使用权取得的收入。

接受捐赠收入，是指企业接受的来自其他企业、组织或者个人无偿给予的货币性资产、非货币性资产。

其他收入，是指企业取得的除企业所得税法第六条第（一）项至第（八）项规定的收入外的其他收入，包括企业资产溢余收入、逾期未退包装物押金收入、确实无法偿付的应付款项、已作坏账损失处理后又收回的应收款项、债务重组收入、补贴收入、违约金收入、汇兑收益等。”

2. 风险表现。

（1）申报缴纳企业所得税时，未按照税法的规定将相关项目调整为所得税收入。比如，未对逾期未退包装物押金收入、确实无法偿付的应付款项等进行调整。

（2）在取得相关收入时冲减费用而不作为收入，这会造成企业的收入总额减少，从而导致税前扣除的业务招待费、广告费和业务宣传费用减少，进而造成应纳税所得额的虚增，引发多缴纳企业所得税的风险。

（3）未将企业取得的罚款、滞纳金、无法支付的长期应付款项、收回以前年度已核销的坏账损失、固定资产盘盈收入、教育费附加返还以及在“资本公积”中反映的债务重组收益、接受捐赠资产及根据税法规定应在当期确认的其他收入列入收入总额。

3. 案例。

【案例 5－39】 某市税务局稽查局于 2018 年 10 月 21 日起对甲仪器厂有限公司（以下简称“甲公司”）2016 年 1 月 1 日至 2017 年 12 月 31 日涉税情况进行检查。检查中发现，甲公司与乙实业总公司（以下简称“乙公司”）曾于 2014 年 12 月签订“联营协议书”，该协议书规定，乙公司以 22 亩土地入股，与甲公司联营。2016 年，双方因土地租赁合同发生纠纷，经市中级人民法院调解，双方于 2016 年 10 月自愿达成协议，并由市中级人民法院作出民事调解书：甲公司返还“联营协议书”中所涉 22 亩土地给乙公司，地上所有构筑物归乙公司所有；乙公司补偿甲公司 2 600万元，根据腾空及返还情况分 3 笔给付。甲公司于 2016 年收到搬迁补偿款 570 万元，于 2017 年收到 200 万元，以上 770 万元补偿款均记在“其他应付款——搬迁款”的账务科目中。

基于前述事实，市税务局稽查局认为甲公司收取的 770 万元补偿款是根据民事调解书收取的补偿款，是乙公司对返还土地及地上构筑物的补偿，该两笔款项应按照《中华人民共和国企业所得税法》（以下简称《企业所得税法》）的规定于取得款项时确认收入，市税务局稽查局于 2018 年 10 月 21 日向甲公司送达“税务检查通知书”，对甲公司实施税务检查。2018 年 12 月 3 日，市税务局稽查局作出税务处理决定书。

甲公司不服税务处理决定书，于 2018 年 12 月 25 日向市税务局申请行政复议。市税务局于 2019 年 2 月 22 日作出“税务行政复议决定书”，维持了市税务局稽查局对甲公司所作的税务处理决定。甲公司不服，向区人民法院（以下简称“一审法院”）提起诉讼，一审法院判决撤销税务处理决定书，撤销复议决定书。

市税务局稽查局和市税务局不服一审判决，向市中级人民法院（以下简称“二审法院”）提请上诉，二审法院判决撤销一审判决，驳回甲公司的诉讼请求。

【评析】 本案的主要争议焦点在于：甲公司收取的 770 万元，根据税法的相关规定是否应当确认为当期收入并缴纳企业所得税。

关于当期收入的认定。当期是企业所得税的纳税年度，持续经营的企业以公历 1 月 1 日至公历 12 月 31 日为一个当期。税法上的收入是企业以货币形式和非货币形式从各种来源取得的收入。《企业所得税法》第六条规定：“企业以货币形式或非货币形式从各种来源取得的收入，为收入总额，包括：1. 销售货物收入；2. 提供劳务收入；3. 转让财产收入；4. 股息、红利等权益性投资收益；5. 利息收入；6. 租金收入；7. 特许使用费收入；8. 接受捐赠收入；9. 其他收入。”其中，其他收入是指《企业所得税法》第六条规定的除第（一）项至第（八）项以外的其他收入。根据《税法实施条例》第二十二条之规定，企业所得税法第六条第（九）项所称的其他收入，包括企业资产溢余收入，逾期未退包装物押金收入，确实无法偿付的应付款项，已作坏账处理后又收回的应收款项，债务重组收入、补贴收入，违约金收入，汇兑收益等。应纳税所得额是指企业每个纳税年度的收入总额减除不征税收入、免税收入、各项扣除以及允许弥补以前年度亏损后的余额为应纳税所得额。在本案中，甲公司共收到搬迁补偿款770万元，其中2016年度为570万元，2017年度为200万元，该款项虽在会计科目上记入“其他应付款——搬迁款”中，但均于当年度入账，鉴于甲公司对移交的固定资产未作任何账务处理，市税务局稽查局对甲公司相应年度的应纳税所得额作相应的调增与调减，且该计算方法甲公司亦不持异议，故案涉税务处理决定书中将770万元款项认定为收入，并据此对企业应纳税所得额作相应调整于法有据。复议决定书对该处理决定予以维持并无不当。《企业所得税法》第一条规定，在中华人民共和国境内，企业和其他取得收入的组织为企业所得税的纳税人，依照本法的规定缴纳企业所得税。甲公司主张该款项为搬迁补偿款，不应算作当期收入，无须缴纳企业所得税的主张不能成立。

（二）企业所得税应税收入确认时间风险

1. 企业所得税应税收入确认时间相关规定。

（1）销售货物收入。

①《企业所得税收入确认的若干问题》（国税函〔2008〕875号）规定：除企业所得税法及实施条例另有规定外，企业销售收入的确认，必须遵循权责发生制原则和实质重于形式原则。企业销售商品同时满足下列条件的，应确认收入的实现：

A. 商品销售合同已经签订，企业已将商品所有权相关的主要风险和报酬转移给购货方。

B. 企业对已售出的商品既没有保留通常与所有权相联系的继续管理权，也没有实施有效控制。

C. 收入的金额能够可靠地计量。

D. 已发生或将发生的销售方的成本能够可靠地核算。

②符合上款收入确认条件，采取下列商品销售方式的，应按以下规定确认收入实现时间：

A. 销售商品采用托收承付方式的，在办妥托收手续时确认收入。

B. 销售商品采取预收款方式的，在发出商品时确认收入。

C. 销售商品需要安装和检验的，在购买方接受商品以及安装和检验完毕时确认收入。如果安装程序比较简单，可在发出商品时确认收入。

D. 销售商品采用支付手续费方式委托代销的，在收到代销清单时确认收入。

（2）提供劳务收入。《企业所得税收入确认的若干问题》（国税函〔2008〕875号）规定：企业在各个纳税期末，提供劳务交易的结果能够可靠估计的，应采用完工进度（完工百分比）法确认提供劳务收入。

①提供劳务交易的结果能够可靠估计，是指同时满足下列条件：

A. 收入的金额能够可靠地计量；

B. 交易的完工进度能够可靠地确定；

C. 交易中已发生和将发生的成本能够可靠地核算。

②企业提供劳务完工进度的确定，可选用下列方法：

A. 已完工作的测量；

B. 已提供劳务占劳务总量的比例；

C. 发生成本占总成本的比例。

③企业应按照从接受劳务方已收或应收的合同或协议价款确定劳务收入总额，根据纳税期末提供劳务收入总额乘以完工进度，扣除以前纳税年度累计已确认提供劳务收入后的金额，确认为当期劳务收入；同时，按照提供劳务估计总成本乘以完工进度扣除以前纳税期间累计已确认劳务成本后的金额，结转为当期劳务成本。

④下列提供劳务满足收入确认条件的，应按规定确认收入：

A. 安装费。应根据安装完工进度确认收入。安装工作是商品销售附带条件的，安装费在确认商品销售实现时确认收入。

B. 宣传媒介的收费。应在相关的广告或商业行为出现于公众面前时确认收入。广告的制作费，应根据制作广告的完工进度确认收入。

C. 软件费。为特定客户开发软件的收费，应根据开发的完工进度确认收入。

D. 服务费。包含在商品售价内可区分的服务费，在提供服务的期间分期确认收入。

E. 艺术表演、招待宴会和其他特殊活动的收费。在相关活动发生时确认收入。收费涉及几项活动的，预收的款项应合理分配给每项活动，分别确认收入。

F. 会员费。申请入会或加入会员，只允许取得会籍，所有其他服务或商品都要另行收费的，在取得该会员费时确认收入。申请入会或加入会员后，会员在会员期内不再付费就可得到各种服务或商品，或者以低于非会员的价格销售商品或提供服务的，该会员费应在整个受益期内分期确认收入。

G. 特许权费。属于提供设备和其他有形资产的特许权费，在交付资产或转移资产所有权时确认收入；属于提供初始及后续服务的特许权费，在提供服务时确认收入。

H. 劳务费。长期为客户提供重复的劳务收取的劳务费，在相关劳务活动发生时确认收入。

（3）股息、红利等权益性投资收益。除国务院财政、税务主管部门另有规定外，按照被投资方作出利润分配决定的日期确认收入的实现。

（4）利息收入。按照合同约定的债务人应付利息的日期确认收入的实现。

（5）租金收入。租金收入，按照合同约定的承租人应付租金的日期确认收入的实现。

（6）特许权使用费收入。特许权使用费收入，按照合同约定的特许权使用人应付特许权使用费的日期确认收入的实现。

（7）接受捐赠收入。接受捐赠收入，按照实际收到捐赠资产的日期确认收入的实现。

（8）企业的下列生产经营业务可以分期确认收入的实现。

①以分期收款方式销售货物的，按照合同约定的收款日期确认收入的实现；

②企业受托加工制造大型机械设备、船舶、飞机，以及从事建筑、安装、装配工程业务或者提供其他劳务等，持续时间超过12个月的，按照纳税年度内完工进度或者完成的工作量确认收入的实现。

（9）采取产品分成方式取得收入。采取产品分成方式取得收入的，按照企业分得产品的日期确认收入的实现，其收入额按照产品的公允价值确定。

2. 风险表现。

（1）将已实现的收入长期挂往来账或置于账外而未确认收入；

（2）采取预收款方式销售货物，未按税法规定的在发出商品时确认收入；

（3）以分期收款方式销售货物，未按照合同约定的收款日期确认收入；

（4）金融企业发放的未逾期贷款，没有根据先收利息后收本金的原则，按合同确认的利率和期限计算利息，并于债务人应付利息的日期确认收入的实现；金融企业发放的逾期贷款发生的应收利息，没有于实际收到的日期，或者虽未实际收到但会计上确认为利息收入的日期，确认收入的实现。

3. 案例。

【案例 5－40】 跨年租金收入确认问题。乙公司于 2022 年 1 月将一幢办公楼出租给丙公司用于生产经营。双方签订租赁合同约定租赁期为 2 年，从 2022 年 1 月 1 日至 2023 年 12 月 31 日，每年租金 120 万元（不含增值税，下同），2 年租金共计 240 万元，并于 2022 年 1 月 1 日一次性收取全部租金 240 万元。乙公司如何确认租金收入，如何进行年度企业所得税纳税申报调整？

【解析】《中华人民共和国企业所得税法实施条例》第十九条规定：租金收入，按照合同约定的承租人应付租金的日期确认收入的实现。

《国家税务总局关于贯彻落实企业所得税法若干税收问题的通知》（国税函〔2010〕79 号）第一条规定，企业提供固定资产、包装物或者其他有形资产的使用权取得的租金收入，应按交易合同或协议规定的承租人应付租金的日期确认收入的实现。其中，如果交易合同或协议中规定租赁期限跨年度，且租金提前一次性支付的，根据《中华人民共和国企业所得税法实施条例》第九条规定的收入与费用配比原则，出租人可对上述已确认的收入，在租赁期内，分期均匀计入相关年度收入。

《企业会计准则第 21 号——租赁》的规定，出租人会计处理应当在租赁期内各个期间按照直线法确认收入。

情形 1：乙公司可以选择在租赁期内，将租赁收入分期均匀计入相关年度收入：2022年1—12月，确认租金收入120万元；2023年1—12月，确认租金收入120万元。此种情形下，税会无差异。

情形2：乙公司选择一次性确认收入。2022年，确认租金收入240万元；2023年，不确认租金收入。则2022年企业所得税汇算清缴时，须调增应纳税所得额120万元，2023年汇算清缴时须调减应纳税所得额120万元。

二、收入确认税会差异处理风险

收入准则与《企业所得税法》界定的收入范围不同。收入准则只将日常活动所形成的经济利益的流入确认为收入。企业所得税法中的收入则是以货币形式和非货币形式取得的，包括销售货物收入、提供劳务收入、转让财产收入、股息红利等权益性投资收入、利息收入、租金收入、特许权使用费收入、接受捐赠收入和其他收入，即一切能够提高企业纳税能力的收入，都应当计入收入总额，列入企业所得税纳税申报表。此外，《企业所得税法》还规定了不征税收入、免税收入及视同销售收入等。可见，《企业所得税法》界定的收入范围比收入准则界定得更加广泛。

（一）销售商品收入税会差异

1. 新收入准则下收入的界定。新收入准则打破商品和劳务的界限，不区分商品销售和提供劳务。收入的确认和计量大致分为五步：第一步，识别与客户订立的合同。第二步，识别合同中的单项履约义务。第三步，确定交易价格。第四步，将交易价格分摊至各合同中各单项履约义务（合同开始日）。第五步，在企业履行单项义务的某一时点（或某一时段）确认收入。

要求企业在履行了合同中的履约义务，即客户取得相关商品的控制权时确认收入。

控制权转移的应当考虑以下迹象：一是企业就该商品享有现时收款权利，即客户就该商品负有现时付款义务；二是企业已将该商品法定所有权转移给客户；三是企业已将该商品实物转移给客户；四是企业已将该商品所有权上的主要风险和报酬转移给客户；五是客户已接受该商品；六是其他表明客户已取得商品控制权的迹象。

2. 企业所得税收入确认。《国家税务总局关于确认企业所得税收入若干问题的通知》（国税函〔2008〕875 号）对销售商品确认进行了规定。除《企业所得税法》及实施条例另有规定外，企业销售收入确认，必须遵循权责发生制原则和实质重于形式原则。企业销售商品同时满足下列条件的，应确认收入的实现：一是商品销售合同已经签订，企业已将商品所有权相关的主要风险和报酬转移；二是企业对已售出的商品既没有保留通常与所有权相联系的继续管理权，也没实施有效控制；三是收入的金额能够可靠地计量；四是已发生或将发生的销售方的成本能够可靠地核算。

3. 风险表现。未按企业所得税收入确认原则确认销售商品应税收入，对税会差异事项未做纳税调整。

4. 案例。

【案例 5 -41】2020 年 1 月 1 日，甲公司采用分期收款的方式向乙公司销售一批大型设备，合同约定的销售价格为 1 000 万元，分 5 次于每年 12 月 31 日等额收取。该大型设备成本为 700 万元。在现销方式下，该设备的销售价格为 800 万元，适用 13% 增值税税率，不考虑其他因素。本例中甲公司应当确认的销售商品收入金额为 800 万元，计算得出现值为 800 万元，年金为 200 万元，期数为 5 年的折现率为 7.93%；每期计入财务费用的金额如表 5 -2 所示。

表 5 -2　　财务费用和已收本金计算表　　单位：元

日期	年初未收本金 1 = 上期 5	财务费用 2 = 1 × 7.93%	收现总额 3	已收本金 4 = 3 - 2	年末未收本金 5 = 1 - 4
2020 年	8 000 000	634 400	2 000 000	1 365 600	6 634 400
2021 年	6 634 400	526 100	2 000 000	1 473 900	5 160 500
2022 年	5 160 500	409 227.65	2 000 000	1 590 772.35	3 569 727.65
2023 年	3 569 727.65	283 079.4	2 000 000	1 716 920.6	1 852 807.05
2024 年	1 852 807.05	147 192.95	2 000 000	1 852 807.05	0
总额		2 000 000	10 000 000	8 000 000	

会计处理：

(1) 2020 年 1 月 1 日销售实现。

借：长期应收款　　10 000 000

贷：主营业务收入　　8 000 000
　　未实现融资收益　　2 000 000

借：主营业务成本　　7 000 000
　　贷：库存商品　　7 000 000

（2）2020年12月31日收入货款。

借：银行存款　　2 260 000
　　贷：长期应收款　　2 000 000
　　　　应交税费——应交增值税（销项税额）　　260 000

借：未实现融资收益　　634 400
　　贷：财务费用　　634 400

税务处理：

以分期收款方式销售货物的，按照合同约定的收款日期确认收入的实现。本年度只确认计税收入2 000 000元，确认计税成本1 400 000元（7 000 000 ÷ 5），即确认应纳税所得额600 000元，应调减应纳税所得额1 034 400元（8 000 000 - 7 000 000 + 634 400 - 600 000）。

2021年至2024年收款时的会计处理与2020年一致，只是数值按照计算表进行调整。

2021年度确认应纳税所得额600 000元，同时调减应纳税所得额526 100元（当年冲减的财务费用），共计应调增所得额73 900元。

2022年度确认应纳税所得额600 000元，同时调减应纳税所得额409 227.65元（当年冲减的财务费用），共计应调增所得额190 772.35元。

2023年度确认应纳税所得额600 000元，同时调减应纳税所得额283 079.4元（当年冲减的财务费用），共计应调增所得额316 920.6元。

2024年度确认应纳税所得额600 000元，同时调减应纳税所得额147 192.95元（当年冲减的财务费用），共计应调增所得额452 807.05元。

税会差异的处理方法：通过“纳税调整项目明细表（A105000）”中“扣除类调整”项目下“（十）与未实现融资相关在当期确认的财务费用”进行调整。

（二）提供劳务收入税会差异

1. 提供劳务企业所得税收入确认。企业劳务收入按收入准则规定的原则进行确定和计量，企业所得税法对劳务收入的确认条件与会计处理基本一致。《国家税务总局关于确认企业所得税收入若干问题的通知》（国税函〔2008〕875号）对提供劳务收入确认进行了规定：企业在各个纳税期末，提供劳务交易的结果能够可靠估计的，应采用完工进度法（完工百分比）确认提供劳务收入。提供劳务交易的结果能够可靠估计，是指同时满足下列条件：一是收入的金额能够可靠地计量；二是交易的完工进度能够可靠地确定；三是交易中已发生和将发生的成本能够可靠地核算。

企业应按照从接受劳务方已收或应收的合同或协议价款确定劳务收入总额，根据纳税期末提供劳务收入总额乘以完工进度扣除以前纳税年度累计已确认提供劳务收入后的金额，确认为当期劳务收入；同时，按照提供劳务估计总成本乘以完工进度扣除以前纳税期间累计已确认劳务成本后的金额，结转为当期劳务成本。

2. 提供劳务收入税会差异。

（1）《企业所得税法实施条例》第二十三条规定：企业受托加工制造大型机械设备、船舶、飞机，以及从事建筑、安装、装配工程业务或者提供其他劳务等，持续时间超过12个月的，按照纳税年度内完工进度或者完成的工作量确认收入的实现。根据该条规定，企业提供的劳务如果持续时间不超过12个月，即使跨年度也无须确认收入。而会计准则要求对安装费等在资产负债表日按照完工进度确认收入。

（2）提供劳务交易结果不能靠估计的业务，当劳务成本预计不能补偿须作为资产损失留存备查相关资料才可税前扣除。

3. 风险表现。未按企业所得税收入确认原则确认提供劳务应税收入，对会计确认合同预计损失未做调整。

4. 案例。

【案例5-42】2021年9月，甲建筑公司与乙公司签订生产线建造合同。合同约定金额109万元（含税）。2021年年末，工程完工进度为70%，2022年5月达到完工条件并经乙公司验收合格，乙公司全额支付价款并取得了增值税专用发票。甲建筑公司一次性取得的建筑服务收入该如何确认企业所得税收入呢？

【解析】

（1）会计准则要求对安装费等在资产负债表日按照完工进度确认收入。

甲建筑公司应在2021年确认的收入 $=109\div(1+9\%)\times70\%=70$（万元）；应在2022年确认收入 $=109\div(1+9\%)-70=30$（万元）。

(2)《企业所得税法实施条例》第二十三条规定：企业从事建筑劳务等，持续时间超过12个月的，按照纳税年度内完工进度或者完成的工作量确认收入的实现。根据该项规定，企业提供的劳务如果持续时间不超过12个月，即使跨年度也无须确认收入。

因此，由于企业提供的劳务持续时间不超过12个月，2021年无须确认企业所得税收入，纳税调减70万元。2022年确认收入100万元，纳税调增70万元。

【案例5－43】 某建筑企业与客户签订了一项总金额为6 322 000元（含增值税）的工程合同，工程已于2022年2月开工，预计3年完工。最初预计合同总成本为5 500 000元。至2022年年底，由于钢材价格上升等因素调整了预计总成本，预计工程总成本已达到6 000 000元。

【解析】 2022年年底，由于该合同预计总成本6 000 000元大于合同总收入5 800 000元，预计损失200 000元，因此，应将200 000元确认为当期损失。

借：管理费用——合同预计损失　　　　200 000

　　贷：存货跌价准备——合同预计损失　　　　200 000

税务处理：合同预计损失准备不得扣除，年终申报所得税时调增应纳税所得额200 000元，并确认一项递延所得税资产。

借：递延所得税资产——合同预计损失准备　　　　50 000

　　贷：所得税费用——递延所得税费用　　　　50 000

（三）租金收入税会差异

1. 会计处理。《企业会计准则第21号——租赁》的规定，出租人会计处理应当在租赁期内各个期间按照直线法确认收入。

2. 税务处理。《国家税务总局关于贯彻落实企业所得税法若干税收问题的通知》（国税函〔2010〕79号）第一条，关于租金收入确认问题。企业提供固定资产、包装物或者其他有形资产的使用权取得的租金收入，应按交易合同或协议规定的承租人应付租金的日期确认收入的实现。其中，如果交易合同或协议中规定租赁期限跨年度，且租金提前一次性支付的，根据《实施条例》第九条规定的收入与费用配比原则，出租人可对上述已确认的收入，在租赁期内，分期均匀计入相关年度收入。

【案例5－44】 乙公司于2020年1月将一幢办公楼出租给丙公司用于

生产经营。双方签订租赁合同规定约定租赁期为2年，从2020年1月1日至2021年12月31日，每年租金120万元（不含增值税，下同），2年租金共计240万元，并于2020年1月1日一次性收取全部租金240万元。乙公司如何确认租金收入，如何进行年度企业所得税纳税申报调整？

【解析】 乙公司可以选择在租赁期内，将租赁收入分期均匀计入相关年度收入：2020年1—12月确认租金收入120万元；2021年1—12月确认租金收入120万元。则税会无差异。乙公司也可以选择一次性确认收入。2020年确认租金收入240万元，纳税调增120万元；2021年不确认租金收入，纳税调减120万元。

【案例5-45】 甲公司是一家制造企业，执行《企业会计准则》。2020年1月1日，甲公司将其拥有的一台先进机床出租给乙公司，租期3年。该设备原值为100万元，预计使用年限为10年，已使用3年，不考虑残值，按10年计提折旧。租赁合同约定，租赁开始日（2020年1月1日），乙公司向甲公司预付租金16.95万元（含税），第一年年末支付租金16.95万元，第二年年末支付租金22.6万元，第三年年末支付租金28.25万元。租赁期满甲公司收回设备，3年的租金总额为84.75万元。（为便于理解，不考虑其他税费等事项）

【解析】

（1）2020年的会计和税务处理。

①2020年1月收到租金16.95万元。

借：银行存款	169 500	
贷：预收账款		150 000
应交税费——应交增值税（销项）		19 500

②2020年12月底收到租金16.95万元。租金收入总额75万元，每年分配租金收入25万元。

借：银行存款	169 500	
预收账款	100 000	
贷：其他业务收入		250 000
应交税费——应交增值税（销项）		19 500
借：递延所得税资产	12 500	
贷：所得税费用		12 500

纳税调增5万元。

（2）2021年12月底收到租金22.6万元。租金收入总额75万元，每年分配租金收入25万元。

借：银行存款　226 000
　　预收账款　50 000
　　贷：其他业务收入　250 000
　　　　应交税费——应交增值税（销项）　26 000
借：所得税费用　12 500
　　贷：递延所得税资产　12 500

纳税调减5万元。

（3）2022年12月底收到租金28.25万元。租金收入总额75万元，每年分配租金收入25万元。

借：银行存款　282 500
　　贷：其他业务收入　250 000
　　　　应交税费——应交增值税（销项）　32 500

税会无差异。

（四）利息收入税会差异

1. 会计处理。《企业会计准则——基本准则》（财政部令第33号）第九条规定，企业应当以权责发生制为基础进行会计确认、计量和报告。

2. 税务处理。《中华人民共和国企业所得税法实施条例》（国务院令第512号）第十八条第二款规定，利息收入，按照合同约定的债务人应付利息的日期确认收入的实现。

根据上述规定，采取到期一次还本付息方式收取利息，会计上要按权责发生制分期确认收入，而企业所得税上则按合同约定的债务人应付利息的日期确认收入的实现，因此产生的会计与所得税的差异需要汇算清缴时进行纳税调整。

3. 税会差异。企业确认收入时间和合同约定的支付日期如果分属于两个不同的年度，或者同一年度的会计收入与合同约定的支付金额不同，会产生税会差异，均须按照税法规定进行纳税调整。

4. 风险表现。未按企业所得税收入确认原则确认使用费应税收入，对税会差异未做调整。

5. 案例。

【案例5-46】 2017年1月1日，甲公司支付价款1 000万元（含交易费用）从上海证券交易所购入乙公司同日发行的5年期公司债券12 500份，债券票面价值总额为1 250万元，票面年利率为4.72%，债券到期时一次性还本付息。合同约定，该债券的发行方在遇到特定情况时可以将债券赎回，且不需要为提前赎回支付额外款项。甲公司在购买该债券时，预计发行方不会提前赎回。甲公司根据其管理该债券的业务模式和该债券的合同现金流量特征，将该债券分类为以摊余成本计量的金融资产 。根据插值法计算实际利率为10%。

【解析】 会计处理：总的投资收益包含每年债券利息收入和折价取得债券的收益。按照会计准则的规定，到期一次还本付息的债权投资，应该按照权责发生制，根据摊余成本和实际利率法确认每年的投资收益。

企业所得税处理：《企业所得税法实施条例》第十八条、《企业所得税法》第六条第（五）项利息收入，按照合同约定的债务人应付利息的日期确认收入的实现。甲公司应于实际收到利息收入时确认债券利息收入。同时甲公司应于2021年将债券面值和实际支付价款之间的差额确认为投资收益，即转让债权投资取得的收入。

差异：会计上按照权责发生制分期确认。税法上于合同约定应付利息日期确认利息收入，并于实际转让时确认债券投资的投资收益。

摊余成本是指该项投资在初始确认金额的基础上调整了如下因素后的结果：

（1）扣除已偿还的本金。

（2）加上或减去采用实际利率法将该初始确认金额与到期日金额之间的差额进行摊销形成的累计摊销额。

（3）扣除计提的累计信用减值准备（仅适用于金融资产）。

实际利率法，是指按照金融资产或负债的实际利率计算其摊余成本及各期利息收入或利息费用的方法。

2017年1月1日，购入乙公司债券。

借：债权投资——成本　　　12 500 000
　　贷：银行存款　　　10 000 000
　　　　债权投资——利息调整　　　2 500 000

（第一年）2017年12月31日，确认乙公司债券实际利息收入、收到债券利息。

借：应收利息　　590 000
　　债权投资——利息调整　　410 000
　　贷：投资收益　　（10 000 000 × 10%）1 000 000

具体调整如表5－3所示。

表5－3　　应收利息的纳税调整　　单位：元

	应收利息	利息调整	投资收益	纳税调整	
2017年	590 000	410 000	1 000 000	－1 000 000	
2018年	590 000	451 000	1 041 000	－1 041 000	
2019年	590 000	496 100	1 086 100	－1 086 100	
2020年	590 000	545 710	1 135 710	－1 135 710	
2021年	590 000	597 190	1 187 190	＋1 762 810（未按权责发生制确认收入）	＋2 500 000（投资收益）
合计	2 950 000	2 500 000	5 450 000		

（五）使用费收入税会差异

1. 会计处理。根据会计准则的规定，企业的特许权使用费收入同时满足下列条件的应当确认收入：一是相关的经济利益能够流入企业；二是收入的金额能够可靠计量。

使用费收入应当按照有关合同或协议约定的收费时间和方法计算、确定，不同的使用费收入，收费时间和方法各不相同。一次性收取一笔固定金额的，如一次性收取10年的场地使用费；在合同或协议规定的有效期内分期等额收取，如合同或协议规定在使用期内每期收取一笔固定的金额；分期不等额收取，如合同或协议规定，按资产使用方每期销售额的百分比收取使用费等。

如果合同或协议规定一次性收取使用费，且不提供后续服务的，应当视同销售该项资产一次性确认收入；提供后续服务的，应在合同或协议规定的有效期内分期确认收入。如果合同或协议规定分期收取使用费的，应按合同或协议规定的收款时间和金额或规定的收费方法计算确定的金额分期确认收入。

2. 税务处理。《中华人民共和国企业所得税法实施条例》第二十条规定：企业所得税法第六条第（七）项所称特许权使用费收入，是指企业提供专利权、非专利技术、商标权、著作权以及其他特许权的使用权取得的收入。

特许权使用费收入，按照合同约定的特许权使用人应付特许权使用费的日期确认收入的实现。

3. 税会差异。企业确认收入时间和合同约定的支付日期如果分属于两个不同的年度，或者同一年度的会计收入与合同约定的支付金额不同，会产生税会差异，均须按照税法规定进行纳税调整。

4. 风险表现。未按企业所得税收入确认原则确认使用费应税收入，对税会差异未做调整。

5. 案例。

【案例5－47】甲公司是一家全国著名的餐饮连锁公司，该公司为了扩大市场份额，采取以“加盟连锁店为主体”的方式进行标准化的门店运营管理。2022年1月，甲公司与某加盟商签订加盟协议，协议约定加盟方应在协议签署之日向甲公司一次性缴纳协议期内特许权使用费24万元（不含税），合同履约期限为2022年1月1日—2023年12月31日，共计24个月。加盟店由加盟方投资经营，自负盈亏，独自承担经济和法律责任，在合约期内，加盟方使用甲公司的标识等从事商业活动；在合约期内，甲公司提供与加盟相关的后续服务。

【解析】会计处理：合同或协议规定一次性收取使用费，且提供后续服务的，应在合同或协议规定的有效期内分期确认收入。2022年应确认收入12万元，2023年确认收入12万元。

借：银行存款　254 400

　　贷：预收账款　120 000

　　　　其他业务收入　120 000

　　　　应交税费——应交增值税（销项税额）　14 400

税务处理：《中华人民共和国企业所得税法实施条例》第二十条规定：特许权使用费收入，按照合同约定的特许权使用人应付特许权使用费的日期确认收入的实现。根据上述规定，甲公司应将一次性收取的特许权使用费收入（不含税金额）全额确认为当期企业所得税收入。因此，2022年应调增应纳税所得额12万元，并确认一项递延所得税资产。

借：递延所得税资产　30 000

　　贷：所得税费用——递延所得税费用　30 000

（六）跨年销售退回税会差异

1.《企业会计准则》对销售退回的规定。企业已经确认销售商品收入的售出商品发生销售退回的，应当在发生时冲减当期销售商品收入。销售退回属于资产负债表日后事项的，适用《企业会计准则第29号——资产负债表日后事项》。

2. 企业所得税相关文件对销售退回的规定。《国家税务总局关于确认企业所得税收入若干问题的通知》（国税函〔2008〕875号）：企业因售出商品质量、品种不符合要求等原因而发生的退货属于销售退回。企业已经确认销售收入的售出商品发生销售折让和销售退回，应当在发生当期冲减当期销售商品收入。

3. 风险表现。未对跨年销售退回资产负债表日后事项税会差异进行调整。

4. 案例。

【案例5-48】甲公司在2021年9月销售一批办公用品给某大型超市乙，货物成本为600 000元，市场价格为650 000元（不含税）。

【解析】甲公司销售货物时会计处理为：

借：应收账款——乙超市　　734 500
　　贷：主营业务收入　　650 000
　　　　应交税费——应交增值税（销项税额）　　84 500
借：主营业务成本　　600 000
　　贷：库存商品　　600 000

乙超市购进货物的会计处理为：

借：库存商品　　650 000
　　应交税费——应交增值税（进项税额）　　84 500
　　贷：应付账款——甲公司　　73 450

情形1：2022年1月对该商品进行了退货处理（2021年度财务报告未报出，属于资产负债表日后事项）。

借：以前年度损益调整——主营业务收入　　650 000
　　应交税费——应交增值税（销项税额）　　84 500
　　贷：应收账款——乙超市　　734 500
借：库存商品　　600 000
　　贷：以前年度损益调整——主营业务成本　　600 000

上述情形存在税会差异，会计处理冲减2021年度收入和成本，企业所得税冲减2022年度收入和成本。因此，2021年度企业所得税汇算清缴时，调增收入650 000元，调增成本600 000元，共调增应纳税所得额50 000元。2021年汇算清缴时，调减收入650 000元，调减成本600 000元，共调减应纳税所得额50 000元。

情形2：2022年5月对该商品进行了退货处理（该企业财务报告已于2022年4月30日前报出，非资产负债表日后事项）。

借：主营业务收入　650 000

　　应交税费——应交增值税（销项税额）　84 500

　　贷：应收账款——乙超市　734 500

借：库存商品　600 000

　　贷：主营业务成本　600 000

上述情形无税会差异，均冲减2022年度收入和成本。

（七）财产转让收入税会差异

1. 财产转让收入税收处理相关规定。

《关于企业取得财产转让等所得企业所得税处理问题的公告》（国家税务总局公告2010年第19号）第一条规定，企业取得财产（包括各类资产、股权、债权等）转让收入、债务重组收入、接受捐赠收入、无法偿付的应付款收入等，不论是以货币形式，还是非货币形式体现，除另有规定外，均应一次性计入确认收入的年度计算缴纳企业所得税。

《国家税务总局关于非货币性资产投资企业所得税有关征管问题的公告》（国家税务总局公告2015年第33号）第一条规定，实行查账征收的居民企业（以下简称“企业”）以非货币性资产对外投资确认的非货币性资产转让所得，可自确认非货币性资产转让收入年度起不超过连续5个纳税年度的期间内，分期均匀计入相应年度的应纳税所得额，按规定计算缴纳企业所得税。

《财政部 国家税务总局关于非货币性资产投资企业所得税政策问题的通知》（财税〔2014〕116号）第二条规定：企业以非货币性资产对外投资，应对非货币性资产进行评估并按评估后的公允价值扣除计税基础后的余额，计算确认非货币性资产转让所得。

2. 风险表现。非货币性资产对外投资时，未充分利用递延纳税政策。

3. 案例。

【案例5－49】2022年1月，甲公司用一处经营用房投资乙公司，占乙公司10%股份，享受股本1 800万元，当月投资协议生效并办理了股权登记手续。经评估经营用房公允价值1 800万元。房屋账面原值1 500万元，累计折旧200万元。

【解析】会计处理：

借：长期股权投资——乙公司　　18 000 000

　　累计折旧　　2 000 000

　　贷：固定资产——房屋　　15 000 000

　　　　固定资产处置收益——非货币资产利得　　5 000 000

税务处理：企业可选择分期确认非货币性资产转让所得。

（1）《一般企业收入明细表》（营业外收入——非流动资产处置利得）：填报500万元。

（2）《企业重组及递延纳税事项纳税调整明细表》（非货币性资产对外投资）及《纳税调整明细表》（特殊事项调整项目——企业重组）：2022年调减400万元，2023—2026年，各调增100万元。

三、不征税收入处理风险

（一）不征税收入政策适用风险

1. 不征税收入的相关规定。

《财政部 国家税务总局关于专项用途财政性资金企业所得税处理问题的通知》（财税〔2011〕70号）规定：

（1）企业从县级以上各级人民政府财政部门及其他部门取得的应计入收入总额的财政性资金，凡同时符合以下条件的，可以作为不征税收入，在计算应纳税所得额时从收入总额中减除：

①企业能够提供规定资金专项用途的资金拨付文件；

②财政部门或其他拨付资金的政府部门对该资金有专门的资金管理办法或具体管理要求；

③企业对该资金以及以该资金发生的支出单独进行核算。

（2）根据《企业所得税实施条例》第二十八条的规定，上述不征税收入用于支出所形成的费用，不得在计算应纳税所得额时扣除；用于支出所形成的资产，其计算的折旧、摊销不得在计算应纳税所得额时扣除。

（3）企业将符合本通知第一条规定条件的财政性资金作不征税收入处理后，在5年（60个月）内未发生支出且未缴回财政部门或其他拨付资金的政府部门的部分，应计入取得该资金第六年的应税收入总额；计入应税收入总额的财政性资金发生的支出，允许在计算应纳税所得额时扣除。

2. 风险表现。

（1）不符合不征税收入条件按不征税收入处理。

（2）不征税收入用于支出所形成的费用，在计算应纳税所得额时扣除；用于支出所形成的资产，其计算的折旧、摊销在计算应纳税所得额时扣除。

（3）财政性资金作不征税收入处理后，在5年（60个月）内未发生支出且未缴回财政部门或其他拨付资金的政府部门的部分，未计入取得该资金第6年的应税收入总额。

3. 案例。

【案例5－50】 甲企业为上市公司，是一家以光伏设备制造业务为核心、光伏设备与晶体硅生长和晶片业务互补发展的高新技术企业，从事研发工作多年，多次获得政府科技进步奖励，公司承担了“国家火炬计划项目”的多项科研立项，2022年度从政府部门获得如下款项：

（1）公司为已立科研项目申请了国家“金太阳工程”财政补助（“金太阳工程”为国家支持国内促进光伏发电产业技术进步和规模化发展，培育战略性新兴产业的一项财政补助政策）。获得市财政局拨付的1 000万元拨款，公司收到该笔款项时计入专项应付款核算，当年未使用。

（2）收取“某科技园管委会”拨款100万元，计入其他应付款核算。

（3）收取“某市科委”拨付研发管理费10万元，计入其他应付款核算。

税务稽查人员采用详查法，将所有取得的政府部门拨款全部进行了详细检查，包括查询国家相关政策法规，检查企业提供的纸质资料，询问相关政府部门人员及企业相关人员，并对相关实物资产进行监盘等方法。

企业取得专项用途财政性资金，符合《财政部 国家税务总局关于专项用途财政性资金企业所得税处理问题的通知》（财税〔2011〕70号文件）规定的3个条件，3个条件缺一不可，方可作为不征税收入处理。

第一，“资金拨付文件”应是县级以上政府财政部门及其他部门下发的带有文号的文件（合同和协议不属于该范畴），文件中必须规定了该资金的专项用途，明确资金使用的具体项目。县级以上包含县级。取得资金的部门不仅包括财政部门，县级以上各级人民政府的其他部门比如发展改革委、科技局、经贸委等部门也包含在内。

第二，“具体使用要求”应该理解为县级以上政府财政部门或其他拨付资金的政府管理部门在相关的文件中，应该有对该项资金具体使用的监督和管理要求。

第三，“单独核算”应为企业将该资金以及该资金形成的支出单独设置明细账或明细科目进行核算，清晰地反映收入及支出的核算情况。

针对（1），税务稽查人员检查了企业提供的市财政局关于“金太阳工程“专项拨款的资料，该资料中具体明确地指出了资金的专项用途，明确了资金使用的具体项目；同时，也规定了该项资金具体使用的监督和管理要求。稽查人员审查了企业的会计核算，企业针对该项资金设置了专门的明细科目进行会计核算，能够做到清晰地反映项目收入及支出。

针对（2）和（3），税务稽查人员检查了凭证后附的原始单据，仅附银行进账单，进账单上注明拨款的具体单位名称及金额，除此之外，并未提供其他资料，经多方查证，未能找到与该项资金配套的资金管理办法或具体管理要求。

项目（2）和（3）不符合不征税收入的情况，因此应调增应税收入，因为账面核算时未计入营业外收入，因此账载金额为0元，税收金额为实际收取的金额，纳税调增金额为实际收取的金额。

纳税调整情况见表5－4。

表5－4　　纳税调整情况明细表　　单位：万元

行次	收入项目	账载金额	税收金额	纳税调增金额
1	收取“某科技园管委会”拨款	0	100	100
2	收取“某市科委”拨款	0	10	10
合计	—	0	110	110

（二）企业选择按照不征税收入处理多交税款风险

1. 企业存在以前年度未弥补亏损情况。

【案例5－51】甲企业（非小型微利企业）2016年发生亏损，截至2021年年底尚有1 000万元亏损未能弥补。2021年取得政府补贴收入1 000万元，当年未支出，于2022年支出100万元。2021年度会计利润为

990 万元（含政府补贴收入 1 000 万元），2022 年度会计利润为 200 万元（已扣除政府补贴收入对应支出 100 万元）。假定企业适用 25% 税率，不考虑其他调整事项。

【解析】

（1）企业选择按不征税收入处理，则企业 2021 年调减不征税收入后的应纳税所得额为 -10 万元（990 - 1 000），2016 年的亏损将不能得到弥补，须缴企业所得税 0 元。2022 年，由于该项补贴收入支出时所形成的费用或资产的折旧与摊销不可在税前扣除，所以企业 2022 年应纳税所得额为（200 + 100）= 300 万元，弥补 2021 年度亏损 10 万元后应纳税所得额为 290 万元，应缴企业所得税 72.5 万元。

（2）企业选择按征税收入处理，则企业 2021 年度弥补亏损前的应纳税所得额为 990 万元（含放弃不征税收入处理的 1 000 万元），弥补 2016 年度亏损后应纳税所得额为 0 元，须缴企业所得税 0 元。2022 年，该项补贴收入支出时所形成的费用或资产的折旧与摊销可以在税前扣除，所以企业 2022 年应纳税所得额为 200 万元，应缴企业所得税 50 万元。

（3）结论。从上述测算可以看出，由于取得的财政性资金在 2021 年未支出，所以无论选择征税还是不征税，对企业当年度的应纳税所得额没有影响。但是，当 2022 年发生对应支出后，就可以看到企业的应缴税额明显减少。在上述案例中，由于存在以前年度未弥补亏损，对取得的财政性资金按不征税收入处理，会多缴 22.5 万元的税款。

2. 企业存在研发费用等享受加计扣除的税收优惠。

【案例 5 - 52】 乙企业（非小型微利企业）2022 年从政府部门取得 100 万元研发专项拨款，当年全部用于新产品设计费支出，在“管理费用——研发费用”科目单独核算归集，与之相匹配的研发成本为 80 万元。同年，该企业征税收入为 120 万元，相关成本为 90 万元。

【解析】（1）企业选择按不征税收入处理。《国家税务总局关于企业研究开发费用税前加计扣除政策有关问题的公告》（国家税务总局公告 2015 年第 97 号）第二条第五款规定，企业取得作为不征税收入处理的财政性资金用于研发活动所形成的费用或无形资产，不得计算加计扣除或摊销。

应纳税所得额 = 120 - 90 = 30（万元），应交企业所得税 = 30 × 25% = 7.5（万元）

（2）企业选择按征税收入处理。研发成本80万元可以加计扣除75%，即可税前扣除 80×175% = 140（万元）。

应纳税所得额 = 120 + 100 - 140 - 90 = -10（万元），应交企业所得税 = 0（元）

（3）结论。从本案例可以看出，在存在研发费用等享受加计扣除的税收优惠的情况下，如果企业没有进行详细测算，对财政补助按不征税收入处理，会多缴7.5万元的税款。

（三）企业接收政府划入资产的企业所得税处理

1. 相关政策规定。《国家税务总局关于企业所得税应纳税所得额若干问题的公告》（国家税务总局公告2014年第29号）第一条规定："企业接收政府划入资产的企业所得税处理：

（一）县级以上人民政府（包括政府有关部门，下同）将国有资产明确以股权投资方式投入企业，企业应作为国家资本金（包括资本公积）处理。该项资产如为非货币性资产，应按政府确定的接收价值确定计税基础。

（二）县级以上人民政府将国有资产无偿划入企业，凡指定专门用途并按《财政部 国家税务总局关于专项用途财政性资金企业所得税处理问题的通知》（财税〔2011〕70号）规定进行管理的，企业可作为不征税收入进行企业所得税处理。其中，该项资产属于非货币性资产的，应按政府确定的接收价值计算不征税收入。

县级以上人民政府将国有资产无偿划入企业，属于上述（一）、（二）项以外情形的，应按政府确定的接收价值计入当期收入总额计算缴纳企业所得税。政府没有确定接收价值的，按资产的公允价值计算确定应税收入。"

2. 具体处理。

（1）县级以上人民政府将国有资产明确以股权投资方式投入企业。企业应作为国家资本金（包括资本公积）处理。该项资产如为非货币性资产，应按政府确定的接收价值确定计税基础。

风险提醒：执行该规定要注意三点：一是企业必须获取县级以上人民政府明确以股权投资方式投入企业的相关批文及股东各方签订的投资协议。二是企业应根据投入的不同资产分别作相应的会计处理，如借"银行存款""固定资产""无形资产"等科目，贷"实收资本""资本公积"

科目。如果投入资产的价值超过了应该投入的国家资本金，其差额应作为资本溢价（或股本溢价），贷“资本公积——资本溢价或股本溢价”科目。三是如果投入资产为非货币性资产，则应以政府相关批文或文件上确定的接收价值确定计税基础，并以此作为今后对相关资产进行折旧、摊销、转让、处置等税前扣除的依据。

【案例5-53】 甲公司与××省国资委共同投资设立乙合资公司，合资公司注册资本为人民币26亿元，甲公司以现金及资产出资共计人民币16.9亿元，占合资公司注册资本的65%，其中：现金出资人民币7亿元；以双方确认的经评估的相关固定资产的净资产出资人民币9.9亿元；××省国资委以现金及土地使用权出资共计人民币9.1亿元，占合资公司注册资本的35%，其中：现金出资人民币2亿元；双方确认的部分土地使用权作价出资，总价为人民币7.1亿元。

【解析】

合资公司的会计处理如下：

借：银行存款	900 000 000	
固定资产	990 000 000	
无形资产——土地使用权	710 000 000	
贷：实收资本——甲公司		1 690 000 000
——××省国资委		910 000 000

税务处理：根据国家税务总局公告2014年第29号第一条的规定，在本案例中，××省国资委明确将国有资产9.1亿元以股权投资的方式投入企业，企业将其作为国有资本金处理，无需作为企业所得税收入处理，其中部分土地使用权，政府确定的接受价值为7.1亿元，未来合资公司以7.1亿元作为××省国资委投入土地使用权的计税基础。

（2）县级以上人民政府将国有资产无偿划入企业并指定专门用途，可作为不征税收入进行企业所得税处理。企业按《财政部 国家税务总局关于专项用途财政性资金企业所得税处理问题的通知》（财税〔2011〕70号））（以下简称“财税〔2011〕70号文”）规定进行管理的，可作为不征税收入进行企业所得税处理。其中，该项资产属于非货币性资产的，应按政府确定的接收价值计算不征税收入。

风险提醒：财税〔2011〕70号文中规定，对企业从县级以上各级人民政府财政部门及其他部门取得的应计入收入总额的财政性资金，凡同时符合以下条件的，可以作为不征税收入，在计算应纳税所得额时从收入总额中减除：一是企业能够提供规定资金专项用途的资金拨付文件；二是财政部门或其他拨付资金的政府部门，对该资金有专门的资金管理办法或具体管理要求；三是企业对该资金以及以该资金发生的支出单独进行核算。

【案例5-54】 甲公司于2022年12月购置一批科研设备。当月底，甲公司收到当地政府财政性资金150万元，符合不征税收入确认条件，作为购置设备的补助。该批设备不含税价为400万元，以直线法计提折旧，折旧年限10年，不考虑残值。

【解析】

(1) 总额法核算。

会计核算

①企业购置设备时：

借：固定资产　　4 000 000

　　应交税费——应交增值税（进项税额）　　520 000

　　贷：银行存款　　4 520 000

②企业收到政府补助时：

借：银行存款　　1 500 000

　　贷：递延收益　　1 500 000

③2023年1—12月计提折旧40万元：

借：研发支出——费用化支出　　400 000

　　贷：累计折旧　　400 000

④2023年1—12月摊销递延收益15万元，由于购置科研设备取得政府补助，属于与企业日常活动有关的政府补助，企业应计入“其他收益”科目。

借：递延收益　　150 000

　　贷：其他收益　　150 000

⑤2023年1—12月结转研发费用40万元：

借：管理费用　　400 000

　　贷：研发支出——费用化支出　　400 000

纳税调整：

2023年会计确认其他收益的15万元应作纳税调减处理。财政性资金支出形成的固定资产折旧15万元不得在税前扣除，作纳税调增处理。超过财政性资金对应的固定资产部分计提的折旧25万元可以税前扣除。

（2）净额法核算。

会计核算：

①企业购置设备时：

借：固定资产　　4 000 000

　　应交税费——应交增值税（进项税额）　　520 000

　　贷：银行存款　　4 520 000

②企业收到政府补助时：

借：银行存款　　1 500 000

　　贷：递延收益　　1 500 000

③属于与资产相关的政府补助冲减固定资产的账面价值。

借：递延收益　　1 500 000

　　贷：固定资产　　1 500 000

④2023年1—12月计提折旧。

借：研发支出——费用化支出　　250 000

　　贷：累计折旧　　250 000

⑤2023年1—12月结转研发费用25万元。

借：管理费用　　250 000

　　贷：研发支出——费用化支出　　250 000

税会无差异，无须调整。

（3）按政府确定的接收价值计入当期收入总额，计算缴纳企业所得税。县级以上人民政府将国有资产无偿划入企业，既不属于股权投资方式投入企业，也不属于无偿划入企业并指定专门用途情形的，应按政府确定的接收价值计入当期收入总额计算缴纳企业所得税。政府没有确定接收价值的，按资产的公允价值计算确定应税收入。

风险提醒：如果既非以股权投资方式，也不属于指定专门用途投入的资产，则企业应按照政府确定的接收价值计入当期收入总额，计算缴纳企业所得税。如果政府没有确定接收价值，则应按资产的公允价值计算确定应税收入。但是，这里需要注意的是，如果企业采用的公允价值明显不公允，税务机关有权对此作出合理调整，不仅会调整按照公允价值计算的应税收入，同时还会调整相关资产的计税基础，因此，企业应注意防范相关涉税风险。

【案例5－55】 接【案例5－54】，如果甲公司收到当地政府财政性资金150万元，既不属于股权投资方式投入企业，也不属于无偿划入企业并指定专门用途情形。

【解析】

会计处理同【案例5－54】。

税务处理：由于会计确认为递延收益，逐期结转到“其他收益”科目；而税法要求全额计入当期收入额，从而会形成会计与税法上的时间性差异。

【企业所得税纳税申报表填表示例】

（1）2022年度企业所得税汇算清缴时，甲公司调增应纳税所得额150万元。

①填报A105020“未按权责发生制原则确认的收入纳税调整明细表”第9行“政府补助递延收入”、第11行“与资产相关的政府补助”进行调整。其中：“账载金额”为0元，“税收金额”为150万元，“纳税调整金额”为150万元；

②填报A105000“纳税调整明细表”第3行“未按权责发生制原则确认的收入”进行调整。其中：“账载金额”为0元，“税收金额”为150万元，“调增金额”为150万元。

（2）2023年度企业所得税汇算清缴时，甲公司调减应纳税所得额15万元。

①填报A105020“未按权责发生制原则确认的收入纳税调整明细表”第9行“政府补助递延收入”、第11行“与资产相关的政府补助”进行调整。其中，“账载金额”为15万元，“税收金额”为0元，“纳税调整金额”为－15万元。

②填报A105000“纳税调整明细表”第3行“未按权责发生制原则确认的收入”。其中，“账载金额”为15万元，“税收金额”为0元，“调减金额”为15万元。

（3）未来9年，通过上述调整每年相应调减应纳税所得额15万元，10年累计调减150万元。

（四）直接减免的增值税和即征即退、先征后退、先征后返的各种税收处理风险

1. 相关规定。《财政部 国家税务总局关于财政性资金、行政事业性

收费、政府性基金有关企业所得税政策问题的通知》（财税〔2008〕151号）第一条规定，企业取得的各类财政性资金，除属于国家投资和资金使用后要求归还本金的以外，均应计入企业当年收入总额。

对企业取得的由国务院财政、税务主管部门规定专项用途并经国务院批准的财政性资金，准予作为不征税收入，在计算应纳税所得额时从收入总额中减除。

本条所称财政性资金，是指企业取得的来源于政府及其有关部门的财政补助、补贴、贷款贴息，以及其他各类财政专项资金，包括直接减免的增值税和即征即退、先征后退、先征后返的各种税收，但不包括企业按规定取得的出口退税款；所称国家投资，是指国家以投资者身份投入企业并按有关规定相应增加企业实收资本（股本）的直接投资。

2. 风险表现。

（1）取得的直接减免的增值税和即征即退、先征后退、先征后返的各种税收未计入企业当年收入总额；

（2）取得的直接减免的增值税和即征即退、先征后退、先征后返的各种税收不符合不征税收入条件，按不征税收入处理。

3. 案例。

【案例5－56】税务机关在对某安置残疾人就业的福利企业进行检查时发现，该企业将收到的即征即退的增值税、财政返还的耕地占用税计入“资本公积”科目。

【解析】根据《财政部 国家税务总局关于财政性资金、行政事业性收费、政府性基金有关企业所得税政策问题的通知》（财税〔2008〕151号）第一条“企业取得的各类财政性资金，除属于国家投资和资金使用后要求归还本金的以外，均应计入企业当年收入总额”之规定，该企业将收到的即征即退的增值税、财政返还的耕地占用税计入企业当年收入总额。

四、免税收入处理风险

（一）免税收入相关规定

《中华人民共和国企业所得税法》（中华人民共和国主席令第六十三号）第二十六条规定，企业的下列收入为免税收入：

1. 国债利息收入；

2. 符合条件的居民企业之间的股息、红利等权益性投资收益；

3. 在中国境内设立机构、场所的非居民企业从居民企业取得与该机构、场所有实际联系的股息、红利等权益性投资收益；

4. 符合条件的非营利组织的收入。

（二）国债利息收入免税处理

1. 相关规定。

(1)《中华人民共和国企业所得税法实施条例》（中华人民共和国国务院令第512号）第八十二条规定："企业所得税法第二十六条第（一）项所称国债利息收入，是指企业持有国务院财政部门发行的国债取得的利息收入。"

(2)《企业所得税法实施条例第82条释义摘要》规定："本条是关于享受企业所得税免税优惠政策的国债利息收入的具体范围的规定。

本条是对《企业所得税法》第二十六条第（一）项内容的细化。企业所得税法第二十六条第（一）项规定，国债利息收入为企业的免税收入。

《企业所得税法》第二十六条第（一）项规定的享受免税待遇的国债利息收入，不包括持有外国政府国债取得的利息收入，也不包括持有企业发行的债券取得的利息收入，而仅限于持有中国中央政府发行的国债，即国务院财政部门发行的国债取得的利息收入。

当购买外国政府发行的国债时，依照本条的规定，这种由外国政府发行的国债的利息收入不能享受中国的企业所得税免税优惠，而应当计入收入总额缴纳企业所得税。"

(3)《财政部 国家税务总局关于地方政府债券利息免征所得税问题的通知》（财税〔2013〕5号）第一条规定："一、对企业和个人取得的2012年及以后年度发行的地方政府债券利息收入，免征企业所得税和个人所得税。二、地方政府债券是指经国务院批准同意，以省、自治区、直辖市、计划单列市政府为发行和偿还主体的债券。"

2. 风险提醒。

(1) 国债专指财政部代表中央政府发行的国家公债。国务院财政部门发行的国债的种类繁多。国债市场分为两个层次：一是国债发行市场，也称一级市场；二是国债流通市场，也称为二级市场。企业购买国债，不管是一级市场还是二级市场购买，其利息收入均享受免税优惠。但需要指出的是，对于企业在二级市场转让国债获得的收入，还须作为转让财产收入计算缴纳企业所得税。

企业到期前转让国债，或者从非发行者投资购买的国债，其持有期间尚未兑付的国债利息收入，免征企业所得税。

尚未兑付的国债利息收入 = 国债金额 ×（适用年利率 ÷ 365）× 持有天数

企业转让或到期兑付国债取得的价款，减除其购买国债成本，并扣除其持有期间尚未兑付的国债利息收入、交易过程中相关税费后的余额，为企业转让国债收益（损失），应按规定纳税。

（2）享受免税待遇的国债利息收入，不包括持有外国政府国债取得的利息收入，也不包括持有企业发行的债券取得的利息收入，而仅限于持有中国中央政府发行的国债，即国务院财政部门发行的国债取得的利息收入。

3. 案例。

【案例 5 – 57】 2022 年 1 月，甲公司购入 1 000 张国务院财政部门发行的国债，共计 100 万元，票面利率 4.5%，期限 5 年，分期付息一次还本，作为持有至到期投资核算，每年末收取国债利息 45 000 元。

【解析】 国债利息收入的会计处理和税务处理如下：

（1）企业所得税处理：2022 年汇算清缴时，将 45 000 元国债利息收入填入主表和附表 A107010 “免税、减计收入及加计扣除优惠明细表” 第 2 行国债利息收入，进行纳税调减。

（2）增值税处理：按照《财政部 国家税务总局关于全面推开营业税改征增值税试点的通知》（财税〔2016〕36 号）文件的规定，国债、地方政府债券利息收入属于免税项目。

（3）会计处理：按照《财政部关于印发〈增值税会计处理规定〉的通知》（财会〔2016〕22 号）有关减免增值税的账务处理的规定，对于当期直接减免的增值税，借记 “应交税费——应交增值税（减免税款）” 科目，贷记损益类相关科目，会计处理如下：

计算国债利息收入时：

借：应收利息	45 000	
贷：投资收益		42 452.83
应交税费——应交增值税（销项税额）		2 547.17

国债利息收入免税：

借：应交税费——应交增值税（减免税款） 2 547.17

　　贷：营业外收入/其他收益 2 547.17

实际收到利息时：

借：银行存款 45 000

　　贷：应收利息 45 000

【案例5－58】 2022年7月1日，A公司以105万元在沪市购买了1万手××记账式国债（每手面值为100元，共计面值100万元），该国债起息日为2022年1月1日，年末12月31日兑付利息，票面利率为5%。2022年9月11日，该公司将购买的国债转让，取得转让价款110万元（该企业适用企业所得税税率为25%）。

【解析】

（1）A公司购买国债成本105万元。

（2）A公司国债利息收入的认定：兑付期前转让国债的，国债利息收入＝100×5%×73÷365＝1（万元），该利息收入免税。

（3）A公司国债转让所得的确定。

国债投资转让所得＝110－1－105＝4（万元）

应纳企业所得税＝4×25%＝1（万元）

（三）"权益性投资收益"免税处理

1. 相关规定。

（1）《中华人民共和国企业所得税法实施条例》（中华人民共和国国务院令第512号）第八十三条规定："企业所得税法第二十六条第（二）项所称符合条件的居民企业之间的股息、红利等权益性投资收益，是指居民企业直接投资于其他居民企业取得的投资收益。企业所得税法第二十六条第（二）项和第（三）项所称股息、红利等权益性投资收益，不包括连续持有居民企业公开发行并上市流通的股票不足12个月取得的投资收益。"

（2）《企业所得税法实施条例》第八十三条对企业所得税法规定享受免税优惠的"权益性投资收益"的具体范围做出了规定：企业所得税法第二十六条第（二）项规定，"符合条件的"居民企业之间的股息、红利等权益性投资收益，为企业的免税收入。第（三）项规定，在中国境内设立机构、场所的非居民企业从居民企业取得与该机构、场所有实际联系的股息、红利等权益性投资收益，为免税收入。企业所得税法的上述规定，有两个方面的内容需要实施条例予以明确：一是居民企业之间股息、红利等权益性投资收益免税，到底需要符合什么条件？二是对非居民企业取得的股息、红利等权益性投资收益免税，须符合什么条件？本条从两个方面回答了企业所得税法第二十六条第（二）项和第（三）项涉及的问题。

2. 股息、红利等权益性投资收益免税的条件。

（1）居民企业之间的股息、红利等权益性投资收益免税的条件。可以享受免税优惠的居民企业之间的股息、红利等权益性投资收益，需要具备两个条件：

第一，仅限于居民企业直接投资于其他居民企业取得的投资收益。这一条件限制既排除了居民企业之间的非直接投资所取得的权益性收益，又排除了居民企业对非居民企业的权益性投资收益。

直接投资一般是指投资者将货币资金直接投入投资项目，形成实物资产或者购买现有企业的投资。通过直接投资，投资者便可以拥有全部或一定数量的被投资企业的资产及经营所有权，直接进行或参与对被投资企业的经营管理。直接投资的主要形式包括：（1）投资者开办独资企业，并独自经营；（2）与其他企业合作开办合资企业或合作企业，从而取得各种直接经营企业的权利，并派人员进行管理或参与管理；（3）投资者投入资本，不参与经营，必要时可派人员任顾问或指导；（4）投资者在股票市场上买入现有企业一定数量的股票，通过股权获得全部或相当部分的经营权，从而达到收购该企业的目的。

第二，不包括连续持有居民企业公开发行并上市流通的股票不足12个月而取得的权益性投资收益。连续持有被投资企业公开发行并上市流通的股票的时间不足12个月的投资，具有较大的投机成分，因而不在优惠范围之内。

（2）非居民企业从居民企业取得的股息、红利等权益性投资收益免税的条件。非居民企业从居民企业取得的股息、红利等权益性投资收益，如果要享受免税优惠，也需要具备以下两个条件：

第一，非居民企业从居民企业取得的股息、红利等权益性投资收益，需要与其在境内设立的机构、场所有实际联系。与其在境内设立的机构、场所有实际联系，是指该机构、场所拥有、控制据以取得所得的股权等，也就是说，非居民企业从居民企业取得的股息、红利等权益性投资收益，是通过其在境内设立的机构、场所拥有、控制的股权而取得的与发生在居民企业之间的情况相类似，这类股息、红利收益也是从被投资的居民企业的税后利润中分配的，因此已经缴纳过企业所得税，如果再将其并入前述非居民企业的应税收入中征税，也存在同一经济来源所得的重复征税问题，因此，《企业所得税法》第二十六条第（三）项作了上述规定。

如果不符合上述条件，就不得依照相关规定享受免税优惠，而只能依照《企业所得税法》第二十七条第（五）项的规定和《企业所得税法实施条例》第九十一条的规定，按照预提税的有关规定享受减税或者免税优惠。

第二，非居民企业从居民企业取得的与其所设机构、场所有实际联系的股息、红利等权益性投资收益，能够享受免税优惠的，也不包括对居民企业公开发行并上市流通的股票进行短期炒作而取得的权益性投资收益。短期炒作的具体标准，也是连续持有被投资企业公开发行并上市流通的股票的时间不足12个月取得的权益性投资收益。

3. 风险表现。不符合免税条件的投资收益按免税处理。

4. 案例。

【案例5-59】 某金融企业2022年通过资产管理产品投资上市公司股票持有超12个月，取得股息红利收入申报享受税收优惠，导致少缴企业所得税。因为企业申报享受税收优惠的一部分收入是利用委外模式进行资产管理，通过资产管理人间接投资居民企业而取得的，不属于税法规定的“直接投资于其他居民企业取得的投资收益”，最终企业进行纳税调整，补缴企业所得税约1 000万元。

【案例5-60】 2022年12月，甲公司（居民企业）取得对乙公司（居民企业、上市公司）的长期股权投资收益（2020年1月投资）600 000元，存入银行（甲公司对乙公司投资5 000万元，投资比例10%）。

【解析】

（1）会计处理如下：

借：银行存款　　600 000

　　贷：投资收益　　600 000

（2）企业所得税处理：2022年度企业所得税汇算清缴时，将600 000元投资收益填入主表、附表A107010“免税、减计收入及加计扣除优惠明细表”第3行和A107011“符合条件的居民企业之间的股息、红利等权益性投资收益优惠明细表”的相关栏次，进行纳税调减处理。

（四）非营利组织企业所得税收入免税处理

1.《企业所得税实施条例》第八十四条规定：“企业所得税法第二十六条第（四）项所称符合条件的非营利组织，是指同时符合下列条件的组织：

（一）依法履行非营利组织登记手续；

（二）从事公益性或者非营利性活动；

（三）取得的收入除用于与该组织有关的、合理的支出外，全部用于登记核定或者章程规定的公益性或者非营利性事业；

（四）财产及其孳息不用于分配；

（五）按照登记核定或者章程规定，该组织注销后的剩余财产用于公益性或者非营利性目的，或者由登记管理机关转赠给与该组织性质、宗旨相同的组织，并向社会公告；

（六）投入人对投入该组织的财产不保留或者享有任何财产权利；

（七）工作人员工资福利开支控制在规定的比例内，不变相分配该组织的财产。

前款规定的非营利组织的认定管理办法由国务院财政、税务主管部门会同国务院有关部门制定。”

第八十五条规定：“企业所得税法第二十六条第（四）项所称符合条件的非营利组织的收入，不包括非营利组织从事营利性活动取得的收入，但国务院财政、税务主管部门另有规定的除外。”

2.《财政部 国家税务总局关于非营利组织企业所得税免税收入问题的通知》（财税〔2009〕122）第一条规定：“非营利组织的下列收入为免税收入：

（1）接受其他单位或者个人捐赠的收入；

（2）除《中华人民共和国企业所得税法》第七条规定的财政拨款以外的其他政府补助收入，但不包括因政府购买服务取得的收入；

（3）按照省级以上民政、财政部门规定收取的会费；

（4）不征税收入和免税收入孳生的银行存款利息收入；

（5）财政部、国家税务总局规定的其他收入。

不包括非营利组织从事营利性活动取得的收入，但国务院财政、税务主管部门另有规定的除外。”

（五）不征税收入与免税收入的区别

1. 不征税收入是指专门为特定用途从政府部门取得的收入，不属于营利性活动带来的经济利益，从税制原理上就不应缴纳企业所得税，是法律上规定不予征收的项目。而免税收入是纳税人应税收入的重要组成部分，国家出于某些特殊考虑而允许其免予纳税。因此，不征税收入不属于税收优惠，而免税收入则属于税收优惠，两者从根源和性质上存在差异。

2. 不征税收入所对应的各项成本费用不得在计算企业应纳税所得额时扣除，应进行纳税调整；免税收入所对应的各项成本费用，除另有规定外，可以在计算企业应纳税所得额时扣除。

例如：企业用国债利息收入购买汽车，汽车计提的折旧可以税前扣除；用按不征税收入处理的财政拨款购买汽车，汽车计提的折旧不能税前扣除。

《国家税务总局关于贯彻落实企业所得税法若干税收问题的通知》（国税函〔2010〕79号）规定：“六、关于免税收入所对应的费用扣除问题 根据《中华人民共和国企业所得税法实施条例》第二十七条、第二十八条的规定，企业取得的各项免税收入所对应的各项成本费用，除另有规定外，可以在计算企业应纳税所得额时扣除。”

五、股权转让收入处理风险

（一）股权转让所得确认的相关规定

《国家税务总局关于贯彻落实企业所得税法若干税收问题的通知》（国税函〔2010〕79号）规定：“三、关于股权转让所得确认和计算问题：企业转让股权收入，应于转让协议生效且完成股权变更手续时，确认收入的实现。转让股权收入扣除为取得该股权所发生的成本后，为股权转让所得。企业在计算股权转让所得时，不得扣除被投资企业未分配利润等股东留存收益中按该项股权所可能分配的金额。”

（二）风险表现

1. 股权转让所得确认错误；

2. 企业在计算股权转让所得时，扣除了被投资企业未分配利润等股东留存收益中按该项股权所可能分配的金额；

3. 未按规定时间确认股权转让所得；

4. 股权转让未作纳税筹划，多缴税款。

（三）案例

【案例 5－61】 A 公司 2020 年 1 月 1 日投资 100 万元于 B 企业，占 B 企业股权比例的 20%。2021 年，B 企业实现税后利润 50 万元，A 企业应享有其中 20% 即 10 万元。2022 年 1 月，A 企业将该股权转让给 C 公司，当月取得转让收入 120 万元。2022 年 2 月，A 企业股权在工商部门办理股权变更登记为 C 公司。该企业按照 120－10－100＝10 万元确认股权转让所得。

【解析】 企业在计算股权转让所得时，不得扣除被投资企业未分配利润等股东留存收益中按该项股权所可能分配的金额，即不得扣除 10 万元，因此该企业计算股权转让所得有误。

股权转让所得＝120－100＝20（万元）。

【案例 5－62】 甲公司 2019 年以 3 000 万元投资乙公司，占乙公司 30% 的股权，2021 年年底，甲公司决定撤回对乙公司的投资。截至 2021 年年底，乙公司累计未分配利润和盈余公积共 6 000 万元。2022 年 1 月经乙公司股东会决议，同意甲公司全部撤回其投资，甲公司分得现金 5 200 万元（甲公司与乙公司均为居民企业）。

【解析】《国家税务总局关于企业所得税若干问题的公告》（国家税务总局公告 2011 年第 34 号）规定："五、投资企业撤回或减少投资的税务处理。投资企业从被投资企业撤回或减少投资，其取得的资产中，相当于初始出资的部分，应确认为投资收回；相当于被投资企业累计未分配利润和累计盈余公积按减少实收资本比例计算的部分，应确认为股息所得；其余部分确认为投资资产转让所得。"

投资时确认所得的顺序：投资收回——股息所得——投资资产转让所得。

（1）3 000万元为投资收回。

（2）6 000×30%＝1 800（万元）为股息所得，符合居民企业投资收益免税条件。

（3）投资资产转让所得＝5 200－3 000－1 800＝400（万元），应计入当年应纳税所得额征税。

【案例5－63】甲、乙两个法人股东（均为居民企业）于2014年共同出资1 000万元设立A公司，甲的出资比例为40%，乙的出资比例为60%。2021年12月31日，A公司所有者权益总额为2 400万元，其中实收资本1 000万元、盈余公积600万元、未分配利润800万元。2022年1月1日，甲企业拟将其持有的40%的股份转让给丙公司。

【解析】

方案一：直接进行股权转让。与丙公司签订股权转让协议，按股权的公允价值1 200万元转让。

税后净利润＝（1 200－400）×（1－25%）＝600（万元）

方案二：先分配利润再转让。先对A公司的未分配利润800万元按股权比例进行分配，A公司的所有者权益只剩1 600万元，再向丙公司转让股权时价格为880万元。

税后净利润＝320＋（880－400）×（1－25%）＝680（万元）

方案三：先撤资再增资。甲先撤出40%出资，从A公司获得1 200万元的撤资款，然后丙与A公司签订协议约定丙出资1 200万元，占A公司注册资本的40%。

甲股权转让所得：1 200－400－560＝240（万元），企业所得税：60万元。

税后净利润＝1 200－400－60＝740（万元）

丙除应交印花税外不涉及其他税收问题。

【案例5－64】2022年5月，某开发区税务局（以下简称“开发区税务局”）在股权转让后续监控管理过程中通过信息筛查数据分析，发现一企业获得股权转让收益后，试图通过多列费用减少缴纳企业所得税。经过与企业专项约谈政策辅导后，企业更正申报，入库企业所得税款373.4万元，滞纳金6万元，印花税7.5万元，避免了税款的流失，保证了税款的及时足额入库。

在助力企业复工复产、简化办税流程、打造宽松交易环境的同时，开发区税务局一直重视股东股权税源的事中事后监控管理，充分利用各部门日常业务信息互通及后台数据提取，精准排查风险。对有大额交易的企业重点关注，对多轮交易的企业持续跟踪，对有疑点的企业快速介入。税务机关通过政府部门获取该公司可能涉及股权转让业务的信息后，税务人员利用“天眼查”延伸搜索，发现该公司股权架构多达5层，具有复杂性。通过“一户式”对架构内上下游企业的基础数据进行查询，资产负债表“长期股权投资”科目“期初余额”“期末余额”的变化，及利润表收益、费用的关联分析，精准确定了该企业发生股权转让信息。财务报表数据显示，该公司1.3亿元的长期股权投资发生转让，取得股权转让收益1 500万元。

进一步挖掘信息，确认股权转让协议生效及股权变更手续完成的时限后，针对企业的财务报表和纳税申报数据，重点对涉及税款事项进行了分析并发现两处疑点问题：一是该公司一季度利润表正确填列“投资收益”1 500万元，但同时在该表中列支了“财务费用”1 600万元，致使当期应纳所得税额为0。进一步查询，以往年度的会计报表没有财务费用的列支记录，该笔费用的列支存在较大疑点；二是通过入库税款明细数据查询，未发现企业就该次签订股转协议申报缴纳印花税记录，有漏缴税款的嫌疑。

带着筛查出的疑点事项，税务人员与企业财务人员进行约谈，就会计核算原则、税前成本费用列支的规定、季度申报与年度所得税申报的纳税调整事项几个方面进行了探讨，达成税务机关“征对税”避免执法风险、企业“缴对税”减少纳税风险的共识。最终，企业明晰其所得税申报填列所潜在的纳税风险，更正了一季度的申报数据，补齐税款并缴纳滞纳金，也减少了后续交易的违规隐患。

【案例5-65】某市税务人员在开展对外支付税务备案复核工作时发现，C公司于2019年12月发生了一笔跨境股权转让交易，其股东已发生变更。

具体交易情况为：房地产开发企业H公司，向C公司原唯一股东新加坡S公司收购其持有的全部股权，股权转让价格为7 058万元。新加坡S公司股权成本为874万元，股权收购方H公司，于2019年2月申报扣缴非居民企业所得税618万元。

税务人员在日常管理工作中了解到，标的企业C公司主要经营五金制品的生产和销售，为从事简单进料加工的出口企业，每年均保持盈利，厂房为自有物业，占地不小，靠近行政区核心商圈。C公司提交的《关于C公司股东全部权益的价值评估报告》显示，标的企业C公司在评估基准日2018年10月31日股东全部权益的评估价值为7 058万元（净资产账面价值为1 771万元，评估增值5 287万元），其中，拥有的工业用地21 205平方米，评估值为3 515万元（账面价值为229万元）；办公楼、厂房和宿舍等建筑物10 151平方米，评估值为570万元（账面价值为399万元）。未发现C公司持有股权投资、无形资产等其他非流动资产。

税务人员结合实际情况和可比价格初步判断，被转让企业C公司拥有的不动产资产潜在利益巨大，不动产评估价格偏低。也就是说，股权转让价格未真实反映被投资企业净资产的公允价值，存在少缴税款的可能。

针对该疑点，税务人员要求C公司提交了股权转让合同、资产评估报告和财务报表等资料。在约谈企业相关负责人、与房地产管理部门沟通后，税务人员发现，C公司提交的不动产价值评估结果与企业实际经营情况、资产情况不相符合；同时，与同类企业的可比价格相比也明显较低。因此，税务机关认定C公司不动产评估价格偏低，要求交易双方聘请具有法定资质的中介机构，对企业净资产公允价值进行再次评估。随后，交易双方重新招标符合资质要求的评估机构，对被投资企业进行了重新评估，净资产评估值为8 854万元。

《国家税务总局关于非居民企业所得税源泉扣缴有关问题的公告》（国家税务总局公告2017年第37号）规定，股权转让收入减除股权净值后的余额为股权转让所得应纳税所得额。股权转让收入是指股权转让人转让股权所收取的对价，包括货币形式和非货币形式的各种收入。股权净值是指取得该股权的计税基础。股权的计税基础是股权转让人投资入股时向中国居民企业实际支付的出资成本，或购买该项股权时向该股权的原转让人实际支付的股权受让成本。据此，2019年8月，新加坡S公司委托C公司申报补缴股权转让企业所得税179.6万元（股权成本不变，转让收入增加1 796万元），现已全部入库。

六、视同销售收入处理风险

（一）视同销售基本原则

1.《企业所得税法实施条例》第二十五条规定：企业发生非货币性

资产交换，以及将货物、财产、劳务用于捐赠、偿债、赞助、集资、广告、样品、职工福利或者利润分配等用途的，应当视同销售货物、转让财产或者提供劳务，但国务院财政、税务主管部门另有规定的除外。

企业所得税中视同销售以资产的权属变更作为判断依据，因此，资产在纳税人内部使用，无须确认视同销售收入。《国家税务总局关于企业处置资产所得税处理问题的通知》（国税函〔2008〕828 号）第二条规定："企业将资产移送他人的下列情形，因资产所有权属已发生改变而不属于内部处置资产，应按规定视同销售确定收入。（一）用于市场推广或销售；（二）用于交际应酬；（三）用于职工奖励或福利；（四）用于股息分配；（五）用于对外捐赠；（六）其他改变资产所有权属的用途。"

2.《国家税务总局关于企业处置资产所得税处理问题的通知》（国税函〔2008〕828 号）第一条规定："企业发生下列情形的处置资产，除将资产转移至境外以外，由于资产所有权属在形式和实质上均不发生改变，可作为内部处置资产，不视同销售确认收入，相关资产的计税基础延续计算。（一）将资产用于生产、制造、加工另一产品；（二）改变资产形状、结构或性能；（三）改变资产用途（如，自建商品房转为自用或经营）；（四）将资产在总机构及其分支机构之间转移；（五）上述两种或两种以上情形的混合；（六）其他不改变资产所有权属的用途。"

3.《国家税务总局关于企业所得税有关问题的公告》（国家税务总局公告 2016 年第 80 号）中规定："第二条企业移送资产所得税处理问题：企业发生《国家税务总局关于企业处置资产所得税处理问题的通知》（国税函〔2008〕828 号）第二条规定情形的，除另有规定外，应按照被移送资产的公允价值确定销售收入。"

（二）房地产视同销售

《国家税务总局关于印发〈房地产开发经营业务企业所得税处理办法〉的通知》（国税发〔2009〕31 号）第七条规定："企业将开发产品用于捐赠、赞助、职工福利、奖励、对外投资、分配给股东或投资人、抵偿债务、换取其他企事业单位和个人的非货币性资产等行为，应视同销售，于开发产品所有权或使用权转移，或于实际取得利益权利时确认收入（或利润）的实现。确认收入（或利润）的方法和顺序为：

（一）按本企业近期或本年度最近月份同类开发产品市场销售价格确定；

（二）由主管税务机关参照当地同类开发产品市场公允价值确定；

（三）按开发产品的成本利润率确定。开发产品的成本利润率不得低于15%，具体比例由主管税务机关确定。”

（三）案例

【案例5－66】甲商贸公司2022年销售目标完成得非常好，为了更好地回馈员工、提升积极性，老板将外购的一批华为手机全部发给了自己的员工。该批手机进价45万元（取得增值税专用发票并认证通过），公允售价50万元。企业会计记录如下：

【解析】借：管理费用——福利费　　508 500

贷：应付职工薪酬——职工福利　　508 500

借：应付职工薪酬——职工福利　　508 500

贷：库存商品　　450 000

应交税费——应交增值税（进项税额转出）　　58 500

税务处理：

《企业所得税法实施条例》第二十五条规定：企业将货物用于职工福利的，应当视同销售货物。因此，确认视同销售收入50万元，视同销售成本45万元。调增应纳税所得额5万元。《A105000纳税调整项目明细表》第30行“（十七）其他”纳税调减5万元。

【案例5－67】某企业为增值税一般纳税人，2020年2月，其通过具有税前扣除资格的某公益性组织捐赠了一批用于应对新型冠状病毒感染的肺炎疫情的医疗防护用品，并取得公益性捐赠票据，该批医疗防护用品的生产成本60万元（假设对应进项税金为5万元），不含增值税的市场价格为80万元。该公司当年利润总额500万元。

【解析】根据财政部、税务总局公告2020年第9号规定，该企业通过公益性社会组织或者县级以上人民政府及其部门等国家机关，捐赠用于应对新型冠状病毒感染的肺炎疫情的物品，允许在计算应纳税所得额时全额扣除。

（1）会计处理。该企业进行会计核算时，由于对外捐赠而引起企业相关资产的流出事项并不符合销售收入确认的条件，企业不会因为捐赠而增加现金流入，也不会增加企业的利润，因此不作为销售进行处理。

财政部、税务总局公告2020年第9号规定：单位和个体工商户将自产、委托加工或购买的货物，通过公益性社会组织和县级以上人民政府及其部门等国家机关，或者直接向承担疫情防治任务的医院，无偿捐赠用于应对新型冠状病毒感染的肺炎疫情的，免征增值税。因此，无偿捐赠货物免增值税，但对应的进项税金应做转出处理。

借：营业外支出 650 000

贷：库存商品 600 000

应交税费——应交增值税（进项税额转出） 50 000

（2）税收处理。

①捐赠货物视同销售企业所得税处理：确认视同销售收入、销售成本。根据《国家税务总局关于企业处置资产所得税处理问题的通知》（国税函〔2008〕828号）第二条第（五）款规定，企业将资产移送他人用于对外捐赠，因资产所有权属已发生改变而不属于内部处置资产，应按规定确认视同销售收入80万元。

《国家税务总局关于企业所得税有关问题的公告》（国家税务总局公告2016年第80号）第二条规定，企业发生《国家税务总局关于企业处置资产所得税处理问题的通知》（国税函〔2008〕828号）对外捐赠的情形，应确认视同销售成本65万元。

②税收捐赠支出确定。根据《财政部 国家税务总局 民政部关于公益性捐赠税前扣除有关问题的通知》（财税〔2008〕160号）第九条规定，接受捐赠的非货币性资产，应当以其公允价值计算。捐赠方应当提供注明捐赠非货币性资产公允价值的证明，如果不能提供上述证明，公益性社会团体和县级以上人民政府及其组成部门和直属机构不得向其开具公益性捐赠票据。

《财政部 国家税务总局 民政部关于公益性捐赠税前扣除有关问题的补充通知》（财税〔2010〕45号）第五条规定，对于通过公益性社会团体发生的公益性捐赠支出，企业或个人应提供省级以上（含省级）财政部门印制并加盖接受捐赠单位印章的公益性捐赠票据，或加盖接受捐赠单位印章的“非税收入一般缴款书”收据联，方可按规定进行税前扣除。

《公益事业捐赠票据使用管理暂行办法》第三条规定，捐赠票据是捐赠人对外捐赠，并根据国家有关规定申请捐赠款项税前扣除的有效凭证。

从上述规定可以看出，企业捐赠支出的合法依据是捐赠票据，且捐赠票据的金额是公允价值，因此，企业在税收上的捐赠支出应按公允价值和相关税费确定，那么，A公司税收上确认的捐赠支出应为80万元。

③税会差异处理。由于会计上列支的营业外支出为65万元，因此，调减应纳税所得额15万元（此处的调减15万元恰好与视同销售调增的15万元抵销）。

“A105000纳税调整项目明细表”第30行“（十七）其他”填报说明：填报其他因会计处理与税收规定有差异须纳税调整的扣除类项目金额，企业将货物、资产、劳务用于捐赠、广告等用途时，进行视同销售纳税调整后，对应支出的会计处理与税收规定有差异须纳税调整的金额填报在本行。因此，本行账载金额填65万元，税收金额填80万元，纳税调减15万元。

第三节　企业所得税税前扣除税务风险点

一、企业所得税税前扣除凭证风险

（一）未按规定取得合法税前扣除凭证风险

1. 税前扣除凭证相关规定。《企业所得税税前扣除凭证管理办法》（国家税务总局公告2018年第28号的公告）规定：“第五条　企业发生支出，应取得税前扣除凭证，作为计算企业所得税应纳税所得额时扣除相关支出的依据。

第七条　企业应将与税前扣除凭证相关的资料，包括合同协议、支出依据、付款凭证等留存备查，以证实税前扣除凭证的真实性。

第九条　企业在境内发生的支出项目属于增值税应税项目（以下简称‘应税项目’）的，对方为已办理税务登记的增值税纳税人，其支出以发票（包括按照规定由税务机关代开的发票）作为税前扣除凭证；对方为依法无需办理税务登记的单位或者从事小额零星经营业务的个人，其支出以税务机关代开的发票或者收款凭证及内部凭证作为税前扣除凭证，收款凭证应载明收款单位名称、个人姓名及身份证号、支出项目、收款金额等相关信息。

小额零星经营业务的判断标准是个人从事应税项目经营业务的销售额不超过增值税相关政策规定的起征点。

税务总局对应税项目开具发票另有规定的，以规定的发票或者票据作为税前扣除凭证。

第十二条 企业取得私自印制、伪造、变造、作废、开票方非法取得、虚开、填写不规范等不符合规定的发票，以及取得不符合国家法律、法规等相关规定的其他外部凭证，不得作为税前扣除凭证。

第十三条 企业取得不合规发票、不合规其他外部凭证的，若支出真实且已实际发生，应当在当年度汇算清缴期结束前，要求对方换开发票、其他外部凭证。换开后的发票、其他外部凭证符合规定的，可以作为税前扣除凭证。

第十五条 汇算清缴期结束后，税务机关发现企业取得不合规发票、不合规其他外部凭证并且告知企业的，企业应当自被告知之日起60日内换开符合规定的发票、其他外部凭证。其中，因对方特殊原因无法换开发票、其他外部凭证的，企业应当按照本办法第十四条的规定，自被告知之日起60日内提供可以证实其支出真实性的相关资料。”

2. 风险表现。取得或换开的税前扣除凭证不符合相关规定，不能在税前扣除。

3. 案例。

【案例5-68】海南省高级人民法院行政判决书（2013）琼行提字第3号载明（与扣除凭证无关判决内容省略，下同），申请再审人（一审被告、二审被上诉人）海南省国税局第三稽查局在检查该公司账簿凭证时发现，该公司购进的原材料及发生的费用为33 573 788.15元，未取得发票，并在申报2009年度企业所得税税前扣除，应调增应纳税所得额。被申请人（一审原告、二审上诉人）海南鑫海建材有限公司则认为，公司的生产成本费用是客观存在的，应当在应纳税所得额中予以扣减。

一审法院认为，海南省国税局第三稽查局认定鑫海公司购买货物未按规定取得发票，不得税前扣除是正确的，对其未取得发票部分不允许税前扣除的处理是适当的，故驳回鑫海公司的诉讼请求。二审法院认为，未取得发票的支出不得作税前扣除的主张于法无据，为此调增应纳税所得额的处理决定不当，撤销该项税务处理决定。

海南省高级人民法院认为，从现行税收法律法规来看，发票并不是唯一合法有效的凭证，款项支付对象不同，对合法有效凭证的要求也不一样。用于购买原材料，支付的对象是我国境内的单位或个人，且上述单位或个人生产销售的原材料是属于增值税征税范围的，应当以发票作为唯一合法有效的凭证。本案再审，维持一审判决。

【案例5－69】 甲公司找了一位保洁阿姨打扫办公楼，给她400元报酬，这400元支出税前扣除是否需要增值税发票？

【解析】《企业所得税税前扣除凭证管理办法》第九条规定，企业在境内发生的支出项目属于增值税应税项目的，对方为依法无需办理税务登记的单位或者从事小额零星经营业务的个人，其支出以税务机关代开的发票或者收款凭证及内部凭证作为税前扣除凭证，收款凭证应载明收款单位名称、个人姓名及身份证号、支出项目、收款金额等相关信息。

小额零星经营业务的判断标准是个人从事应税项目经营业务的销售额不超过增值税相关政策规定的起征点。《增值税暂行条例实施细则》第三十七条规定，增值税起征点的适用范围限于个人。增值税起征点的幅度规定如下：

（1）销售货物的，为月销售额5 000—20 000元；

（2）销售应税劳务的，为月销售额5 000—20 000元；

（3）按次纳税的，为每次（日）销售额300—500元。

对于甲公司来说，由于只支付了保洁阿姨400元报酬，未达增值税起征点，因此，可以以税务机关代开的发票或者收款凭证及内部凭证作为税前扣除凭证，收款凭证应载明个人姓名及身份证号、支出项目、收款金额等相关信息。

【案例5－70】 甲公司员工去北京出差，住到后勤保障部的宾馆，支付住宿费时取得由财政部和总后勤部印制的中国人民解放军有偿服务收费专用票据，是否属于企业所得税税前扣除的合法有效凭证？

【解析】 目前，企业依法取得的符合《军队票据管理规定》使用范围的军队有偿服务收费专用票据，可以作为企业所得税税前扣除的合法凭证。

【案例5－71】 甲公司向美国某公司支付咨询费106万元，请问以什么凭证作为合法的有效税前扣除凭证？

【解析】《中华人民共和国发票管理办法》第三十三条规定，单位和个人从中国境外取得的与纳税有关的发票或者凭证，税务机关在纳税审查时有疑义的，可以要求其提供境外公证机构或者注册会计师的确认证明，经税务机关审核认可后，方可作为记账核算的凭证。

《企业所得税税前扣除凭证管理办法》第十一条规定，企业从境外购进货物或者劳务发生的支出，以对方开具的发票或者具有发票性质的收款凭证、相关税费缴纳凭证作为税前扣除凭证。

因此，企业从境外购进货物或者劳务发生的支出，以对方开具的发票或者具有发票性质的收款凭证、相关税费缴纳凭证作为税前扣除凭证，但是如果税务机关在纳税审查时有疑义的，可以要求其提供境外公证机构或者注册会计师的确认证明，经税务机关审核认可后，方可作为记账核算的凭证。

（二）未及时取得合法税前扣除凭证风险

1. 税前扣除凭证相关规定。

（1）《企业所得税税前扣除凭证管理办法》（国家税务总局公告2018年第28号的公告）规定："第六条 企业应在当年度企业所得税法规定的汇算清缴期结束前取得税前扣除凭证。

第十四条 企业应当取得而未取得发票、其他外部凭证，若支出真实且已实际发生，应当在当年度汇算清缴期结束前，要求对方补开发票、其他外部凭证。补开后的发票、其他外部凭证符合规定的，可以作为税前扣除凭证。

第十六条 企业在规定的期限未能补开符合规定的发票、其他外部凭证，并且未能按照本办法第十四条的规定提供相关资料证实其支出真实性的，相应支出不得在发生年度税前扣除。

第十七条 除发生本办法第十五条规定的情形外，企业以前年度应当取得而未取得发票、其他外部凭证，且相应支出在该年度没有税前扣除的，在以后年度取得符合规定的发票、其他外部凭证或者按照本办法第十四条的规定提供可以证实其支出真实性的相关资料，相应支出可以追补至该支出发生年度税前扣除，但追补年限不得超过五年。"

（2）《国家税务总局关于企业所得税若干问题的公告》（国家税务总局公告2011年第34号）第六条规定，企业当年度实际发生的相关成本、费用，由于各种原因未能及时取得该成本、费用的有效凭证，企业在预缴季度所得税时，可暂按账面发生金额进行核算；但在汇算清缴时，应补充提供该成本、费用的有效凭证。

（3）《国家税务总局关于企业所得税应纳税所得额若干税务处理问题的公告》（国家税务总局公告2012年第15号）第六条规定，根据《中华人民共和国税收征收管理法》的有关规定，对企业发现以前年度实际发生的、按照税收规定应在企业所得税前扣除而未扣除或者少扣除的支出，企业做出专项申报及说明后，准予追补至该项目发生年度计算扣除，但追补确认期限不得超过5年。

企业由于上述原因多缴的企业所得税税款，可以在追补确认年度企业所得税应纳税款中抵扣，不足抵扣的，可以向以后年度递延抵扣或申请退税。

亏损企业追补确认以前年度未在企业所得税前扣除的支出，或盈利企业经过追补确认后出现亏损的，应首先调整该项支出所属年度的亏损额，然后再按照弥补亏损的原则计算以后年度多缴的企业所得税款，并按前款规定处理。

2. 风险表现。未及时取得或补开税前扣除凭证，相应支出不能在税前扣除。

3. 案例。

【案例5-72】 某企业（非小型微利企业）2021年发生一笔咨询费用10万元，由于未取得有效凭证，汇算清缴时进行了调增处理。调整后，企业所得税应纳税所得额为50万元，适用25%的企业所得税税率，应缴所得税12.5万元。企业于2022年7月取得了此笔费用的有效凭证。该企业2022年企业所得税应纳税所得额为20万元，适用25%的企业所得税税率，应缴企业所得税5万元。

【解析】 2022年7月取得10万元咨询费用的有效凭证后，可在2021年度追补扣除。追补扣除后，应纳税所得额=50-10=40（万元）

应缴企业所得税=40×25%=10（万元）

应抵（退）企业所得税=12.5-10=2.5（万元）

2022年应缴企业所得税5万元，抵减2021年多缴的2.5万元。

实缴企业所得税=5-2.5=2.5（万元）

【案例5-73】 某企业（非小型微利企业）2021年发生一笔咨询费用10万元，由于未取得有效凭证，汇算清缴时进行了调增处理。调整后，企业所得税应纳税所得额为50万元，适用25%的企业所得税税率，应缴所得税12.5万元。企业于2022年7月取得了此笔费用的有效凭证。该企业2022年企业所得税应纳税所得额为8万元，适用25%的企业所得税税率，应缴企业所得税2万元。

【解析】 2022年7月取得10万元咨询费用的有效凭证后，可在2021年度追补扣除。追补扣除后，应纳税所得额=50-10=40（万元）

应缴企业所得税 =40×25% =10（万元）

应抵（退）企业所得税 =12.5 -10 =2.5（万元）

2022 年应缴企业所得税 2 万元，可抵减 2021 年多交的 2 万元，未抵减完的 0.5 万元可以申请退税结转以后年度继续抵减。

2022 年实缴企业所得税 =0（元）

【案例 5 -74】 某企业（非小型微利企业）2021 年发生一笔咨询费用 10 万元，由于未取得有效凭证，汇算清缴时进行了调增处理。调整后企业所得税应纳税所得额为 -20 万元。企业于 2022 年 7 月取得了此笔费用的有效凭证。2022 年该企业应纳税所得额为 40 万元，适用 25% 的企业所得税税率。

【解析】 2022 年 7 月取得 10 万元咨询费用的有效凭证后，可在 2021 年度追补扣除。追补扣除后，应纳税所得额 = -20 -10 = -30（万元）

2022 年应纳税所得额为 40 万元，可弥补 2021 年亏损 30 万元，弥补后应纳税所得额 =40 -30 =10（万元）。

2022 年实缴企业所得税 =10×25% =2.5（万元）

【案例 5 -75】 某企业（非小型微利企业）2021 年发生一笔咨询费用 10 万元，由于未取得有效凭证，汇算清缴时进行了调增处理。调整后企业所得税应纳税所得额为 5 万元。适用 25% 的企业所得税税率，缴纳企业所得税 1.25 万元。企业于 2022 年 7 月取得了此笔费用的有效凭证。2022 年该企业应纳税所得额为 40 万元，适用 25% 的企业所得税税率。

【解析】 2022 年 7 月取得 10 万元咨询费用的有效凭证后，可在 2021 年度追补扣除。追补扣除后，应纳税所得额 =5 -10 = -5（万元）

2021 年度已交企业所得税 1.25 万元；2022 年应纳税所得额为 40 万元，可弥补 2021 年亏损 5 万元，弥补后应纳税所得额 =40 -5 =35（万元）。

2022 年应交企业所得税 =35×25% =8.75（万元），可抵减 2021 年已缴企业所得税 1.25 万元。

2022 年实缴企业所得税 =8.75 -1.25 =7.5（万元）。

（三）补开、换开税前扣除凭证风险

1. 补开、换开税前扣除凭证相关规定。

《企业所得税税前扣除凭证管理办法》（国家税务总局公告 2018 年第 28 号公告）（以下简称《办法》）第十四条规定："企业在补开、换开发

票、其他外部凭证过程中，因对方注销、撤销、依法被吊销营业执照、被税务机关认定为非正常户等特殊原因无法补开、换开发票、其他外部凭证的，可凭以下资料证实支出真实性后，其支出允许税前扣除：

（1）无法补开、换开发票、其他外部凭证原因的证明资料（包括工商注销、机构撤销、列入非正常经营户、破产公告等证明资料）；

（2）相关业务活动的合同或者协议；

（3）采用非现金方式支付的付款凭证；

（4）货物运输的证明资料；

（5）货物入库、出库内部凭证；

（6）企业会计核算记录以及其他资料。

前款第一项至第三项为必备资料。”

2. 风险表现。

（1）支付款项时相关资料未完整留存，或采取现金方式支付款项，导致在无法补开、换开发票、其他外部凭证时，也无法凭相关资料证实支出真实性，其支出无法税前扣除。

注意：《办法》第十四条规定的六方面资料中，第三项必备资料为“采用非现金方式支付的付款凭证”。在对方法律主体消失或者处于“停滞”状态的情况下，现金方式支付的真实性将无从考证，为此《办法》对支付方式作出了限制性规定。采用非现金方式支付的付款凭证是一个相对宽泛的概念，既包括银行等金融机构的各类支付凭证，也包括支付宝、微信支付等第三方支付账单或支付凭证等。

（2）税务机关发现企业应当取得而未取得发票、其他外部凭证并且告知企业的，企业未在自被告知之日起60日内补开符合规定的发票、其他外部凭证。其中，因对方特殊原因无法补开发票、其他外部凭证的，其支出无法在税前扣除。

3. 案例。

【案例5-76】甲企业2021年9月从乙公司购买咨询服务，价税合计1.06万元，未取得对方开具的发票，但在2021年度企业所得税税前扣除。2022年10月，税务机关检查该企业时发现该笔费用无合法税前扣除凭证，要求甲企业在60日内补开符合规定的发票。但因乙公司注销无法补开发票。税务机关要求甲企业提供可以证实其支出真实性的相关资料。甲企业在60日内提供了无法补开发票的证明资料（乙公司工商注销的证明资料)、相关业务活动的合同及企业会计核算记录以及其他资料。但因当时采取的是现金方式付款，所以无法提供采用非现金方式支付的付款凭证。最终，此笔费用进行了纳税调增。

【案例5－77】某公司安置了残疾人就业，但是税局在日常检查过程中指出，该公司的残疾人工资没法享受100%加计扣除，随即要求企业依法进行了纳税调增。原因是这家公司都是用现金支付工资，没有通过银行等金融机构来支付。

【解析】《关于安置残疾人员就业有关企业所得税优惠政策问题的通知》(财税〔2009〕70号）文件规定：

(1）企业安置残疾人员的，在按照支付给残疾职工工资据实扣除的基础上，可以在计算应纳税所得额时按照支付给残疾职工工资的100%加计扣除。企业就支付给残疾职工的工资，在进行企业所得税预缴申报时，允许据实计算扣除；在年度终了进行企业所得税年度申报和汇算清缴时，再依照本条第一款的规定计算加计扣除。

(2）残疾人员的范围适用《中华人民共和国残疾人保障法》的有关规定。

(3）企业享受安置残疾职工工资100%加计扣除应同时具备如下条件：

①依法与安置的每位残疾人签订了1年以上（含1年）的劳动合同或服务协议，并且安置的每位残疾人在企业实际上岗工作；

②为安置的每位残疾人按月足额缴纳了企业所在区县人民政府根据国家政策规定的基本养老保险、基本医疗保险、失业保险和工伤保险等社会保险；

③定期通过银行等金融机构向安置的每位残疾人实际支付了不低于企业所在区县适用的经省级人民政府批准的最低工资标准的工资；

④具备安置残疾人上岗工作的基本设施。

(四）共同支出分摊风险

1. 共同支出分摊相关规定。

(1)《企业所得税税前扣除凭证管理办法》第十八条规定："企业与其他企业（包括关联企业)、个人在境内共同接受应纳增值税劳务发生的支出，采取分摊方式的，应当按照独立交易原则进行分摊，企业以发票和分割单作为税前扣除凭证，共同接受应税劳务的其他企业以企业开具的分割单作为税前扣除凭证。

企业与其他企业、个人在境内共同接受非应税劳务发生的支出，采取分摊方式的，企业以发票外的其他外部凭证和分割单作为税前扣除凭证，共同接受非应税劳务的其他企业以企业开具的分割单作为税前扣除凭证。”

第十九条规定：“企业租用（包括企业作为单一承租方租用）办公、生产用房等资产发生的水、电、燃气、冷气、暖气、通信线路、有线电视、网络等费用，出租方作为应税项目开具发票的，企业以发票作为税前扣除凭证；出租方采取分摊方式的，企业以出租方开具的其他外部凭证作为税前扣除凭证。”

（2）总局相关问答——可以分摊扣除的应纳增值税劳务是否包括应税服务？

问：2018 年第 28 号文第十八条规定：“企业与其他企业（包括关联企业）、个人在境内共同接受应纳增值税劳务发生的支出，采取分摊方式的，应当按照独立交易原则进行分摊。”文件中应纳增值税劳务是否包括应税服务？

答：《企业所得税税前扣除凭证管理办法》（简称《办法》）第九条、第十条、第十八条均提及“劳务”概念。这里的“劳务”是一个相对宽泛的概念，原则上包含了所有劳务服务活动。如《中华人民共和国增值税暂行条例》及其实施细则中规定的加工、修理修配劳务，销售服务等；《企业所得税法》及其实施条例规定的建筑安装、修理修配、交通运输、仓储租赁、金融保险、邮电通信、咨询经纪、文化体育、科学研究、技术服务、教育培训、餐饮住宿、中介代理、卫生保健、社区服务、旅游、娱乐、加工以及其他劳务服务活动等。此外，《办法》第十八条所称“应纳增值税劳务”中的“劳务”也应按上述原则理解，不能等同于增值税相关规定中的“加工、修理修配劳务”。

2. 具体处理。

（1）共同接受应税劳务，采取分摊方式的，应当按照独立交易原则进行分摊，企业以发票和分割单作为税前扣除凭证，共同接受应税劳务的其他企业以企业开具的分割单作为税前扣除凭证。

企业与其他企业、个人在境内共同接受非应税劳务发生的支出，采取分摊方式的，企业以发票外的其他外部凭证和分割单作为税前扣除凭证，共同接受非应税劳务的其他企业以企业开具的分割单作为税前扣除凭证。

分割单应包括的内容：接受凭证单位名称，经济业务内容、数量、单价、金额和费用分摊情况等。企业盖单位公章，自然人须附身份证复印件。

（2）共同发生的水、电、燃气、冷气、暖气、通信线路、有线电视、网络等费用，出租方作为应税项目开具发票的，企业以发票作为税前扣除凭证；出租方采取分摊方式的，企业以出租方开具的其他外部凭证作为税前扣除凭证。

3. 风险表现。

（1）企业与其他企业（包括关联企业）、个人在境内接受应税劳务发生的支出，企业错误地采取开发票的方式分摊支出至其他企业；

（2）未按照独立交易原则进行分摊。

【案例 5－78】开具的收款凭证，未取得增值税发票，此笔租金支出能否进行税前扣除？甲公司租用市林业局的一层楼房作为办公楼，支付年租金 30 万元，仅取得了对方开具的收据和收款凭证。

【解析】《税务登记管理办法》（国家税务总局令第 36 号）第二条规定：“企业，企业在外地设立的分支机构和从事生产、经营的场所，个体工商户和从事生产、经营的事业单位，均应当按照《税收征管法》及《实施细则》和本办法的规定办理税务登记。前款规定以外的纳税人，除国家机关、个人和无固定生产、经营场所的流动性农村小商贩外，也应当按照《税收征管法》及《实施细则》和本办法的规定办理税务登记。”

市林业局属于国家行政机关，属于依法无须办理税务登记的单位。

《企业所得税税前扣除凭证管理办法》第九条规定：“企业在境内发生的支出项目属于增值税应税项目的，对方为依法无需办理税务登记的单位，其支出以税务机关代开的发票或者收款凭证及内部凭证作为税前扣除凭证，收款凭证应载明收款单位名称、个人姓名及身份证号、支出项目、收款金额等相关信息。”

根据上述规定，甲公司取得市林业局代开的发票或者收款凭证及内部凭证作为税前扣除凭证，收款凭证应载明收款单位名称、支出项目、收款金额等相关信息。

【案例 5－79】集团母公司委托某科研公司开发某项技术，由集团母公司支付1 000万元，母公司将上述1 000万元中的400万元分配给集团子公司承担。

【解析】《财政部 国家税务总局 科技部关于完善研究开发费用税前加计扣除政策的通知》（财税〔2015〕119号）规定，企业集团根据生产经营和科技开发的实际情况，对技术要求高、投资数额大、需要集中研发的项目，其实际发生的研发费用，可以按照权利和义务相一致、费用支出和收益分享相配比的原则，合理确定研发费用的分摊方法，在受益成员企业间进行分摊，由相关成员企业分别计算加计扣除。

《企业所得税税前扣除凭证管理办法》第十八条规定，企业与其他企业（包括关联企业）、个人在境内共同接受应纳增值税劳务发生的支出，采取分摊方式的，应当按照独立交易原则进行分摊，企业以发票和分割单作为税前扣除凭证，共同接受应税劳务的其他企业以企业开具的分割单作为税前扣除凭证。

因此，该集团母公司以某科研公司开具的1 000万元发票及分割单400万元入账，按600万元在税前扣除，而集团子公司直接以母公司开具的分割单400万元在税前扣除。

【案例5-80】集团核心成员企业甲公司向银行贷款10 000万元，支付利息1 000万元，又将上述10 000万元转借给集团内的乙公司与丙公司。

【解析】这种情况下同样不是共同接受劳务，而是统借统还，企业集团或企业集团中的核心企业以及集团所属财务公司按不高于支付给金融机构的借款利率水平或者支付的债券票面利率水平，向企业集团或者集团内下属单位收取的利息免征增值税，则银行向甲公司开具普通发票，而甲公司分别向乙公司与丙公司开具免税的增值税普通发票，而不得以分割单来作为扣除凭证。

【案例5-81】甲公司将自有二层办公楼的一层出租给乙公司，当月供电局开具增值税专用发票1 130元给甲公司。

【解析】《企业所得税税前扣除凭证管理办法》第十九条规定，企业租用办公、生产用房等资产发生的水、电、燃气、冷气、暖气、通信线路、有线电视、网络等费用，出租方作为应税项目开具发票的，企业以发票作为税前扣除凭证；出租方采取分摊方式的，企业以出租方开具的其他外部凭证作为税前扣除凭证。

因此，甲公司给乙公司开发票的，乙公司以甲公司开具的发票为税前扣除凭证。甲公司采取分摊方式的，乙公司以甲公司开具的分割单等外部凭证作为税前扣除凭证。

【案例5-82】 甲公司租用某大楼一层，自来水公司委托大楼物业公司代收水费，自来水公司开具增值税专用发票给予物业10 300元，物业根据用水记录向甲公司收取水费103元。

【解析】 由于物业公司不是出租方，就不适用28号公告的规定。按照《国家税务总局关于物业管理服务中收取的自来水水费增值税问题的公告》（国家税务总局公告2016年第54号）提供物业管理服务的纳税人，向服务接收方收取的自来水水费，以扣除其对外支付的自来水水费后的余额为销售额，按照简易计税办法依3%的征收率计算缴纳增值税之规定，物业公司开具转售水103元的增值税专用发票给予甲公司，而物业公司全额开票，差额交税即可。

二、视同销售对应支出调整风险

（一）相关规定

《国家税务总局关于修订企业所得税年度纳税申报表有关问题的公告》（国家税务总局公告2019年第41号，以下简称“41号公告”）在修订“企业所得税年度纳税申报表（A类，2017年版）”时，在“纳税调整项目明细表（A105000）”第30行“（十七）其他”的填报说明中明确企业将货物、资产、劳务用于捐赠、广告等用途时，进行视同销售纳税调整后，对应支出的会计处理与税收规定有差异须纳税调整的金额填报在本行。

（二）具体处理

1. 视同销售纳税调整后对应支出金额的确定。《企业所得税法实施条例》《国家税务总局关于企业处置资产所得税处理问题的通知》（国税函〔2008〕828号，以下简称《通知》）和《国家税务总局关于企业所得税有关问题的公告》（国家税务总局公告2016年第80号，以下简称“80号公告”）等都对视同销售的范围、处置资产视同销售的判断条件和视同销售收入的确定方法作出了明确规定。

（1）视同销售范围的确定。《企业所得税法实施条例》第二十五条规定，企业发生非货币性资产交换，将货物、财产、劳务用于捐赠、偿债、赞助、集资、广告、样品、职工福利或者利润分配等用途，除另有规定外，应当视同销售。《通知》将货物、财产用于广告、样品表述为将资产用于市场推广或销售，将货物、财产用于利润分配表述为将资产用于股息分配，还增加了将资产用于交际应酬、职工奖励和其他改变资产所有权属的用途应当视同销售，同时明确了资产视同销售的判断条件是资产所有权属发生改变。

（2）视同销售的纳税调整思路。视同销售的纳税调整是通过确定视同销售收入和视同销售成本进行的。企业应在企业所得税年度纳税申报表中分别填报“视同销售和房地产开发企业特定业务纳税调整明细表（A105010）”第1至10行的“视同销售（营业）收入”和第11至20行的“视同销售（营业）成本”。80号公告规定，企业的资产发生视同销售情形的，除另有规定外，应按照被移送资产的公允价值确定销售收入。视同销售成本按其生产成本、购货成本或资产净值进行确认即可。在实务中，视同销售收入可能高于视同销售成本，也可能低于视同销售成本，视同销售纳税调整的所得可能是正数，也可能是负数。

（3）视同销售对应支出金额的确定原则。以公允价值计量的非货币性资产交换等一部分企业所得税中应视同销售的情形，已在会计处理时进行收入核算。在不考虑补价的情况下，按公允价值确定对应支出金额即可，此类情况不需要进行纳税调整。以账面价值计量的非货币性资产交换等会计处理不核算收入的情形，在不考虑补价的情况下，对应支出的金额会计处理是按账面价值确定的，税收处理应按公允价值确定，即应按其账面价值加上视同销售收入与视同销售成本的差额确定。视同销售收入与视同销售成本的差额即视同销售纳税调整的所得，也就是对应支出的调整金额。

2. 视同销售纳税调整后对应支出纳税调整的思路。根据41号公告，视同销售对应支出的纳税调整应按照“视同销售纳税调整—对应支出金额调整—调整所得”的步骤进行。视同销售纳税调整、对应支出金额调整后，应综合考虑多种因素，决定是否应全额调增或调减所得。

（1）是否全额调整所得的确定依据。是否全额调整所得应根据对应支出能否在税前扣除、有无税前扣除限额确定：一是对应支出不得在税前扣除的，对应支出的调整金额不得调整所得；二是对应支出允许在税前扣除且没有税前扣除限额的，应根据对应支出的调整金额全额调整所得；三是对应支出允许在税前扣除但有税前扣除限额的，应视对应支出税前扣除限额的情况决定对应支出的调整金额是否全额调整所得；四是企业在进行企业所得税年度纳税申报时，不能区分对应支出能否在税前扣除、有无税前扣除限额的情况下，只根据对应支出的调整金额全额调整所得。

（2）调增所得或调减所得的确定依据。调增或调减所得应依据视同销售纳税调整所得和对应支出的调整金额确定。企业应根据视同销售纳税调整所得的金额的正负和对应支出的调整金额的增减来确定应在企业所得税年度纳税申报时调增或调减所得。视同销售纳税调整所得的金额是正数的，企业应在对应支出调增金额能够在税前扣除的前提下调减所得，不能进行税前扣除的不得调减所得。视同销售纳税调整所得的金额是负数的，企业应在对应支出调减金额在对应支出已在税前扣除的前提下调增所得，没有扣除的不得调增所得。不应在不分对应支出金额调整方向的情况下，只针对对应支出的调整金额调增或调减所得。

（3）因对应支出增减金额导致所得发生变化的纳税调整方法。一是因对应支出调增金额而调减所得的，企业应在填报企业所得税年度纳税申报表时，在附表 A105000 第 30 行“（十七）其他”第 4 列“调减金额”。二是因对应支出调减金额而调增所得的，企业应在填报企业所得税年度纳税申报表时，在附表 A105000 第 30 行“（十七）其他”第 3 列“调增金额”。

3. 风险表现。

（1）视同销售纳税调整后，未对对应支出金额进行调整；

（2）对应支出金额调整错误。

4. 案例：公益性捐赠视同销售对应支出的纳税调整。

（1）公益性捐赠支出的税前扣除规则。根据公益性捐赠支出税前扣除的有关规定和企业所得税年度纳税申报表的填报要求，企业本年有以前 3 年结转扣除的公益性捐赠支出的，先扣除以前 3 年结转扣除的公益性捐赠支出，后扣除本年的公益性捐赠支出。本年公益性捐赠支出超过其扣除限额余额的，超过部分允许结转以后 3 年扣除。此处所指的公益性捐赠支出扣除限额余额是指本年公益性捐赠支出扣除限额在扣除以前 3 年结转扣除的公益性捐赠支出后的余额。

（2）将资产用于公益性捐赠，视同销售纳税调整所得金额是正数的，应调增公益性捐赠支出金额。调增公益性捐赠支出金额不超过当年公益性捐赠支出扣除限额余额的，应在调增公益性捐赠支出金额的同时，全额调减所得。调增公益性捐赠支出金额超过当年公益性捐赠支出扣除限额余额的，相当于当年公益性捐赠支出扣除限额余额的部分调减所得。超过的部分不得在当年调减所得，应结转至以后3年按上述规则调减所得。当年没有公益性捐赠支出扣除限额余额的，在调增公益性捐赠支出金额时，不得在当年调减所得，应结转以后3年按上述规则在公益性支出扣除限额余额内调减所得。超过以后3年当年公益性捐赠支出扣除限额余额的部分，不得调减所得。此处所指的公益性捐赠支出扣除限额余额，是指当年公益性捐赠支出扣除限额在扣除以前3年结转扣除的公益性捐赠支出和本年公益性捐赠支出后的余额。

【案例5-83】 甲企业2022年将不含税公允价值为100万元、生产成本为70万元的产品（适用增值税税率为13%）用于公益性捐赠，会计处理为：借记“营业外支出——捐赠支出”科目83万元，贷记“库存商品”科目70万元、“应交税费——应交增值税（销项税额）”科目13万元。甲企业在进行企业所得税年度纳税申报时，在表A105010第7行“（六）用于对外捐赠视同销售收入”的“税收金额”和“纳税调整金额”均填报100万元，在表A105010第17行“（六）用于对外捐赠视同销售成本”的“税收金额”填报70万元、“纳税调整金额”填报-70万元，结果是视同销售调增所得30万元。假设甲企业前一年结转扣除的公益性捐赠支出为10万元。

【解析】

①如甲企业2022年公益性捐赠支出扣除限额为130万元，扣除前一年结转扣除的公益性捐赠支出10万元和本年公益性捐赠支出83万元后，当年公益性捐赠支出扣除限额剩余37万元。在企业所得税年度纳税申报时，甲企业应在调增公益性捐赠支出的金额的同时，在表A105000第30行“（十七）其他”全额调减所得30万元。

②如甲企业2022年公益性捐赠支出扣除限额为100万元，扣除前一年结转扣除的公益性捐赠支出10万元和本年公益性捐赠支出83万元后，当年公益性捐赠支出扣除限额剩余7万元。在企业所得税年度纳税申报时，甲企业应调增公益性捐赠支出的金额，并在表A105000第30行“（十七）其他”调减所得7万元，其余23万元可在以后3年的当年公益性捐赠支出扣除限额余额内调减所得。

③如甲企业2022年公益性捐赠支出扣除限额为90万元，扣除前一年结转扣除的公益性捐赠支出10万元和本年公益性捐赠支出中的80万元

后，当年公益性捐赠支出扣除限额没有余额，本年公益性捐赠支出中的3万元可在以后3年内结转扣除。在企业所得税年度纳税申报时，甲企业应调增公益性捐赠支出的金额，但不得在表A105000第30行“（十七）其他”调减所得，可在以后3年的当年公益性捐赠支出扣除限额的余额内调减所得。

（3）将资产用于公益性捐赠，视同销售纳税调整所得金额是负数的，应调减公益性捐赠支出金额。以前3年结转扣除的公益性捐赠支出和本年公益性捐赠支出合计不超过当年公益性捐赠支出扣除限额的，应在调减公益性捐赠支出金额的同时，全额调增所得。以前3年结转扣除的公益性捐赠支出不超过当年公益性捐赠支出扣除限额，但加上本年公益性捐赠支出超过当年公益性捐赠支出扣除限额的，应调减公益性捐赠支出的金额超过当年公益性捐赠支出纳税调整金额的部分，调增所得。不超过的部分不须在当年调增所得，应结转以后3年按上述规则调增所得。以前3年结转扣除的公益性捐赠支出超过当年公益性捐赠支出扣除限额的，应调减公益性捐赠支出金额，但不须在当年调增所得，应结转至以后3年按上述规则调增所得。此处所指的当年公益性捐赠支出纳税调整金额是指以前3年结转扣除的公益性捐赠支出全部扣除、当年公益性捐赠支出超过其扣除限额的部分。

【案例5-84】乙企业2022年将不含税公允价值为50万元、生产成本为70万元的产品（适用增值税税率为13%）用于公益性捐赠，会计处理为：借记“营业外支出——捐赠支出”科目76.5万元，贷记“库存商品”科目70万元、“应交税费——应交增值税（销项税额）”科目6.5万元。乙企业在进行企业所得税年度纳税申报时，在表A105010第7行“（六）用于对外捐赠视同销售收入”的“税收金额”和“纳税调整金额”均填报50万元，在表A105010第17行“（六）用于对外捐赠视同销售成本”的“税收金额”填报70万元、“纳税调整金额”填报-70万元，结果是视同销售调减所得20万元。假设乙企业前一年结转扣除的公益性捐赠支出为10万元。

【解析】

①如乙企业2022年公益性捐赠支出扣除限额为90万元，扣除前一年结转扣除的公益性捐赠支出10万元和本年公益性捐赠支出76.5万元后，当年公益性捐赠支出扣除限额仍有余额3.5万元。在企业所得税年度纳税申报时，乙企业应调减公益性捐赠支出的金额，并在表A105000第30行

“（十七）其他”全额调增所得20万元。

②如乙企业2022年公益性捐赠支出扣除限额为70万元，扣除前一年结转扣除的公益性捐赠支出10万元和本年公益性捐赠支出中的60万元后，本年公益性捐赠支出剩余的16.5万元可以在后3年结转扣除。在企业所得税年度纳税申报时，乙企业应调增当年公益性捐赠支出所得16.5万元，调减公益性捐赠支出的金额在表A105000第30行“（十七）其他”调增所得3.5万元。

③如乙企业2022年公益性捐赠支出扣除限额为8万元。企业所得税年度纳税申报时应先扣除前一年结转扣除的公益性捐赠支出8万元后，前一年结转扣除的公益性捐赠支出余额2万元和本年公益性捐赠支出76.5万元一并结转以后年度扣除。在企业所得税年度纳税申报时，乙企业应调增当年公益性捐赠支出所得76.5万元，调减公益性捐赠支出的金额不得在表A105000第30行“（十七）其他”调增所得。

三、工资薪金税前扣除风险

（一）工资薪金支出范围界定

《企业所得税法实施条例》第三十四条规定，企业发生的合理的工资薪金支出，准予扣除。

1. 工资薪金支出范围界定。工资薪金，是指企业每一纳税年度支付给在本企业任职或者受雇的员工的所有现金形式或者非现金形式的劳动报酬，包括基本工资、奖金、津贴、补贴、年终加薪、加班工资，以及与员工任职或者受雇有关的其他支出。

2. 工资薪金支出税前扣除条件：实际发生、合理性和与任职或者受雇有关。

（1）实际发生。《企业所得税法实施条例释义》中指出，准予税前扣除的，应该是企业实际所发生的工资薪金支出。这一点强调的是，作为企业税前扣除项目的工资薪金支出，应该是企业已经实际支付给其职工的那部分工资薪金支出，尚未支付的所谓应付工资薪金支出，不能在其未支付的这个纳税年度内扣除，只有等到实际发生后，才准予税前扣除。所谓支付，根据人民银行的定义，是指货币给付及其资金清算的行为。如果是非货币，一般是实物的交付。

(2) 合理性。《国家税务总局关于企业工资薪金及职工福利费扣除问题的通知》(国税函〔2009〕3号) 规定:“一、关于合理工资薪金问题《中华人民共和国企业所得税法实施条例》第三十四条所称的‘合理工资薪金’,是指企业按照股东大会、董事会、薪酬委员会或相关管理机构制订的工资薪金制度规定实际发放给员工的工资薪金。税务机关在对工资薪金进行合理性确认时,可按以下原则掌握:(一) 企业制订了较为规范的员工工资薪金制度;(二) 企业所制订的工资薪金制度符合行业及地区水平;(三) 企业在一定时期所发放的工资薪金是相对固定的,工资薪金的调整是有序进行的;(四) 企业对实际发放的工资薪金,已依法履行了代扣代缴个人所得税义务;(五) 有关工资薪金的安排,不以减少或逃避税款为目的。”

(3) 与任职或者受雇有关。《中华人民共和国企业所得税法实施条例》第四十二条“与员工任职或者受雇有关的其他支出”中所称的“员工”包括固定职工、合同工和临时工等。

《企业所得税法实施条例释义》指出,所谓任职或雇用关系,一般是指所有连续性的服务关系,提供服务的任职者或者雇员的主要收入或者很大一部分收入来自于任职的企业,并且这种收入基本上代表了提供服务人员的劳动。所谓连续性服务并不排除临时工的使用,临时工可能是由于季节性经营活动需要雇用的,虽然对某些临时工的使用是一次性的,但从企业经营活动的整体需要看又具有周期性,服务的连续性应足以对提供劳动的人确定计时或者计件工资,应足以与个人劳务支出相区别。

3. 风险表现。

(1) 工资薪金范围界定不清;

(2) 年度计提未实际支付工资,未进行纳税调整;

(3) 国有性质的企业,其工资薪金超过政府有关部门给予的限定数额;

(4) 变相发工资,以发票报销的方式将工资薪金的一部分转化为其他费用;

(5) 虚列、多列工资薪金税前扣除。

4. 案例。

【案例5-85】 某企业在2022年末“应付职工薪酬”科目贷方余额160万元,截至2023年5月31日未发放,是否可以在2022年度企业所得税税前扣除?如果在2023年5月31日前发放,是否可以在2022年度企业所得税税前扣除?如果在2023年7月1日发放,该如何处理?

【解析】

（1）如果在2023年5月31日前发放。根据《国家税务总局关于企业工资薪金和职工福利费等支出税前扣除问题的公告》（国家税务总局公告2015年第34号）第二条“企业年度汇算清缴结束前支付汇缴年度工资薪金税前扣除问题　企业在年度汇算清缴结束前向员工实际支付的已预提汇缴年度工资薪金，准予在汇缴年度按规定扣除”之规定，可以在2022年企业所得税税前扣除，汇算清缴不需要进行纳税调整。

（2）如果截至2023年5月31日仍未发放，根据《企业所得税法实施条例》第三十四条“企业发生的合理的工资薪金支出，准予扣除”之规定，未发生的部分不能在当年度税前扣除。该企业应在2022年度企业所得税汇算清缴时，将未发放的160万元工资薪金进行纳税调增处理。

（3）如果截至2023年5月31日未发放，但是在2023年7月1日发放，是按以前年度应扣未扣支出调整到2022年成本费用中扣除，还是在实际发放的2023年度税前扣除呢？《企业所得税法实施条例释义》提到的是只有等到实际发生后，才准予税前扣除，不是追溯调整扣除。所以，应该是2022年度企业所得税汇算清缴时调增处理后，在2023年度企业所得税税前扣除。

【案例5－86】某市稽查局稽查人员去A公司稽查，发现有大量的咨询服务合同，问财务人员是什么业务，财务人员谁也说不清，于是稽查人员直接检查咨询公司B，通过检查发现咨询公司B的资金都付给了个人，再继续追查发现收款的个人和公司A的员工是近亲属关系。至此，稽查人员怀疑公司A在变相发工资，找公司A的财务负责人、董事长谈心，动之以情，晓之以理，公司A不得不实话实说了。原来，公司A高管工资很高，要缴纳高额社保和个税，社保单位要缴一部分，个人承担一部分，如果想办法把工资降下来换一种方法发放，就把社保基数降下来了，单位和个人都受益，于是，筹划动机来了，操作办法是个人成立个人独资企业，个人独资企业和公司签订合作协议（本案是咨询服务），大部分工资还是在单位发放，小部分工资以咨询服务的形式间接发放，个人独资企业一般选在可以核定征收的地方（个税少缴），个人独资企业如果没有雇工社保可以按自由职业者来缴纳（可以选择最低标准），可谓一举两得。可是，自以为完美的筹划方案却由于开具咨询服务发票无真实业务，被定性为虚开发票，进行了相应处理。

【案例 5－87】“没想到我们藏得这么隐蔽，还是被你们查到了！”甲集团老总马某捂着脸，喃喃地说。7 月 22 日，随着税款如期入库，此案终于尘埃落定。某县税务局稽查人员布下天网，直捣三窟，给这只逃税的“狡兔”上了深刻的一堂课。

县税务局根据年初制订的专项检查方案，确定甲集团外包工 5 户企业为 2019 年度税收专项检查企业，而马某经营的公司便是其中之一。在税收专项检查前，稽查人员对马某的公司多次进行暗中查访。经查访，稽查人员发现马某的公司是一只名副其实的“狡兔”：该公司经营场地在甲集团大门内，而该公司财务室却在岛陆相隔的另一个地点。更让人意想不到的是，就在经营场地附近的一个小渔村，该公司还隐藏着一个实际负责统计的办公室。

经过前期仔细排摸，这只“狡兔”已经露出了真面目。稽查人员决定对关键的“第三窟”进行突击检查。果不其然，面对突然现身的稽查人员，该公司负责统计的曾某一时手足无措，慌乱的眼神游离于办公桌和电脑屏幕之间。“电脑中一定存在重大秘密！”想到这些，稽查人员依法逐个拷贝了电脑中的数据资料。为了防止电脑数据损坏，稽查人员按照电子数据取证要求当场对电脑主机进行查封，并制作了现场笔录。

面对打印机吐出的厚厚一叠工资账簿与诸多凭证资料，稽查人员经过汇总并与该公司申报列支的工资进行了仔细核对，发现该公司竟然多申报工资支出 260 多万元。事实胜于雄辩，马某最终承认电脑中的工资数据为该公司真实发放的工资数。

该局依法对该公司作出了相应的处罚，追缴企业所得税 65.4 万元，按规定加收滞纳金，并处 50% 的罚款。

【案例 5－88】某市税务局稽查局接到群众举报：当地一私营企业从工资薪金上做手脚偷逃税款，该企业的职工工资由固定工资再加上按比例提取的多项奖励工资组成，每个职工的工资每个月都在 8 000 元以上，企业主管人员甚至高达万元，但账面上却没有体现出来。

稽查人员根据群众举报进行了调查，在对该企业职工和部分退休职工进行询问和了解后，初步取得了一些月份工资发放的数字资料。稽查人员将了解到的这些材料与账上的工资表一一比较后发现，被询问的每个职工所说的工资数额都与明细表上注明的金额大相径庭。办案人员据此推断：

企业的工资表肯定存在问题；而且，企业的工资表一定还有一份，那就是不能公开的真正工资底账。

经过与公安人员联合突击检查，办案人员终于从企业会计那里取得了该企业1—4月实发工资的底账。他们将底账与工资表比较后，发现累计少计工资50万元。那么，这50万元究竟到哪里去了呢？原来，该企业为了逃避缴纳个人所得税，想出的主意是：要求职工凭发票来报账，以费用形式出现在其他业务支出、招待费、差旅费等科目中。稽查局根据有关法律法规的规定，对该企业作出了相应的处理处罚决定：补缴税款合计21.3万元，从滞纳之日起按日加收万分之五的滞纳金，并依照《税收征管法》的规定给予其所偷税款1倍的罚款。

5. 问题汇总。

【问题1】 合理的工资薪金支出，税前扣除是否有总额限制？

【解析】

（1）非国有性质的企业，其“工资薪金总额”，是指企业按照合理性确认原则实际发放的工资薪金总和，不包括企业的职工福利费、职工教育经费、工会经费以及养老保险费、医疗保险费、失业保险费、工伤保险费、生育保险费等社会保险费和住房公积金。

（2）国有性质的企业，其工资薪金，不得超过政府有关部门给予的限定数额；超过部分，不得计入企业工资薪金总额，也不得在计算企业应纳税所得额时扣除。

【问题2】 建筑安装企业在建设期，会使用大量的临时工、季节工、技术工等，上述人员的工资薪金该如何处理，才符合企业所得税税前扣除的标准呢？

【解析】《国家税务总局关于企业所得税应纳税所得额若干税务处理问题的公告》（国家税务总局公告2012年第15号）规定：“一、关于季节工、临时工等费用税前扣除问题　企业因雇用季节工、临时工、实习生、返聘离退休人员所实际发生的费用，应区分为工资薪金支出和职工福利费支出，并按《中华人民共和国企业所得税法》规定在企业所得税前扣除。其中属于工资薪金支出的，准予计入企业工资薪金总额的基数，作为计算其他各项相关费用扣除的依据。”

（1）企业雇用季节工、临时工，如果属于连续性的服务关系用工，则实际发生的费用，应区分为工资薪金支出和职工福利费支出，并按规定在企业所得税前扣除。

（2）企业雇用季节工、临时工，如果属于临时发生的按次劳务，不具有连续性服务的特征，建议让其到税务机关代开增值税发票，同时应按照劳务报酬所得项目扣缴个人所得税。

【问题 3】代理商批发给你公司的产品，以实际收到你公司的货款确认收入。代理商安排导购人员在你公司提供的销售平台帮助销售，请问导购人员的工资和提成能否在你公司企业所得税税前扣除？

【解析】

（1）首先根据代理商、你公司和导购人员之间的合同协议等判定导购人员是属于代理商的员工，还是公司季节性、临时性用工，或是单纯的劳务用工；

（2）如果属于代理商的员工，其工资及提成应该由代理商进行税前扣除。如果属于你公司发生的季节性、临时性用工费用，则根据国家税务总局公告 2012 年第 15 号的相关规定处理。如果仅仅是单纯的劳务费用，就需要导购人员去税务机关代开发票才能进行税前扣除。

（二）劳务派遣用工费用

1. 劳务派遣用工费用税前扣除相关规定。《国家税务总局关于企业工资薪金和职工福利费等支出税前扣除问题的公告》（国家税务总局公告 2015 年第 34 号）规定："第三条　企业接受外部劳务派遣用工支出税前扣除问题　企业接受外部劳务派遣用工所实际发生的费用，应分两种情况按规定在税前扣除：按照协议（合同）约定直接支付给劳务派遣公司的费用，应作为劳务费支出；直接支付给员工个人的费用，应作为工资薪金支出和职工福利费支出。其中属于工资薪金支出的费用，准予计入企业工资薪金总额的基数，作为计算其他各项相关费用扣除的依据。"

2. 劳务派遣工的用工范围和用工比例，《劳务派遣暂行规定》（人力资源和社会保障部令第 22 号）第三条和《中华人民共和国劳动合同法》（中华人民共和国主席令第七十三号）第 66 条规定，用工单位只能在临时性、辅助性或者替代性的工作岗位上使用被派遣劳动者（只有三性岗位才能使用劳务派遣工）。前款规定的临时性工作岗位是指存续时间不超过 6 个月的岗位；辅助性工作岗位是指为主营业务岗位提供服务的非主营业务岗位；替代性工作岗位是指用工单位的劳动者因脱产学习、休假等原因无法工作的一定期间内，可以由其他劳动者替代工作的岗位。同时，《劳务派遣暂行规定》（人力资源和社会保障部令第22号）第四条规定："用工单位应当严格控制劳务派遣用工数量，使用的被派遣劳动者数量不得超过其用工总量的10%。"

前款所称用工总量是指用工单位订立劳动合同人数与使用的被派遣劳动者人数之和。计算劳务派遣用工比例的用工单位是指依照劳动合同法和劳动合同法实施条例可以与劳动者订立劳动合同的用人单位。

3. 风险表现。

（1）按照协议（合同）约定直接支付给劳务派遣公司的费用，作为工资薪金支出和职工福利费支出，并将作为工资薪金的部分作为计算其他各项相关费用扣除的依据；

（2）取得虚开的劳务派遣发票税前列支；

（3）劳务派遣工的用工范围和用工比例不符合相关规定。

4. 案例。

【案例5－89】哈尔滨市甲公司成立于2007年11月30日，经营范围为劳务派遣、劳务服务、劳务咨询、社会保险与公积金代缴代办等。2015年7月29日，哈尔滨市道里区人民检察院指控被告单位甲公司，被告人孟某某、卢某某犯虚开发票罪，向哈尔滨市道里区人民法院提起公诉。公诉机关指控孟某某在2014年8—10月甲公司经营期间，在没有实际发生劳务派遣业务的情况下，指使公司职员卢某某向中海经测公司、宏程宝泰公司、水利水电公司、海泰导航公司、正阳家电公司5家单位虚开了27份劳务费发票。法院审理认定甲公司与宏程宝泰公司、水利水电公司、海泰导航公司、正阳家电公司4家公司未发生真实业务，开具的劳务发票系虚开，判决甲公司、孟某某、卢某某构成虚开发票罪。

法院观点：甲公司与中海经测公司签订了劳务派遣合同，另结合工资表等证据，可以认定双方发生了真实业务，甲公司为中海经测公司开具的15份发票不应认定为虚开。甲公司与宏程宝泰公司、海泰导航公司虽有工资表但未签订劳务派遣合同；甲公司与水利水电公司虽签订劳务派遣合同，但该合同是水利水电公司劳务结束后签订的，且又无工资单及相关劳务人员情况证明；甲公司与正阳家电公司无有效劳务派遣合同及相关劳务人员情况证明。因此，公司与上述4家公司未发生真实业务，开具劳务发票的行为构成虚开发票罪。

5. 问题汇总。

【问题】 某用工企业和劳务派遣公司签订劳务派遣合同，约定由用工单位承担中介代理服务费30万元（不含税）（由劳务派遣公司开具增值税专用发票）、派遣人员工资100万元（不考虑社保等）。上述费用该如何进行税前扣除？如果合同约定上述费用全部直接支付给劳务派遣公司，又该如何进行税前扣除？

【解析】 根据国家税务总局公告2015年第34号的规定，该企业按照协议（合同）约定直接支付给劳务派遣公司的30万元，应作为劳务费支出。直接支付给劳务派遣人员的100万元，应作为工资薪金支出和职工福利费支出。其中，属于工资薪金支出的费用，准予计入企业工资薪金总额的基数，作为计算其他各项相关费用扣除的依据。

如果合同约定130万元费用全部直接支付给劳务派遣公司，则根据国家税务总局公告2015年第34号的规定，按照协议（合同）约定直接支付给劳务派遣公司的费用，应作为劳务费支出，不能计入企业工资薪金总额的基数，不得作为计算其他各项相关费用扣除的依据。

（三）离职补偿金

1. 离职补偿金的相关规定。

（1）《劳动法》指出，离职补偿金是一种解除劳动合同时依法给予劳动者的经济补偿。劳动合同当事人协商解除劳动合同，用人单位濒临破产进行法定整顿期间或者生产经营状况发生严重困难、依法裁减人员等原因解除劳动合同，应当依照国家有关规定给予经济补偿。

（2）《企业会计准则第9号——职工薪酬》（2014修订）指出："辞退福利，是指企业在职工劳动合同到期之前解除与职工的劳动关系，或者为鼓励职工自愿接受裁减而给予职工的补偿。"从经济属性上看，辞退福利虽然属于职工薪酬，但实际属于辞退过程中用工单位支付的"违约金"。

（3）《国家税务总局关于华为集团内部人员调动离职补偿税前扣除问题的批复》（税总函〔2015〕299号）规定，离职补偿事项的税务处理要按照据实扣除原则，待职工从企业离职并实际领取离职补偿费后，企业可按规定进行税前扣除。

2. 具体处理。按照新会计准则的相关规定，职工离职补偿费属于职工辞退福利，既不属于工资薪金也不属于职工福利费，而应属于与取得应纳税收入有关的必要和正常的支出，是一种特殊的法定性、补偿性、福利性支出，应当准予企业所得税前据实扣除。

但由于辞退福利分为职工有选择权和没有选择权两种情况，因此在企业所得税前扣除时也有所不同：

（1）如果职工没有继续在职的选择权，那么辞退福利被视同因与职工解除劳动关系给予的补偿。企业支付给解除劳动合同职工的一次性补偿支出在实际发生时，可以在企业所得税税前扣除。

《企业所得税实施条例》第三十四条规定，企业发生的合理的工资薪金支出，准予扣除。前款所称工资薪金，是指企业每一纳税年度支付给在本企业任职或者受雇的员工的所有现金形式或者非现金形式的劳动报酬，包括基本工资、奖金、津贴、补贴、年终加薪、加班工资，以及与员工任职或者受雇有关的其他支出。

离职补偿费是因解除了雇用关系支付的，不再属于工资薪金，因此不得作为工会经费、职工福利费、职工教育经费的计提基数。

（2）如果职工有继续在职的选择权，那么辞退福利属于或有事项，通过预计负债计入费用。

《企业所得税法》第八条规定，企业实际发生的与取得收入有关的、合理的支出，包括成本、费用、税金、损失和其他支出，准予在计算应纳税所得额时扣除，因此，由企业确认的预计负债而计入费用的金额不允许税前扣除。

《国家税务总局关于华为集团内部人员调动离职补偿税前扣除问题的批复》（税总函〔2015〕299 号）相关规定如下："深圳市国家税务局、地方税务局：你局《深圳市国家税务局关于华为公司集团内部人员调动离职补偿金税前扣除问题的请示》（深国税发〔2015〕59 号）收悉。经研究，现批复如下：根据《中华人民共和国企业所得税法》及其实施条例和《国家税务总局关于企业工资薪金及职工福利费扣除问题的通知》（国税函〔2009〕3 号）的规定，华为公司对离职补偿事项的税务处理不符合企业所得税据实扣除原则，应该进行纳税调整。"

企业根据公司财务制度为职工提取离职补偿费，在进行年度企业所得税汇算清缴时，对当年度"预提费用"科目发生额进行纳税调整，待职工从企业离职并实际领取离职补偿费后，企业可按规定进行税前扣除。

3. 风险表现。

（1）实际离职补偿金并入工资薪金作为工会经费、职工福利费、职工教育经费的计提基数；

（2）企业为职工提取未实际支付的离职补偿费在税前扣除。

4. 案例。

【案例5-90】某市税务人员在对某购物广场进行检查时发现，企业将发放给个别离职人员的离职补偿24 200元计入了企业的年度工资总额，并作为计算职工福利费的基数，在企业所得税前进行了扣除。税务人员告知，此项处理不符合相关规定。企业支付给离职人员的离职补偿金可以作为工资、薪金支出，在企业所得税税前扣除，但不得作为计算职工福利费等的基数。

5. 问题汇总。

【问题1】离职补偿金能否作为工会经费、职工福利费、职工教育经费的计提基数？

【解析】作为工会经费、职工福利费、职工教育经费的计提基数的“合理工资、薪金”在形式和内容上，都是指《企业所得税法实施条例》中规定的“企业每一纳税年度支付给在本企业任职或者受雇的员工的所有现金形式或者非现金形式的劳动报酬，包括基本工资、奖金、津贴、补贴、年终加薪、加班工资”，不包括“与员工任职或者受雇有关的其他支出”。离职补偿金作为“与员工任职或者受雇有关的其他支出”，不能作为工会经费、职工福利费、职工教育经费的计提基数。

【问题2】哪些情况下可以获得离职补偿金？

【解析】用人单位违法解除劳动合同或者按照《劳动法》第24条、第26条、第27条的规定解除劳动关系的，应当依照国家有关规定给予经济补偿。具体包括以下12种情况：

（1）用人单位违法解除劳动合同的；

（2）经劳动合同当事人协商一致，由用人单位解除劳动合同的；

（3）用人单位提前解除事实劳动关系的；

（4）用人单位以暴力、胁迫或者非法限制人身自由的手段强迫劳动的，或者用人单位未按照劳动合同约定支付劳动报酬或者提供劳动条件的，导致劳动者辞职的；

（5）用人单位未按照劳动合同约定支付劳动报酬或者提供劳动条件

的，导致劳动者辞职的；

(6) 用人单位拒不支付加班加点工资或低于当地最低工资标准支付劳动者工资的；

(7) 劳动者患病或者非因工负伤，经劳动鉴定委员会确认不能从事原工作，也不能从事用人单位另行安排的工作而解除劳动合同的；

(8) 劳动者不能胜任工作，经过培训或者调整工作岗位仍不能胜任工作，由用人单位解除劳动合同的；

(9) 劳动合同订立时所依据的客观情况发生重大变化，致使原劳动合同无法履行，经当事人协商不能就变更劳动合同达成协议，由用人单位解除劳动合同的；

(10) 用人单位濒临破产进行法定整顿期间或者生产经营状况发生严重困难必须裁减人员而解除劳动合同的；

(11) 劳动合同期内用人单位破产或者解散的；

(12) 劳动合同终止，地方有特殊规定需要支付经济补偿金的。

四、工会经费税前扣除风险

（一）工会经费税前扣除相关规定

《企业所得税法实施条例》第四十一条规定，企业拨缴的工会经费，不超过工资薪金总额2%的部分，准予扣除。

（二）具体处理

1. 超过工资薪金总额2%的部分不能在当年企业所得税税前扣除，也不能在以后年度企业所得税税前扣除，形成永久性差异。

2. 工会经费扣除基数为企业发生的合理的工资薪金总额。这里所说的“合理工资薪金”，根据《国家税务总局关于企业工资薪金及职工福利费扣除问题的通知》（国税函〔2009〕3号，以下简称“国税函〔2009〕3号文”）文件的规定，是指企业按照股东大会、董事会、薪酬委员会或相关管理机构制定的工资薪金制度规定，实际发放给员工的工资薪金。

3. 税前扣除工会经费需要有专用收据。《国家税务总局关于工会经费企业所得税税前扣除凭据问题的公告》（国家税务总局公告2010年第24号）第一条规定，自2010年7月1日起，企业拨缴的职工工会经费，不超过工资薪金总额2%的部分，凭工会组织开具的《工会经费收入专用收据》在企业所得税税前扣除。

《国家税务总局关于税务机关代收工会经费企业所得税税前扣除凭据问题的公告》（国家税务总局公告2011年第30号）规定，自2010年1月1日起，在委托税务机关代收工会经费的地区，企业拨缴的工会经费，也可凭合法、有效的工会经费代收凭据依法在税前扣除。

根据上述规定，可以作为税前扣除依据的工会经费收据有两类：一是工会组织开具的《工会经费收入专用收据》；二是税务机关代收工会经费凭据。

（三）风险表现

1. 未取得合法工会经费税前扣除凭据；
2. 超过扣除限额的工会经费未做纳税调增处理；
3. 计提未拨缴工会经费在税前扣除。

（四）案例

【案例5－91】 甲科技股份有限公司于2017年5月22日收到《湖北省恩施土家族苗族自治州国家税务局稽查局税务行政处罚决定书》（恩国税稽罚〔2017〕6号），湖北省恩施土家族苗族自治州国家税务局对公司2011年1月1日至2015年12月31日期间纳税情况进行检查，调增该公司不符合税前扣除的职工福利费和管理费用，调增计提但未拨缴的工会经费，合计调增应纳税所得额73 377.91元，应补企业所得税17 737.69元。

【案例5－92】 甲企业2022年向上级工会拨缴工会经费5万元，取得工会组织开具的《工会经费收入专用收据》。该企业允许税前扣除的工资薪金总额为200万元。

【解析】 甲企业2022年准予税前扣除的工会经费限额＝200×2%＝4（万元），企业实际拨缴工会经费支出5万元，超支1万元。应调增应纳税所得额1万元。

（五）问题汇总

【问题】 成立工会的企业是否可以领取和使用工会专用收据？

【解析】 企业已正式成立工会并依法取得社会团体法人资格（单独开

设银行账户，实行工会经费独立核算）的，可以向其上缴经费的上级工会组织办理领用"工会经费收入专用收据"事宜。基层工会组织领用的"工会经费收入专用收据"只能用于收取：工会会员缴纳的会费；上级工会按规定比例转拨基层工会的经费；上级工会补助的款项；单位行政按照国家有关规定给予工会组织的补助款项；工会所属的企业、事业单位上缴的收入；基层工会对外投资取得的收益；其他收入。不得替代其他财政票据、税务发票使用。

五、职工福利费税前扣除风险

（一）职工福利费税前扣除相关规定

《中华人民共和国企业所得税法实施条例》（中华人民共和国国务院令第512号）第四十条规定："企业发生的职工福利费支出，不超过工资、薪金总额14%的部分，准予扣除。"

（二）职工福利费的范围

1.《财政部关于企业加强职工福利费财务管理的通知》（财企〔2009〕242号）规定，企业职工福利费是指企业为职工提供的除职工工资、奖金、津贴、纳入工资总额管理的补贴、职工教育经费、社会保险费和补充养老保险费（年金）、补充医疗保险费及住房公积金以外的福利待遇支出，包括发放给职工或为职工支付的各项现金补贴和非货币性集体福利。

【特别提示】 国税函〔2009〕3号文明确规定："企业发生的职工福利费，应该单独设置账册，进行准确核算。没有单独设置账册准确核算的，税务机关应责令企业在规定的期限内进行改正。逾期仍未改正的，税务机关可对企业发生的职工福利费进行合理的核定。"

2.《国家税务总局关于企业工资薪金及职工福利费扣除问题的通知》（国税函〔2009〕3号）规定，可在企业所得税前限额扣除的企业职工福利费，主要有三类：

第一类是尚未实行分离办社会职能的企业，其内设福利部门所发生的设备、设施和人员费用，包括职工食堂、职工浴室、理发室、医务所、托儿所、疗养院等集体福利部门的设备、设施及维修保养费用和福利部门工作人员的工资、薪金，社会保险费、住房公积金、劳务费等；

第二类是为职工卫生保健、生活、住房、交通等所发放的各项补贴和非货币性福利，包括企业向职工发放的因公外地就医费用、未实行医疗统筹企业职工医疗费用、职工供养直系亲属医疗补贴、供暖费补贴、职工防暑降温费、职工困难补贴、救济费、职工食堂经费补贴、职工交通补贴等；

第三类则是按照其他规定发生的其他职工福利费，包括丧葬补助费、抚恤费、安家费、探亲假路费等。

（三）非货币性福利的税务处理

1.《企业所得税法实施条例》第二十五条规定，企业发生非货币性资产交换，以及将货物、财产、劳务用于捐赠、偿债、赞助、集资、广告、样品、职工福利或者利润分配等用途的，应当视同销售货物、转让财产或者提供劳务，但国务院财政、税务主管部门另有规定的除外。

2.《国家税务总局关于企业处置资产所得税处理问题的通知》（国税函〔2008〕828 号）第二条规定，企业将资产移送他人的下列情形，因资产所有权属已发生改变而不属于内部处置资产，应按规定视同销售确定收入：……（三）用于职工奖励或福利。

3.《国家税务总局关于企业所得税有关问题的公告》（国家税务总局公告 2016 年第 80 号）第二条规定，企业发生《国家税务总局关于企业处置资产所得税处理问题的通知》（国税函〔2008〕828 号）第二条规定情形的，除另有规定外，应按照被移送资产的公允价值确定销售收入。

（四）风险表现

1. 计提未实际发生的福利费未进行纳税调增处理；

2. 超限额福利费用未进行纳税调增处理。

（五）案例

【案例 5－93】 大连市 R 公司于 2019 年计提福利费 20 万元，未超过工资、薪金总额的 14%。2019 年，该公司实际发生福利费支出约 16 元，其余 4 万元为已计提并在管理费用列支，但未实际发生的福利费。该企业在进行 2019 年度企业所得税汇算清缴时，没有对未实际支出的 4 万元福利费做纳税调增处理。税务机关经检查，要求 R 公司进行相应处理，补缴企业所得税，并缴纳相应的滞纳金。

【解析】计提的福利费未实际支出、未调增应纳税所得额这个问题，常出现在“老会计”群体，他们习惯了过去关于福利费的计算扣除方式，忽视了税法的变化。事实上，福利费的扣除方式早在2008年就发生了改变。根据《企业所得税法实施条例》第四十条的规定，企业发生的职工福利费支出，不超过工资、薪金总额14%的部分，准予扣除。这一规定将预提扣除改为了限额内据实扣除，需要企业财务人员准确理解。

【案例5－94】某公司为食品加工企业，共有职工100人，其中：生产工人80人，行政管理人员20人。2022年9月，给每个职工发放一盒成本价为150元的月饼，该月饼市场售价为180元。

【解析】根据《企业所得税法实施条例》第二十五条、国税函〔2008〕828号第二条和国家税务总局公告2016年第80号第二条的规定，该企业应确认视同销售收入18 000元，视同销售成本15 000元。

《企业会计准则》明确规定：“企业以其生产的产品作为非货币性福利提供给职工的，应当按照该产品的公允价值和相关税费，计量应计入成本费用的职工薪酬金额，相关收入的确认、销售成本的结转和相关税费的处理，与正常商品销售相同。以外购商品作为非货币性福利提供给职工的，应当按照该商品的公允价值和相关税费计入成本费用。”

因此，企业将自己生产的产品作为非货币性福利提供给职工的会计和税务处理实际上已不存在差异，即无须再专门进行增值税和企业所得税视同销售的处理，此情形下企业应分3步作如下会计处理：决定发放福利时，借记生产成本（或管理费用、制造费用），贷记应付职工薪酬；实际发放福利时，借记应付职工薪酬，贷记主营业务收入，贷记应交税费——应交增值税（销项税额）；结转销售成本时，借记主营业务成本，贷记库存商品。

【案例5－95】A公司在办理2022年度企业所得税汇算清缴时，经核算发现工资薪金总额为2 000万元，其中，计入工资薪金的福利性支出800万元：（1）交通补贴100万元；（2）住房补贴200万元；（3）供暖补贴300万元；（4）特殊岗位人员福利性津贴200万元。其中，第1项、第2项和第4项是根据企业董事会制定的工资薪金制度按标准定期发放的，且A公司依法代扣代缴了个人所得税。

【解析】根据34号公告规定，交通补贴100万元、住房补贴200万元和特殊岗位人员福利性津贴200万元符合合理工资薪金的条件，属于“福利性补贴”，计入工资薪金。供暖补贴 300 万元不属于福利性补贴，计入职工福利费。则：企业所得税允许全额扣除的工资总额 =（2 000 - 300）= 1 700（万元），职工福利费扣除限额 = 1 700 × 14% = 238（万元），职工福利费支出 300（万元），应调增应纳税所得额 = 300 - 238 = 62（万元）。

（六）问题汇总

【问题 1】在实务操作中，该如何区分福利性补贴与职工福利费呢？

【解析】34 号公告规定，福利性支出中列入企业员工工资薪金制度、固定与工资薪金一起发放的福利性补贴，如果符合国税函〔2009〕3 号文关于“合理工资薪金”的规定，可以作为企业发生的工资薪金支出，按规定在税前扣除。

国税函〔2009〕3 号文关于“合理工资薪金”有这样的规定：根据以下标准判断一项福利性支出是否属于“福利性补贴”，如果任意一项条件不满足，则属于“企业职工福利费”：

（1）福利性补贴纳入工资薪金制度管理，而且工资薪金制度必须是由企业的股东大会、董事会、薪酬委员会或相关管理机构制定的；

（2）发放福利性补贴依据的工资薪金制度必须相对规范，而且符合行业及地区水平；

（3）一定时期内福利性补贴相对固定，其调整是有序进行的；

（4）对实际发放的福利性补贴，已依法履行了代扣代缴个人所得税义务；

（5）有关福利性补贴的安排，不以减少或逃避税款为目的。

【问题 2】我公司现因工作需要，准备在职工工资中增加通信费补贴，请问这一项补贴是否可以从工资薪金中列支？

【解析】《国家税务总局关于企业工资薪金和职工福利费等支出税前扣除问题的公告》（国家税务总局公告 2015 年第 34 号）第一条规定，列入企业员工工资薪金制度、固定与工资薪金一起发放的福利性补贴，符合国税函〔2009〕3 号文第一条规定的，可作为企业发生的工资薪金支出，按规定在税前扣除。

国税函〔2009〕3 号文第一条规定：《企业所得税实施条例》第三十四条所称的“合理工资薪金”，是指企业按照股东大会、董事会、薪酬委员会或相关管理机构制定的工资薪金制度规定实际发放给员工的工资薪金。

根据上述规定，如果你公司在工资薪金中增加通信补贴，符合国税函〔2009〕3号文第一条规定的，可作为企业发生的工资薪金支出，按规定在税前扣除。

六、职工教育经费税前扣除风险

（一）职工教育经费税前扣除相关规定

职工教育费扣除的规定较多，但是可以分为两种情况：8%扣除，按实际发生额扣除。

1. 扣除比例8%——适用于大部分一般企业。《财政部 税务总局关于企业职工教育经费税前扣除政策的通知》（财税〔2018〕51号）规定："一、企业发生的职工教育经费支出，不超过工资薪金总额8%的部分，准予在计算企业所得税应纳税所得额时扣除；超过部分，准予在以后纳税年度结转扣除。"

2. 按实际发生额100%扣除——适用于部分特定行业企业或者特定费用。

（1）《关于进一步鼓励软件产业和集成电路产业发展企业所得税政策的通知》（财税〔2012〕27号）规定："集成电路设计企业和符合条件软件企业的职工培训费用，按实际发生额在计算应纳税所得额时扣除。"

（2）《关于扶持动漫产业发展有关税收政策问题的通知》（财税〔2009〕65号）规定："经认定的动漫企业自主开发、生产动漫产品，可申请享受国家现行鼓励软件产业发展的所得税优惠政策。"

（3）《国家税务总局关于企业所得税执行中若干税务处理问题的通知》（国税函〔2009〕202号）规定："四、软件生产企业发生的职工教育经费中的职工培训费用，根据《财政部 国家税务总局关于企业所得税若干优惠政策的通知》（财税〔2008〕1号）规定，可以全额在企业所得税前扣除。软件生产企业应准确划分职工教育经费中的职工培训费支出，对于不能准确划分的，以及准确划分后职工教育经费中扣除职工培训费用的余额，一律按照《实施条例》第四十二条规定的比例扣除。"

3. 特殊情况。

（1）《国家税务总局关于企业所得税应纳税所得额若干问题的公告》（国家税务总局公告2014年第29号）规定：核电厂操作员培训费，不同于一般的职工教育培训支出，可作为核电企业发电成本在税前扣除；

（2）《国家税务总局关于企业所得税若干问题的公告》（国家税务总局公告 2011 年第 34 号）规定：航空企业实际发生的飞行员养成费、飞行训练费、乘务训练费、空中保卫员训练费等空勤训练费用，根据《实施条例》第二十七条规定，可以作为航空企业运输成本在税前扣除。

（二）职工教育经费的范围

《关于企业职工教育经费提取与使用管理的意见》（财建〔2006〕317 号）第三条第五款规定，企业职工教育培训经费列支范围包括：

（1）上岗和转岗培训；

（2）各类岗位适应性培训；

（3）岗位培训、职业技术等级培训、高技能人才培训；

（4）专业技术人员继续教育；

（5）特种作业人员培训；

（6）企业组织的职工外送培训的经费支出；

（7）职工参加的职业技能鉴定、职业资格认证等经费支出；

（8）购置教学设备与设施；

（9）职工岗位自学成才奖励费用；

（10）职工教育培训管理费用；

（11）有关职工教育的其他开支。

（三）具体处理

1. 会计上计提的职工教育经费，未实际使用支出的部分，不得税前扣除，在进行企业所得税申报时应做应纳税所得额调增处理。

2. 职工教育经费实际支出比例超限部分，在当年不得税前扣除，在进行企业所得税申报时应做应纳税所得额调增。在以后年度，当年的职工教育经费实际支出和以前年度结转的未扣除职工教育经费（已经实际支出）可在比例内扣除。在以后年度如果扣除以前年度结转的职工教育经费，则应做应纳税所得额调减。

（四）风险表现

1. 计提的职工教育经费，未实际使用支出的部分，未进行应纳税所得额调增处理。

2. 软件生产企业未准确划分职工教育经费中的职工培训费支出，不能享受全额在企业所得税前扣除政策。

3. 超限额职工教育经费未进行应纳税所得税调增处理。

（五）案例

【案例5-96】某软件生产企业2022年共实际发生工资薪金支出200万元，职工教育经费20万元（其中，职工培训费用2万元能准确划分），计算该企业2019年税前准予扣除的职工教育经费（上年职工教育经费无结转扣除额）。

【解析】企业发生职工培训费用2万元允许全额扣除，其他职工教育经费支出20-2=18（万元），其中不超过工资总额8%的部分即200×8%=16（万元），准予在当年度税前扣除。共准予扣除：16+2=18（万元）。剩余的2万元（20-18）在以后纳税年度结转扣除。

注意：如果不能准确划分职工教育经费中的职工培训费用，则只允许扣除16万元，剩余的4万元在以后纳税年度结转扣除。

【案例5-97】甲公司2020年、2021年、2022年度实际发放的工资薪金总额分别为800万元、900万元、1 100万元，实际发生的职工教育经费分别为26万元、40万元和50万元。假定甲公司各年度实际发放的工资薪金均符合税法规定，准予税前扣除。甲企业2020年按照职工工资总额的2.5%计提职工教育经费。2021年、2022年按照职工工资总额的8%计提职工教育经费。

【解析】（1）2020年度，甲企业按照职工工资总额的2.5%计提职工教育经费20万元（800×2.5%），实际发生26万元，准予扣除20万元，产生差异6万元，在2020年度企业所得税纳税申报时调增应纳税所得额6万元。未扣除的6万元结转以后纳税年度扣除。

（2）2021年度，甲企业按照职工工资总额的8%计提职工教育经费72万元（900×8%），实际发生40万元准予扣除，可将2020年产生的差异6万元予以扣除，调增应纳税所得额26万元。

（3）2022年度，甲企业按照职工工资总额的8%计提职工教育经费88万元（1 100×8%），实际发生50万元准予扣除，调增应纳税所得额38万元。

（六）问题汇总

【问题 1】软件公司的职工培训费是否计入 8% 的职工教育费的扣除总额。如果职工培训费已经超过了工资薪金总额的 8%，是不是意味着其他的职工教育经费无法在当期进行税前扣除？

【解析】不是这样理解的。软件生产企业的职工培训费的税务处理方法：

（1）如果能准确划分职工教育经费中的职工培训费支出，则职工培训费据实扣除。职工教育经费中扣除职工培训费用的余额，在工资总额的 8% 范围内税前扣除。

（2）如果不能准确划分，将职工培训费列入职工教育经费，一并在工资总额的 8% 范围内税前扣除。超过部分，准予在以后纳税年度结转扣除。

【问题 2】企业职工参加社会上的学历教育所需费用可以计入企业职工教育培训经费吗？

【解析】不可以，根据财建〔2006〕317 号第三条“（九）企业职工参加社会上的学历教育以及个人为取得学位而参加的在职教育，所需费用应由个人承担，不能挤占企业的职工教育培训经费”之规定，企业职工参加社会上的学历教育所需费用由个人承担，不能挤占企业的职工教育培训经费。

七、业务招待费税前扣除风险

（一）业务招待费税前扣除相关规定

1. 一般情况下。《中华人民共和国企业所得税法实施条例》第四十三条规定：企业发生的与生产经营活动有关的业务招待费支出，按照发生额的 60% 扣除，但最高不得超过当年销售（营业）收入的 5‰。

上述方法称为“双限额扣除”，即按照发生额指标比例和收入比例指标孰低原则扣除。有两方面含义：一是不管企业发生多少业务招待费，可以列入税前扣除的业务招待费最多仅是实际发生额的 60%，即最高可以税前扣除实际发生额的 60%；二是可以税前扣除的业务招待费还不能超过当年度销售（营业）收入的 5‰，超过部分也不可以税前扣除。由此可见，业务招待费的税前扣除是按照“发生额的 60%”与“当年销售（营业）收入的5‰”两项计算结果孰低原则确定的。

2. 筹建期间。《关于企业所得税应纳税所得额若干税务处理问题的公告》（国家税务总局公告2012年第15号）第五条规定：企业在筹建期间，发生的与筹办活动有关的业务招待费支出，可按实际发生额的60%计入企业筹办费，并按有关规定在税前扣除。

对于企业在筹建期间发生的业务招待费不受收入额高低的控制，可按照实际发生额的60%直接计入企业筹办费，并按有关规定在税前扣除。但必须说明的是，这里“可按实际发生额的60%计入企业筹办费”是指税务处理，不是会计处理，企业在会计处理时应全额列入费用支出，仅是在计缴企业所得税进行纳税调整时，按实际发生额的60%计入企业可税前扣除的筹办费。然后，再按照《国家税务总局关于企业所得税若干税务事项衔接问题的通知》（国税函〔2009〕98号）有关规定办理：“九、关于开（筹）办费的处理　企业可以在开始经营之日的当年一次性扣除，也可以按照新税法有关长期待摊费用的处理规定处理，但一经选定，不得改变。”

（二）业务招待费的计算基数和口径

《企业所得税年度纳税申报表填报表单》第1行“营业收入”，填报纳税人主要经营业务和其他经营业务取得的收入总额，根据“主营业务收入”和“其他业务收入”的数额填报。一些企业往往直接按照会计报表上的销售收入额作为计算业务招待费的基数，不考虑其他相关调整事项，有可能造成基数比实际偏低、多交企业所得税。所以，计算业务招待费税前扣除基数时还应考虑以下规定：

（1）《国家税务总局关于企业所得税执行中若干税务处理问题的通知》（国税函〔2009〕202号）第一条规定的：企业在计算业务招待费、广告费和业务宣传费等费用扣除限额时，其销售（营业）收入额应包括《中华人民共和国企业所得税法实施条例》第二十五条规定的视同销售（营业）收入额。

（2）《国家税务总局关于贯彻落实企业所得税法若干税收问题的通知》（国税函〔2010〕79号）第八条规定的：对从事股权投资业务的企业（包括集团公司总部、创业投资企业等），其从被投资企业所分配的股息、红利以及股权转让收入，可以按规定的比例计算业务招待费扣除限额。

(3)《国家税务总局关于印发〈房地产开发经营业务企业所得税处理办法〉的通知》(国税发〔2009〕31号)第六条规定的：企业通过正式签订“房地产销售合同”或“房地产预售合同”所取得的收入，应确认为销售收入的实现。

综上，我们可以得出如下结论：

(1)一般情况下，企业计算年度可在企业所得税前扣除的业务招待费的计算基数包括：

①主营业务收入。主营业务收入是指根据国家统一会计制度确认的、企业经常性的、主要业务所产生的收入，包括销售商品收入(非货币性资产交换收入)、提供劳务收入、建造合同收入、让渡资产使用权收入等。

②其他业务收入。其他业务收入是指根据国家统一会计制度确认的、企业主营业务以外的其他日常活动所取得的收入。一般情况下，其他业务活动的收入不大、发生频率不高、在收入中所占比重较小。其他业务收入包括：非货币性资产交换收入、出租固定资产收入、出租无形资产收入、出租包装物和商品收入等。

③视同销售收入：视同销售是指会计上不作为销售核算，而在税收上作为销售、确认收入计缴税金的商品或劳务的转移行为。《国家税务总局关于企业处置资产所得税处理问题的通知》(国税函〔2008〕828号)规定：企业将资产(自制或外购)用于市场推广或销售、交际应酬、职工奖励或福利、对外捐赠、其他改变资产所有权属(非货币性资产用于投资、分配、捐赠、抵偿债务等方面)的用途等移送他人的情形，应按规定视同销售确定收入。

需要注意的是：销售(营业)收入额还应该包括免税收入。

(2)从事股权投资业务的企业，从被投资企业所分配的股息、红利以及股权转让收入，也可以作为计算业务招待费的基数，并按规定的比例计算业务招待费扣除限额。

①对于从事股权投资业务的企业，其被投资企业所分配的股息、红利以及股权转让收入应视为其主营业务收入，可以作为业务招待费的扣除基数。

②计算基数仅包括从被投资企业所分配的股息、红利以及股权转让收入三项收入，不包括权益法核算的账面投资收益，以及按公允价值计量金

额资产的公允价值变动。

（3）对于房地产企业，还应包括企业通过正式签订“房地产销售合同”或“房地产预售合同”所取得的收入。

（三）业务招待费的具体范围

业务招待费，是指企业在经营管理等活动中用于与生产经营相关的接待应酬而支付的各种费用。在实际操作中，企业因发生业务招待行为而产生的费用一般作为业务招待费。业务招待费通常包括与企业生产经营活动有关的宴请客户及因接待业务相关人员发生的餐费、住宿费、交通费及其他费用，以及向客户及业务相关人员赠送礼品等开支。

在实践中，招待费具体范围如下：（1）企业生产经营需要而宴请或工作餐的开支；（2）企业生产经营需要赠送纪念品的开支；（3）企业生产经营需要而发生的旅游景点参观费和交通费及其他费用的开支；（4）企业生产经营需要而发生的业务关系人员的差旅费开支。

（四）风险表现

1. 业务招待费与其他费用混淆不清，将招待费等有扣除限额的费用计入会议费、差旅费等无扣除限额的费用，加大税前扣除额；

2. 业务招待费计算基数错误；

3. 筹办期业务招待费计算错误；

4. 自产产品或购进商品无偿赠送客户未视同销售计提销项税额，未做企业所得税视同销售收入，或者视同销售收入和成本确认错误；

5. 自产产品或购进商品用于交际应酬对应支出纳税调整错误；

6. 给客户的回扣、贿赂等非法支出作为业务招待费在税前扣除。

（五）案例

【案例5－98】某税务机关对大型医药制造企业A企业开展例行检查，发现该企业“销售费用”下的二级科目“会议费”列支金额占其“销售费用”70%以上。经过进一步调查，稽查人员发现，企业员工在“会议费”中报销的餐费，竟占该二级科目金额的80%以上，而与会议相关的场地、交通、住宿和设备租赁等费用合计不到20%。检查人员按照该企业年均会议费发生额估算，该医药企业近3年的餐费竟高达近8亿元，直接将50%的药品制造毛利率水平拉低了近20个百分点，对此，检查人员提出了质疑。

该企业负责人解释，此类会议是由本企业医药代表或营销人员组织，由医疗卫生专业人士参加的，旨在向与会人士提供产品信息或学术及医教信息。费用包括场地设备租金、交通费、住宿费和会议餐费等。之所以餐费占比过高，主要是此类会议大多为小型学术会议，召开地点大多在医疗机构附近的餐馆。虽然形式上是用餐，但实质是借用餐馆场地向被邀请的医生介绍产品的药效和临床经验等，属于与经营相关的正常业务宣传，不属于业务招待，因此在申报纳税时做了全额列支处理。

检查人员认为，虽然餐费并不等同于业务招待费，更不能简单地理解其与正常经营无关。但是，被查企业以餐费发票作为核算会议费的报销凭据，会议的真实性难以解释；同时，企业邀请函上注明的会议地点均在医院科室内部，举办时间在正常办公时间内，但餐费的刷卡支付凭单中的时间基本为晚餐时间。另外，当检查人员试图向被邀请的医院科室求证时，均无法取得第三方能够证明会议真实性的证据资料。最终被税务机关认定为不属于会议费，属于业务招待费，按规定进行纳税调增处理。

虽然企业在会计处理时遵循“实质重于形式”的原则，但税务机关在执法过程中更注重形式要件，即列支会议费的相关凭证应反映会议时间、地点、出席人员、内容和费用标准等，且作为原始凭证的发票是非常重要的证据。根据《发票管理办法》第二十一条和《发票管理办法实施细则》第二十六条的规定，发票开具必须反映真实的经济业务，而餐费发票只能证明用餐的事实，却无法反映其他内容。因此，在医药企业基于此类情况核算会议费时，应附上医疗机构参会的第三方证明材料，且出具的材料能够证明会议的时间、地点和内容等相关要件，以此来佐证“此用餐非彼用餐”。同时，医药企业应加强财务报销制度的管理。医药代表等业务人员报销时，财务人员除了审核发票真伪以外，还应审核发票反映的业务实质，以避免形式和事实的矛盾。

【案例5-99】 某企业2022年销售收入为20 000万元，当年实际发生业务招待费为80万元。计算税前可扣除的业务招待费。

【解析】 当年度销售（营业）收入的5‰为20 000×5‰=100（万元）

实际发生额的60%为80×60%=48（万元）

100万元>48万元，可在税前扣除48万元。

【案例5-100】 某企业2022年销售收入为20 000万元，当年的业务招待费为200万元。计算税前可扣除的业务招待费。

【解析】 当年度销售（营业）收入的5‰为20 000×5‰=100（万元），实际发生额的60%为200×60%=120（万元），100万元<120万元，可在税前扣除100万元。

【案例5-101】 甲公司2021年为筹建期，当年发生筹办费240万，其中业务招待费60万元，筹办费全部计入管理费用。在2022年开始生产经营，当年取得营业收入5 000万元，发生招待费600万元，发生广告费800万元。

（1）2021年会计上计入筹办费的金额是多少？

（2）可在企业所得税税前扣除的筹办费是多少？

（3）如果该企业选择在开始经营之日的当年（2022年）一次性扣除。2022年如何纳税调整？

（4）如果该企业选择按长期待摊费用在3年内分期摊销，2022年如何纳税调整？

【解析】

（1）2021年会计上计入筹办费金额为240万元。

（2）可在企业所得税税前扣除的筹办费240-60+60×60%=216（万元）

（3）2022年会计上筹办费一次性计入管理费用240万元，企业所得税税前只能扣除216万元，调增应纳税所得额24万元。

（4）如果该企业选择按长期待摊费用在3年内分期摊销，2022年会计摊销筹办费80万元，企业所得税税前只能扣除72万元，调增应纳税所得额8万元。

（六）问题汇总

【问题1】 如何界定餐费和业务招待费？

【解析】 从业务招待费的具体范围可以看出，业务招待费是本单位对外接待业务单位和个人而发生的应酬费用，它的消费主体主要是外单位人员，而不是本单位的员工，目的是维护良好的外部公共关系。一般认为，业务应酬开支必须是正常和必要的，同时与经营活动直接相关，并不局限于餐费支出；还包括向客户赠送的礼品、安排客户进行各项旅游活动等。

餐费的用途也有很多，不一定都是用于业务招待。因此，把全部餐费都按照业务招待费支出处理并不符合税收法规的规定。如果企业将餐费和业务招待费画等号，将不属于业务招待费的餐费计入业务招待费，这样势必会导致企业多缴税，因此，对于实际发生的餐费，企业应该把握以下几点：

（1）员工年终聚餐，午餐费、加班餐费应计入应付福利费；

（2）企业员工出差途中发生的餐费，应该列入差旅费；

（3）企业召开工作会议安排工作餐支出，应该列入会议费；

（4）员工培训时合规的餐费计入职工教育经费。

注意：对于这些费用企业都必须有充分证据证明其用途和性质，要能接受税务机关的严格检查。

【问题2】甲公司没有自己的食堂，为解决职工的午餐问题，统一由某餐厅供餐，由公司统一结算，结算时餐厅开具餐费发票。对于取得的餐费发票如何处理呢？

【解析】《国家税务总局关于企业工资薪金及职工福利费扣除问题的通知》（国税函〔2009〕3号）规定："《中华人民共和国企业所得税法实施条例》第四十条规定的企业职工福利费，包括以下内容：……（二）为职工卫生保健、生活、住房、交通等所发放的各项补贴和非货币性福利，包括企业向职工发放的因公外地就医费用、未实行医疗统筹企业职工医疗费用、职工供养直系亲属医疗补贴、供暖费补贴、职工防暑降温费、职工困难补贴、救济费、职工食堂经费补贴、职工交通补贴等。"

因此，此项费用属于在生产产品或提供劳务活动中所发生的间接人工费用，是企业为获得职工提供的服务而给予的其他相关支出，是人工成本的一部分。应作为"应付职工薪酬——职工福利费"核算，而不能作为业务招待费核算。

注意：账务处理时应在"摘要"栏内注明是职工的午餐费，同时将就餐的职工姓名及天数和标准详细列明，以避免在税务稽查时，被认定为招待性质的支出。

八、会议费税前扣除风险

（一）会议费范围

《财政部 国家机关事务管理局 中共中央直属机关事务管理局关于印

发〈中央和国家机关会议费管理办法〉的通知》（财行〔2016〕214号规定）："第十四条　会议费开支范围包括会议住宿费、伙食费、会议室租金、交通费、文件印刷费、医药费等。

前款所称交通费是指用于会议代表接送站，以及会议统一组织的代表考察、调研等发生的交通支出。

会议代表参加会议发生的城市间交通费，按照差旅费管理办法的规定回单位报销。"

参照上述会议费的定义，会议代表在会议期间发生的住宿费、伙食费，以及用于会议代表接送站和会议统一组织的代表考察、调研等发生的交通支出均属于会议费，作为"管理费用——会议费"或"销售费用——会议费"核算，不属于业务招待费范围，在提供能够证明其真实性的合法凭证后可以全额在税前扣除。

（二）会议费税前扣除的原则

根据《企业所得税法》及其实施条例规定，企业所得税成本费用税前扣除要遵循以下三项基本原则：

1. 真实性原则。真实性原则要求企业所发生的业务以及所列支的费用应当是真实的，并不仅仅是有发票入账，有发票但不真实的业务一样不允许税前扣除。

2. 相关性原则。相关性原则要求准予扣除的支出是与取得收入"直接相关"的支出。根据该原则，与企业生产经营无关的支出不允许在税前扣除。

3. 合理性原则。合理性原则是指支出首先应当是符合企业生产经营活动常规的支出。例如，确实与销售有关的会议费支出允许扣除。另外，企业发生的合理支出，限于应当计入当期损益或者有关资产成本的必要与正常的支出。根据这一原则，非法支出不能扣除；行政罚款、税收滞纳金、贿赂支出和秘密支付等也均不允许扣除。

会议费支出必须出示会议召开时间、地点、出席人员、内容、目的、费用标准及支付凭证等相关资料来反映会议支出的真实性。

（三）风险表现

1. 将有扣除限额的业务招待费按照会议费税前扣除；

2. 会议费证明资料不全或虚列会议费；

3. 以会议费套现等非销售运营支出，以及变相行贿支出、家庭成员个人消费支出等。

（四）案例

【案例5－102】因涉嫌严重商业贿赂等经济犯罪，葛兰素史克（中国）投资有限公司（以下简称“GSK中国”）部分高管被依法立案侦查。2013年6月27日，GSK中国副总裁兼企业运营总经理梁宏被警方带走接受调查。与梁宏同日被带走的还有GSK中国的副总裁兼人力资源部总监张国维、法务部总监赵虹燕和商业发展事业企业运营总经理黄红。这四人被称为GSK中国的“四驾马车”。

是什么“石头”激起了如此“巨浪”？原来是一家名不见经传的旅行社——2006年成立的上海临江国际旅行社（以下简称“临江旅行社”）！“该旅行社几乎没做过任何旅游业务，而是只和一些药企打交道”，办案民警介绍。但令人奇怪的是，该旅行社年营业额却从成立之初的几百万元飙升到案发前的数亿元。该旅行社既然不做旅游，那有什么样的非常手段发财致富呢？媒体报道，临江旅行社主要承接GSK中国的会议订单，这些会议牵涉了大量受贿又行贿的记录，旅行社成为GSK中国的“黑金池”，“无法走账的开销”均可以通过会议费或者会议费提成回扣消弭于无形。

涉案人员临江旅行社×××说：“我们一般是虚增人数套现，比如说20人参加报40人。我跟GSK合作的项目里，虚开的大概有20%，其中与梁宏合作的项目虚开达到50%”，“他们这一行里还有虚构项目的，根本不存在的会议也开发票去报账。”会议究竟开了没有？到底有多少人参加？一般来说，公司财务部门并无确切核证的手段或相应步骤。只要发票合乎规范，到财务部门报销很容易蒙混过关。多报销出来的钱，既有回流给药企高管的，也有旅行社的。×××还交代：“我在GSK分到的蛋糕肯定不是最大的一块。”对此，记者了解到，GSK中国最大的一个冷链项目，单笔贿金就提了200万元，也是靠虚开虚报做出来的。GSK中国一次年会的费用“就超过了1个亿（元人民币）”。

公安部有关部门负责人表示，GSK一案仅暴露了整个行业的冰山一角。严肃查办此案，既是为震慑商业贿赂犯罪，警示那些依照所谓“行规”行事的人悬崖勒马，也是为了研究此类犯罪特点，以便国家相关部门形成合力，规范医药行业发展，使药价虚高的现状有所改善，让药企将更多的资金投向创新和研发，让更多的老百姓切实受益。

GSK中国及涉案单位将面临哪些涉税处罚？

《税收征管法》第六十三条规定：纳税人伪造、变造、隐匿、擅自销毁账簿、记账凭证，或者在账簿上多列支出或者不列、少列收入，或者经税务机关通知申报而拒不申报或者进行虚假的纳税申报，不缴或者少缴应纳税款的，是偷税（刑法修改为逃避缴纳税款罪，下同）。对纳税人偷税的，由税务机关追缴其不缴或者少缴的税款、滞纳金，并处不缴或者少缴的税款百分之五十以上五倍以下的罚款；构成犯罪的，依法追究刑事责任。

第六十四条规定：纳税人、扣缴义务人编造虚假计税依据的，由税务机关责令限期改正，并处五万元以下的罚款。

《发票管理办法》第二十二条第二款规定，任何单位和个人不得有下列虚开发票行为：（一）为他人、为自己开具与实际经营业务情况不符的发票；（二）让他人为自己开具与实际经营业务情况不符的发票；（三）介绍他人开具与实际经营业务情况不符的发票。

《发票管理办法》第三十七条规定，违反本办法第二十二条第二款的规定虚开发票的，由税务机关没收违法所得；虚开金额在1万元以下的，可以并处5万元以下的罚款；虚开金额超过1万元的，并处5万元以上50万元以下的罚款；构成犯罪的，依法追究刑事责任。

《刑法》规定：虚开本法第二百零五条规定以外的其他发票，情节严重的，处二年以下有期徒刑、拘役或者管制，并处罚金；情节特别严重的，处二年以上七年以下有期徒刑，并处罚金。

结合上述规定可知，主观意识上GSK中国公司没想少缴税，但实际上，让他人为自己开具与实际经营业务情况不符的发票虚列成本已经造成了少缴税款的事实，分别违反了《税收征管法》和《发票管理办法》的相关规定，若构成犯罪，还将追究其刑事责任。

而对于以临江旅行社为代表的众多会议项目参与者来说，为他人开具与实际经营业务情况不符的发票也违反了《发票管理办法》，若构成犯罪，也将追究刑事责任。此外，虚开发票会导致收入虚高，那么虚增的利润势必也会多缴纳企业所得税，而这些企业一定不甘心账面形成高额利润，势必也会千方百计地虚增成本。那么，他们的成本费用又是怎样搞定的呢？这有待于公安及税务部门进一步核查。

九、手续费、佣金支出税前风险

（一）手续费、佣金支出税前扣除相关规定

1.《财政部 税务总局关于保险企业手续费及佣金支出税前扣除政策的公告》（财政部 税务总局公告2019年第72号）规定：自2019年1月1日起，保险企业发生与其经营活动有关的手续费及佣金支出，不超过当年全部保费收入扣除退保金等后余额的18%（含本数）的部分，在计算应纳税所得额时准予扣除；超过部分，允许结转以后年度扣除。

保险企业发生的手续费及佣金支出税前扣除的其他事项继续按照《财政部 国家税务总局关于企业手续费及佣金支出税前扣除政策的通知》（财税〔2009〕29号）中第二条至第五条相关规定处理。保险企业应建立健全手续费及佣金的相关管理制度，并加强手续费及佣金结转扣除的台账管理。

截至2018年12月31日，保险企业发生与生产经营有关的手续费及佣金支出，不超过以下规定计算限额以内的部分，准予扣除；超过部分，不得扣除。具体包括：财产保险企业按当年全部保费收入扣除退保金等后余额的15%（含本数，下同）计算限额；人身保险企业按当年全部保费收入扣除退保金等后余额的10%计算限额。

2.《财政部 国家税务总局关于企业手续费及佣金支出税前扣除政策的通知》（财税〔2009〕29号）规定：

（1）企业发生与生产经营有关的手续费及佣金支出，不超过以下规定计算限额以内的部分，准予扣除；超过部分，不得扣除。

其他企业：按与具有合法经营资格中介服务机构或个人（不含交易双方及其雇员、代理人和代表人等）所签订服务协议或合同确认的收入金额的5%计算限额。

（2）按照销售数量支付定额佣金的，应换算为实际销售收入后，计算佣金扣除限额。

（3）按照权责发生制的原则，收到客户预存款项，凡不作为当期收入的，在计算佣金扣除限定时，不作为计算基数，待收入实现时再计入计算基数。

3.《国家税务总局关于印发〈房地产开发经营业务企业所得税处理办法〉的通知》（国税发〔2009〕31 号）第二十条规定：企业委托境外机构销售开发产品的，其支付境外机构的销售费用（含佣金或手续费）不超过委托销售收入 10% 的部分，准予据实扣除。

4.《国家税务总局关于企业所得税应纳税所得额若干税务处理问题的公告》（国家税务总局公告 2012 年第 15 号）第三条规定：从事代理服务，主营业务收入为手续费、佣金的企业（如证券、期货、保险代理等企业），其为取得该类收入而实际发生的营业成本（包括手续费及佣金支出），准予在企业所得税前据实扣除。

5.《国家税务总局关于企业所得税应纳税所得额若干税务处理问题的公告》（国家税务总局公告 2012 年第 15 号）第四条规定：电信企业在发展客户、拓展业务等过程中（如委托销售电话入网卡、电话充值卡等），须向经纪人、代办商支付手续费及佣金的，其实际发生的相关手续费及佣金支出，不超过企业当年收入总额 5% 的部分，准予在企业所得税前据实扣除。

《国家税务总局关于电信企业手续费及佣金支出税前扣除问题的公告》（国家税务总局公告 2013 年第 59 号）文件规定：所称电信企业手续费及佣金支出，仅限于电信企业在发展客户、拓展业务等过程中因委托销售电话入网卡、电话充值卡所发生的手续费及佣金支出。

（二）企业税前扣除手续费及佣金支出时需要注意的问题

根据《财政部 国家税务总局关于企业手续费及佣金支出税前扣除政策的通知》（财税〔2009〕29 号）相关规定，企业税前扣除手续费时需要注意以下问题：

（1）企业应与具有合法经营资格中介服务企业或个人签订代办协议或合同，并按国家有关规定支付手续费及佣金。除委托个人代理外，企业以现金等非转账方式支付的手续费及佣金不得在税前扣除。企业为发行权益性证券支付给有关证券承销机构的手续费及佣金不得在税前扣除。

（2）企业不得将手续费及佣金支出计入回扣、业务提成、返利、进场费等费用。

（3）企业已计入固定资产、无形资产等相关资产的手续费及佣金支出，应当通过折旧、摊销等方式分期扣除，不得在发生当期直接扣除。

（4）企业支付的手续费及佣金不得直接冲减服务协议或合同金额，并如实入账。

（5）企业应当如实向当地主管税务机关提供当年手续费及佣金计算分配表和其他相关资料，并依法取得合法真实凭证。

（三）风险表现

1. 虚列手续费、佣金；
2. 现金支付非个人手续费、佣金税前扣除；
3. 超限额扣除手续费、佣金。

（四）案例

【案例 5－103】某市税务稽查局的检查人员对某经贸有限公司 2018 年度销售情况重新归类整理，进而计算出其出口退税、内销和出口征税 3 类业务的毛利率分别为 11%、8% 和 0.07%。令检查人员惊异的，不仅是其远低于同类行业的利率水平，更是公司内部同期同类不同价，高达百余倍的毛利率悬殊。“化工染料出口行业本来就属于夕阳产业，国家不支持、政策不鼓励。我们经营的大部分产品都由出口退税改为出口征税，公司维持下去都已经非常困难了。”检查人员刚一质疑，该公司法定代表人就大吐苦水。真实情况果真如此吗？带着疑问，检查人员开始了进一步的检查。

通过对该公司 2018 年销售收入、成本费用逐月分类统计与比对，2018 年有 5 个收入成本倒挂的月份，特别是其中毛利率赤字达 20% 以上的 2 个月份，引起了检查人员的怀疑。共性的问题被提炼出来——对外支付高额佣金，冲减主营业务收入，并红字冲减“应缴税费——应缴增值税（销项）”。

面对这种财务处理方式，检查人员当即进行质疑。企业经理马上取来了《外贸企业会计处理方法》等书籍，辩解说他们采用 CIF 价与客户结算，并一直按照老外贸企业的财务做法，以运费、保费、佣金冲减收入，在冲减收入的同时作冲减销项税额处理。检查人员一面向企业讲解相关的税收政策，一面暗自揣度如此高额的佣金支付，导致“天文”毛利率的出现，这样的亏本生意，企业为何乐此不疲呢？

检查人员调阅了该公司 2018 年度所有支付佣金的账簿凭证、所附协议以及付款记录，力图寻找佣金流向。翻开一份份佣金支付的相关凭证，检查人员发现企业佣金大多支付给一家香港公司，而在对支付行为的进一步核查中，一张张蹊跷的电汇单，引起了检查人员的警觉。所谓境外汇款，并没有汇入香港公司境外银行的账号，而是汇入其在大连某银行开立的离岸账户。为什么设在香港的公司要远赴大连开立离岸账户？又是谁在管理这个账户？带着一连串的疑问，检查人员向某银行递交了调取该离岸账户相关信息的协查函，开户信息和资金流动的资料很快打印出来，开户资料上赫然显示出，此离岸账户的开户人居然是该经贸有限公司的法定代表人！"自己"给"自己"支付佣金！面对检查人员掌握的企业汇款及离岸账户的相关信息，该公司法定代表人惊异之下，无奈道出实情。他是在与客户正常交易时，偶然获悉只要在境外注册成立贸易公司，即可在大连多家银行开设离岸账户，而公司实际经营中以支付佣金或货款名义，汇入离岸账户的款项，可比照境外汇款管理，流动于国内公司账外。于是，经朋友介绍，他找到代办境外公司注册业务的大连某咨询管理公司，向其交纳一定费用和简单资料后，注册成立了这家香港公司，并在大连某银行开设离岸账户，做起了收取自家佣金的生意。

此案事实已基本清晰，某经贸有限公司支付佣金的全部记录和相关证据、佣金汇入离岸账户的资金流动记录，以及法定代表人通过中介成立离岸公司并在大连开设离岸账户收取佣金的询问笔录也已整理完毕。据此，检查人员认为，该香港公司不存在第三方居间介绍的关系，支付给该香港公司的"佣金"也不符合税法的相关规定。

【案例5-104】甲公司主要从事食品的生产、销售业务，属于增值税一般纳税人。2022年6月，税务机关对该公司2021年度纳税事项实施了税务检查。检查人员发现该公司当年全额列支佣金和手续费支出共360万元。于是就对佣金和手续费进行了详细检查。2021年年度，该公司为推广新产品，与30名自然人签订了经纪代理服务协议，约定：受托方按照指导价格180元/盒销售产品，每销售一盒甲公司支付佣金18元，即佣金比例为10%。货款结算时，受托方只需将销售总额扣除销售佣金后的余额支付给甲公司即可。但受托方取得销售佣金收入需要向甲公司提供发票作为其税前列支的合法有效票据。经该公司统计受托方当年共计通过受托方销售20万盒，当年"应收账款——个人应收款"为3 600万元，应支付"销售费用——佣金费用"360万元，实际应收到货款3 140万元。在取得受托方提供的发票后，L公司将佣金支出360万元全部在税前列支扣除。在结转收入时，甲公司账务处理如下：

借：应收账款——个人应收款　31 400 000.00
　　贷：主营业务收入　27 787 610.62
　　　　应交税费——应交增值税（销项税）　3 612 389.38
借：银行存款——收回个人应收款　31 400 000.00
　　贷：应收账款——个人应收款　31 400 000.00

【解析】

问题一：将佣金支出冲减销售收入。

《财政部、国家税务总局关于企业手续费及佣金支出税前扣除政策的通知》（财税〔2009〕29号）第五条规定："企业支付的手续费及佣金不得直接冲减服务协议或合同金额，并如实入账。"

甲公司当年由受托方实现的销售收入应为3 600万元，然而，该公司却按照冲减销售佣金360万元后的余额3 140万元结转收入，少计销售收入360万元。

因此，针对该问题应补征增值税3 600 000÷（1+13%）×13%＝414 159.29元；由于少计销售收入360万元所对应的成本已经结转，因此应补征企业所得税（3 600 000－414 159.29）×25%＝796 460.18元。

问题二：超限额列支扣除销售佣金支出。

财税〔2009〕29号文第一条规定："企业发生与生产经营有关的手续费及佣金支出，不超过以下规定计算限额以内的部分，准予扣除；超过部分，不得扣除。其他企业：按与具有合法经营资格中介服务机构或个人（不含交易双方及其雇员、代理人和代表人等）所签订服务协议或合同确认的收入金额的5%计算限额。"

根据上述规定，甲公司可以在税前扣除的佣金支出限额应为3 600万元×5%＝180万元，针对该问题应补征企业所得税（360－180）×25%＝45万元。

【案例5－105】 甲公司（非保险企业）2022年度分别与具有合法经营资格的中介服务企业、个人签订了5笔中介服务合同，并支付了相应的手续费及佣金，取得了合法有效的增值税发票，并已将其全部计入了当期损益，合同内容如下：

（1）A代理销售服务合同100万元，银行转账支付代理公司服务佣金

8万元；

（2）B代理销售服务合同200万元，现金支付代理公司服务佣金6万元；

（3）C代理购置固定资产合同500万元，银行转账支付手续费10万元；

（4）D代理销售服务合同100万元，银行转账支付代理公司服务佣金3万元；

（5）E代理销售服务合同50万元，现金支付个人手续费服务佣金3万元。

【解析】

（1）A代理销售服务合同允许税前扣除的佣金＝100×5%＝5（万元），银行转账实际支付8万元，应调增应纳税所得额8－5＝3（万元）。

（2）B代理销售服务合同允许税前扣除的佣金＝200×5%＝10（万元），银行转账实际支付6万元小于税前扣除限额，但是由于是现金支付，按照相关规定不得税前扣除，应调增应纳税所得额6万元。

（3）C代理购置固定资产合同支付手续费10万元，应该计入固定资产成本，通过折旧方式扣除。企业计入了当期损益，应调增当期应纳税所得额10万元。同时，计入固定资产的手续费部分的折旧可以税前扣除，应调减相应的应纳税所得额。

（4）D代理销售服务合同允许税前扣除的佣金＝100×5%＝5（万元），银行转账实际支付3万元小于税前扣除限额，可以税前扣除。

（5）E代理销售服务合同虽然是现金支付，但由于是委托个人代理的相关业务，因此允许按规定税前扣除相关佣金。允许税前扣除的佣金＝50×5%＝2.5（万元），现金实际支付3万元大于税前扣除限额，应调增应纳税所得额3－2.5＝0.5（万元）。

【案例5－106】2022年度，甲保险企业全年发生与其经营活动有关的手续费及佣金支出560万元，当年取得全部保费收入2 800万元，当年发生的累计退保金280万元，假设不考虑其他事项，则当年允许扣除的与其经营活动有关的手续费及佣金支出计算如下：

【解析】自2019年1月1日起，保险企业发生与其经营活动有关的手续费及佣金支出，不超过当年全部保费收入扣除退保金等后余额的18%（含本数）的部分，在计算应纳税所得额时准予扣除。

2022 年扣除限额：（2 800 - 280）×18% = 453.6（万元）；

超出部分金额 560 - 453.6 = 106.4（万元）应结转以后年度扣除。

【案例 5 - 107】2022 年度，甲房地产开发企业共取得销售收入 3 亿元，其中委托境外公司销售高档别墅取得销售收入 2 000 万元，甲企业支付给境外公司销售佣金 240 万元。假设不考虑其他事项，则当年甲企业委托境外机构销售开发产品手续费及佣金支出可税前扣除金额计算如下：

【解析】国税发〔2009〕31 号第二十条规定：企业委托境外机构销售开发产品的，其支付境外机构的销售费用（含佣金或手续费）不超过委托销售收入 10% 的部分，准予据实扣除。

2 000 × 10% = 200（万元）；对于超过部分金额 240 - 200 = 40（万元）当年不得扣除，也不能结转以后年度扣除。

【案例 5 - 108】甲证券企业主要从事证券经纪业务、证券投资咨询业务、证券承销与保荐业务等业务，该企业 2022 年取得证券代理服务收入 5 500 万元，为取得该类收入而发生的佣金与手续费支出 2 200 万元，不考虑其他因素。

【解析】国家税务总局公告 2012 年第 15 号第三条规定：从事代理服务，主营业务收入为手续费、佣金的企业（如证券、期货、保险代理等企业），其为取得该类收入而实际发生的营业成本（包括手续费及佣金支出），准予在企业所得税前据实扣除。则该企业发生的手续费及佣金支出可全额在税前据实扣除。

【案例 5 - 109】2022 年因拓展 5G 市场发展客户需要，甲电信企业与 A 代办商签订委托代理合同，委托 A 代办商销售 5G 电话入网卡。该电信企业 2022 年取得收入总额为 5 000 万元，其中委托销售电话入网卡实现的销售收入 1 000 万元，因委托销售电话入网卡发生销售佣金支出 120 万元。不考虑其他事项。

【解析】国家税务总局公告 2012 年第 15 号第四条规定：电信企业在发展客户、拓展业务等过程中（如委托销售电话入网卡、电话充值卡等），须向经纪人、代办商支付手续费及佣金的，其实际发生的相关手续费及佣金支出，不超过企业当年收入总额 5% 的部分，准予在企业所得税前据实扣除。

因此，该企业当年发生的上述佣金支出税前扣除限额计算如下：

5 000 × 5% = 250（万元）> 120（万元），因此，可以全部在当年企业所得税税前扣除。

（五）问题汇总

【问题1】公司与代理商签订的合同或协议中并无收入约定，该佣金限定扣除标准的计算基数如何确定？按照销售数量支付定额佣金的，该佣金限定扣除标准的计算基数如何确定？公司与代理商签订的合同或协议中，除约定按实现的收入支付佣金外，还约定按照收到客户预存款项的一定比例支付佣金，收到客户预存款项是否记入扣除标准的计算基数？

【解析】按照财税〔2009〕29号文件规定：

（1）合同或协议中并无收入约定的，应按合同或协议实际执行中实现的收入确定佣金扣除限额；

（2）按照销售数量支付定额佣金的，应换算为实际销售收入后，计算佣金扣除限额；

（3）按照权责发生制的原则，收到客户预存款项，凡不作为当期收入的，在计算佣金扣除限定时，不作为计算基数，待收入实现时再计入计算基数。

【问题2】企业以现金等非转账方式支付的手续费及佣金可以在税前扣除吗？

【解析】根据《财政部 国家税务总局关于企业手续费及佣金支出税前扣除政策的通知》（财税〔2009〕29号）第二条“企业应与具有合法经营资格中介服务企业或个人签订代办协议或合同，并按国家有关规定支付手续费及佣金。除委托个人代理外，企业以现金等非转账方式支付的手续费及佣金不得在税前扣除”之规定，委托个人代理，企业以现金等非转账方式支付的手续费及佣金可以在税前扣除。除委托个人代理外，企业以现金等非转账方式支付的手续费及佣金不得在税前扣除。

【问题3】企业为发行权益性证券支付给有关证券承销机构的手续费及佣金可以在税前扣除吗？

【解析】按照《财政部 国家税务总局关于企业手续费及佣金支出税前扣除政策的通知》（财税〔2009〕29号）“二、企业为发行权益性证券支付给有关证券承销机构的手续费及佣金不得在税前扣除”之规定，企业为发行权益性证券支付给有关证券承销机构的手续费及佣金不得在税前扣除。应从溢价发行中扣除，不能在损益中核算。

【问题4】销售佣金和销售回扣有什么区别？

【解析】销售佣金是指经营者在市场中给予为其提供服务的具有合法经营者资格的中间人的劳务报酬，中间人必须是有权从事中介服务的单位或个人，但不包括交易双方及其雇员、代理人和代表人等。

销售回扣是指经营者销售商品时以现金、实物或者其他方式退给对方单位或者个人的一定比例的商品价款。销售回扣可分为暗扣和明扣。暗扣是指在由账外暗中给予对方单位的或个人的一定比例的商品价款，属于贿赂支出，不得税前列支；明扣是指经营者销售或购买商品，以明示方式给对方折扣。如果销售额和折扣额在同一张发票上注明的，可按折扣后的销售额计算缴纳所得税；如果将折扣额另开发票，则不得从销售额中减除折扣额。

【问题5】公司因历史原因有一些应收账款无法收回，委托财务公司帮催讨应收账款，付给财务公司催回款项的20%，请问是否符合《财政部 国家税务总局关于企业手续费及佣金支出税前扣除政策的通知》（财税〔2009〕29号）中所说的手续费和佣金内容，是否按5%的比例税前扣除？另外，财税〔2009〕29号中的手续费和佣金都包括哪些项目？

【解析】《财政部 国家税务总局关于企业手续费及佣金支出税前扣除政策的通知》（财税〔2009〕29号）文件第二条规定："企业应与具有合法经营资格中介服务企业或个人签订代办协议或合同，并按国家有关规定支付手续费及佣金。"可见具有合法经营资格的中介服务企业或个人才是手续费和佣金的支付对象，如果该财务公司不具备上述合法经营资格，则不属于手续费或佣金支出。

【问题6】企业在支付手续费及佣金时，应注意留存哪些票据以证明其经济业务真实合法？

【解析】企业在支付手续费及佣金时，获取证明其经济业务真实合法的票据至少包括：(1) 证明对方（单位）具有中介机构资质的相关文件，如营业执照、税务登记证、组织机构代码证、相关资质证书等；(2) 证明对方（个人）具有从事中介业务的相关文件，如身份证、从业资格证书、税款缴纳证明资料等；(3) 双方签订的合同或协议；(4) 支付形式证明，如转账支票存根、现金支票存根、银行汇款回单等；(5) 付款凭据：发票、收据、收条等。

【问题7】某企业通过竞拍方式获取土地一宗，用于自建厂房，土地价款为1亿元。竞拍成功后，按照与拍卖公司签订的拍卖合同，该公司支付土地拍卖佣金200万元并取得了合法票据。这200万元佣金该如何处理？

【解析】200万元的拍卖佣金属于购买无形资产发生的相关费用，按照企业会计准则的规定，应该计入“无形资产——土地使用权”，构成土地价值的组成部分。根据财税〔2009〕29号文规定，企业已计入固定资产、无形资产等相关资产的手续费及佣金支出，应当通过折旧、摊销等方式分期扣除。如果该企业将200万元的拍卖佣金计入当期费用，是不可以在发生当期税前扣除的。

【问题8】某房地产开发企业与××营销代理公司签订了《商品房委托代理销售合同》，合同中约定销售总金额为2亿元，房产公司支付销售佣金400万元（占合同金额的2%）。如果营销代理公司将销售佣金400万元从应该支付的商品房销售款2亿元中扣除，仅仅支付房产公司1.96亿元，房地产公司按照1.96亿元确认销售收入，是否可以？

【解析】不可以。财税〔2009〕29号文规定：“企业支付的手续费及佣金不得直接冲减服务协议或合同金额，并如实入账。”如果营销代理公司将销售佣金400万元从应该支付的商品房销售款2亿元中扣除，仅仅支付房产公司1.96亿元，房产公司按照1.96亿元作为销售收入处理是不符合规定的行为。正确的处理方式是：营销代理公司将商品房销售款2亿元按照合同约定支付给房产公司，而房产公司也支付销售佣金400万元给代理公司，取得代理公司开具的合规票据，则房产公司支付的佣金完全可以税前扣除的。

十、广告费和业务宣传费税前扣除风险

广告费是指企业通过一定媒介和形式直接或者间接地介绍自己所推销的商品或所提供的服务，激发消费者对其产品或劳务的购买欲望，以达到促销的目的，而支付给广告经营者、发布者的费用。

业务宣传费是指企业开展业务宣传活动所支付的费用，主要是指未通过广告发布者传播的广告性支出，包括企业发放的印有企业标志的礼品、纪念品等。

两者的区别主要在于是否通过特定渠道进行发布：广告有多种形式，包括媒体广告，还包括户外广告、店堂广告、印刷品广告以及临时性广告

等；业务宣传费指企业开展业务宣传活动所支付的费用，主要是指未通过媒体传播的广告性支出，例如，开业发放的印有企业标志的礼品、纪念品等。在实务工作中，业务宣传可能存在多种方式，应根据发生支出的属性判断是否为宣传费。例如，公众通过微信扫码关注后，企业向其发放现金红包，从本质上来看是企业宣传的方式之一，也应当作为业务宣传费，按限额在税前扣除；再如，企业向客户赠印有标识的礼品，确认视同销售收入，同时作为业务宣传费在企业所得税前扣除。

《企业所得税法实施条例》和《财政部 国家税务总局关于广告费和业务宣传费支出税前扣除政策的通知》（财税〔2012〕48号）对广告费与业务宣传费均规定实行合并扣除。

（一）广宣费税前扣除的相关规定

1.《企业所得税法实施条例》第四十四条规定：企业发生的符合条件的广告费和业务宣传费支出，除国务院财政、税务主管部门另有规定外，不超过当年销售（营业）收入15%的部分，准予扣除；超过部分，准予在以后纳税年度结转扣除。

2.《国家税务总局关于企业所得税应纳税所得额若干税务处理问题的公告》（国家税务总局公告2012年第15号公告）规定：企业在筹建期间，发生的与筹办活动有关的业务招待费支出，可按实际发生额的60%计入企业筹办费，并按有关规定在税前扣除；发生的广告费和业务宣传费，可按实际发生额计入企业筹办费，并按有关规定在税前扣除。

3.《财政部 税务总局关于广告费和业务宣传费支出税前扣除政策的通知》（财税〔2017〕41号）规定：

（1）对化妆品制造或销售、医药制造和饮料制造（不含酒类制造）企业发生的广告费和业务宣传费支出，不超过当年销售（营业）收入30%的部分，准予扣除；超过部分，准予在以后纳税年度结转扣除。

（注意：化妆品制造业和销售业均适用，医药和饮料仅适用制造业，医药销售、饮料销售不包括在内，而且饮料中不包括酒类。）

（2）对签订广告费和业务宣传费分摊协议（以下简称“分摊协议”）的关联企业，其中一方发生的不超过当年销售（营业）收入税前扣除限额比例内的广告费和业务宣传费支出可以在本企业扣除，也可以将其中的部分或全部按照分摊协议归集至另一方扣除。另一方在计算本企业广告费和业务宣传费支出企业所得税税前扣除限额时，可将按照上述办法归集至本企业的广告费和业务宣传费不计算在内。

（注意：归集扣除一方的扣除限额中不包括关联企业归集过来的广宣费，归集扣除一方的扣除限额 = 计算税前扣除限额 + 按规定归集至本企业扣除额。即接受归集扣除广告费和业务宣传费的关联企业，其接受扣除的费用不占用本企业的扣除限额，本企业可扣除的广告费和业务宣传费，除按规定比例计算的限额外，还可以将关联企业未扣除而归集来的广告费和业务宣传费在本企业扣除。）

（3）烟草企业的烟草广告费和业务宣传费支出，一律不得在计算应纳税所得额时扣除。

（注意：酒类企业的烟草广告费和业务宣传费支出可以扣除，按原则性规定执行，烟草企业的非烟草类的广告费和业务宣传费支出可以税前扣除。）

（二）广宣费税前扣除需要注意的问题

1. 扣除基数即销售（营业）收入的确认。A100000“中华人民共和国企业所得税年度纳税申报表（A类）”填报说明：第1行“营业收入”：填报纳税人主要经营业务和其他经营业务取得的收入总额。本行根据“主营业务收入”和“其他业务收入”的数额填报。

《关于企业所得税执行中若干税务处理问题的通知》（国税函〔2009〕202号）第一条规定：企业在计算业务招待费、广告费和业务宣传费等费用扣除限额时，其销售（营业）收入额应包括《实施条例》第二十五条规定的视同销售（营业）收入额。

《国家税务总局关于印发〈房地产开发经营业务企业所得税处理办法〉的通知》（国税发〔2009〕31号）第六条规定，企业通过正式签订“房地产销售合同”或“房地产预售合同”所取得的收入，应确认为销售收入的实现。

因此，企业正常生产经营期间发生的广告费和业务宣传费当期扣除基数 = 销售（营业）收入 + 视同销售（营业）收入 +（房地产开发企业销售未完工产品的收入 − 销售未完工产品转完工产品确认的销售收入）。

2. 费用发生年度超出扣除限额部分可结转下年扣除。企业当年实际发生的符合条件的广告宣传费支出，按照《企业所得税法实施条例》和财税〔2017〕41号文规定的扣除基数和比例计算扣除后，仍有余额不能在当年扣除的，准予结转下一年度继续扣除，但仍须符合规定的扣除基数和比例标准。

3. 企业将货物、资产、劳务用于广告时，进行视同销售纳税调整后，对应支出的会计处理与税收规定有差异需纳税调整金额的填报。《关于修订企业所得税年度纳税申报表有关问题的公告》（国家税务总局公告2019年第41号）修改了“纳税调整项目明细表”（A105000）“二、扣除类调整项目 -（十七）其他”（第30行）的填写说明，在原有的“填报其他因会计处理与税收规定有差异需纳税调整的扣除类项目金额”基础上，增加了“企业将货物、资产、劳务用于捐赠、广告等用途时，进行视同销售纳税调整后，对应支出的会计处理与税收规定有差异需纳税调整的金额填报在本行”的表述。

申报表修改前自产产品用于捐赠、广告等税前扣除金额是按照会计核算金额确定的，收入一般是按市场公允价值确定的，企业需要就视同销售收入和视同销售成本的差额计入应纳税所得额，这对企业不公平。修改申报表后，企业可以将因视同销售而调增的金额填入第30行进行调减，消除了不公平税负。这个变化使企业可以无额外税收负担地用自产产品开展营销活动，这无疑将提高企业的经营效率和经济活力。

（三）风险表现

1. 广告费支出与赞助支出混淆，与企业生产经营无关的赞助支出，在税前扣除；

2. 广宣费分摊计算错误；

3. 税前扣除广宣费无合法有效扣除凭证；

4. 广告和业务宣传视同销售对应支出的纳税调整错误。

（四）案例

【案例5-110】 A企业和B企业是关联企业。A企业和B企业签订了分摊协议，约定B企业在2022年发生的广告费和业务宣传费的30%，归集至A企业扣除。假设2022年B企业销售收入为2 000万元，当年实际发生广告费和业务宣传费为400万元，其广告费和业务宣传费的扣除比例为销售收入的15%。2022年，A企业销售收入为5 000万元，当年实际发生广告费和业务宣传费为 800 万元，其广告费和业务宣传费的扣除比例为销售收入的 15%。

【解析】

1. B 企业：

（1）2022 年广告费和业务宣传费的税前扣除限额为 2000 × 15% = 300（万元），当年实际发生广告费和业务宣传费为 400 万元，超过当年准予扣除的限额，当年准予扣除额为 300 万元。

（2）协议归集至 A 企业扣除 = 400 × 30% = 120（万元），没有超过扣除限额，可全额分摊至 A 企业扣除。

（3）则 2022 年度在本企业扣除的广告费和业务宣传费为：300 − 120 = 180（万元）。

（4）结转以后年度扣除的广告费和业务宣传费为 400 − 300 = 100（万元）。

2. A 企业：

（1）2022 年广告费和业务宣传费的税前扣除限额为 5000 × 15% = 750（万元），当年实际发生广告费和业务宣传费为 800 万元，大于限额，当年允许扣除 750 万元。

（2）B 企业当年分摊来的广告费和业务宣传费为 120 万元，则 A 企业本年度实际扣除的广告费和业务宣传费为 750 + 120 = 870（万元）。

（3）结转以后年度扣除的广告费和业务宣传费为 800 − 750 = 50（万元）。

【案例 5 − 111】 A 公司属于医药生产企业，其生产出来的药品主要通过关联企业 B 公司（医药经销企业）销售，但由 A 公司统一进行生产药品的广告业务宣传。双方签订了广告费和业务宣传费分摊协议，约定 A 公司发生的广告费和业务宣传费的 50% 分摊至 B 公司。2022 年 A 公司销售额合计 4 000 万元，发生的广告费和业务宣传费 1 000 万元；B 公司销售额合计 3 000 万元，发生的产品广告费和业务宣传费 500 万元（不含 A 公司分摊部分）。2022 年度，A、B 两公司可税前扣除的广告业务宣传费金额各为多少万元？

【解析】

1. A 公司：

（1）A 公司属于医药生产企业，发生的广告费和业务宣传费支出，不超过当年销售（营业）收入 30% 的部分，准予扣除。因此，A 公司可税前扣除的广告费和业务宣传费限额为 4 000 × 30% = 1 200（万元）；实际发生额1 000万元，没有超过扣除限额。当年准予扣除额为1 000万元。

（2）约定分摊至B公司为发生额的50% =1 000×50% =500（万元），没有超过扣除限额，可全额分摊至B企业扣除。

（3）则A公司2022年度税前扣除额=1 000－500=500（万元）。

2. B公司：

（1）B公司属于医药销售企业，广告和业务宣传费不超过当年销售（营业）收入15%的部分，准予扣除，则可扣除的广告费和业务宣传费限额为3 000×15% =450（万元）。实际发生500万元，大于限额，本公司准予税前扣除450万元。

（2）A公司当年分摊过来的广告费和业务宣传费为500万元，则B公司本年度实际扣除的广告费和业务宣传费为500+450=950（万元）。

（3）结转以后年度扣除的广告费和业务宣传费为500－450=50（万元）。

【案例5－112】某企业2021年为筹建期，2021年发生筹办费200万元，其中，广告费和业务宣传费60万元。企业筹办费全部计入管理费用，企业所得税税率25%，不考虑其他事项。2022年开始生产经营，取得营业收入5 000万元，发生广告费和业务宣传费800万元。

【解析】

1. 2021年，根据国家税务总局公告2012年第15号公告规定，广告费和业务宣传费可按实际发生额计入企业筹办费，并按有关规定在税前扣除。

2.《国家税务总局关于企业所得税若干税务事项衔接问题的通知》（国税函〔2009〕98号）第九条规定，关于开（筹）办费的处理：企业可以在开始经营之日的当年一次性扣除，也可以按照新税法有关长期待摊费用的处理规定处理，但一经选定，不得改变。

根据上述规定，对于筹办费，该企业可以选择在2022年一次税前扣除，也可以选择按照长期待摊费用处理，在不少于3年的时间内税前扣除。假设选择一次性扣除，则2022年税前扣除的开办费中包含广告费和业务宣传费60万元。假设选择在3年的时间内税前扣除，则2022年税前扣除的开办费中包含广告费和业务宣传费20万元。

2022年营业收入5 000万元，广告费和业务宣传费税前扣除额=5 000×15% =750（万元），实际发生800万元，超过限额标准，则按限额750万元扣除，2022年广告费和业务宣传费调增金额=800－750=50（万元），50万元可以结转以后年度继续扣除。

【案例5－113】 A公司系一家服装生产企业，2022年度A公司加入了所属行业的同业协会，每年须向行业协会支付一定金额的会费。2022年，A公司向该协会支付赞助费20 000元，同时取得对方开具的财政局监制收据。A公司财务人员认为，该笔赞助费用是生产经营中发生的费用，且该赞助费用对于提高公司知名度有正面影响，将该费用在企业所得税前列支。

税务机关对2022年涉税事项进行税务稽查时，检查出该事项，认为A公司与该行业协会签订的合同中并未列明该协会有为A公司提供广告宣传义务的内容，该笔费用应属于赞助支出，不得在税前扣除。

《企业所得税法》第十条第六项明确规定，在计算应纳税所得额时，赞助支出不得扣除。在本案中，A公司支出的该笔赞助费，其支付的对象不具有公益性质，赞助支出也具有明显的商业目的，故不属于捐赠支出；且赞助行业协会也无法达到向不特定公众宣传的作用，从A公司与该行业协会签订的合同中看，行业协会并没有提供广告宣传服务的义务，与企业的生产经营并无关联。故A企业的该笔赞助费不同于公益性捐赠、广告费和业务宣传费，属于赞助支出，不得在税前扣除。

【案例5－114】 某金融企业2019—2021年列支了无法确认业务真实性的费用，主要包括“活动策划性质的业务宣传费”“广告费”“咨询费”等，企业无法取得税法规定的可以在税前扣除的凭证。最终，企业进行纳税调整，补缴企业所得税约800万元。

（五）问题汇总

【问题1】 我们是一家民办非营利组织，请问本年企业所得税申报时，填报的计算广告费和业务宣传费扣除限额的销售（营业）收入是否包含政府补助收入？

【解析】 在“中华人民共和国企业所得税年度纳税申报表（A类，2017年版）”中，A103000“事业单位、民间非营利组织收入、支出明细表”填报说明规定如下：“本表适用于实行事业单位会计准则的事业单位以及执行民间非营利组织会计制度的社会团体、民办非企业单位、非营利性组织等查账征收居民纳税人填报。”其中第10行至第17行由执行民间非营利组织会计制度的纳税人填报。第10行“民间非营利组织收入”：填报纳税人开展业务活动取得的收入，应当包括接受捐赠收入、会费收入、提供劳务收入、政府补助收入、投资收益、商品销售收入等主要业务活动收入和其他收入等。因此，你单位的政府补助收入属于营业收入的一部分，参与广告费和业务宣传费扣除限额的计算。

【问题2】我们公司是代理商，把产品批发给客户，给客户做的有关宣传我单位产品资料，诸如喷绘、写真、吊旗等之类，这些广告品都是悬挂在客户店内，单位给客户做的这些广告品能否算作我公司的广告费，能否税前扣除？

【解析】业务宣传费是指企业开展业务宣传活动所支付的费用，主要是指未通过广告发布者传播的广告性支出，包括企业发放的印有企业标志的礼品、纪念品等。根据业务宣传费的定义，你公司可以把上述费用计入业务宣传费，按照相关规定进行税前扣除。

【问题3】企业为宣传本企业的产品或服务，通过第三方平台进行宣传，第三方平台公司收取的开票内容为信息推广服务费的支出，是作为信息服务费扣除，还是作为广告费和业务宣传费税前扣除？

【解析】一般情况下，企业为宣传本企业的产品、服务或形象发生的支出属于广告费和业务宣传费支出。企业通过第三方平台宣传本企业的产品或服务，虽然发票载明的内容为信息服务费，但由于实际是企业为了宣传本企业的产品或服务而发生的支出，因此应作为广告费和业务宣传费支出，在规定的比例内税前扣除。

【问题4】公司赞助第三方活动，要求对方在活动中展示我公司的标识和形象信息，公司会计核算计入赞助费科目，此类支出是否作为赞助支出不得税前扣除，还是可以作为广告费和业务宣传费支出税前扣除？

【解析】按照《企业所得税法》第十条和《实施条例》第五十四条的规定，企业发生的与生产经营活动无关的各种非广告性质赞助支出不得从税前扣除。对于宣传企业的产品或形象具有广告性质的赞助支出，属于与企业取得收入直接相关的支出，作为广告费和业务宣传费支出从税前扣除。

该公司赞助第三方活动如果是为了宣传企业的形象，具有广告性质，可以作为广告费和业务宣传费支出从税前扣除。

十一、财务费用税前扣除风险

（一）利息支出税前扣除的相关规定

1.《企业所得税法实施条例》第三十八条规定：“企业在生产经营活

动中发生的下列利息支出，准予扣除：

（1）非金融企业向金融企业借款的利息支出、金融企业的各项存款利息支出和同业拆借利息支出、企业经批准发行债券的利息支出；

（2）非金融企业向非金融企业借款的利息支出，不超过按照金融企业同期同类贷款利率计算的数额的部分。”

2.《中华人民共和国企业所得税法实施条例》第三十七条规定，企业在生产经营活动中发生的合理的不需要资本化的借款费用，准予扣除。企业为购置、建造固定资产、无形资产和经过12个月以上的建造才能达到预定可销售状态的存货发生借款的，在有关资产购置、建造期间发生的合理的借款费用，应当作为资本性支出计入有关资产的成本，并依照本条例的规定扣除。

3.《企业所得税法实施条例》第三十八条规定，“企业在生产经营活动中发生的下列利息支出，准予扣除：

（1）非金融企业向金融企业借款的利息支出、金融企业的各项存款利息支出和同业拆借利息支出、企业经批准发行债券的利息支出；

（2）非金融企业向非金融企业借款的利息支出，不超过按照金融企业同期同类贷款利率计算的数额的部分。”

4.《财政部 国家税务总局关于企业关联方利息支出税前扣除标准有关税收政策问题的通知》（财税〔2008〕121号）规定：

（1）在计算应纳税所得额时，企业实际支付给关联方的利息支出，不超过以下规定比例和税法及其实施条例有关规定计算的部分，准予扣除，超过的部分不得在发生当期和以后年度扣除。企业实际支付给关联方的利息支出，除符合本通知第二条规定外，其接受关联方债权性投资与其权益性投资比例为：金融企业，为5∶1；其他企业，为2∶1。

（2）企业如果能够按照税法及其实施条例的有关规定提供相关资料，并证明相关交易活动符合独立交易原则的；或者该企业的实际税负不高于境内关联方的，其实际支付给境内关联方的利息支出，在计算应纳税所得额时准予扣除。

5.《国家税务总局关于企业向自然人借款的利息支出企业所得税税前扣除问题的通知》（国税函〔2009〕777号）规定：

（1）企业向股东或其他与企业有关联关系的自然人借款的利息支出，应根据《中华人民共和国企业所得税法》（以下简称《税法》）第四十六条及《财政部 国家税务总局关于企业关联方利息支出税前扣除标准有关税收政策问题的通知》（财税〔2008〕121 号）规定的条件，计算企业所得税扣除额；

（2）企业向除第一条规定以外的内部职工或其他人员借款的利息支出，其借款情况同时符合以下条件的，其利息支出在不超过按照金融企业同期同类贷款利率计算的数额的部分，根据《税法》第八条和《税法实施条例》第二十七条规定，准予扣除：一是企业与个人之间的借贷是真实、合法、有效的，并且不具有非法集资目的或其他违反法律、法规的行为；二是企业与个人之间签订了借款合同。

6.《中华人民共和国企业所得税法实施条例》第二十七条规定：凡企业投资者在规定期限内未缴足其应缴资本额的，该企业对外借款所发生的利息，相当于投资者实缴资本额与在规定期限内应缴资本额的差额应计付的利息，其不属于企业合理的支出，应由企业投资者负担，不得在计算企业应纳税所得额时扣除。

《国家税务总局关于企业投资者投资未到位而发生的利息支出企业所得税前扣除问题的批复》（国税函〔2009〕312）号）具体计算不得扣除的利息，应以企业一个年度内每一账面实收资本与借款余额保持不变的期间作为一个计算期，每一计算期内不得扣除的借款利息按该期间借款利息发生额乘以该期间企业未缴足的注册资本占借款总额的比例计算，公式为：

企业每一计算期不得扣除的借款利息 = 该期间借款利息额 × 该期间未缴足注册资本额 ÷ 该期间借款额

企业一个年度内不得扣除的借款利息总额为该年度内每一计算期不得扣除的借款利息额之和。

（二）风险表现

1. 将高于金融机构同类、同期贷款利率以上的利息支出计入财务费用，未在企业所得税纳税申报表中进行纳税调整。

2. 应予资本化的利息支出全额计入财务费用在税前一次性扣除。

3. 存在将借款转给其他单位使用并为其负担利息的情况。对于本企业承担的与取得收入无关的财务费用，不能在企业所得税税前扣除，应做纳税调增处理。例如：某财务人员在对短期借款科目自查时，发现企业向银行借入的一笔短期借款所发生的财务费用由本企业负担，但借款实际却是无偿提供给本企业实际控制人用于个人支出使用，对于类似问题，财务人员就应对财务费用做纳税调增处理。

4. 大额金融机构手续费未取得合法有效票据。若取得的财务费用列支凭据不是税法规定的合法有效票据，财务人员应积极向票据提供方索取。例如：企业将在生产经营中取得的承兑汇票贴现时，因为承兑汇票金额往往较大，因而贴现费用也较高。财务人员在核查时应重点关注贴现凭证名头是否为本公司、是否为合法有效凭据。

5. 从其关联方接受债权性投资与权益性投资的比例超过规定标准，未对相应利息支出进行纳税调整。

（三）案例

【案例5-115】 A公司的生产、经营范围为其他园艺作物种植，企业注册类型为有限责任公司。税务机关在采集A公司2022年度纳税数据时发现，该企业2022年度的财务费用占企业所得税税前扣除费用总额的99.83%，税务风险较高。在随后的全面核查中，税务机关发现，A公司自2020年以来，一直未开展任何实质性的生产、经营活动，其产生的财务费用均为向银行抵押贷款所产生的利息支出，且所贷款项全部用于B公司开展种植园建设以及农产品种植等经营活动。鉴于财务费用占比过高，税务机关对A公司开展了深入调查。

深入调查后发现，B公司与A公司属于同一法定代表人控制，且该法定代表人还注册了C、D和E另外3家公司。A、C、D和E这4家公司专门用于银行贷款，并将贷款全部投入B公司，供其开展农业生产、经营活动。通过实地核查，A、C、D和E 4家公司2022年全年银行贷款利息支出共计148.91万元，B公司发生的财务费用总额为109.37万元，5家企业属于关联企业，资金流转的税务处理不合规。

《财政部 国家税务总局关于全面推开营业税改征增值税试点的通知》（财税〔2016〕36号）“附件1”第十四条规定，单位或者个体工商户向其他单位或者个人无偿提供服务，视同销售服务、无形资产或者不动产。同时，财税〔2016〕36号文件“附件1”的《销售服务、无形资产、不动产注释》规定，贷款指将资金贷与他人使用而取得利息收入的业务活动，各种占用、拆借资金取得的收入，按照贷款服务缴纳增值税。因此，关联企业间资金拆借行为应视同销售服务，按照规定缴纳增值税。A、B、

C、D和E公司属于关联企业，A、C、D和E公司将资金提供给B公司使用，属于关联企业间的资金拆借行为，其收到的贷款利息应视同销售，计算缴纳增值税。

根据《企业所得税法实施条例》第三十七条的规定，企业在生产经营活动中发生的合理的、不需要资本化的借款费用，准予扣除。企业为购置、建造固定资产、无形资产和经过12个月以上建造才能达到预定可销售状态的存货发生借款的，在有关资产购置、建造期间发生的合理的借款费用，应当作为资本性支出计入有关资产的成本，并依照《企业所得税法实施条例》的规定，在企业所得税前扣除。税务机关在对B公司开展核查时确认，B公司2022年度发生的财务费用总额为109.37万元，其中37万元为B公司正常经营的贷款费用，72.37万元是B公司为建造农产品生产基地而产生的支出。因此，B公司当期可在企业所得税税前扣除的金额为37万元，其72.37万元的建造支出应予以资本化而不得在本期扣除。

由此，税务机关责令A、B、C、D和E公司纳税调整并补缴税款。

【案例5-116】2022年1月1日，甲公司从关联企业乙公司借款100万元，期限1年，双方约定年利率8%。金融企业同期同类贷款利率为6%。甲公司2022年可在税前扣除的利息费用怎么计算？怎么填写企业所得税纳税申报表？

【解析】甲公司2022年可在税前扣除的利息费用为100×6%=6（万元）。向乙公司支付的超过金融企业同期同类贷款利率6%的利息部分不能在企业所得税前扣除，应纳税调增2万元［100×(8%-6%)］。

纳税申报时，填写A105000“纳税调整项目明细表”第18行“(六)利息支出”项目第1列“账载金额”80 000元，第2列“税收金额”60 000元，第3列“调增金额”20 000元。

要点提醒：

1. 所谓金融机构，是指各类银行、保险公司及经中国人民银行批准从事金融业务的非银行金融机构。

2. 关于金融企业同期同类贷款利率确定问题。《国家税务总局关于企业所得税若干问题的公告》（国家税务总局公告2011年第34号）根据《实施条例》第三十八条规定，鉴于目前我国对金融企业利率要求的具体情况，企业在按照合同要求首次支付利息并进行税前扣除时，应提供“金融企业的同期同类贷款利率情况说明”，以证明其利息支出的合理性。

【案例5-117】 A集团由其母公司、子公司和参股公司组建而成，B公司为其母公司，C公司、D公司和E公司均为其全资子公司。2021年1月1日，B公司将自有资金借给C公司，金额为1 000万元，年利率为0，借款期限3年。2022年1月1日，D公司自银行借入长期贷款5 000万元，年利率5%，期限1年，按年支付利息，其中2 000万元转借给E公司，年利率0，期限1年。

【解析】 分三步判断是否免税：

根据《财政部 国家税务总局关于明确养老机构免征增值税等政策的通知》（财税〔2019〕20号，以下简称“20号文件”）规定，税收优惠的适用范围是企业集团内单位（含企业集团）之间的资金无偿借贷行为，即非企业集团不能享受免税优惠。欲判断B公司能否适用新政策，需要进行主体判断。

第一步，需要判断A集团是否符合企业集团的规定。根据《企业集团登记管理暂行规定》（工商企字〔1998〕第59号）规定，符合税收优惠条件的主要有以下两类企业集团：一是2018年8月31日前经企业集团核准登记，持有“企业集团登记证”的企业集团。二是2018年9月1日后，将企业集团名称及集团成员信息通过国家企业信用信息公示系统向社会公示的集团母公司。如果A集团属于上述两种情况之一，向主管税务机关备案后，可以享受增值税免税优惠。

第二步，判断B公司与C公司之间的借贷行为是否符合免税规定。20号文件第三条及《财政部 税务总局关于延长部分税收优惠政策执行期限的公告》（财政部 税务总局公告2021年第6号）规定，2019年2月1日—2023年12月31日，对企业集团内单位（含企业集团）之间的资金无偿借贷行为，免征增值税。同时，第五条规定：“本通知自发布之日起执行，此前已发生未处理的事项，按本通知规定执行。”因此，B公司和C公司同为A集团的成员单位，且1 000万元借款年利率为0，符合集团内无偿借贷定义，虽然发生在2018年1月1日，仍可以按照20号文件规定执行，自2019年2月1日起享受免税优惠。

第三步，判断D公司和E公司之间的借贷行为是否符合新规。20号文件仅对资金流向进行了限定，但没有对资金来源作出限制性规定，资金来源既可以是自有资金，也可以是外部资金。D公司和E公司同是A集团的成员单位，D公司以借入资金无偿借给E公司，可以免缴增值税。

值得注意的是，新政策只对增值税进行了相关规定，而在企业所得税处理上，关联方之间的无偿借贷行为可能涉及纳税调整。在不符合独立交易原则的情况下，予以纳税调整是常态。若实际税负相同且没有直接或间接导致税收减少，原则上不作调整，但也不排除调整的可能性。因此，建议在企业所得税处理上，企业集团内单位之间的无偿借贷行为应遵循独立交易原则，以规避税务风险。

（四）问题汇总

【问题1】公司为房地产开发企业，借款给关联公司收取的利息收入是否需要缴纳企业所得税？如果需要缴纳，政策依据是什么？

【解析】如关联企业之间拆借资金，提供资金的一方应当按照独立交易原则确认利息收入，计算缴纳企业所得税，如果企业确认的计税依据明显偏低不符合独立交易原则，主管税务机关有权进行合理调整。

政策依据：

1. 确认利息收入的规定：《中华人民共和国企业所得税法》第六条规定：企业以货币形式和非货币形式从各种来源取得的收入为收入总额，包括利息收入。

2. 关联企业融通资金缴纳企业所得税的规定：《中华人民共和国税收征收管理法》第三十六条规定，企业或者外国企业在中国境内设立的从事生产、经营的机构、场所与其关联企业之间的业务往来，应当按照独立企业之间的业务往来收取或者支付价款、费用；不按照独立企业之间的业务往来收取或者支付价款、费用，而减少其应纳税的收入或者所得额的，税务机关有权进行合理调整。

《中华人民共和国税收征收管理法实施细则》（国务院令第362号）第五十四条规定，纳税人与其关联企业之间的业务往来有下列情形之一的，税务机关可以调整其应纳税额：融通资金所支付或者收取的利息超过或者低于没有关联关系的企业之间所能同意的数额，或者利率超过或者低于同类业务的正常利率。

第五十五条规定，纳税人有本细则第五十四条所列情形之一的，税务机关可以按照下列方法调整计税收入额或者所得额：（一）按照独立企业之间进行的相同或者类似业务活动的价格；（二）按照再销售给无关联关系的第三者的价格所应取得的收入和利润水平；（三）按照成本加合理的费用和利润；（四）按照其他合理的方法。

【问题2】 我企业近来资金紧张，向自然人股东和公司其他人员借贷了部分款项并支付了利息。请问这部分借款发生的利息能否税前扣除？

【解析】 只要企业与个人之间的借贷是真实、合法、有效的，不具有非法集资目的或其他违反法律、法规的行为，并且企业与个人之间签订了借款合同，则其利息支出在不超过按照金融企业同期同类贷款利率计算的数额的部分，就可以按照相关规定在企业所得税前扣除。

支付给自然人股东或其他与企业有关联关系的自然人的利息须按《财政部 国家税务总局关于企业关联方利息支出税前扣除标准有关税收政策问题的通知》相关规定处理，即不超过规定比例和税法及其实施条例有关规定计算的部分，准予扣除，超过的部分不得在发生当期和以后年度扣除。

政策依据：《国家税务总局关于企业向自然人借款的利息支出企业所得税税前扣除问题的通知》（国税函〔2009〕777号）。

【问题3】 企业向自然人借款，符合条件的利息支出在税前扣除是否必须取得发票？

【解析】 支付给自然人的利息，如果超过小额零星业务的标准，需要个人去税务部门代开增值税发票作为税前扣除凭证。如果符合小额零星业务的标准，则可以以税务机关代开的发票或者收款凭证及内部凭证作为税前扣除凭证。

政策依据：

1.《财政部 国家税务总局关于全面推开营业税改征增值税试点的通知》（财税〔2016〕36号）附件1：《营业税改征增值税试点实施办法》的附件《销售服务、无形资产、不动产注释》规定，贷款是指将资金贷与他人使用的行为。根据这一规定，不论金融机构还是其他单位，只要是发生将资金贷与他人使用的行为，均应视为发生贷款行为，按“金融服务”征收增值税。

2.《企业所得税税前扣除凭证管理办法》第九条规定，企业在境内发生的支出项目属于增值税应税项目的，对方为依法无需办理税务登记的单位或者从事小额零星经营业务的个人，其支出以税务机关代开的发票或者收款凭证及内部凭证作为税前扣除凭证。

【问题4】 认缴制度下投资未到位而发生的利息支出能否税前扣除？

【解析】《公司法》（2013年修订）第二十六条规定，有限责任公司的注册资本为在公司登记机关登记的全体股东认缴的出资额。

第二十八条规定，股东应当按期足额缴纳公司章程中规定的各自所认缴的出资额。

《中华人民共和国企业所得税法实施条例》第二十七条规定，凡企业投资者在规定期限内未缴足其应缴资本额的，该企业对外借款所发生的利息，相当于投资者实缴资本额与在规定期限内应缴资本额的差额应计付的利息，其不属于企业合理的支出，应由企业投资者负担，不得在计算企业应纳税所得额时扣除。其中的关键词是“在规定期限内未缴足其应缴资本额”，未到认缴期限而未缴纳公司章程中规定的所认缴的出资额的情况，不属于“在规定期限内未缴足其应缴资本额”的情形，因此无须计算不得扣除的对外借款利息。

相关链接：关联方超债资比利息支出的税务处理

企业接受关联方债权性投资与其权益性投资比例超过2：1的，其实际支付给关联方的利息支出，超过规定债资比的部分在计算应纳税所得额时不得在发生当期和以后年度扣除。那么，是否只要超过债资比就一定不能扣除？如何计算不能扣除的具体利息支出金额呢？

一、政策依据：

（一）《企业所得税法实施条例》第三十八条

企业在生产经营活动中发生的下列利息支出，准予扣除：

1. 非金融企业向金融企业借款的利息支出、金融企业的各项存款利息支出和同业拆借利息支出、企业经批准发行债券的利息支出；

2. 非金融企业向非金融企业借款的利息支出，不超过按照金融企业同期同类贷款利率计算的数额的部分。

（二）《财政部 国家税务总局关于企业关联方利息支出税前扣除标准有关税收政策问题的通知》（财税〔2008〕121号）

1. 在计算应纳税所得额时，企业实际支付给关联方的利息支出，不超过以下规定比例和税法及其实施条例有关规定计算的部分，准予扣除，超过的部分不得在发生当期和以后年度扣除。企业实际支付给关联方的利息支出，除符合本通知第二条规定外，其接受关联方债权性投资与其权益性投资比例为：（一）金融企业，为5：1；（二）其他企业，为2：1。

2. 企业如果能够按照税法及其实施条例的有关规定提供相关资料，

并证明相关交易活动符合独立交易原则的；或者该企业的实际税负不高于境内关联方的，其实际支付给境内关联方的利息支出，在计算应纳税所得额时准予扣除。

二、利息支出超过规定债资比部分不得税前扣除原则

根据相关文件规定，债资比超过标准比例，利息支出不得税前扣除具体原则如图5-1所示。

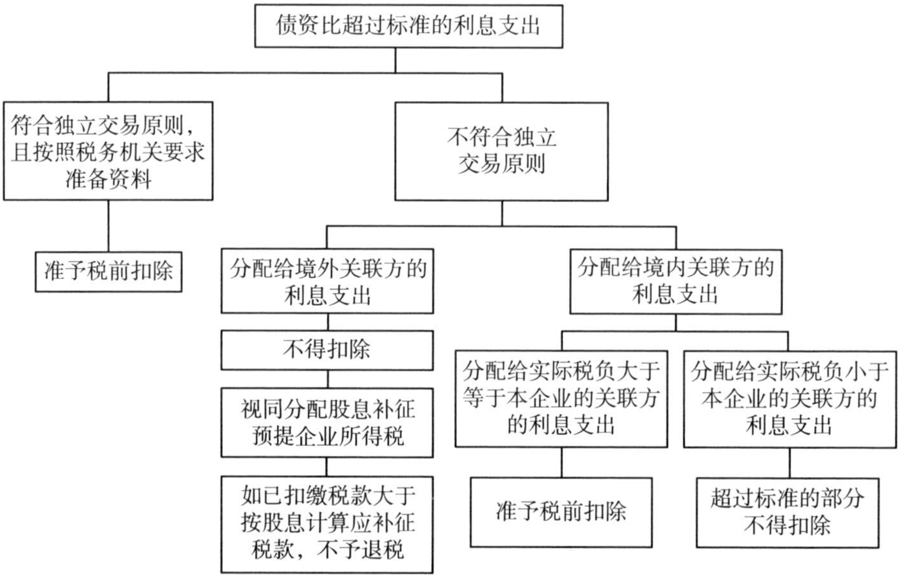

图5-1 利息支出不得税前扣除的具体原则

三、不得在税前扣除利息支出纳税调整步骤

第一步：计算超过同期同类贷款利率不得在税前扣除的利息支出；

第二步：计算债资比超过标准比例不得在税前扣除的利息支出；

第三步：计算纳税调增金额=超过同期同类贷款利率不得在税前扣除的利息支出+债资比超过标准比例不得在税前扣除的利息支出。

四、具体案例解析

【案例5-118】 甲公司、乙公司于2015年1月共同投资1 000万元设立丙公司。甲公司权益性投资400万元，占40%股份；乙公司权益性投资600万元，占60%股份；甲、乙、丙公司均为非金融企业；2022年1月1日，丙公司以10%年利率从甲公司借款1 000万元，以9%年利率从乙公

司借款600万元，银行同期贷款利率为8%。甲、乙公司税负为20%，丙公司税负为25%，且未提供符合独立交易原则的相关资料。如何计算丙公司可在税前扣除的利息支出？（假设年度各月关联债权投资之和与年度各月权益投资之和保持不变）。

【解析】《特别纳税调整实施办法》第八十五条规定，所得税法第四十六条所称不得在计算应纳税所得额时扣除的利息支出应按以下公式计算：

不得扣除利息支出 = 年度实际支付的全部关联方利息 ×（1 - 标准比例 ÷ 关联债资比例）

其中：

标准比例是指《财政部 国家税务总局关于企业关联方利息支出税前扣除标准有关税收政策问题的通知》（财税〔2008〕121号）规定的比例。

关联债资比例是指根据所得税法第四十六条及所得税法实施条例第一百一十九的规定，企业从其全部关联方接受的债权性投资（以下简称“关联债权投资”）占企业接受的权益性投资（以下简称“权益投资”）的比例，关联债权投资包括关联方以各种形式提供担保的债权性投资。

从计算公式可以看出，计算关联债资比不是以单项关联债权投资分别计算，而是以权益投资之和与关联债权投资之和来计算。计算不得扣除利息也是以全部关联方利息一起计算，不是以单项利息单独计算。

第一步，超过银行同期同类贷款利率的部分不得税前扣除扣：

（1）向甲公司借款支付的利息调增：1 000 ×（10% - 8%）= 20（万元）

（2）向乙公司借款支付的利息调增：600 ×（9% - 8%）= 6（万元）

合计调增26万元。

第二步，超过规定债资比的部分不得税前扣除：

向甲公司借款1 000万元，甲公司权益性资金400万元。向乙公司借款600万元，乙公司权益性资金600万元。

债资比 =（1 000 + 600）÷ 1 000 = 1.6

结论：没有超过2∶1的限制，因此，只需要就超过银行同期同类贷款利率的部分调增，则合计调增利息支出26万元。

【案例5-119】 甲公司、乙公司于2015年1月共同投资1 000万元设立丙公司。甲公司权益性投资400万元，占40%股份；乙公司权益性投资

600万元，占60%股份；甲、乙、丙公司均为非金融企业，银行同期贷款利率为8%；2022年1月1日，丙公司以10%的年利率从甲公司借款2 000万元，丙公司以9%的年利率从乙公司借款600万元。甲、乙公司税负为20%，丙公司税负为25%，且未提供符合独立交易原则的相关资料。如何计算丙公司可在税前扣除的利息支出？（假设年度各月关联债权投资之和与年度各月权益投资之和保持不变）。

【解析】

第一步，超过银行同期同类贷款利率的部分不得税前扣除：

（1）向甲公司借款支付的利息调增：2 000×（10% −8%）=40（万元）

（2）向乙公司借款支付的利息调增：600×（9% −8%）=6（万元）

合计调增46万元。

第二步，超过规定债资比的部分不得税前扣除：

关联债资比例＝年度各月平均关联债权投资之和÷年度各月平均权益投资之和＝2 600÷1 000＝2.6，超过2∶1的债资比了，需要计算不得扣除利息支出。

不得扣除利息支出＝年度实际支付的全部关联方利息×(1－标准比例÷关联债资比例)＝[2 000×8% +600×8%]×(1－2÷2.6)＝48（万元）。

注意：前期超过银行同期同类贷款利率的部分已经调增过了，所以这里的年度实际支付的全部关联方利息按8%利率来计算。

根据上述两步计算过程，合计调增的利息支出＝46＋48＝94（万元）。

问题一：“实际支付利息金额”如何理解？

答：廖体忠副司长反避税与非居民企业所得税问题解答：

实施办法中“实际支付的利息是指企业按照权责发生制原则计入相关成本、费用的利息”中的权责发生制如何理解，因为对其的理解不同，“实际支付利息金额”不一样，按会计理解，实际支付的利息不能扣除一般纳税调整后的金额再进行特别纳税调整，这样会重复调整，按税法了解就要先做一般纳税调整，扣除一般纳税调整后的金额再做特别纳税调整。

［廖体忠］权责发生制是指按照税法要求先做一般纳税调整，已扣除一般纳税调整后的金额再做特别纳税调整。

问题二：年度各月关联债权投资之和与年度各月权益投资之和如何计算？

答：《特别纳税调整实施办法》第八十六条规定，关联债资比例的具

体计算方法如下：关联债资比例 = 年度各月平均关联债权投资之和 ÷ 年度各月平均权益投资之和

其中：

各月平均关联债权投资 =（关联债权投资月初账面余额 + 月末账面余额）÷2

各月平均权益投资 =（权益投资月初账面余额 + 月末账面余额）÷2

权益投资为企业资产负债表所列示的所有者权益金额。如果所有者权益小于实收资本（股本）与资本公积之和，则权益投资为实收资本（股本）与资本公积之和；如果实收资本（股本）与资本公积之和小于实收资本（股本）金额，则权益投资为实收资本（股本）金额。

【案例 5 – 120】 假设丙公司于 2022 年 1 月 1 日向关联方甲公司借款 2 400 万元，利率为 10%，于 2022 年 6 月 1 日向关联方乙公司借款 1 000 万元，利率为 9%，银行同期贷款利率为 8%；到 12 月 31 日仍未归还。丙公司实收资本年初、年末余额为 800 万元，资本公积年初、年末余额都为 30 万元，盈余公积年初、年末余额为 700 万元，未分配利润年初 600 万元，未分配利润 1—11 月每月末增加 50 万元，12 月末增加 150 万元，年末为 1 300 万元。甲、乙公司税负为 20%，丙公司税负为 25%，且未提供符合独立交易原则的相关资料。如何计算丙公司应调增的利息支出？

【解析】

第一步，超过银行同期同类贷款利率的部分不得税前扣除：

1. 向甲公司借款支付的利息支出调增：2 400 ×（10% – 8%）= 48（万元）

2. 向乙公司借款支付的利息支出调增：1 000 ×（9% – 8%）×7 ÷ 12 = 5.83（万元）

合计调增 53.83 万元。

第二步，超过规定债资比的部分不得税前扣除：

1. 计算关联债权投资之和：

1—5 月各月平均关联债权投资 =（关联债权投资月初账面余额 + 月末账面余额）÷2 =（2 400 + 2 400）÷2 = 2 400（万元）

6—12 月各月平均关联债权投资 =（关联债权投资月初账面余额 + 月末账面余额）÷2 =（3 400 + 3 400）÷2 = 3 400（万元）

全年各月平均关联债权投资之和 = 2 400 × 5 + 3 400 × 7 = 35 800（万元）

2. 计算关联权益投资之和：

1月初权益性投资 = 800 + 30 + 700 + 600 = 2 130（万元）

1月末权益性投资 = 800 + 30 + 700 + 600 + 50 = 2 180（万元）

1月平均权益投资 =（2 130 + 2 180）÷ 2 = 2 155（万元）

2月平均权益投资 =（2 180 + 2 180 + 50）÷ 2 = 2 205（万元）

3月平均权益投资 =（2 230 + 2 230 + 50）÷ 2 = 2 255（万元）

4月平均权益投资 =（2 280 + 2 280 + 50）÷ 2 = 2 305（万元）

5月平均权益投资 =（2 330 + 2 330 + 50）÷ 2 = 2 355（万元）

以此方法计算分别得出：6月平均权益投资2 405万元，7月平均权益投资2 455万元，8月平均权益投资2 505万元，9月平均权益投资2 555万元，10月平均权益投资2 605万元，11月平均权益投资2 655万元，12月平均权益投资为2 755万元。

全年各月平均关联权益投资之和为29 210万元。

3. 计算关联债资比例 = 年度各月平均关联债权投资之和 ÷ 年度各月平均权益投资之和 = 35 800万元 ÷ 29 210万元 = 1.23 < 2

结论：未超过债资比限额，无须调增。只须就超过银行同期同类贷款利率的部分的利息支出调增53.83万元。

【案例5－121】 丙公司于2022年1月1日向关联方甲公司借款3 400万元，于2022年6月1日向关联方乙公司借款3 000万元，到12月31日仍未归还。丙公司实收资本年初、年末余额为800万元，资本公积年初、年末余额都为30万元，盈余公积年初、年末余额为700万元，未分配利润年初600万元，未分配利润1—11月每月末增加50万元，12月末增加150万元，年末1 300万元。甲、乙公司税负为20%，丙公司税负为25%，且未提供符合独立交易原则的相关资料。如何计算丙公司应调增的利息支出？

【解析】

第一步，超过银行同期同类贷款利率的部分不得税前扣除：

1. 向甲公司借款支付的利息调增：3 400 ×（10% － 8%）= 68（万元）

2. 向乙公司借款支付的利息调增：3 000 ×（9% － 8%）× 7 ÷ 12 = 17.5（万元）

合计调增85.5万元。

第二步，超过规定债资比的部分不得税前扣除：

1. 计算关联债权投资之和：

1—5 月各月平均关联债权投资 =（关联债权投资月初账面余额 + 月末账面余额）÷2 =（3 400 +3 400）÷2 =3 400（万元）

6—12 月各月平均关联债权投资 =（关联债权投资月初账面余额 + 月末账面余额）÷2 =（6 400 +6 400）÷2 =6 400（万元）

全年各月平均关联债权投资之和 =3 400 ×5 +6 400 ×7 =61 800（万元）

2. 计算关联权益投资之和：

1 月初权益性投资 =800 +30 +700 +600 =2 130（万元）

1 月末权益性投资 =800 +30 +700 +600 +50 =2 180（万元）

1 月平均权益投资 =（2 130 +2 180）÷2 =2 155（万元）

2 月平均权益投资 =（2 180 +2 180 +50）÷2 =2 205（万元）

3 月平均权益投资 =（2 230 +2 230 +50）÷2 =2 255（万元）

4 月平均权益投资 =（2 280 +2 280 +50）÷2 =2 305（万元）

5 月平均权益投资 =（2 330 +2 330 +50）÷2 =2 355（万元）

以此方法计算分别得出：6 月平均权益投资 2 405 万元，7 月平均权益投资 2 455 万元，8 月平均权益投资 2 505 万元，9 月平均权益投资2 555 万元，10 月平均权益投资 2 605 万元，11 月平均权益投资 2 655 万元，12 月平均权益投资为 2 755 万元。

全年各月平均关联权益投资之和为 29 210 万元。

3. 计算关联债资比例 = 年度各月平均关联债权投资之和 ÷ 年度各月平均权益投资之和 =61 800 ÷29 210 =2. 12 >2，须就超过债资比的部分进行纳税调增。

4. 计算不得扣除的利息支出：

丙公司共支付甲、乙公司利息 3 400 ×10% +3 000 ×9% ×7 ÷12 = 497. 5（万元）

超过银行同期同类贷款利率的部分已经调增 85. 5 万元，剩余 497. 5 - 85. 5 =412（万元）

不得扣除利息支出 = 年度实际支付的全部关联方利息 ×（1 - 标准比例 ÷ 关联债资比例）=412 ×（1 -2 ÷2. 12）=23. 32（万元）

5. 合计应调增利息支出：85. 5 +23. 32 =108. 82（万元）

问题三：【案例 5 -121】中，如果丙公司可以提供实际税负不高于乙公司的证明或者提供符合独立交易原则的资料，则支付给乙公司的利息部分是否可以在税前扣除？如果可以扣除，如何计算可扣除数额？

答：《特别纳税调整实施办法（试行）》第八十八条规定，《所得税法》第四十六条规定不得在计算应纳税所得额时扣除的利息支出，不得结转到以后纳税年度；应按照实际支付给各关联方利息占关联方利息总额的比例，在各关联方之间进行分配，其中，分配给实际税负高于企业的境内关联方的利息准予扣除。所以，如果丙公司可以提供实际税负不高于乙公司的证明或者提供符合独立交易原则的资料，则支付给乙公司的利息部分可以在税前扣除。

计算过程：

1. 实际支付给甲公司的利息（未超银行同期同类贷款利率部分，下同）：$3\ 400\times8\%=272$（万元）

2. 实际支付给乙公司的利息：$3\ 000\times8\%\times7\div12=140$（万元）

3. 乙公司利息占比 $=140\div(140+272)=33.98\%$

原计算不得扣除的利息支出为23.32万元，其中，分配给乙公司 $23.32\times33.98\%=7.92$（万元），由于乙公司税负高于丙公司，可以在税前扣除。

4. 合计应调增利息支出：$85.5+23.32-7.92=100.9$（万元）

十二、固定资产折旧税前扣除风险

（一）固定资产折旧税前扣除相关规定

1. 固定资产折旧税前扣除的一般规定。

(1)《中华人民共和国企业所得税法》第十一条规定，在计算应纳税所得额时，企业按照规定计算的固定资产折旧，准予扣除。

下列固定资产不得计算折旧扣除：

①房屋、建筑物以外未投入使用的固定资产；

②以经营租赁方式租入的固定资产；

③以融资租赁方式租出的固定资产；

④已足额提取折旧仍继续使用的固定资产；

⑤与经营活动无关的固定资产；

⑥单独估价作为固定资产入账的土地；

⑦其他不得计算折旧扣除的固定资产。

（2）《中华人民共和国企业所得税法实施条例》第五十九条规定，固定资产按照直线法计算的折旧，准予扣除。

企业应当自固定资产投入使用月份的次月起计算折旧；停止使用的固定资产，应当自停止使用月份的次月起停止计算折旧。

2. 固定资产加速折旧企业所得税政策。

（1）《中华人民共和国企业所得税法》第三十二条规定，企业的固定资产由于技术进步等原因，确须加速折旧的，可以缩短折旧年限或者采取加速折旧的方法。

《中华人民共和国企业所得税法实施条例》第九十八条规定，企业所得税法第三十二条所称可以采取缩短折旧年限或者采取加速折旧的方法的固定资产，包括：

①由于技术进步，产品更新换代较快的固定资产；

②常年处于强震动、高腐蚀状态的固定资产。

采取缩短折旧年限方法的，最低折旧年限不得低于本条例第六十条规定折旧年限的60%；采取加速折旧方法的，可以采取双倍余额递减法或者年数总和法。

（2）《财政部 国家税务总局关于完善固定资产加速折旧企业所得税政策的通知》（财税〔2014〕75号）规定："一、对生物药品制造业，专用设备制造业，铁路、船舶、航空航天和其他运输设备制造业，计算机、通信和其他电子设备制造业，仪器仪表制造业，信息传输、软件和信息技术服务业等6个行业的企业2014年1月1日后新购进的固定资产，可缩短折旧年限或采取加速折旧的方法。"

《国家税务总局关于固定资产加速折旧税收政策有关问题的公告》（国家税务总局公告2014年第64号）第一条规定，对六大行业，2014年1月1日后购进的固定资产（包括自行建造），允许按不低于企业所得税法规定折旧年限的60%缩短折旧年限，或选择采取双倍余额递减法或年数总和法进行加速折旧。

《国家税务总局关于进一步完善固定资产加速折旧企业所得税政策有关问题的公告》（国家税务总局公告2015年第68号）第一条规定：对轻工、纺织、机械、汽车等四个领域重点行业企业2015年1月1日后新购进的固定资产（包括自行建造，下同），允许缩短折旧年限或采取加速折旧方法。

3. 设备器具一次性税前扣除政策。

（1）《国家税务总局关于设备 器具扣除有关企业所得税政策执行问题的公告》（国家税务总局公告2018年第46号）第一条规定：企业在2018年1月1日至2020年12月31日期间新购进的设备、器具，单位价值不超过500万元的，允许一次性计入当期成本费用在计算应纳税所得额时扣除，不再分年度计算折旧。

《财政部 税务总局关于设备 器具扣除有关企业所得税政策的通知》（财税〔2018〕54号）

①企业在2018年1月1日至2020年12月31日期间新购进的设备、器具，单位价值不超过500万元的，允许一次性计入当期成本费用在计算应纳税所得额时扣除，不再分年度计算折旧；单位价值超过500万元的，仍按企业所得税法实施条例、《财政部 国家税务总局关于完善固定资产加速折旧企业所得税政策的通知》（财税〔2014〕75号）、《财政部 国家税务总局关于进一步完善固定资产加速折旧企业所得税政策的通知》（财税〔2015〕106号）等相关规定执行。

②本通知所称设备、器具，是指除房屋、建筑物以外的固定资产。

《财政部 税务总局关于延长部分税收优惠政策执行期限的公告》（财政部 税务总局公告2021年第6号）第一条规定："《财政部 税务总局关于设备 器具扣除有关企业所得税政策的通知》（财税〔2018〕54号）等16个文件规定的税收优惠政策凡已经到期的，执行期限延长至2023年12月31日。

（2）《财政部 税务总局关于支持新型冠状病毒感染的肺炎疫情防控有关税收政策的公告》（财政部 税务总局公告2020年第8号）、《财政部 税务总局关于支持疫情防控保供等税费政策实施期限的公告》（财政部 税务总局公告2020年第28号）规定：自2020年1月1日至2020年12月31日，对疫情防控重点保障物资生产企业为扩大产能新购置的相关设备，允许一次性计入当期成本费用在企业所得税税前扣除，疫情防控重点保障物资生产企业享受一次性税前扣除优惠政策不受单位价值的限制。

（3）《财政部 税务总局关于海南自由贸易港企业所得税优惠政策的通知》（财税〔2020〕31号）规定，自2020年1月1日起执行至2024年12月31日，在海南自由贸易港设立的企业，新购置（含自建、自行开发）固定资产或无形资产，单位价值不超过500万元（含）的，允许一次性计入当期成本费用在计算应纳税所得额时扣除，不再分年度计算折旧和摊销。新购置（含自建、自行开发）固定资产或无形资产单位价值超过 500 万元的，可以缩短折旧、摊销年限或采取加速折旧、摊销的方法。该《通知》中所称固定资产，是指除房屋、建筑物以外的固定资产。

（4）《财政部 税务总局关于中小微企业设备器具所得税税前扣除有关政策的公告》（财政部 税务总局公告 2022 年第 12 号）。

①中小微企业在 2022 年 1 月 1 日至 2022 年 12 月 31 日期间新购置的设备、器具，单位价值在 500 万元以上的，按照单位价值的一定比例自愿选择在企业所得税税前扣除。其中，企业所得税法实施条例规定最低折旧年限为 3 年的设备器具，单位价值的 100% 可在当年一次性税前扣除；最低折旧年限为 4 年、5 年、10 年的，单位价值的 50% 可在当年一次性税前扣除，其余 50% 按规定在剩余年度计算折旧进行税前扣除。

企业选择适用上述政策当年不足扣除形成的亏损，可在以后 5 个纳税年度结转弥补，享受其他延长亏损结转年限政策的企业可按现行规定执行。

②本公告所称中小微企业是指从事国家非限制和禁止行业，且符合以下条件的企业：

信息传输业、建筑业、租赁和商务服务业：从业人员 2 000 人以下，或营业收入 10 亿元以下或资产总额 12 亿元以下；

房地产开发经营：营业收入 20 亿元以下或资产总额 1 亿元以下；

其他行业：从业人员 1 000 人以下或营业收入 4 亿元以下。

（5）《财政部 税务总局 科技部关于加大支持科技创新税前扣除力度的公告》（财政部 税务总局 科技部公告 2022 年第 28 号）（以下简称“28 号公告”）。

高新技术企业在 2022 年 10 月 1 日至 2022 年 12 月 31 日期间新购置的设备、器具，允许当年一次性全额在计算应纳税所得额时扣除，并允许在税前实行 100% 加计扣除。

凡在 2022 年第四季度内具有高新技术企业资格的企业，均可适用该项政策。企业选择适用该项政策当年不足扣除的，可结转至以后年度按现行有关规定执行。

上述所称设备、器具是指除房屋、建筑物以外的固定资产；所称高新技术企业的条件和管理办法按照《科技部 财政部 国家税务总局关于修订印发〈高新技术企业认定管理办法〉的通知》（国科发火〔2016〕32 号）执行。

（二）风险表现

1. 资产评估增值调整计税基础，计提折旧税前扣除；
2. 加速折旧税会差异处理错误；
3. 企业固定资产投入使用后未取得发票，计提折旧税前扣除处理错误。

（三）案例

【案例5-122】 某市税务局稽查局稽查人员发现，某实业公司财务人员在2022年度企业所得税申报时，多列支了197万元的折旧费用。经查，该实业公司2022年为贷款需要，请第三方对名下房产进行了评估，评估后房产有较大规模的增值，公司按照评估价调整了资产的计税基础，按照调整后的计税基础计提了折旧，且在纳税申报时没有进行纳税调整。最终，稽查局依法对该公司进行了纳税调整197万元，依法查补税款54万元、罚款27万元，加收滞纳金16万元，合计97万元。

政策依据：根据《中华人民共和国企业所得税法实施条例》第五十六条规定：企业的各项资产，包括固定资产、生物资产、无形资产、长期待摊费用、投资资产、存货等，以历史成本为计税基础。历史成本是指取得该项资产时实际发生的支出。企业持有各项资产期间，资产增值或者减值，除国务院财政、税务主管部门规定可以确认损益外，不得调整该资产的计税基础。因此，企业向银行贷款，由资产评估机构对企业进行重估发生的资产增值，不能确认为损益，不能调整资产的计税基础。

【案例5-123】 甲公司以出包方式建造一幢办公大楼，2022年1月1日达到预定可使用状态，其工程预算造价1 800万元，施工方已开具发票金额1 500万元。因施工方暂未提供工程决算报告，甲公司按1 800万元估价入账。2022年11月，施工方提供竣工决算报告，其实际造价2 029万元，双方均确认，施工方又开具了金额为529万元的发票。假设会计与税法规定的使用寿命均为20年，残值率为0。甲公司执行《企业会计准则》。固定资产建造过程中发生的工程成本与取得相应发票时间不一致，导致工程预算造价与发票金额不一致，那么会计和税法要如何处理？

【解析】

(1) 会计处理。《企业会计准则第4号——固定资产》应用指南规定：已达到预定可使用状态但尚未办理竣工决算的固定资产，应当按照估计价值确定其成本，并计提折旧；待办理竣工决算后，再按实际成本调整原来的暂估价值，但不需要调整原已计提的折旧额。

2022 年 1 月 1 日，根据会计规定按照预估 1 800 万元计入成本，并从次月 2022 年 2 月 1 日起开始计提折旧。2022 年 11 月，再按照实际成本 2 029 万元调整原来暂估价值 1 800 万元。此前 2022 年 2 月 1 日至 2022 年 11 月计提的折旧不需要调整。

（2）税务处理。《国家税务总局关于贯彻落实企业所得税法若干税收问题的通知》（国税函〔2010〕79 号）第五条规定：企业固定资产投入使用后，由于工程款项尚未结清未取得全额发票的，可暂按合同规定的金额计入固定资产计税基础计提折旧，待发票取得后进行调整。但该项调整应在固定资产投入使用后 12 个月内进行。

2022 年 1 月 1 日，根据税法规定按照预估 1 800 万元计入成本，并从次月 2022 年 2 月 1 日起开始计提折旧。2022 年 11 月再按照实际成本 2 029 万元调整原来暂估价值 1 800 万元，同时追溯调整 2022 年 2 月 1 日至 2022 年 11 月计提的折旧。

（3）税务风险及注意点解析：

①A 公司应当在办公楼投入使用后，进行在建工程转为固定资产的账务处理，同时按规定计提固定资产的折旧，但应在 2022 年 12 月 31 日前取得结算发票，同时根据发票调整企业已投入使用的固定资产的计税基础以及折旧额。

②如果未取得发票，那么在 2022 年的企业所得税汇算清缴时，将进行纳税调整，所计提折旧不得在企业所得税前扣除。

【案例 5－124】某公司为汽车制造企业，2022 年新购进一套生产设备 1 000 万元并投入使用，当年取得主营业务收入 20 000 万元，其他收入 12 000 万元，取得股息、红利 1 000 万元，取得政府补助 5 000 万元，取得股权转让收入 6 000 万元（股权转让成本 5 000 万元）。该公司是否能享受加速折旧政策？

【解析】重点行业企业是指以上述行业业务为主营业务，其固定资产投入使用当年的主营业务收入占企业收入总额 50%（不含）以上的企业。所称收入总额，是指企业所得税法第六条规定的收入总额。

该企业 2022 年度收入比例 $=20\,000 \div (20\,000+12\,000+1\,000+5\,000+6\,000)\times 100\% =45.45\%$

45.45%＜50%，因此不符合50%的比例条件，不能享受加速折旧政策。

【案例5－125】 亚光公司于2019年12月15日购进专门用于研发的A设备，不含税价600万元，取得增值税专用发票。该企业为一般纳税人，该研发设备预计可使用年限为5年，预计净残值为0，会计上按直线法计提折旧，税法上按照年数总和法计提折旧。企业所得税率为25%，2021年取得高新技术企业资格，可以享受15%优惠税率。假设该公司每年会计利润均为300万元，无其他纳税调整事项。

【解析】 会计分录如下：

1. 2019年购进设备。

借：固定资产——A设备	6 000 000	
应交税费——应交增值税（进项税额）	1 020 000	
贷：银行存款等		7 020 000

2. 2020年，会计计提折旧＝600÷5＝120（万元）

（1）会计分录：

借：研发支出——费用化支出	1 200 000	
贷：累计折旧		1 200 000

期末将“研发支出——费用化支出”转入“管理费用”科目。

借：管理费用	1 200 000	
贷：研发支出——费用化支出		1 200 000

（2）纳税调整：

①税务上按年数总和法计提折旧＝600×5÷(1＋2＋3＋4＋5)＝200（万元）。折旧产生的税会差异应调减应纳税所得额＝200－120＝80（万元）；

②研发费用可以享受75%加计扣除的税收优惠，应调减应纳税所得额＝200×75%＝150（万元）。

企业开展研发活动中实际发生的研发费用，未形成无形资产计入当期损益的，在按规定据实扣除的基础上，再按照实际发生额的75%在税前加计扣除；形成无形资产的，在上述期间按照无形资产成本的175%在税前摊销。

（3）应纳税额＝(300－80－150)×25%＝17.5（万元）

3. 2021年折旧及研发费。

（1）纳税调整：税务上计提折旧＝600×4÷(1＋2＋3＋4＋5)＝160（万元）。折旧产生的税会差异应调减应纳税所得额＝160－120＝40（万元）。

（2）研发费用可以享受75%加计扣除的税收优惠，应调减应纳税所得额 = 160 × 75% = 120（万元）。

（3）应纳税额 =（300 - 40 - 120）× 15% = 21（万元）。

【案例5-126】 甲公司2017年12月与某汽车销售乙公司签订一辆生产经营用车的采购合同，合同约定价款80万元，于汽车运达甲公司10日后先付50%的款项，到货3个月后再付剩余的50%款项。2017年12月25日，乙公司按合同约定将车辆运达甲公司并验收合格，2018年1月5日，向甲公司开具了增值税发票。甲公司按约定于10日后付款50%。甲公司采购的车辆能否享受一次性税前扣除优惠？

【解析】 46号公告第一条第（二）项规定："固定资产购进时点按以下原则确认：以分期付款或赊销方式购进的固定资产，按固定资产到货时间确认。"在本案例中，甲公司采取的是以货币形式分期付款购进车辆，应按固定资产到货时间确认购进时点，即2017年12月，不可以享受该项优惠政策。

【案例5-127】 2017年12月，甲公司开始自行建造一台生产设备。2018年5月10日，该设备达到预定可使用状态，甲公司于当日办理了竣工结算。自行建造过程中发生的工程物资成本、人工成本、缴纳的相关税费、应予资本化的借款费用以及应分摊的间接费用等建造该项设备达到预定可使用状态前所发生的必要支付累计480万元。甲公司自行建造的设备能否享受一次性税前扣除优惠？

【解析】 46号公告第一条第（二）项规定："固定资产购进时点按以下原则确认：自行建造的固定资产，按竣工结算时间确认。"在本案例中，甲公司设备采取自行建造方式且于2018年5月10日办理竣工结算，购进时点应确认为2018年5月，因此可以享受一次性税前扣除优惠。

【案例5-128】 A企业是我市一家生产制造企业，符合中小微企业条件，2022年1月从B企业购进一台生产设备，当月投入使用并取得增值税专用发票，单位价值840万元。企业在税收上享受税前扣除优惠政策，会计上采用直线法计提折旧，折旧年限为10年，不考虑净残值。

2022年4月A企业填报企业所得季度预缴申报表时，可以享受设备、器具企业所得税税前扣除优惠政策，如何填报？

【解析】《A201020资产加速折旧、摊销（扣除）优惠明细表》行次2

中选择 JSZJ1090 中小微企业单价 500 万元以上设备器具 50% 部分一次性扣除（折旧年限为 10 年），填写相关数据保存即可。

1. 本年享受优惠的资产原值 = 840（万元）

2. 账载折旧/摊销金额 = 840 ÷ 10 ÷ 12 × 2 = 14（万元）

3. 按照税收一般规定计算的折旧/摊销金额 = 840 ÷ 10 ÷ 12 = 7（万元）

4. 享受加速折旧优惠计算的折旧/摊销金额 = 420（万元）

5. 季度预缴纳税调减金额 = 420 − 14 = 406（万元）

6. 享受加速政策优惠金额 = 420 − 7 = 413（万元）

中小微企业可根据自身生产经营核算需要自行选择享受上述政策，当年度未选择享受的，以后年度不得再变更享受。

【案例 5 − 129】 甲公司是一家高新技术企业，按季度预缴企业所得税。2022 年 11 月将购入设备 2 000 万元，12 月投入使用并开始计提折旧。其中，单价 500 万元以下设备 1 200 万元，均按 5 年计提折旧；单价 500 万元以上设备 800 万元，均按 10 年计提折旧。税收最低折旧年限与会计折旧年限相同，预计净残值为 0，2022 年其余月份未购入固定资产。第四季度预缴申报时，如何填写申报表？

公司预缴申报第四季度企业所得税时：

第一步，先填报一次性扣除情况。对于单价 500 万元以下设备、器具，在《资产加速折旧、摊销（扣除）优惠明细表》（A201020）第 2 行"二、一次性扣除"下的明细行次中填写"高新技术企业购进单价 500 万元以下设备、器具一次性扣除"事项及"本年享受优惠的资产原值"等信息；对于单价 500 万元以上设备、器具，填写"高新技术企业购进单价 500 万元以上设备、器具一次性扣除"事项及"本年享受优惠的资产原值"等信息。填写完毕后，将该表单中"纳税调减金额"列次的合计值（第 3 行第 5 列）填写在《中华人民共和国企业所得税月（季）度预缴纳税申报表（A 类）》（A202000）第 6 行"资产加速折旧、摊销（扣除）调减额（填写 A201020）"中。

第二步，填报加计扣除情况。在《中华人民共和国企业所得税月（季）度预缴纳税申报表（A 类）》（A200000）第 7 行"减：免税收入、减计收入、加计扣除"下的明细行次中，填写"高新技术企业设备、器具加计扣除（按 100% 加计扣除）"事项及加计扣除金额（见表 5 − 5）。

表 5－5　A201020　　资产加速折旧、摊销（扣除）优惠明细表

行次	项目	本年享受优惠的资产原值	本年累计折旧\摊销（扣除）金额				
			账载折旧\摊销金额	按照税收一般规定计算的折旧\摊销金额	享受加速政策计算的折旧\摊销金额	纳税调减金额	享受加速政策优惠金额
		1	2	3	4	5	6（4－3）
	……						
2	二、一次性扣除（2.1＋2.2＋…）	20 000 000.00	266 666.67	266 666.67	20 000 000.00	19 733 333.33	19 733 333.33
2.1	高新技术企业购进单价500万元以下设备、器具一次性扣除	12 000 000.00	200 000.00	200 000.00	12 000 000.00	11 800 000.00	11 800 000.00
2.2	高新技术企业购进单价500万元以上设备、器具一次性扣	8 000 000.00	66 666.67	66 666.67	8 000 000.00	7 933 333.33	7 933 333.33
3	合计（1＋2）	20 000 000.00	266 666.67	266 666.67	20 000 000.00	19 733 333.33	19 733 333.33

A200000　　中华人民共和国企业所得税月（季）度预缴纳税申报表（A类）

	……	
	预缴税款计算	本年累计
	……	
6	减：资产加速折旧、摊销（扣除）调减额（填写A201020）	19 733 333.33
7	减：免税收入、减计收入、加计扣除（7.1＋7.2＋…）	20 000 000.00
7.1	高新技术企业设备器具加计扣除（按100%加计扣除）	20 000 000.00
8	……	

（四）问题汇总

【问题1】企业固定资产加速折旧可以采用什么方法？

【解析】符合条件的固定资产可以采取缩短折旧年限方法，也可以采取其他加速折旧方法，其目的是使固定资产成本尽快回收，加快企业资金流转，引导企业加大投资。在实际操作中须注意以下几点：

第一，采取缩短折旧年限方法的，按照企业新购进的固定资产是否为已使用，分别实行两种不同的税务处理方法。68号公告规定，企业购置的新固定资产，最低折旧年限不得低于企业所得税法实施条例规定的折旧年限的60%；企业购置已使用过的固定资产，其最低折旧年限不得低于企业所得税法实施条例规定的最低折旧年限减去已使用年限后剩余年限的60%。

第二，采取其他加速折旧方法的，企业也可以选择双倍余额递减法或年数总和法。双倍余额递减法和年数总和法，在《国家税务总局关于企业固定资产加速折旧所得税处理有关问题的通知》（国税发〔2009〕81号）中作了明确规定，具体计算按照国税发〔2009〕81号文有关规定执行。

【问题2】符合条件的企业可否选择不实行加速折旧政策？

【解析】实行加速折旧政策后，有些纳税人可能会出现税前扣除的固定资产折旧费用与财务核算的固定资产折旧费用不同，产生复杂的纳税调整，加之一些固定资产核算期限长，会增加会计核算负担和遵从风险；还有些纳税人生产经营成果的反映，可能会受到一定影响，一些上市公司、企业集团等出于公司年度业绩披露或经营效益考核需要，选择实行加速折旧优惠政策的积极性也不高；此外，对亏损企业和享受定期减免税额的企业，选择实行加速折旧优惠政策意义不大。享受税收优惠是纳税人的一项权利，纳税人可以自主选择是否享受优惠。为此，《财政部 国家税务总局关于进一步完善固定资产加速折旧企业所得税政策的通知》（财税〔2015〕106号）规定，企业根据自身生产经营需要，也可选择不享受加速折旧优惠政策。

【问题3】预缴时无法取得主营业务收入占收入总额的比重数据，是否可以享受固定资产加速折旧政策？

【解析】64号公告和68号公告明确，企业在预缴申报时，无法取得主营业务收入占收入总额的比重数据，可以由企业合理预估，先行享受，到年底时如果不符合规定比例，则在汇算清缴时一并进行纳税调整。根据

《国家税务总局关于发布修订后的〈企业所得税优惠政策事项办理办法〉的公告》（国家税务总局公告2018年第23号）的《企业所得税优惠事项管理目录（2017年版）》规定，固定资产加速折旧或一次性扣除享受优惠时间是预缴享受。

【问题4】新购置并使用固定资产时，按主营业务收入占比确定企业所属行业，以后年度发生变化的，是否不能继续享受该项优惠政策？

【解析】根据64号公告和68号公告有关规定，在计算主营业务收入占比时应使用新购进的固定资产开始用于生产经营当年的数据。企业在生产经营过程中，主营业务收入占比可能会发生变化，为增强政策可操作性，以新购置并使用固定资产当年数据为标准，判断是否享受优惠政策。以后年度发生变化的，不影响企业享受优惠政策。

【问题5】企业在2018年1月1日至2023年12月31日期间新购进的设备、器具，单位价值不超过500万元的，允许一次性计入当期成本费用，在计算应纳税所得额时扣除，这里的设备、器具具体范围是什么？

【解析】所称设备、器具，是指除房屋、建筑物以外的固定资产。

【问题6】购进的概念怎么理解？

【解析】购进，包括以货币形式购进或自行建造，其中以货币形式购进的固定资产包括购进的使用过的固定资产，不包括融资租入、捐赠、投资、非货币性资产交换、债务重组等方式。

注意：（1）取得固定资产包括外购、自行建造、融资租入、捐赠、投资、非货币性资产交换、债务重组等多种方式。公告明确"购进"包括以货币形式购进或自行建造两种形式。将自行建造也纳入享受优惠的范围，主要是考虑到自行建造固定资产所使用的材料实际也是购进的，因此把自行建造的固定资产也看作"购进"的。

（2）"新购进"中的"新"字，只是区别于原已购进的固定资产，不是规定非要购进全新的固定资产，因此，公告明确以货币形式购进的固定资产包括企业购进的使用过的固定资产。

【问题7】"单位价值不超过500万元的"中的"单位价值"怎么确定？

【解析】单位价值的计算方法与《企业所得税法实施条例》第五十八条规定的固定资产计税基础的计算方法保持一致：

（1）以货币形式购进的固定资产，以购买价款和支付的相关税费以及直接归属于使该资产达到预定用途发生的其他支出确定单位价值；

（2）自行建造的固定资产，以竣工结算前发生的支出确定单位价值。

【问题8】购进固定资产的时点如何确定？

【解析】设备、器具一次性税前扣除政策的执行时间为2018年1月1日至2023年12月31日，因此，需要依据设备、器具的购进时点确定其是否属于可享受优惠政策的范围。

（1）以货币形式购进的固定资产，除采取分期付款或赊销方式购进外，按发票开具时间确认；

（2）以分期付款或赊销方式购进的固定资产，按固定资产到货时间确认（考虑分期付款可能会分批开具发票，赊销方式会在销售方取得货款后才开具发票的特殊情况）；

（3）自行建造的固定资产，按竣工结算时间确认。

【问题9】"允许一次性计入当期成本费用在计算应纳税所得额时扣除"中的当期怎么理解？

【解析】"当期"是指固定资产在投入使用月份的次月所属的年度。企业所得税法实施条例规定，企业应当自固定资产投入使用月份的次月起计算折旧。固定资产一次性税前扣除政策仅仅是固定资产税前扣除的一种特殊方式，因此，其税前扣除的时点应与固定资产计算折旧的处理原则保持一致。公告对此进行了相应规定。比如，某企业于2021年12月购进了一套单位价值为300万元的设备并于当月投入使用，则该套设备可在2022年一次性税前扣除。

【问题10】企业选择享受一次性税前扣除政策的，其资产的税务处理可与会计处理不一致，是否需要改变会计处理？

【解析】企业选择享受一次性税前扣除政策的，其资产的税务处理可与会计处理不一致，即企业会计处理上是否采取一次性税前扣除方法，不影响企业享受一次性税前扣除政策，企业在享受一次性税前扣除政策时，不需要会计上也同时采取与税收上相同的折旧方法。

【问题11】企业按照规定办理享受政策的相关手续，需要留存备查哪些资料？

【解析】企业按照《国家税务总局关于发布修订后的〈企业所得税优惠政策事项办理办法〉的公告》（国家税务总局公告2018年第23号）的规定办理享受政策的相关手续，主要留存备查资料如下：

（1）有关固定资产购进时点的资料（如以货币形式购进固定资产的

发票、以分期付款或赊销方式购进固定资产的到货时间说明、自行建造固定资产的竣工决算情况说明等）；

（2）固定资产记账凭证；

（3）核算有关资产税务处理与会计处理差异的台账。

【问题12】 单位价值超过500万元的固定资产如何进行税前扣除呢？

【解析】 单位价值超过500万元的固定资产，仍按照企业所得税法及其实施条例、《财政部 国家税务总局关于完善固定资产加速折旧企业所得税政策的通知》（财税〔2014〕75号）、《财政部 国家税务总局关于进一步完善固定资产加速折旧企业所得税政策的通知》（财税〔2015〕106号）、《国家税务总局关于固定资产加速折旧税收政策有关问题的公告》（国家税务总局公告2014年第64号）、《国家税务总局关于进一步完善固定资产加速折旧企业所得税政策有关问题的公告》（国家税务总局公告2015年第68号）等相关规定执行。

十三、弥补亏损税务风险

（一）弥补亏损相关规定

依照企业所得税法的规定，企业将每一纳税年度的收入总额减除不征税收入、免税收入和各项扣除后小于零的数额，就形成了企业当期税收口径上的亏损。在以后的规定年限内，如果企业当年的纳税调整后所得大于零，可以扣除所得减免后的金额首先弥补这部分亏损，其剩余部分作为应纳税所得额，申报缴纳企业所得税。

1. 一般规定。

（1）《中华人民共和国企业所得税法》第五条规定："企业每一纳税年度的收入总额，减除不征税收入、免税收入、各项扣除以及允许弥补的以前年度亏损后的余额，为应纳税所得额。"

第十八条规定："企业纳税年度发生的亏损，准予向以后年度结转，用以后年度的所得弥补，但结转年限最长不得超过五年。"

（2）《中华人民共和国企业所得税法实施条例》第十条规定："企业所得税法第五条所称亏损，是指企业依照企业所得税法和本条例的规定将每一纳税年度的收入总额减除不征税收入、免税收入和各项扣除后小于零的数额。"

2. 延长亏损结转年限的规定。

（1）《关于延长高新技术企业和科技型中小企业亏损结转年限的通知》（财税〔2018〕76号）第一条规定："自2018年1月1日起，当年具备高新技术企业或科技型中小企业资格（以下统称"资格"）的企业，其具备资格年度之前5个年度发生的尚未弥补完的亏损，准予结转以后年度弥补，最长结转年限由5年延长至10年。"

（2）《国家税务总局关于延长高新技术企业和科技型中小企业亏损结转弥补年限有关企业所得税处理问题的公告》（国家税务总局公告2018年第45号，以下简称"45号公告"）第一条规定："《通知》第一条所称当年具备高新技术企业或科技型中小企业资格企业，其具备资格年度之前5个年度发生的尚未弥补完的亏损，是指当年具备资格的企业，其前5个年度无论是否具备资格，所发生的尚未弥补完的亏损。"

（3）《关于支持新型冠状病毒感染的肺炎疫情防控有关税收政策的公告》（财政部 税务总局公告2020年第8号）第四条规定：受疫情影响较大的困难行业企业2020年度发生的亏损，最长结转年限由5年延长至8年。

困难行业企业，包括交通运输、餐饮、住宿、旅游（指旅行社及相关服务、游览景区管理两类）4大类，具体判断标准按照现行《国民经济行业分类》执行。困难行业企业2020年度主营业务收入须占收入总额（剔除不征税收入和投资收益）的50%以上。

3. 特殊规定。

（1）企业合并弥补亏损规定。《财政部 国家税务总局关于企业重组业务企业所得税处理若干问题的通知》（财税〔2009〕59号）有如下规定。

第四条第三款：企业合并，被合并企业的亏损不得在合并企业结转弥补。

第六条第四款：企业合并，企业股东在该企业合并发生时取得的股权支付金额不低于其交易支付总额的85%，以及同一控制下且不需要支付对价的企业合并，可以选择按以下规定处理：被合并企业合并前的相关所得税事项由合并企业承继。

可由合并企业弥补的被合并企业亏损的限额＝被合并企业净资产公允价值×截至合并业务发生当年年末国家发行的最长期限的国债利率。

《国家税务总局关于发布〈企业重组业务企业所得税管理办法〉的公告》（国家税务总局公告2010年第4号）第二十六条规定："《通知》第

六条第（四）项所规定的可由合并企业弥补的被合并企业亏损的限额，是指按《税法》规定的剩余结转年限内，每年可由合并企业弥补的被合并企业亏损的限额。”

45号公告第三条规定，企业发生符合特殊性税务处理规定的合并事项的，其尚未弥补完的亏损，按照财税〔2009〕59号和本公告有关规定进行税务处理：（一）合并企业承继被合并企业尚未弥补完的亏损的结转年限，按照被合并企业的亏损结转年限确定；……（三）合并企业具备资格的，其承继被合并企业尚未弥补完的亏损的结转年限，按照《通知》第一条和本公告第一条规定处理。

（2）企业分立弥补亏损规定。《财政部 国家税务总局关于企业重组业务企业所得税处理若干问题的通知》（财税〔2009〕59号）做出如下规定。

第四条第五款：企业分立，企业分立相关企业的亏损不得相互结转弥补。

第六条第五款：企业分立，被分立企业所有股东按原持股比例取得分立企业的股权，分立企业和被分立企业均不改变原来的实质经营活动，且被分立企业股东在该企业分立发生时取得的股权支付金额不低于其交易支付总额的85%，可以选择按以下规定处理：……2. 被分立企业已分立出去资产相应的所得税事项由分立企业承继。

被分立企业未超过法定弥补期限的亏损额可按分立资产占全部资产的比例进行分配，由分立企业继续弥补。

45号公告第三条规定，企业发生符合特殊性税务处理规定的合并事项的，其尚未弥补完的亏损，按照财税〔2009〕59号和本公告有关规定进行税务处理：……（二）分立企业承继被分立企业尚未弥补完的亏损的结转年限，按照被分立企业的亏损结转年限确定；（三）分立企业具备资格的，其承继被分立企业尚未弥补完的亏损的结转年限，按照《通知》第一条和本公告第一条规定处理。

（3）政策性搬迁弥补亏损。《国家税务总局关于发布〈企业政策性搬迁所得税管理办法〉的公告》（国家税务总局公告2012年第40号）第二十一条规定：企业以前年度发生尚未弥补的亏损的，凡企业由于搬迁停止生产经营无所得的，从搬迁年度次年起，至搬迁完成年度前一年度止，可作为停止生产经营活动年度，从法定亏损结转弥补年限中减除；企业边搬迁、边生产的，其亏损结转年度应连续计算。

（4）境内外亏损弥补。

①境外亏损不能由境内盈利弥补。《中华人民共和国企业所得税法》第十七条规定：企业在汇总计算缴纳企业所得税时，其境外营业机构的亏损不得抵减境内营业机构的盈利。

《财政部 国家税务总局关于企业境外所得税收抵免有关问题的通知》（财税〔2009〕125号）第三条规定：在汇总计算境外应纳税所得额时，企业在境外同一国家（地区）设立不具有独立纳税地位的分支机构，按照企业所得税法及实施条例的有关规定计算的亏损，不得抵减其境内或他国（地区）的应纳税所得额，但可以用同一国家（地区）其他项目或以后年度的所得按规定弥补。

②境外所得可以弥补境内亏损。《国家税务总局关于发布〈企业境外所得税收抵免操作指南〉的公告》（国家税务总局公告2010年第1号）规定：若企业境内所得为亏损，境外所得为盈利，且企业已使用同期境外盈利全部或部分弥补了境内亏损，则境内已用境外盈利弥补的亏损不得再用以后年度境内盈利重复弥补。

如果企业境内为亏损，境外盈利分别来自多个国家，则弥补境内亏损时，企业可以自行选择弥补境内亏损的境外所得来源国家（地区）顺序。

（5）企业筹办期间不计算为亏损年度。《国家税务总局关于贯彻落实企业所得税法若干税收问题的通知》（国税函〔2010〕79号）第七条规定：企业自开始生产经营的年度，为开始计算企业损益的年度。企业从事生产经营之前，即筹办活动期间发生的筹办费用支出，不得计算为当期的亏损，应按照《国家税务总局关于企业所得税若干税务事项衔接问题的通知》（国税函〔2009〕98号）第九条的规定执行，即企业所得税法中开（筹）办费未明确列作长期待摊费用，企业可以在开始经营之日的当年一次性扣除，也可以按照企业所得税法有关长期待摊费用的处理规定进行处理，但一经选定，不得改变。即企业从事生产经营之前筹办活动期间发生的筹办费用支出，不得计算为当期的亏损。

（6）清算期可以弥补亏损。《关于企业清算业务企业所得税处理若干问题的通知》（财税〔2009〕60号）第三条规定：企业清算的所得税处理包括以下内容："（四）依法弥补亏损，确定清算所得。"即清算的时候，可以弥补亏损。

（7）季度预缴可以弥补以前年度亏损。《国家税务总局关于发布〈中华人民共和国企业所得税月（季）度预缴纳税申报表（2015 年版）等报表〉的公告》（国家税务总局公告 2015 年第 31 号）填报说明第五条规定，（一）第 8 行“弥补以前年度亏损”：填报按照税收规定可在企业所得税前弥补的以前年度尚未弥补的亏损额。

（8）查补调增应纳税所得额弥补亏损。《国家税务总局关于查增应纳税所得额弥补以前年度亏损处理问题的公告》（国家税务总局公告 2010 年第 20 号）规定，税务机关对企业以前年度纳税情况进行检查时调增的应纳税所得额，凡企业以前年度发生亏损且该亏损属于企业所得税法规定允许弥补的，应允许调增的应纳税所得额弥补该亏损。弥补该亏损后仍有余额的，按照企业所得税法规定计算缴纳企业所得税。

（9）减免收入及所得不得弥补应税亏损，应税所得不得弥补减免项目亏损。《国家税务总局关于做好 2009 年度企业所得税汇算清缴工作的通知》（国税函〔2010〕148 号）规定，对企业取得的免税收入、减计收入以及减征、免征所得额项目，不得弥补当期及以前年度应税项目亏损；当期形成亏损的减征、免征所得额项目，也不得用当期和以后纳税年度应税项目所得抵补。

（二）风险表现

1. 不能用于弥补亏损的收入用于弥补亏损；
2. 不具备延长弥补亏损年限的延长了弥补亏损年限；
3. 特殊情形下，计算可弥补亏损额出现错误；
4. 境内盈利抵减了境外亏损；
5. 减免收入及所得弥补了应税项目亏损，应税所得弥补了减免项目亏损。

（三）案例

【案例 5－130】 某企业 2022 年具备高新技术企业资格，2017 年亏损 300 万元，2018 年亏损 200 万元，2019 年亏损 100 万元，2020 年所得为 0 元，2021 年所得 200 万元，2022 年所得 50 万元。请问 2017—2019 年亏损如何弥补？

【解析】 由于该企业 2022 年具备高新技术企业资格，往前追溯 5 年即 2017—2021 年的亏损弥补年限可以延长为 10 年。2017 年亏损 300 万元，用 2021 年所得 200 万元、2022 年所得 50 万元弥补后，还剩 50 万元，如果2023—2027年有所得仍可继续弥补；2018年企业亏损200万元，依次用2023—2028年所得弥补；2019年企业亏损100万元，依次用2023—2029年所得弥补。

【案例5-131】 案例5-130中的企业2022年具备资格（高新技术企业或科技型中小企业），假设2023年起不具备资格，2023年亏损100万元。请问不具备资格后该企业2017—2019年未弥补完的亏损最长结转年限是多久？2023年的亏损弥补期限是多久？

【解析】 该企业之前2017—2019年尚未弥补完的亏损的最长结转年限为10年，并不受影响。2023年亏损弥补期限，分两种情况：

（1）如果该企业在2028年之前任一年度重新具备资格，按照财税〔2018〕76号和总局公告2018年第45号规定，2023年亏损100万元准予向以后10年结转弥补，即准予依次用2024—2033年所得弥补。

（2）如果到2028年还不具备资格，按照财税〔2018〕76号和总局公告2018年第45号规定，2023年亏损100万元只准予向以后5年结转弥补，即依次用2024—2028年所得弥补，尚未弥补完的亏损，不允许用2029—2033年所得弥补。

【特别提示】

1. 某一年的亏损能否向后10年结转弥补，先向后推5年，只要这5年中的任何一年符合条件就能够享受。

2. 某一个年度的亏损期限，一经确定，不受企业资格变化的影响。

【案例5-132】 2022年，A企业吸收合并B企业，适用特殊性税务处理规定。其中，A企业不具备高新技术企业或科技型中小企业资格，B企业具备资格。吸收合并前，A企业尚未弥补完的2021年亏损为50万元，B企业尚未弥补完的可由A企业弥补的2021年亏损为20万元（假设此前年度均无亏损）。

【解析】 吸收合并后A企业尚未弥补完的2021年亏损共70万元，包括合并前A企业尚未弥补完的50万元亏损和B企业尚未弥补完的亏损20万元。按照相关规定应当分别处理，即合并后A企业尚未弥补完可由A企业弥补的2021年亏损，其中属于合并前A企业尚未弥补完的50万元亏损，只准予用2022—2026年的所得弥补；B企业尚未弥补完的可由A企业弥补的2021年20万元亏损，准予用2022—2031年的所得弥补。如合并后A企业2022年具备资格，合并后A企业尚未弥补完的2021年亏损，包括合并前A企业尚未弥补完的亏损和B企业尚未弥补完的亏损，均准予用2022—2031年的所得弥补。

【案例5－133】 A公司对B公司进行吸收合并，符合特殊性税务处理条件。双方确定的重组日为2021年6月30日，B公司2020年未弥补亏损为600万元，2021年1—6月盈利为100万元，在重组日，B公司净资产公允价值为8 000万元，假设重组完成当年末国债利率为3%，A公司2021年纳税调整后所得为300万元，2022年纳税调整后所得为400万元，2023年纳税调整后所得为450万元，则A公司每年应纳税所得额为多少？

【解析】 可由合并企业弥补的被合并企业亏损的限额＝被合并企业净资产公允价值×截至合并业务发生当年年末国家发行的最长期限的国债利率。

2021年弥补亏损：8 000×3%×50%＝120（万元）

A公司2021年应纳税所得额＝300－120＝180（万元）

2022年弥补亏损：8 000×3%＝240（万元）

A公司2022应纳税所得额＝400－240＝160（万元）

2023年可弥补亏损：8 000×3%＝240（万元），实际还剩500－120－240＝140（万元），则弥补140万元亏损。

A公司2023年应纳税所得额＝450－140＝310（万元）

【案例5－134】 2022年A企业分立新设B企业和C企业，适用特殊性税务处理规定。其中，A企业具备资格，其尚未弥补完的2021年亏损为70万元，准予向以后10年结转弥补。分立新设的B企业和C企业分别承继A企业尚未弥补完的2021年亏损额为50万元和20万元。

【解析】 按照相关规定，分立后B企业和C企业分别承继A企业尚未弥补完的2021年亏损额，无论分立后B企业和C企业是否具备资格，均准予用2022—2031年的所得弥补。

【案例5－135】 A公司由甲酒店和乙酒店共同投资设立，公司的投资总额是1 000万元，甲、乙酒店分别占70%和30%的股份。为满足扩大经营的需要，2022年5月，A公司剥离部分净资产成立丙餐饮公司。分立基准日，A公司资产负债表显示资产总额为3 000万元（公允价值3 800万元），负债2 000万元（公允价值2 000万元）。净资产1 000万元（公允价值1 800万元）。此外，A公司尚有未超过法定弥补期限的亏损360万元。A公司剥离资产的账面价值800万元（公允价值1 000万元），剥离负债的账面价值200万元（公允价值200万元），剥离净资产账面价值600

万元（公允价值800万元）。假设符合特殊性税务处理条件。

【解析】 被分立企业未超过法定弥补期限的亏损额可按分立资产占全部资产的比例进行分配，由分立企业继续弥补。

则由丙公司承继弥补的亏损 = 360 ×（1 000 ÷ 3 800）= 94.74（万元）

【案例5－136】 某境内A企业在B国设了一家分支机构，2022年该分支机构亏损20万元，境内机构当年盈利500万元（境内所得税率为25%，境外所得税率为20%）。

【解析】 境外亏损不能由境内盈利弥补。

应纳所得税额 = 500 × 25% = 125（万元）

【案例5－137】 某境内A企业2022年境内应纳税所得额为－29.64万元，其在B国设了一家分支机构，境外分支机构税后所得130万元（境内所得税率为25%，境外所得税率为20%）。

【解析】 境外所得可以弥补境内亏损。

实际应纳所得税额 = [130 ÷（1 － 20%）－ 29.64] ×（25% － 20%）= 6.64（万元）

【案例5－138】 某居民企业由于生产经营不善，于2022年5月停止生产经营，并着手办理注销登记。在办理注销前，企业按规定办理了2021年度企业所得税汇算清缴，申报2021年度纳税调整后所得为30万元。此外，2016—2020年度纳税调整后所得分别为－250万元、－100万元、30万元、50万元、80万元。在注销前，企业按规定办理清算所得企业所得税计算申报，由于企业不动产增值较大，企业清算所得为1 000万元，无免税收入、不征税收入和其他免税所得。

【解析】 由于清算期间作为一个纳税年度，因此，2016年度亏损最多只能结转到2021年度进行弥补，尚未弥补的亏损250 － 30 － 50 － 80 = 140（万元），不能结转到清算期间弥补。企业清算期间可弥补2017年度的亏损100万元，因此，清算期间应纳税所得额为1 000 － 100 = 900（万元）。

【案例5－139】 某公司主要以提供餐饮服务和娱乐服务为主，2020年餐饮服务占收入总额的60%。该公司2019年发生亏损20万元，2020年发生亏损30万元，假设2021年亏损10万元，2022年亏损10万元，2023年亏损20万元，2024年开始盈利10万元，2025年盈利20万元，2026年盈利10万元，该公司亏损如何结转弥补？

【解析】 1. 该公司2020年度餐饮收入占收入总额大于50%，符合财政部、税务总局公告2020年第8号公告的困难行业企业条件，因此，2020年度发生的亏损，最长结转年限由5年延长至8年。

2. 由于8号公告规定是2020年度发生的亏损，最长结转年限由5年延长至8年，因此，在没有特殊情况下，该公司2019年亏损和2021年亏损结转年限仍然为5年，即：2019年亏损结转年限为5年，可以结转弥补至2024年；2020年亏损结转为8年，可以结转弥补至2028年；2021年亏损结转为5年，可以结转弥补至2026年。

3. 该公司2024年开始盈利10万元，其2019年的亏损还在5年弥补期内，可弥补10万元亏损，弥补后2019年还剩10万元亏损，无法在以后年度弥补。2025年盈利20万元，弥补2020年的亏损后，2020年还剩10万元亏损未弥补，可以继续结转至2028年。

4. 纳税人弥补以前年度亏损时，应按照“先到期亏损先弥补、同时到期亏损先发生的先弥补”的原则处理。所以，2026年弥补亏损时，由于2021年的亏损先到期，所以先弥补2021年的亏损。2020年剩余的10万元亏损继续往后结转。

5. 受疫情影响较大的困难行业企业按照8号公告第四条规定，适用延长亏损结转年限政策的，应当在2020年度企业所得税汇算清缴时，通过电子税务局提交“适用延长亏损结转年限政策声明”。

【案例5-140】 某居民企业2022年取得符合免税条件的权益性投资收益50万元，当期符合减免条件的技术转让所得-30万元，应税项目亏损-10万元。

【解析】 该企业2022年度减征、免征所得额项目的亏损30万元可以用免税的权益性投资收益来弥补，但免税的权益性投资收益弥补后剩余的20万元不得用于弥补应税项目的亏损，应税项目亏损-10万元可以结转到以后年度按规定用应税项目所得弥补。

【案例5-141】 假设案例5-140中技术转让所得-30万元，应税项目所得为50万元，不存在其他免税收入、减计收入以及减征、免征所得额项目。

【解析】 企业的应税项目所得也不得用于弥补减征、免征所得额项目亏损，因此，该企业应税项目所得50万元应按规定计算缴纳企业所得税，而技术转让所得形成的亏损30万元，只能用以后年度免税收入、减计收入以及减征、免征所得额来弥补。

（四）问题汇总

【问题1】被投资企业发生的经营亏损，是否可以由投资企业确认为投资损失？

【解析】《国家税务总局关于企业所得税若干问题的公告》（国家税务总局公告2011年第34号）第五条规定：被投资企业发生的经营亏损，由被投资企业按规定结转弥补；投资企业不得调整减低其投资成本，也不得将其确认为投资损失。

【问题2】实行定率征收企业所得税的纳税人，其以前年度应弥补而未弥补的亏损是否能在核定征收年度弥补？

【解析】《企业所得税核定征收办法〉（试行)》（国税发〔2008〕30号）第六条规定：采用应税所得率方式核定征收企业所得税的，应纳所得税额计算公式如下：

应纳所得税额 = 应纳税所得额 × 适用税率

应纳税所得额 = 应税收入额 × 应税所得率或：应纳税所得额 = 成本（费用）支出额 ÷（1 - 应税所得率）× 应税所得率

《国家税务总局关于企业所得税核定征收若干问题的通知》（国税函〔2009〕377号）规定：应税收入额 = 收入总额 - 不征税收入 - 免税收入。

由此可见，实行企业所得税核定征收的纳税人，其以前年度应弥补而未弥补的亏损不能在核定征收年度弥补。但在以后转换为查账征收年度时，在政策规定的期限内仍可继续弥补亏损。

【问题3】甲公司为房地产企业，企业所得税按季据实预缴。2022年1—6月利润总额为0元，但本期销售未完工开发产品取得收入近600万元。则该公司第二季度申报预缴所得税时，对产品完工前销售收入计算出的预计毛利额能否弥补以前年度亏损？

【解析】A200000“中华人民共和国企业所得税月（季）度预缴纳税申报表（A类)”填报说明：9实际利润额 =3利润总额 +4特定业务计算的应纳税所得额 -5不征税收入 -6免税收入、减计收入、所得减免等优惠金额 -7固定资产加速折旧（扣除）调减额 -8弥补以前年度亏损。

第4行“特定业务计算的应纳税所得额”：从事房地产开发等特定业务的纳税人，填报按照税收规定计算的特定业务的应纳税所得额。房地产开发企业销售未完工开发产品取得的预售收入，按照税收规定的预计计税毛利率计算的预计毛利额填入此行。

根据上述规定，该企业预缴企业所得税时，按规定计算出的预计毛利额可以弥补以前年度亏损。

【问题4】 什么是“其具备资格年度之前5个年度发生的尚未弥补完的亏损”？

【解析】 具备资格年度之前5个年度发生的尚未弥补完的亏损，是指当年具备资格的企业，其前5个年度无论是否具备资格，所发生的尚未弥补完的亏损。比如：2018年具备资格的企业，无论2013—2017年是否具备资格，其2013—2017年发生的尚未弥补完的亏损，均准予结转以后年度弥补，最长结转年限为10年。2018年以后年度具备资格的企业，依此类推，进行亏损结转弥补税务处理。

【问题5】 高新技术企业资格年度确定方法是什么？

【解析】 高新技术企业证书注明了发证时间和有效期，高新技术企业按照其取得的高新技术企业证书注明的有效期所属年度，确定其具备资格年度。如某高新技术企业，证书注明发证时间为2018年9月17日，有效期3年。根据相关规定，2018年、2019年、2020年、2021年为具备资格年度。

【问题6】 科技型中小企业资格年度确定方法是什么？

【解析】 由于科技型中小企业仅有入库登记编号注明的年度，且须在每年3月底前进行评价。因此，科技型中小企业按照其取得的科技型中小企业入库登记编号注明的年度，确定其具备资格年度。如某科技型中小企业，2018年5月取得入库登记编号，编号注明的年度为2018年。根据公告规定，2018年为具备资格年度。

【问题7】 如何理解应用“先到期亏损先弥补、同时到期亏损先发生的先弥补”处理原则呢？

【解析】 1. 先到期亏损先弥补。假设某受疫情影响较大的困难行业企业2020年发生亏损10万元，截至2025年还未弥补，2021年也发生亏损10万元，截至2025年还未弥补。2026年，该企业盈利10万元，先弥补2020年的亏损还是先弥补2021年的亏损呢？由于2021年的亏损先到期，所以先弥补2021年的亏损。2020年的10万元亏损继续结转至以后年度。

2. 同时到期亏损先发生的先弥补。假设该企业2023年亏损10万元且截至2027年还未弥补，2021年剩余的亏损截至2027年也还未弥补。该企业2028年盈利10万元，那么，先弥补2020年的亏损，还是先弥补2023

年的亏损呢？由于2020年亏损弥补年限是8年，即2028年到期。2023年亏损弥补年限是5年，也是2028年到期亏损先发生的先弥补，所以先弥补2020年的10万元，则2023年的10万元不能再结转弥补了。

【问题8】公司主要以提供餐饮服务和娱乐服务为主，2020年餐饮服务占收入总额的40%，2020年发生的亏损结转年限是否可以延长至8年？

【解析】2020年发生的亏损结转年限是否可以延长至8年的要求是：困难行业企业2020年度主营业务收入须占收入总额（剔除不征税收入和投资收益）的50%以上。困难行业，包括交通运输、餐饮、住宿、旅游4大类，娱乐服务不属于困难行业，餐饮服务属于困难行业，但你公司2020年度餐饮收入占收入总额小于50%，所以，你公司不能享受延长亏损结转年限的政策。

【问题9】符合条件的企业，所属年度发生的亏损结转年限都可以由5年延长到8年吗？

【解析】财政部、国家税务总局2020年第8号公告规定，受疫情影响较大的困难行业企业2020年度发生的亏损，最长结转年限由5年延长至8年，所以，亏损结转年限延长至8年的，仅限于企业2020年度发生的亏损，其他年度的亏损不适用此政策。

第四节　企业所得税汇算清缴风险提示

一、主表风险提示

（一）利润总额项目风险提示

填报利润总额项目时，应关注申报年度会计调整事项：一是资产负债表日后事项；二是财务报表批准报出日后差错。

1. 资产负债表日后事项调整情况，应根据申报年度的次年“以前年度损益调整”科目记录的内容填制申报表。在审核时发现的未按会计制度核算造成的应计未计收入或成本，属于资产负债表日后事项的，应调整报告年度的收入或成本；属于财务报告批准报出日之后企业所得税汇算清缴前的，应调整本年度（即报告年度的次年）的收入或成本。否则，在汇算清缴后按有关规定应作为以前年度应计未计收入或成本，不能作为有关费用的计提基数或不能作税前扣除项目。

2. 财务报表批准报出日后差错调整情况，应根据财务报表批准报出日后发生的会计差错更正相关会计数据。对于在申报过程中新发现的会计差错，应按会计差错进行会计处理。如果不能按会计差错进行会计处理，应作为纳税调整项目进行处理。

（二）税金及附加项目风险提示

《增值税会计处理规定》（财会〔2016〕22 号）规定，全面试行营业税改征增值税后，“营业税金及附加”科目名称调整为“税金及附加”科目，该科目核算企业经营活动发生的消费税、城市维护建设税、资源税、教育费附加及房产税、城镇土地使用税、车船税、印花税等相关税费，“管理费用”科目不再包括房产税、印花税、车船税和城镇土地使用税。利润表中的“营业税金及附加”项目调整为“税金及附加”项目。纳税人应根据相关会计科目填报“税金及附加”行，在其他会计科目核算的税费不要重复填报。例如土地增值税，以销售不动产为主营业务的房地产开发企业缴纳的土地增值税，在“税金及附加”行填报。其他一般纳税人处置不动产或土地使用权所缴纳的土地增值税应通过营业外相关科目核算，反映在 A101010“一般企业收入明细表”“非流动资产处置利得”行或 A102010“一般企业成本支出明细表”“非流动资产处置损失”行中。

（三）应纳税所得额项目风险提示

各类税基式减免的税收优惠应在弥补亏损前减除：应纳税所得额的确定顺序应按照《中华人民共和国企业所得税法》第五条“企业每一纳税年度的收入总额，减除不征税收入、免税收入、各项扣除以及允许弥补的以前年度亏损后的余额，为应纳税所得额”来确定，所以各类税收优惠应在弥补亏损前减除。各类税基式减免的税收优惠应与主表相对应，税基式减免优惠项目均应在纳税调整表之外弥补亏损前扣除。本表应按从第 13 行利润总额到第 23 行应纳税所得额的框架顺序填报，避免先弥补亏损后享受税基式优惠的问题发生。

（四）应纳税额项目风险提示

本表第 32 行“本年累计实际已缴纳的所得税额”仅为税款所属为本

年度的已缴所得税，不要将本年检查补缴且税款所属为其他年度的所得税填入本行。

（五）主表与财务报表关联风险提示

1. 总体提示。“利润总额计算”中的项目，按照国家统一会计制度规定计算填报。实行企业会计准则、小企业会计准则、企业会计制度、分行业会计制度的纳税人，其数据直接取自“利润表”（另有说明的除外）；实行事业单位会计准则的纳税人，其数据取自“收入支出表”；实行民间非营利组织会计制度的纳税人，其数据取自“业务活动表”；实行其他国家统一会计制度的纳税人，根据本表项目进行分析填报。

【案例5－142】 甲企业非总分机构，2019年度利润表数据见表5－6，请根据表中数据填报“主表”利润总额计算项目。

表5－6　　利润表

编制单位：甲企业　　　　年　月　　　　单位：元

项　　目	本期金额	上期金额
一、营业收入	1 320 000	
减：营业成本	870 000	
税金及附加	3 100	
销售费用	40 000	
管理费用	126 000	
研发费用		
财务费用	42 500	
其中：利息费用	42 500	
利息收入（以“＋”号填列）		
加：其他收益		
投资收益（损失以“－”号填列）		
其中：对联营企业和合营企业的投资收益		
公允价值变动收益（损失以“－”号填列）		
资产减值损失（损失以“－”号填列）		
资产处置收益（损失以“－”号填列）		
二、营业利润（亏损以“－”号填列）	238 400	—
加：营业外收入	32 000	
减：营业外支出	18 900	
三、利润总额（亏损总额以“－”号填列）	251 500	—

【解析】主表填报情况见表5－7。

表5－7　A100000中华人民共和国企业所得税年度纳税申报表（A类）

单位：元

行次	类别	项　　目	金　额
1	利润总额计算	一、营业收入（填写A101010\101020\103000）	1 320 000
2		减：营业成本（填写A102010\102020\103000）	870 000
3		减：税金及附加	3 100
4		减：销售费用（填写A104000）	40 000
5		减：管理费用（填写A104000）	126 000
6		减：财务费用（填写A104000）	42 500
7		减：资产减值损失	
8		加：公允价值变动收益	
9		加：投资收益	
10		二、营业利润（1－2－3－4－5－6－7＋8＋9）	238 400
11		加：营业外收入（填写A101010\101020\103000）	32 000
12		减：营业外支出（填写A102010\102020\103000）	18 900
13		三、利润总额（10＋11－12）	251 500

2. 项目提示。

（1）第3行"税金及附加"：填报纳税人经营活动发生的消费税、城市维护建设税、资源税、土地增值税和教育费附加等相关税费。本行根据纳税人相关会计科目填报。纳税人在其他会计科目核算的税金不得重复填报。

（2）如果基础信息表108项"采用一般企业财务报表格式（2019年版）"勾选了"是"，已执行《财政部关于修订印发2019年度一般企业财务报表格式的通知》（财会〔2019〕6号）的纳税人，在"利润表"中归集的"其他收益""资产处置收益""信用减值损失""净敞口套期收益"项目则无须填主表，第10行"二、营业利润"不执行"第10行第1－2－3－4－5－6－7＋8＋9行"的表内关系，按照"利润表""营业利润"项目直接填报。

二、“一般企业收入明细表”风险提示

收入类明细表分别为：A101010“一般企业收入明细表”、A101020“金融企业收入明细表”和A103000“事业单位、民间非营利组织收入、支出明细表”，只能选择一种收入类明细表填报。

（一）总体提示

企业所得税申报表与财务报表（利润表）、增值税申报表存在关联关系：

1. A101010表第1行“营业收入”与利润表“营业收入”应填报一致；

2. A101020表（金融企业）各项收入及收益与利润表等相关信息相关联；

3. A101010表第1行“营业收入”一般情况下应不小于增值税收入，特殊情况除外。

（二）特定项目风险提示

1. 当表A101010第3行“销售商品收入”>0时，一般情况下表A102010第3行“销售商品成本”>0。

2. 当表A101010第4行“非货币性资产交换收入”>0时，一般情况下表A102010第4行“非货币性资产交换成本”应>0。

3. 当表A101010第9行“其他业务收入”=0时，表A102010第9行“其他业务成本”>0时，视为异常。

4. 增值税销售收入-（第1行“营业收入”+表A105010第1行“视同销售收入”第1列）金额相差较大时，视为异常。

5. 表A101010第20行“政府补助利得”<表A105020第9行“政府补助递延收入”第2列+表A105040第7行第4列“符合不征税收入条件的财政性资金计入本年损益的金额”时，视为异常。

6. 表A101010第19行“债务重组得利”<表A105100第1行第1+4列；当本行>0时，检查基础信息表204-3重组交易类型中“债务重组”是否勾选，若未选中，则要确认是否需要填报。

7. 表 A101010 第 25 行“汇兑收益”为执行小企业准则企业填报。

（三）风险表现

1. 当表 A101010 第 3 行“销售商品收入”=0 时，表 A102010 第 3 行“销售商品成本”>0，如果不是新办企业出现该情况有存在隐匿销售收入的可能。

2. 增值税销售收入 -（第 1 行“营业收入”+表 A105010 第 1 行“视同销售收入”第 1 列）金额相差较大时，企业存在隐匿销售可能。增值销售收入构成情况：（1）增值税销售收入 =“增值税申报表（一般纳税人适用）”相关销售额或“增值税申报表（小规模纳税人适用）”相关销售额；（2）“增值税申报表（一般纳税人适用）”相关销售额 =“增值税申报表（一般纳税人适用）”第 1 行“按适用税率计税销售额”（第 2 列一般项目本年累计数 + 第 4 列即征即退项目本年累计数）+ 第 5 行“按简易办法计税销售额”（第 2 列 + 第 4 列）+ 第 7 行“免、抵、退办法出口销售额”第 2 列 + 第 8 行“免税销售额”第 2 列；（3）“增值税申报表（小规模纳税人适用）”相关销售额 =“增值税申报表（小规模纳税人适用）”第 1 行“应征增值税不含税销售额”（第 3 列 + 第 4 列）+ 第 4 行“销售、出租不动产不含税”（第 3 列 + 第 4 列）+ 第 7 行“销售使用过的应税固定资产不含税销售额”（第 3 列）+ 第 9 行“免税销售额”（第 3 列 + 第 4 列）+ 第 13 行“出口免税销售额”（第 3 列 + 第 4 列）。

3. 表 A101010 第 20 行“政府补助利得”<表 A105020 第 9 行“政府补助递延收入”第 2 列 + 表 A105040 第 7 行第 4 列“符合不征税收入条件的财政性资金计入本年损益的金额”时，存在收入不全的情况，应特别关注企业是否存在没有做收入而进行调减的情况。

4. 表 A101010 第 19 行“债务重组利得”<表 A105100 第 1 行第 1 + 4 列，应注意企业重组的情况。

5. 执行《小企业会计准则》的企业填报表 A101010 第 25 行，“汇兑收益”金额会大于 0。

三、“一般企业成本支出明细表”风险提示

成本支出类明细表分别为 A102010“一般企业成本支出明细表”、

A102020“金融企业支出明细表”和A103000“事业单位、民间非营利组织收入、支出明细表”，只能选择一种成本支出类明细表填报。

（一）总体提示

1. 收入与支出应该“真实”和“配比”。企业应当在确认产品销售收入、劳务收入等时，将已销售产品、已提供劳务的成本等计入当期损益。

2. 成本支出表与利润表之间的对应关系。

（1）A102010表第1行“营业成本”与利润表“营业成本”金额应一致。

（2）基础信息表108项“采用一般企业财务报表”格式（2019年版）选“否”时，A102010表第16行“营业外支出”与利润表“营业外支出”金额应一致。

（二）特定项目风险提示

1. 表A102010第1行至第26行数据与会计报表数据相同，均来自于企业会计报表。

2. 当表A101010中营业收入 =0时，A102010第1行营业成本大于0，不合逻辑，通常不会出现此情况。

3. 当表A102010第17行“非流动资产处置损失”“非货币性资产交换损失”“债务重组损失”“非常损失”“坏账损失”“无法收回的债券股权投资损失”为会计确认的损失，在税务上应进行申报处理。

4. 表A102010第21行“捐赠支出”会计上可以全额扣除，税收上按规定应进行纳税调整。

5. 表A102010第22行“赞助支出”会计上可以全额扣除，税收上按规定应进行纳税调整。

（三）风险表现

1. 表A102010第1行至第26行数据与会计报表数据必须相同，否则说明企业没有如实进行企业所得税申报。

2. 当表A102010第1行“营业成本”“其他业务成本”有发生支出时，但在表A101010中第1行“营业收入”“其他业务收入”等于0时应特别注意，说明企业有结转成本，但可能没有收入，有较大涉税风险。

3. 表 A102010 第 17 + 18 + 19 + 20 + 24 + 25 行 + A104000 “期间费用明细表” 第 8 行第 1、3 列的合计数 > 表 105090 第 14 行第 1 列，企业发生了损失是否进行资产损失税前扣除申报，应给予关注。

4. 表 A102010 第 17 + 18 + 19 + 20 + 24 + 25 行 + A104000 “财产损耗、盘亏及毁损损失” 第 8 行第 1、3 列的合计数 > 0，但表 105090 “资产损失税前扣除及纳税调整明细表” 第 14 行第 1 列为 0 时，说明企业没有按税法有关规定进行申报扣除。

5. 表 A102010 第 23 行 “罚没支出” > 表 A105000 “纳税调整项目明细表” 第 19 行第 1 列 + 第 20 行第 1 列 “罚金、罚款和被没收财物的损失” 与 “税收滞纳金、加收利息账载金额之和”，企业会计核算计入当期损益的罚金、罚款和被罚没财物的损失、税收滞纳金、加收利息没有如实核算和调整。

6. 表 A102010 第 21 行 “捐赠支出” ≠ 表 A105070 “捐赠支出及纳税调整明细表” 第 8 行第 1 列公益性捐赠与非公益性捐赠账载金额之和，企业发生的捐赠支出有误。同时应注意税收上捐赠支出是应在利润总额 12% 的限额内扣除。

7. 表 A102010 第 22 行 “赞助支出” ≠ 表 A105000 第 21 行第 1 列 “账载金额”，应确认企业发生的赞助支出是否已按照税法相关规定进行纳税调整。

8. 表 A102010 第 19 行 “债务重组损失” 当本行 > 0 时，检查基础信息表 204 - 3 重组交易类型中 “债务重组” 是否勾选，若未选择，应确认是否需要填报。

四、“期间费用明细表” 风险提示

（一）总体提示

1. A104000 “期间费用明细表” 是一般企业和金融企业进行年度申报时的必报表（小型微利企业除外）。

2. A103000 “事业单位、民间非营利组织收入、支出明细表” 是事业单位和民间非营利组织等发生期间费用的必报表。

3. 除特定企业外，对于有收入且金额较大，但无任何费用的 “零申报” 期间费用明细表，应自核其真实性、合理性。

4. 注意 A104000 表的销售费用、管理费用和财务费用与利润表应关联或匹配。

5. A103000 表的费用支出也应根据财务报表取值填报。

（二）特定项目风险提示

1. 第26行第1列=表A100000第4行；第26行第3列=表A100000第5行；第26行第5列=表A100000第6行。

2. 第1行1+3列>表A105050第13行第1列一般不会出现此情况。

3. 第4行第1+3列≠表A105000第15行第1列，企业核算数据有误。

4. 当第5行第1+3列>表A105060第1行“本年广告费和业务宣传费支出”，企业未如实对广告费和业务宣传费进行纳税调整。

5. 第6行第1+3列“佣金和手续费”与表A105000第23行第1列“佣金和手续费支出”进行比较。

6. 第19行第1+3列与表A107012第40行金额进行比较。

7. 第21行第5列“利息收支”与表A105000第18行第1列“利息支出”比较。

8. 第7行第1+3列>表A105080第27行第2列时，应关注。

9. 第8行第1+3列>表A105090第14行第1列，应关注。

（三）风险表现

1. 第1行第1+3列>表A105050第13行第1列通常不会出现此情况，第1行第1+3列指的是进入销售费用、管理费用的工资薪酬，表A105050第13行第1列指的是企业本年支出的工资总额。

2. 第4行第1+3列≠表A105000第15行第1列，企业没有如实进行核算，产生涉税情况为业务招待费没有进行纳税调整。

3. 当第5行第1+3列>≠A105060“本年广告费和业务宣传费支出”，如果出现了此情况，说明企业进行税前扣除金额没有按规定核算，有可能导致没按税法规定的销售收入15%进行限额调整。

4. 第6行第1+3列“佣金和手续费”与表A105000第23行第1列“佣金和手续费支出”两者不同，表A105000第23行第1列“佣金和手续费支出”指的是应进行纳税调整的项目，即财税〔2009〕29号、国税发〔2008〕86号文等规定的项目。

5. 第19行第1+3列与表A107012第40行金额进行比较，表A104000第19行“研究费用”第1列“销售费用”+第3列“管理费用”应大于（等于）表A107012第40行“本年费用化金额”。

6. 第21行第5列“利息收支”与表A105000第18行第1列“利息支出”不同，表A105000第18行第1列“利息支出”是指按国家税务总局公告2011年第34号第1条应进行调整的项目。第21行第5列“利息收支”仅取自适用小企业会计准则企业的数据。

7. 第7行“资产折旧摊销额”应小于（等于）表A105080第39行“合计”第2列“本年折旧摊销额”，出现第7行第1+3列>表A105080第39行第2列时则是填写有问题。

8. 第7行“资产折旧摊销费”数据大于0时，表A105080应进行填报；第1行职工薪酬第1列+第3列数据大于0时，表A105050应进行填报。

9. 第8行“财产损耗、盘亏及毁损损失”应小于（等于）表A105090第14行“合计”第1列“资产损失的账载金额”，出现第8行第1+3列>表A105090第14行第1列时，则说明发生损失没有如实进行申报扣除。

五、纳税调整项目风险提示

（一）主表第7行与A105000表第33行

“非金融企业”A100000表第7行填写了“资产减值损失”金额，应与表A105000第33行第1列一致。

（二）主表第8行与A105000表第7行

表A100000第8行填写了“公允价值变动收益”金额，与表A105000第7行第1列应一致。

（三）A104000表与A105000表

表A104000第4行第“1+3”列“业务招待费”金额应小于或等于表A105000第15行第1列“业务招待费——账载金额”。

表A104000第6行第“1+3”列“佣金与手续费”，与表A105000第23行第1列应一致。

（四）A104000表与A105060表

表A104000第5行第“1+3”列“广告和业务宣传费”金额应等于表A105060第1行第1列。

（五）A105010表与资产负债表

房地产开发企业资产负债表预收账款期末余额－年初余额>0，A105010表第22行第2列应>0。

（六）A105030表与A105090表

表A105030第9列1—9行任意行次小于0，属于税法上的资产损失，需要填报A105090进行纳税调整。

（七）A105040表与纳税调增

当表A105000第8行第4列不征税收调减金额>0时，表A105000第24行第3列、第32行第3列等支出项目应有调增金额。

（八）其他表间对应关系

表A104000第8行第1列、第8行第3列“财产损耗、盘亏及毁损损失”，A102010第17行“非流动资产处置损失”、第18行“非货币性资产交换损失”、第19行“债务重组损失”、第20行“非常损失”、第24行“坏账损失”、第25行“无法收回的债券股权投资损失”属于资产损失类项目，税前扣除需要填表“A105090资产损失税前扣除及纳税调整明细表”。

第六章

个人所得税税务风险管理

个人所得税是我国仅次于企业所得税和增值税的第3大税种。2018年8月，我国进行了第7次个人所得税制度改革，提高了个税起征点，充分考虑了个人实际税负承受能力以及地区等因素对个人收入的影响，使税收政策能够更好地促进劳动者生产积极性的提高以及体现税收的公平性。但在新个税改革过程中，也普遍存在因税收筹划手段不当、税收政策误读等原因导致发生税务风险的情况。因此，本章通过个人所得税税务风险分析指标、税务风险点两个方面相关内容的详细阐述，来帮助大家提高对新个税政策相关知识以及执行口径的认识，以达到全面规避相关风险的目的。

第一节　个人所得税税务风险分析指标

一、个人所得税扣缴义务人人均工薪收入低于同地区同行业的平均水平

（一）指标值

个人所得税扣缴义务人人均工薪收入＝企业在分析期内工资薪金总额÷总人数

（二）指标预警值

与同地区同行业的人均工薪收入比较，如果偏离度比较大，视为异常。

（三）问题指向

分析期内扣缴义务人人均工薪收入低于同地区同行业的平均水平，可能存在隐匿个人所得税收入问题。

（四）案例

【案例6－1】 甲公司2022年共有员工66人，工资薪金总额为423 978元。该公司所处地区所处行业的月平均工资水平为8 000—10 000元。

【解析】 个人所得税扣缴义务人人均工薪收入＝企业在分析期内工资薪金总额÷总人数＝423 978÷66＝6 423（元）

6 423元＜8 000元，该企业可能存在未足额扣缴个人所得税问题。

二、个人所得税扣缴义务人人均工薪收入本期少于上期

（一）指标值

个人所得税扣缴义务人人均工薪收入＝企业在分析期内工资薪金总额÷总人数

（二）指标预警值

与本企业前三年人均工薪收入的平均水平比较，如果偏离度比较大，视为异常。

（三）问题指向

分析期内扣缴义务人人均工薪收入少于前三年人均工薪收入，可能存在隐匿个人所得税收入问题。

（四）案例

【案例6－2】 甲公司2019年、2020年、2021年分别有员工49人、58人、52人，工资薪金总额分别为327 658元、453 692元和421 235元。该公司2022年共有员工66人，个人所得税申报系统申报工资薪金总额为423 978元。

【解析】

2019年人均工薪收入＝2019年工资薪金总额÷总人数＝327 658÷

49 = 6 686.90（元）

2020 年人均工薪收入 = 2020 年工资薪金总额 ÷ 总人数 = 453 692 ÷ 58 = 7 822.28（元）

2021 年人均工薪收入 = 2021 年工资薪金总额 ÷ 总人数 = 421 235 ÷ 52 = 8 100.67（元）

三年平均人均工薪收入 =（6 686.90 + 7 822.2 + 8 100.67）÷ 3 = 7 536.59（元）

2022 年人均工薪收入 = 2022 年工资薪金总额 ÷ 总人数 = 423 978 ÷ 66 = 6 423.91（元）

2022 年人均工薪收入 < 三年平均人均工薪收入，可能存在少申报员工工资薪金收入问题。

三、同一单位员工同时存在工资薪金所得与劳务报酬所得

（一）指标值

同一自然人纳税人识别号在同一个扣缴单位的个人所得税申报记录。

（二）指标预警值

同一自然人的纳税人识别号在同一个扣缴单位的个人所得申报记录中同时存在工资薪金所得与劳务报酬所得。

（三）问题指向

一般来讲，企业员工从本企业取得的所得主要是工资薪金所得或股息红利所得。除特殊情况外，企业不会为本单位员工支付劳务报酬。同一个自然人的纳税人识别号在同一个扣缴单位同时有工资薪金所得和劳务报酬所得申报记录，原因有两方面：一是企业为了达到降低社保缴费基数的目的，将社保最低缴费基数和发放的工资总额进行比对，通过将工资薪金转化为劳务报酬的方式来人为地减少工资总额；二是企业利用员工身份证代开劳务发票，虚列费用以达到少交企业所得税的目的。三是利用工资薪金所得与劳务报酬所得收入额计算差异达到降低个人所得税负担的目的。

（四）案例

【案例 6 – 3】 2022 年 7 月，个人所得税汇缴结束后，某税务局对辖区

自然人个人所得税申报情况进行分析核查，通过身份证号进行查询分析，发现甲公司2021年度存在多人在该公司的个人所得税扣缴申报记录中同时存在工资薪金所得与劳务报酬所得，于是对该公司进行了检查。发现该公司为了少缴企业所得税，使用部分员工的身份证去代开劳务发票来达到税前列支费用的目的。

四、个人所得税申报工资总额和企业所得税申报工资总额比对不符

（一）指标值

指标值 = 分析期个人所得税申报工资总额 ÷ 分析期企业所得税申报工资总额

（二）指标预警值

在一般情况下，两者比值接近1。

（三）问题指向

指标值 <1，分析期个人所得税申报工资总额小于企业所得税申报工资总额，企业可能存在少扣缴个人所得税或企业所得税税前虚列工资薪金问题。

（四）案例

【案例6－4】 甲公司2021年企业所得税申报表申报工资总额为894 567元，个人所得税申报工资总额为866 578元。进一步核查发现，该公司每月发给员工的人人有份的午餐补助未扣缴个人所得税。

五、个人独资、合伙企业个税税负率小于行业平均值

（一）指标值

税收负担率 = 分析期个人所得税应纳税额 ÷ 分析期收入总额 × 100%

利润率 = 分析期利润总额 ÷ 分析期收入总额 × 100%

（二）指标预警值

税收负担率和利润率同时小于该行业地区平均值，视为异常。

（三）问题指向

对查账征收的个人独资、合伙企业税收负担率和利润率进行行业地区横向比较，如果税收负担率和利润率同时低于该行业地区平均值，可能存在虚列成本费用、少交个人所得税问题。

（四）案例

【案例 6－5】税务机关在案头分析过程中发现，某个人独资企业2021年税收负担率和利润率均低于同地区同行业个人独资企业的平均税收负担率和利润率。经实地核查发现如下问题：（1）该企业存在代关联企业支付土地交易费，直接于费用科目列支，未通过往来科目核算；（2）列支商业保险支出；（3）投资者工资、薪金支出未列入不允许扣除的项目金额；（4）业务招待费超标准税前列支；（5）投资者的个人消费与企业的生产经营费用混为一谈。在实地核查后，税务机关认为，该企业纳税调整存在较大的随意性，应纳税调增的投资者工资、薪金支出等成本费用支出不作调增处理，有利于企业的投资者费用却作了纳税调减处理，导致少缴个体工商户生产经营所得个人所得税 20 705.96 元，责令该企业限期补缴上述税款，并处以所补税款 50% 罚款的行政处罚。

《财政部 国家税务总局关于印发〈关于个人独资企业和合伙企业投资者征收个人所得税的规定〉的通知》（财税〔2000〕91 号）第六条第三款规定，投资者及其家庭发生的生活费用不允许在税前扣除。根据《国家税务总局个体工商户个人所得税计税办法》（国家税务总局令第 35 号）的规定，在个体工商户生产经营活动中，应当分别核算生产经营费用和个人、家庭费用；对于生产经营与个人、家庭生活混用难以分清的费用，其 40% 视为与生产经营有关费用，准予扣除。个体工商户实际支付给从业人员的、合理的工资薪金支出，准予扣除；业主的工资、薪金支出不得税前扣除。发生的与生产经营活动有关的业务招待费，按照实际发生额的 60% 扣除，但最高不得超过当年销售（营业）收入的 5‰。同时，相关法规对个体工商户的工会经费、职工福利费支出、职工教育经费、广告费、业务宣传费和公益性捐赠支出等都作了限额规定。

因此，在上述案例中，该个人独资企业应将投资者及其家庭发生的生活费用与企业生产经营费用严格划分；如果成本费用中列支了投资者的工资福利，则应在全部纳税调增的同时，调减投资者减除费用；发生的业务招待费支出，应按照扣除限额扣除。

六、所有者权益变动少扣缴个人所得税

（一）指标值

指标值 =［期初数（资本公积 + 盈余公积 + 未分配利润）+ 净利润 − 期末数（资本公积 + 盈余公积 + 未分配利润）］× 自然人投资比例 × 20%

（二）指标预警值

指标值大于扣缴个人所得税报告表明细中股息红利所得个人所得税额。

（三）问题指向

有自然人投资者的非个人独资合伙企业、非上市公司，在转增股本及分配时应代扣代缴利息、股息、红利所得个人所得税，如果指标值大于扣缴个人所得税报告表明细中的股息红利所得个人所得税额，则存在少代扣代缴利息、股息、红利所得个人所得税的风险。

（四）案例

【案例6－6】某企业为有限责任公司，甲和乙两位自然人股东分别持股51%和49%。2022年年初，资本公积共计3 459 000元，盈余公积578 900元，未分配利润78 900元，净利润为129 658元。2022年年末，资本公积共计3 459 000元，盈余公积463 219元，未分配利润220 96元。该企业扣缴个人所得税报告表明细中无股息红利所得申报记录。

【解析】1. 甲自然人股东持股51%：

指标值 =［期初数（资本公积 + 盈余公积 + 未分配利润）+ 净利润 − 期末数（资本公积 + 盈余公积 + 未分配利润）］× 自然人投资比例 × 20% =［（3 459 000 + 578 900 + 78 900）+ 129 658 −（3 459 000 + 463 219 + 22 096）］×

51% ×20% =154 092.93 ×20% =30 818.586（元）

2. 乙自然人股东持股 49%：

指标值 =[期初数(资本公积 + 盈余公积 + 未分配利润) + 净利润 - 期末数(资本公积 + 盈余公积 + 未分配利润)] × 自然人投资比例 ×20% =[(3 459 000 +578 900 +78 900) +129 658 -(3 459 000 +463 219 +22 096)] ×49% ×20% =148 050.07 ×20% =29 610.014（元）

由于该企业扣缴个人所得税报告表明细中无股息红利所得申报记录，可能存在少代扣代缴利息、股息、红利所得个人所得税的风险。

七、个人所得税增长率与工资薪金支出增长率配比分析

（一）指标值

个人所得税增长率 =(分析期个人所得税实缴额 - 基期个人所得税实缴额) ÷ 基期个人所得税实缴额 ×100%

工资薪金支出增长率 =(分析期工资薪金总额 - 基期工资薪金总额) ÷ 基期工资薪金总额 ×100%

指标值 = 个人所得税增长率 ÷ 工资薪金支出增长率

（二）指标预警值

正常情况下，指标值应接近 1。

（三）问题指向

1. 指标值 <1，且相差较大，两者都为正，可能存在未足额扣缴个人所得税或虚列工资情况；

2. 指标值 >1，且相差较大，两者都为负，可能存在未足额扣缴个人所得税或虚列工资情况；

3. 指标值 <0，前者为负、后者为正，可能存在未足额扣缴个人所得税或虚列工资情况。

（四）案例

【案例 6 -7】 某企业 2021 年代扣代缴个人所得税 36 万元，工资薪金总额为 1 695 万元。2022 年，代扣代缴个人所得税 39 万元，工资薪金总

额为2 089万元。

【解析】个人所得税增长率 =（分析期个人所得税实缴额 - 基期个人所得税实缴额）÷基期个人所得税实缴额 ×100% =（39 - 36）÷36 ×100% =8.33%

工资薪金支出增长率 =（分析期工资薪金总额 - 基期工资薪金总额）÷基期工资薪金总额 ×100% =（2 089 - 1 695）÷1 695 ×100% =23.24%

指标值 = 个人所得税增长率 ÷ 工资薪金支出增长率 = 8.33% ÷23.24% =0.36

指标值 <1，且相差较大，两者都为正，可能存在未足额扣缴个人所得税或虚列工资情况。

【案例6 -8】某企业2021年代扣代缴个人所得税42万元，工资薪金总额为1 893万元。2022年，代扣代缴个人所得税39万元，工资薪金总额为1 870万元。

【解析】个人所得税增长率 =（分析期个人所得税实缴额 - 基期个人所得税实缴额）÷基期个人所得税实缴额 ×100% =（39 - 42）÷42 ×100% = -7.14%

工资薪金支出增长率 =（分析期工资薪金总额 - 基期工资薪金总额）÷基期工资薪金总额 ×100% =（1 870 - 1 893）÷1 893 ×100% = -1.22%

指标值 =个人所得税增长率 ÷工资薪金支出增长率 =（ -7.14%）÷（ -1.22%）=5.85

指标值 >1，且相差较大，两者都为负，可能存在未足额扣缴个人所得税或虚列工资情况。

【案例6 -9】某企业2021年代扣代缴个人所得税36万元，工资薪金总额为1 695万元。2022年，代扣代缴个人所得税32万元，工资薪金总额为2 089万元。

【解析】个人所得税增长率 =（分析期个人所得税实缴额 - 基期个人所得税实缴额）÷基期个人所得税实缴额 ×100% =（32 - 36）÷36 ×100% = -11.11%

工资薪金支出增长率 =（分析期工资薪金总额 - 基期工资薪金总额）÷基期工资薪金总额 ×100% =（2 089 - 1 695）÷1 695 ×100% =23.24%

指标值 =个人所得税增长率 ÷工资薪金支出增长率 =（ -11.11%）÷23.24% = -0.48

指标值<0，前者为负、后者为正，可能存在未足额扣缴个人所得税或虚列工资情况。

八、自然人代开劳务发票与个人所得税申报记录比对异常

（一）指标值

指标值 = 某自然人纳税人识别号年度内代开劳务发票收入 ÷ 个人所得税申报劳务报酬收入

（二）指标预警值

正常情况下，指标值应等于1。

（三）问题指向

指标 >1，支付所得的扣缴义务人可能存在未按规定预扣预缴个人所得税问题。

（四）案例

【案例6-10】 某局税务稽查人员对甲企业进行税务检查过程中发现：该企业经常请省内知名教授来公司授课，并按税前10 000元/天的标准向专家支付报酬，并取得了专家在税务机关代开的增值税发票作为税前扣除的凭证。按照代开发票上的注明的身份证号进行了个人所得税申报的查询，均未发现该公司对所请教授的个人所得税扣缴记录。最后证实，该公司未按相关规定为上述人员扣缴个税。

九、某股东其他应收款余额长期未变动异常

（一）指标值

指标值 = 某股东其他应收款年末数 - 某股东其他应收款年初数

（二）指标预警值

指标值≥0，视为异常。

（三）问题指向

指标≥0，可能存在纳税年度内个人投资者从其投资的企业（个人独资企业、合伙企业除外）借款，在该纳税年度终了后既不归还，又未用于企业生产经营的，未依照“利息、股息、红利所得”项目计征个人所得税的问题。

（四）案例

【案例6－11】某局税务稽查人员在对甲企业2021年度纳税情况进行税务检查过程中发现：该企业“其他应收款——A股东”年初数为120万元，年末数未发生变化，依然为120万元，就对该公司其他应收款进行详细检查，发现A股东于2020年3月从该公司借款120万元，用途是购买住房。税务稽查人员要求该企业按照《国家税务总局关于规范个人投资者个人所得税征收管理的通知》（财税〔2003〕158号）第二条：“纳税年度内个人投资者从其投资的企业（个人独资企业、合伙企业除外）借款，在该纳税年度终了后既不归还，又未用于企业生产经营的，其未归还的借款可视为企业对个人投资者的红利分配，依照‘利息、股息、红利所得’项目计征个人所得税”之规定，补扣个人所得税24万元。

第二节　个人所得税税务风险点

一、工资薪金所得未按规定扣缴个人所得税

（一）相关规定

《个人所得税法》第二条规定，下列各项个人所得，应当缴纳个人所得税：（一）工资、薪金所得。

《个人所得税法实施条例》第六条规定，个人所得税法规定的各项个人所得的范围：（一）工资、薪金所得，是指个人因任职或者受雇取得的工资、薪金、奖金、年终加薪、劳动分红、津贴、补贴以及与任职或者受雇有关的其他所得。

第八条规定，个人所得的形式，包括现金、实物、有价证券和其他形

式的经济利益；所得为实物的，应当按照取得的凭证上所注明的价格计算应纳税所得额，无凭证的实物或者凭证上所注明的价格明显偏低的，参照市场价格核定应纳税所得额；所得为有价证券的，根据票面价格和市场价格核定应纳税所得额；所得为其他形式的经济利益的，参照市场价格核定应纳税所得额。

（二）风险表现

1. 企业以组织境内外免费培训班、研讨会、工作考察等形式，对本企业雇员营销业绩进行奖励（包括实物、有价证券等），未与当期的工资薪金合并，按照“工资、薪金所得”项目扣缴个人所得税。

2. 企业以各种形式或名目给企业员工发放的所得（包括现金、实物、有价证券和其他形式的经济利益），除免税外，未与当期工资薪金合并，按“工资、薪金所得”项目扣缴个人所得税。如物业费、降温费、洗衣费等其他不得免税的费用。

3. 企业为员工（除个人投资者外）支付与企业生产经营无关的消费性支出及购买汽车、住房等财产性支出（所有权不属于企业），未按照“工资、薪金所得”项目扣缴个人所得税。

4. 企业出资购买房屋和其他财产，将所有权登记为企业其他人员（除个人投资者和投资者家庭成员外）；企业其他人员（除个人投资者和投资者家庭成员外）向企业借款用于购买房屋及其他财产，将所有权登记为企业其他人员，且借款年度终了后未归还借款的，未按照“工资、薪金所得”项目扣缴个人所得税。

5. 企业以现金形式发给个人的住房补贴、医疗补助费，除外籍个人以实报实销形式取得的住房补贴外，未全额计入领取人的当期工资、薪金收入计算扣缴个人所得税。

6. 企业以误餐补助名义发给职工的补贴、津贴，未并入当月工资、薪金所得扣缴个人所得税。

7. 企业从福利费和工会经费中支付给单位职工的人人有份的补贴、补助，不属于免税的福利费，未按税法规定并入工资、薪金所得扣缴个人所得税。

8. 个人在公司（包括关联公司）任职、受雇，同时兼任董事、监事的，未将董事费、监事费与个人工资收入合并，统一按工资、薪金所得项目缴纳个人所得税。

（三）案例

【案例6－12】本案例是利用虚开劳务费发票逃避缴纳工资薪金个人所得税案例。某市税务局稽查局在对辖区内某企业检查时识破该公司形式上利用劳务公司开具劳务费发票，实质是发放正式员工奖金、补助的违法手段，税务机关最终对该公司的涉税违法行为作出了补扣缴个税1 600多万元、罚款800多万元的税务处理处罚决定。稽查人员在对该公司的账簿凭证资料进行仔细核查时发现，该公司存在巨额劳务费用支出，虽然附有合同、发票及转账记录，但是财务及人力部门均不能很好地解释该项目的具体情况。为谨慎起见，稽查人员前往开具发票的人力资源公司进行外调取证，发现人力资源公司除为该公司提供真实的劳务之外，还将该公司汇来的部分款项直接汇给5个私人银行账户，经过比对金三系统中该公司的个人所得税申报表，发现5人均属于该公司的在职员工。稽查人员将从银行查询得来的5个私人账户的流水明细与该公司的工资表、申报个税数据一一比对，核实资金的最终去向为该公司的在职员工。在确凿的证据及稽查人员耐心的辅导下，该公司不得不承认利用私人账户发放奖金、补助的税收违法行为。

【案例6－13】本案例是未将支付的董事会费、赠送给员工个人礼品、住房补贴等与工资薪金合并计算应代扣代缴的个人所得税案例。某市税务局第一稽查局对甲实业有限公司展开稽查。稽查人员调取了该公司2020年1月—2021年12月两个年度的账册、凭证、会计报表等涉税资料，就相关的涉税问题以及公司的经营情况、纳税情况进行了询问。经检查发现，该公司的财务人员对个人所得税税收政策规定不甚清楚，尤其是对支付董事会费、赠送给员工个人礼品、住房补贴等方面的具体税收政策竟毫不知晓。该公司对在公司任职受雇的部分董事会成员发放董事会费，依然按劳务报酬税目代扣代缴个人所得税，未按规定与其当月发放的工资薪金合并计入当月应纳税所得额计算代扣代缴个人所得税。稽查人员还发现，该公司在某高级管理人员生日时赠送价值几万元的礼物，并未按照规定计入当月应纳税所得额代扣代缴个人所得税，同时还存在以现金形式发放员工住房补贴，未按照规定代扣代缴个人所得税的情形。检查结束，该公司未按税法规定处理造成少代扣代缴个人所得税的行为，被处以罚款14万余元。

《国家税务总局关于明确个人所得税若干政策执行问题的通知》（国税发〔2009〕121号）第二条关于董事费征税问题作出了如下规定："（一）《国家税务总局关于印发〈征收个人所得税若干问题的规定〉的通知》（国税发〔1994〕89号）第八条规定的董事费按劳务报酬所得项目征税方法，仅适用于个人担任公司董事、监事，且不在公司任职、受雇的情形。（二）个人在公司（包括关联公司）任职、受雇，同时兼任董事、监事的，应将董事费、监事费与个人工资收入合并，统一按工资、薪金所得项目缴纳个人所得税。"

《中华人民共和国个人所得税法实施条例》第六条第一项规定：工资、薪金所得，是指个人因任职或者受雇取得的工资、薪金、奖金、年终加薪、劳动分红、津贴、补贴以及与任职或者受雇有关的其他所得。

《财政部 国家税务总局关于住房公积金医疗保险金养老金征收个人所得税问题的通知》（财税字〔1997〕144号）第三条规定，企业以现金形式发放给个人的住房补贴，应全额计入领取人的当期工资、薪金收入计征个人所得税。

在本案中，该公司未将支付的董事会费、赠送给员工个人礼品、住房补贴等与发放的工资薪金合并计算应代扣代缴的个人所得税，导致少代扣代缴税款并被税务机关处以罚款。

【案例6-14】南京某商贸公司效益不错，职工收入也不菲。市税务局稽查局对其进行纳税检查时却发现这家公司的员工人人生活都有困难，且年年都困难。原来这家公司近几年每年春节前都会给全体员工发放1 000—10 000元不等的生活困难补助，按照税法规定生活困难补助是免纳个人所得税的，这笔补贴自然没有扣缴个人所得税。稽查人员追问究竟有何困难，公司领导只能坦承以此名义发放奖金。最终，税务机关依法责令该公司补扣个人所得税4万余元，并对未按规定履行扣缴义务行为处以少扣税款50%的罚款。

【解析】《个人所得税法》及其《实施条例》规定，根据国家有关规定，从企业、事业单位、国家机关、社会团体提留的福利费或者工会经费中支付给个人的生活补助费免纳个人所得税。

《国家税务总局关于生活补助费范围确定问题的通知》（国税发〔1998〕155号）规定，生活补助费是指由于某些特定事件或原因而给纳税人本人或其家庭的正常生活造成一定困难，其任职单位按国家规定从提留的福利费或者工会经费中向其支付的临时性生活困难补助。

根据上述规定，案例中的奖金不属于免税困难补助范围。该公司未按规定扣缴个人所得税，须补扣补缴个税并接受相应处罚。

【案例6-15】韩某作为武汉L公司的实际控制人，代表公司与员工赵某、张某签订协议书，约定从该二人工资中各扣下10%作为税款由公司总体规划。武汉L公司应代扣员工个人所得税款人民币310 000元，经税务机关于2017年下达税务处理决定、行政处罚决定后，仍不缴纳。2019年7月15日，韩某到公安机关投案。武汉L公司补缴了应缴税款人民币310 000元，并缴纳相应罚款人民币155 000元。

公诉机关观点：武汉L公司采取隐瞒手段，不缴已扣税款，数额较大，韩某作为单位直接负责的主管人员，均应当以逃税罪追究其刑事责任。韩某具有自首情节，提请依法判处。

武汉L公司的诉讼代表人对起诉书指控的事实和罪名均无异议。韩某对起诉书指控的事实和罪名均无异议，认罪认罚。辩护人认为，韩某有自首情节，认罪认罚，被告单位已补缴全部税款并缴纳罚款，可以从轻处罚。

法院判决如下：武汉L公司作为扣缴义务人采取隐瞒手段，不缴已扣税款，数额较大，侵犯了国家的税收管理制度，其行为已构成逃税罪。韩某作为直接负责的主管人员，亦应当以逃税罪追究其刑事责任。公诉机关指控的犯罪事实成立，罪名准确。韩某作为公司实际控制人，犯罪以后自动投案，如实交代单位犯罪事实，武汉L公司及韩某均是自首，均可以从轻处罚。武汉L公司已补缴全部税款、缴纳罚款，可以对其及韩某酌情从轻处罚。最终武汉L公司犯逃税罪，判处罚金人民币20万元，韩某犯逃税罪，判处有期徒刑6个月，缓刑1年，并处罚金人民币3万元。

【案例6-16】某汽车零部件有限公司经济性质为其他有限责任公司，注册资本2 000万元。属于增值税一般纳税人，区税务局对该纳税人进行2021年度纳税评估时，发现该户在正常经营的情况下，业务量较2020年度有较大增长，但其2021年度缴纳的个人所得税的增长幅度却与其主营业务收入的增长幅度不匹配，遂将其列为评估对象。经举证约谈和实地核查，共计补缴个人所得税34 392.12元。

评估人员对该企业2021年度个人所得税查账户进行纳税评估时，发现该企业2020年、2021年两个年度主营业务收入的增长（2020年主营业务收入 2 518 万元，2021 年主营业务收入 3 745 万元，同比增长 48.73%），与其个人所得税入库金额的增长（2020 年入库 113 134.00 元，2021 年入库 124 539.00 元，同比增长 10.08%）不匹配，存在着隐瞒收入以及随意列支扣除项目的嫌疑。

税务约谈：针对上述疑点，评估人员向该企业送达了《税务约谈通知书》，要求该企业对个人所得税申报异常情况进行解释，并按规定要求提供工资表和财务报表等相关资料。该企业财务负责人对该疑点进行了解释：公司奖金分为三部分，包括劳动竞赛奖、原材料节约奖、销售提成，由公司分到各部门，再由各部门二次分配到个人。由于各部门二次分配表格上报不及时，致使各项奖金没有全部纳入工资表，故部分奖金没有代扣个人所得税。

实地核查：针对约谈举证情况，该公司财务负责人所做的解释，只反映了一部分情况，经主管税务机关负责人批准，评估人员对纳税人下达了“纳税评估实地核查通知书”，对其纳税评估转入实地核查环节，重点审核其账目。

1. 审查纳税申报表中的工资、薪金总额与“工资结算单”的实际工资总额是否一致。发现有按扣除“现金伙食补贴”和“通信补贴”以后实发工资申报纳税的情况。

2. 审查“生产成本”账户，发现有列支的原材料节约奖，未并入人员收入计算个人所得税。

3. 审查“营业费用”账户，发现列支发放了劳动竞赛奖，未并入人员收入计算个人所得税。

4. 审查“销售费用”账户，发现列支了销售提成奖金，已并入人员收入计算个人所得税。

5. 审查“管理费用”账户，发现记载了组织职工外出旅游等福利，未并入人员收入计算个人所得税。

6. 向企业管理人员了解了包括经理、高管在内的所有职工人数，和“工资结算单”中实领工资的人数比较，未发现异常。

评估处理：经评估人员分析选案和举证约谈，纳税人针对实地核查中提示的问题进行了自查，合计补扣补缴个人所得税 34 392.12 元。

二、劳务报酬所得未按规定扣缴个人所得税

（一）相关规定

《个人所得税法》第二条规定："下列各项个人所得，应当缴纳个人所得税：……（二）劳务报酬所得。"

《个人所得税实施条例》第六条规定："个人所得税法规定的各项个人所得的范围：……（二）劳务报酬所得，是指个人从事劳务取得的所得，包括从事设计、装潢、安装、制图、化验、测试、医疗、法律、会计、咨询、讲学、翻译、审稿、书画、雕刻、影视、录音、录像、演出、表演、广告、展览、技术服务、介绍服务、经纪服务、代办服务以及其他劳务取得的所得。"

（二）风险表现

1. 对外支付劳务报酬未按规定预扣预缴个人所得税；

2. 劳务报酬扣缴个税计算错误；

3. 企业以组织境内外免费培训班、研讨会、工作考察等形式，对本企业非雇用的其他营销人员业绩进行奖励（包括实物、有价证券等），未作为其他营销人员当期的劳务收入，按照"劳务报酬所得"项目扣缴个人所得税；

4. 对于只担任董事或监事职务所取得的董事费收入，错用"工资、薪金所得"项目征税，未按照"劳务报酬所得"项目扣缴个人所得税。

（三）案例

【案例6－17】某集团有限公司经常外聘专家，对员工进行内训。2022年4月，该公司支付外聘李教授内训课酬6 000元/天，授课时间共计2天，分4次完成培训任务，共计支付课酬12 000元。该公司按每次3 000元计算个人所得税：（3 000－800）×20%＝440（元），4次共计申报个税1 760元。2023年6月，市税务局稽查局税务检查指出，该公司劳务扣缴税款计算错误。

【解析】《个人所得税法实施条例》第十四条第一款规定：劳务报酬所得、稿酬所得、特许权使用费所得，属于一次性收入的，以取得该项收

入为一次；属于同一项目连续性收入的，以 1 个月内取得的收入为一次。因为李教授是 1 个月内取得 4 次收入，应按 1 次计税，即 12 000 ×（1 - 20%）×20% =1 920（元）。

同时，该公司支付课酬时未要求李教授提供发票，因此，该项费用在未取得发票前不得在企业所得税税前扣除，调增 2022 年度企业所得税应纳税所得额。

三、利息、股息、红利所得未按规定扣缴个人所得税

（一）相关规定

1.《个人所得税法》第二条规定：“下列各项个人所得，应当缴纳个人所得税：……（六）利息、股息、红利所得。”

第三条规定：“个人所得税的税率：利息、股息所得，适用比例税率，税率为百分之二十。”

《个人所得税法实施条例》第六条规定：“个人所得税法规定的各项个人所得的范围：……（六）利息、股息、红利所得，是指个人拥有债权、股权等而取得的利息、股息、红利所得。”

2.《财政部 国家税务总局关于规范个人投资者个人所得税征收管理的通知》（财税〔2003〕158 号）第一条规定，除个人独资企业、合伙企业以外的其他企业的个人投资者，以企业资金为本人、家庭成员及其相关人员支付与企业生产经营无关的消费性支出及购买汽车、住房等财产性支出，视为企业对个人投资者的红利分配，依照“利息、股息、红利所得”项目计征个人所得税。

企业的上述支出不允许在所得税前扣除。

第二条规定，纳税年度内个人投资者从其投资企业（个人独资企业、合伙企业除外）借款，在该纳税年度终了后既不归还，又未用于企业生产经营的，其未归还的借款可视为企业对个人投资者的红利分配，依照“利息、股息、红利所得”项目计征个人所得税。

3.《财政部 国家税务总局关于个人股票期权所得征收个人所得税问题的通知》（财税〔2005〕35 号）第二条第四款规定：员工因拥有股权而参与企业税后利润分配取得的所得，应按照“利息、股息、红利所得”适用的规定计算缴纳个人所得税。

第四条第三款规定：参与税后利润分配取得所得的税款计算。员工因拥有股权参与税后利润分配而取得的股息、红利所得，除依照有关规定可以免税或减税的外，应全额按规定税率计算纳税。

4.《国家税务总局关于进一步加强高收入者个人所得税征收管理的通知》（国税发〔2010〕54号）规定，对以未分配利润、盈余公积扣除股票溢价发行外的其他资本公积转增注册资本和股本的，要按“利息、股息、红利所得”依据现行政策规定计征个人所得税。

《财政部 国家税务总局关于将国家自主创新示范区有关税收试点政策推广到全国范围实施的通知》（财税〔2015〕116号）第三条第一款规定，自2016年1月1日起，全国范围内的中小高新技术企业以未分配利润、盈余公积、资本公积向个人股东转增股本时，个人股东一次缴纳个人所得税确有困难的，可根据实际情况自行制定分期缴税计划，在不超过5个公历年度内（含）分期缴纳，并将有关资料报主管税务机关备案。

第二款规定，个人股东获得转增的股本，应按照“利息、股息、红利所得”项目，适用20%税率征收个人所得税。

（二）风险表现

1. 企业出资购买房屋及其他财产，将所有权登记为投资者个人、投资者家庭成员，未视为企业对个人投资者的红利分配，依照“利息、股息、红利所得”项目扣缴个人所得税。

2. 个人投资者从其投资企业（个人独资企业、合伙企业除外）借款，在该纳税年度终了后既不归还，又未用于企业生产经营的，未归还的借款未视为企业对个人投资者的红利分配，依照“利息、股息、红利所得”项目扣缴个人所得税。

3. 企业员工因拥有股权而参与企业税后利润分配取得的所得，除免税外，错按“工资、薪金”所得扣缴个人所得税。

4. 企业向个人借款并支付利息时，未按税法规定扣缴个人所得税。

5. 对以未分配利润、盈余公积扣除股票溢价发行外的其他资本公积转增注册资本和股本的，未按“利息、股息、红利所得”计征个人所得税。

（三）案例

【案例6-18】 本案例反映了发票抵借款利息支出逃避缴纳个人所得

税。某市税务局稽查局根据日常稽查计划，对某民营学校2020—2021年度纳税情况进行了检查。在检查中发现，该学校2020年、2021年分别向校内校外个人借款3 009 420元、2 838 075元，用于学校的基础建设。然而，奇怪的是，账簿中竟然没有反映支付个人借款利息的任何情况。检查人员由此怀疑该所学校有逃避代扣代缴个人所得税嫌疑，于是，检查人员就把该学校代扣代缴个人所得税情况列为稽查重点，进行深入调查。检查人员在检查中进行认真细致分析比对，发现该校招待费、差旅费等费用支出较大。针对这个疑点，检查人员立即询问了该校董事长和财会人员，了解有关个人借款利息支付情况。通过税收政策宣传、晓以利害，该校董事长和财会人员承认了实际以月利息一分二支付个人借款利息的事实，在财务处理上以车票、餐饮、住宿发票等抵借款利息支出，进行费用化处理，以达到逃避代扣代缴个人所得税的目的。

【案例6-19】本案例反映了名为撤资实为分红逃避缴纳个人所得税。某市税务局稽查局对某有限责任公司进行稽查时，发现该公司采取以退还投资者（个人）资本金的形式，逃避缴纳个人所得税达74万多元。稽查局对纳税人进行了检查补税和罚款处理，并对公司协助纳税人偷税、未履行代扣代缴个人所得税的行为给予了相应的处罚。

某有限责任公司是由某厂与两名外地老板共同出资组建，于2012年12月建成投产。稽查局对该公司进行稽查发现，该公司账面反映既有发放红利，又有收回“实收资本”的情况。按照《中华人民共和国公司法》的有关规定，若公司确需退出资本金，须履行相应的法律手续。但该公司未履行任何法律手续，而2019—2021年都有减少“实收资本”的情况，所减少的“实收资本”都有按投资所占比例退还给投资者。于是，稽查人员进行了深入的检查。经大量调查取证发现，该公司形式上退还了投资者的投资，而实质上是进行分红。只不过是通过虚退资本金形式，以达到逃避缴纳个人所得税的目的。

【案例6-20】本案例反映了以股息所得个人所得税混淆了利息所得个人所得税逃避缴税。2022年，某市税务局稽查局对某县甲工业企业近3年的税收进行检查。通过数据分析发现，该企业个人所得税纳税存在异常，检查年度纳税数额与上年相比差异较大。通过进一步检查发现，差异是由于企业在2022年缴纳了一笔利息个人所得税。经询问财务人员得知，该企业2021年进行企业改制，经济性质由有限责任公司变更为股份有限责任公司。在改制过程中，企业对以前年度的个人集资进行清退，同时返还利息，并代扣代缴个人所得税。财务人员的解释，让检查人员暂时打消了疑虑。

在其后的检查中，检查人员对数据进行了归纳汇总。该企业2021年发放利息支出3 621 981.89元，应代扣代缴个人所得税724 396.38元，企业当期未代扣代缴，2022年没有利息支出。2022年2月，补缴了利息个人所得税121 685.92元，还有602 710.46元没有缴纳。6月缴纳了个人所得税款746 200元，多缴143 489.54元。数额不符，带着问题，检查人员询问了财务人员。面对具体数据，财务人员开始含糊其辞，解释说会计人员不熟悉业务，把其他项目应代扣代缴的个人所得税计算在一起了，没有按税目区分。随后又说，企业的账簿都是经审计人员审计过的，纳税没有问题。这里面有没有其他问题？回想财务人员的表情，当初财务人员信心满满，对检查人员不屑一顾；在检查人员询问数据时，却显得有些慌张、信心不足，甚至与检查人员拉关系。这里面肯定有问题。

通过仔细翻看企业的账簿，排除了企业其他项目涉及的个人所得税，还是不能解开疑点。改制会不会有隐性收入？检查人员突然灵机一动，如此大数额税款，涉及的收入应该较大。回想起账簿中一组组数据，企业改制增资涉及的数额吸引了检查人员的眼球。企业增资扩股，除实收资本转换股本外，还用资本公积和留存收益转增股本。企业原股本14 313 800元，转股后股本56 000 000元，增股41 686 200元，除去企业用资本公积37 955 200元转股，企业增加的其他股本用留存收益转股3 731 000元。根据《国家税务总局关于进一步加强高收入者个人所得税征收管理的通知》（国税发〔2010〕54号）的相关规定，该企业的股东为自然人，被投资企业的留存收益转增股本实质是先进行分配后投资处理，应缴纳个人所得税746 200元。这一数额与企业6月缴纳的个人所得税相符，难道仅仅是巧合？财务人员明显在说谎。面对证据，财务人员败下阵来，不得不承认没有代扣代缴集资利息个人所得税，以股息应缴纳的个人所得税混淆了个人集资利息缴纳的个人所得税，达到个人少缴税的目的。

【案例6-21】个人投资者从其投资企业（个人独资企业、合伙企业除外）借款，在该纳税年度终了后既不归还，又未用于企业生产经营的，未按规定扣缴个人所得税。

安徽省黄山市中级人民法院行政判决书（2015）黄中法行终字第

00007号。

一审法院查明：博皓公司（原黄山市博皓房地产开发有限公司）系由宁波博皓投资控股有限公司、苏忠合、倪宏亮、洪作南共同投资成立的有限责任公司。2010年，博皓公司借款给其股东苏忠合300万元、洪作南265万元、倪宏亮305万元，以上共计借款870万元，在2012年5月归还，该借款未用于博皓公司的生产经营。2013年2月28日，黄山市地方税务局稽查局对博皓公司涉嫌税务违法行为立案稽查，于2014年2月20日对博皓公司作出黄地税稽处（2014）5号税务处理决定，其中认定博皓公司少代扣代缴174万元个人所得税，责令博皓公司补扣、补缴。

一审法院认为：博皓公司借款给投资者，未用于企业的生产经营的事实清楚。3名投资者的借款虽然有归还的事实，但显已超出该纳税年度，符合《财政部 国家税务总局关于规范个人投资者个人所得税征收管理的通知》对个人投资者征收个人所得税的相关规定，博皓公司应履行代扣、代缴义务，黄山市地方税务局稽查局责令其补扣、补缴并无不当。

宣判后，博皓公司不服，上诉称：（1）一审法院错误地理解了《财政部 国家税务总局关于规范个人投资者个人所得税征收管理的通知》，投资者借款归还后，借款人已属不得者，在借款人还款后仍然按借款数额征收借款者个人所得税显然是错误的。(2)《财政部 国家税务总局关于规范个人投资者个人所得税征收管理的通知》并没有规定纳税年度终了后多少时间内还款，稽查时已确认3个投资者还清了所有借款，该借款不能视作企业对投资者的红利分配。博皓公司请求撤销一审法院判决和错误的税务处理决定书。

黄山市地方税务局稽查局答辩称：（1）一审法院认定事实清楚，该事实博皓公司在庭审中都予以认可。根据《财政部 国家税务总局关于规范个人投资者个人所得税征收管理的通知》第二条规定，博皓公司借给股东870万元，在2011年末都未归还，此借款也未用于博皓公司经营，因此上述借款应视作企业对个人的红利分配。（2）答辩人在税务专项检查中发现博皓公司涉嫌税务违法，遂进行立案稽查，处理程序合法。（3）博皓公司未履行扣缴义务人的法定义务，要求博皓公司限期补扣补缴的行政处理有法律依据。黄山市地方税务局稽查局请求二审法院依法维持一审法院判决。

二审法院判决如下：驳回上诉，维持原判。

【案例6－22】企业其他人员向企业借款用于购买财产，将所有权登记为企业其他人员，且借款年度终了后未归还借款未按规定扣缴个人所得税。某市税务局税务人员到某金属制品企业开展纳税评估时发现，该企业其他应收款年末数存在个人借款长期不还、未缴纳个人所得税的情况，税务人员通过询问以及对其他应收明细账核实，原来该企业员工张某2021年2月以个人名义向公司借款1.5万元购置汽车，所有权登记于张某名下，至今未向公司归还借款。对此，企业财务税务人员向企业财务人员以及张某详细解释了相关政策，并依法要求张某按照工资薪金补缴个人所得税。

【解析】根据《中华人民共和国个人所得税法》和《财政部 国家税务总局关于规范个人投资者个人所得税征收管理的通知》的有关规定，符合以下情形的房屋或其他财产；不论所有权人是否将财产无偿或有偿交付企业使用，其实质均为企业对个人进行了实物性质的分配，应依法计征个人所得税。(1) 企业投资者个人、投资者家庭成员或企业其他人员向企业借款用于购买房屋及其他财产，将所有权登记为投资者、投资者家庭成员或企业其他人员，且借款年度终了后未归还借款的。(2) 对除个人独资企业、合伙企业以外其他企业的个人投资者或其家庭成员取得的上述所得，视为企业对个人投资者的红利分配，按照“利息、股息、红利所得”项目计征个人所得税；对企业其他人员取得的上述所得，按照“工资、薪金所得”项目计征个人所得税。

因此，企业员工向企业购买所有权登记在自己名下且借款年度终了后未归还借款的，应当按照“工资、薪金所得”项目缴纳个人所得税。

【案例6－23】黄某在眉山市某商业银行开设个人结算账户，2015年5月1日—2017年5月1日，共发生交易1904笔，累计金额高达12.28亿元。这些交易主要通过网银渠道完成，具有明显的异常特征。2017年6月，眉山市某商业银行依照《金融机构大额交易和可疑交易报告管理办法》向眉山市人民银行反洗钱中心提交了一份有关黄某的可疑交易报告。眉山市人民银行立即通过情报交换平台向眉山市地税局传递了这份报告。最终，税务人员查出来黄某2015年以来从其控股的眉山市某公司取得股息、红利所得2亿元，未缴纳个人所得税4 000万元。

四、股权转让所得未按规定扣缴个人所得税

（一）相关规定

1.《个人所得税法》第二条规定："下列各项个人所得，应当缴纳个人所得税：……（八）财产转让所得。"

《个人所得税法实施条例》第六条规定："个人所得税法规定的各项个人所得的范围：……（八）财产转让所得，是指个人转让有价证券、股权、合伙企业中的财产份额、不动产、机器设备、车船以及其他财产取得的所得。"

2.《股权转让所得个人所得税管理办法（试行）》（国家税务总局公告 2014 年第 67 号）第三条规定："本办法所称股权转让是指个人将股权转让给其他个人或法人的行为，包括以下情形：（1）出售股权；（2）公司回购股权；（3）发行人首次公开发行新股时，被投资企业股东将其持有的股份以公开发行方式一并向投资者发售；（4）股权被司法或行政机关强制过户；（5）以股权对外投资或进行其他非货币性交易；（6）以股权抵偿债务；（7）其他股权转移行为。"

第四条规定："个人转让股权，以股权转让收入减除股权原值和合理费用后的余额为应纳税所得额，按'财产转让所得'缴纳个人所得税。合理费用是指股权转让时按照规定支付的有关税费。"

第五条规定："个人股权转让所得个人所得税，以股权转让方为纳税人，以受让方为扣缴义务人。"

第七条规定："股权转让收入是指转让方因股权转让而获得的现金、实物、有价证券和其他形式的经济利益。"

第八条规定："转让方取得与股权转让相关的各种款项，包括违约金、补偿金以及其他名目的款项、资产、权益等，均应当并入股权转让收入。"

第九条规定："纳税人按照合同约定，在满足约定条件后取得的后续收入，应当作为股权转让收入。"

第十条规定："股权转让收入应当按照公平交易原则确定。"

第十一条规定："符合下列情形之一的，主管税务机关可以核定股权转让收入：（1）申报的股权转让收入明显偏低且无正当理由的；（2）未按照规定期限办理纳税申报，经税务机关责令限期申报，逾期仍不申报

的；（3）转让方无法提供或拒不提供股权转让收入的有关资料；（4）其他应核定股权转让收入的情形。”

（二）风险表现

1. 个人发生股权转让给其他个人或法人的行为，受让方未按规定扣缴个人所得税。

2. 转让方取得与股权转让相关的各种款项：违约金、补偿金以及其他名目的款项、资产、权益等，未并入股权转让收入计征个人所得税。

3. 股权转让收入明显偏低且无正当理由。

4. 股权原值确定错误。

（三）案例

【案例6-24】本案例反映了股权转让收入明显偏低且无正当理由。税务人员在对一家水处理设备有限公司进行税收检查时发现，该企业股东张某占100%股权，2022年1月，张某将其50%的股权转让给另一家水处理设备企业，股权转让金额为1 460万元，但是却未依法缴纳个人所得税。对此，张某解释，自己是平价方式转让了50%的股权，在转让过程中没有实现增值，不需要缴纳个人所得税。经税务部门进一步调查核实，独立第三方出具的企业价值评估报告中显示，该公司的净资产为2 948万元，根据相关规定，该自然人张某转让50%的股权应缴纳个人所得税（财产转让所得）$(2\,948\times50\%-1\,460)\times20\%=2.8$（万元）。

【解析】《股权转让所得个人所得税管理办法（试行）》（国家税务总局公告2014年第67号）第十二条规定，符合下列情形之一，视为股权转让收入明显偏低：（1）申报的股权转让收入低于股权对应的净资产份额的。其中，被投资企业拥有土地使用权、房屋、房地产企业未销售房产、知识产权、探矿权、采矿权、股权等资产的，申报的股权转让收入低于股权对应的净资产公允价值份额的；（2）申报的股权转让收入低于初始投资成本或低于取得该股权所支付的价款及相关税费的；（3）申报的股权转让收入低于相同或类似条件下同一企业同一股东或其他股东股权转让收入的；（4）申报的股权转让收入低于相同或类似条件下同类行业的企业股权转让收入的；（5）不具合理性的无偿让渡股权或股份；（6）主管税务机关认定的其他情形。

第十三条规定，符合下列条件之一的股权转让收入明显偏低，视为有正当理由：(1) 能出具有效文件，证明被投资企业因国家政策调整，生产经营受到重大影响，导致低价转让股权；(2) 继承或将股权转让给其能提供具有法律效力身份关系证明的配偶、父母、子女、祖父母、外祖父母、孙子女、外孙子女、兄弟姐妹以及对转让人承担直接抚养或者赡养义务的抚养人或者赡养人；(3) 相关法律、政府文件或企业章程规定，并有相关资料充分证明转让价格合理且真实的本企业员工持有的不能对外转让股权的内部转让；(4) 股权转让双方能够提供有效证据证明其合理性的其他合理情形。

该公司股东张某平价转让 50% 股权的情况不属于上述列举的正当理由的范围，须依法缴纳个人所得税。

第十四条规定，主管税务机关应依次按照下列方法核定股权转让收入：净资产核定法。股权转让收入按照每股净资产或股权对应的净资产份额核定。被投资企业的土地使用权、房屋、房地产企业未销售房产、知识产权、探矿权、采矿权、股权等资产占企业总资产比例超过 20% 的，主管税务机关可参照纳税人提供的具有法定资质的中介机构出具的资产评估报告核定股权转让收入。6 个月内再次发生股权转让且被投资企业净资产未发生重大变化的，主管税务机关可参照上一次股权转让时被投资企业的资产评估报告核定此次股权转让收入。

【案例 6－25】本案例反映了股权转让收入明显偏低且无正当理由。某物业管理公司的股东王女士，将其持有公司的 10% 股权（股东约定认缴现金资本 100 万元，王女士占 10% 应出资 10 万元，实缴 0 元）以人民币 0 元转让给了刘先生。王女士认为本次转让股权收入为 0 元，实收资本也是 0 元，无转让所得，应该不需要缴纳个人所得税。

【解析】税务人员在检查中发现，这家物业管理公司成立于 2014 年，注册资本 100 万元，实缴资本 0 元。2016 年 9 月这家物业公司的资产负债表列报显示：所有者权益 36 266.43 元（实收资本为 0 元，未分配利润为 36 266.43 元），根据相关规定需要核定其转让收入缴纳个人所得税。对此，税务人员向王女士解释，根据《国家税务总局关于发布〈股权转让所得个人所得税管理办法（试行）〉的公告》（国家税务总局公告 2014 年第 67 号）的规定，申报的股权转让收入明显偏低且无正当理由的，主管税务机关可以核定股权转让收入。

申报的股权转让收入低于股权对应的净资产份额的，视为股权转让收入明显偏低。主管税务机关应依次按照净资产核定法、类比法以及其他合理方法核定股权转让收入。以现金出资方式取得的股权，按照实际支付的价款与取得股权直接相关的合理税费之和确认股权原值。对于王女士的这次股权转让，物业公司2016年9月“资产负债表”列报的净资产（所有者权益）为36 266.43元，王女士拥有公司10%的股权，所对应的净资产份额为3 626.64元。她以0元转让其所有的股权，明显低于其所有的股权对应的净资产份额，因此，应按上述相关规定核定其本次股权转让收入并计算其转让所得。

【案例6-26】 本案例反映了自然人股东发生股权转让给其他个人或法人的行为，未按规定缴纳个人所得税。某税务局稽查人员在对辖区内某混凝土制造有限公司2021年度的纳税情况进行检查时发现，该公司因法定代表人变更发生股权转让时，有逃避缴纳税款义务行为，于是对该公司进行了专项检查。

经查，该公司成立于2016年6月15日，经济性质为私营有限公司，注册资金300万元，张某出资210万元，占注册资本的70%，王某出资90万元，占注册资本的30%，主要从事混凝土的制造、销售。该公司于2021年7月办理过法定代表人变更和经营地点变更手续。在外调时，检查人员发现其原经营地设备破旧，已经闲置，处于关门停产状态。检查人员通过走访辖区街道办事处相关负责人，了解到该公司早已经停业，换人经营，且不在该街道继续营业了。该公司搬到新经营地，而且更换了新法定代表人。难道是公司被转让了？为了弄清事实，检查人员决定对该公司总经理赵某进行深入询问。当检查人员就公司更换法定代表人、变更生产经营地对赵某进行询问时，赵某刚开始说是买的。当问及购入资金时，他又马上改口说跟原法定代表人张某是朋友，张某因为设备老化不想再投资更新了，让他来接手经营，公司是白送给他的，其他事情他不清楚。面对这种情况，检查人员把前期预案及外调中发现的一些问题和下一步拟采取的措施向赵经理进行了说明，并宣讲了此案涉及的税务风险及法律法规方面的有关规定。经过检查人员耐心地讲解政策，赵经理提供了“买卖协议”，并承认由于当时房地产市场火爆，看好这个行业，便急于筹建投产。但在办理相关审批投产手续时遇到了麻烦，行业主管部门已经停止审批新办企业资质。在不得已的情况下，经朋友联络和引荐，决定把当时不太景气、相关资质齐全的A公司买下，尽快投产。经与原法定代表人张某几次商谈，在保留原公司名称及资质不变的情况下，最后达成“买卖协议”，采取收购自然人股东股权的方式买下A公司。事实也确如赵经理所说，该公司原法定代表人张某与现法定代表人赵某于2021年4月25日经协商达成“买卖协议”，赵某付清款项后，于2021年6月17日召开A公司股东会，签订股权转让协议书，以转让自然人股权的方式把A公司股东张某、王某股份平价转让给现公司股东赵某、李某。双方持股权转让协议书于2021年7月5日办理了股东及法定代表人变更登记核准备案手续。至此，A公司股权转让双方私下达成“买卖协议”，签订平价股权转让合同，逃避缴纳税款义务行为真相大白。

【案例6－27】本案例反映了股权原值确认错误。2021年10月，A先生准备以120万元价格转让其持有的B银行股权。据A先生介绍，自己以100万元的价格购入了B银行0.1%的股份。2019年8月，B银行将盈余公积、未分配利润5 000万元转增股本，并在分配环节代扣代缴了A先生的个人所得税1万元。

A先生认为，本次股权转让时，其2019年增资配股环节已由B银行代扣代缴的个人所得税，应作为相关税费项目，计入股权原值的组成部分。A先生据此认为，其所转让的B银行股权原值应为106万元（100＋5＋1），应确认股权转让所得14万元（120－106）。

国家税务总局在对《股权转让所得个人所得税管理办法》的解读中，对股权原值如何确认作了进一步分析——通常情况下，股权原值按照纳税人取得股权时的实际支出进行确认。如纳税人在获得股权时，转让方已经被核定征收过个人所得税的，纳税人在此次转让时，股权原值可以按照取得股权时发生的合理税费与税务机关核定的转让方股权转让收入之和确定。问题的关键，是准确判断取得股权时的实际支出。也就是说，B银行为A公司代扣代缴的个人所得税，实际是该利润分配环节所缴纳的税款。第二个环节，就是增加注册资本环节。个人股东A先生以分得的股息、红利重新投资于同一企业，即B银行，在这一环节，A先生并没有缴纳个人所得税。因此，实际上，个人股东A先生在增资环节没有发生相关税费，而被投资企业在利润分配环节为其代扣代缴的个人所得税，也并非取得股权时的实际支出，也就不能计入A先生所转让股权的原值，以分配的利润增加注册资本，才是取得该笔股权的实际支出。

结论：被投资企业将资本公积、盈余公积、未分配利润转增股本，如股东在利润分配环节已经依法缴纳个人所得税的，股权原值以股东取得转增股本时的实际转增股本金额与增加股本环节发生的合理税费之和确定，不包含利润分配环节缴纳的“利息、股息、红利所得”项目个人所得税。B银行在利润分配环节，为A先生代扣代缴的1万元个人所得税款，不计入财产原值，而转增额5 000×0.1% =5（万元）可以计入财产原值，即财产原值为100+5=105（万元）。2021年10月，A先生转让股权时，应缴纳个人所得税（120-105）×20% =3（万元）。

（四）问题汇总

【问题1】纳税人解除原股权转让合同并收回转让的股权，征收个人所得税是否可以退还？

【解析】《国家税务总局关于纳税人收回转让的股权征收个人所得税问题的批复》（国税函〔2005〕130号）的规定，股权转让合同履行完毕、股权已作变更登记，且所得已经实现的，转让人取得的股权转让收入应当依法缴纳个人所得税。

转让行为结束后，当事人双方签订并执行解除原股权转让合同、退回股权的协议，是另一次股权转让行为，对前次转让行为征收的个人所得税款不予退回。

根据上述规定，如果股权转让协议已经履行，履行的标志是受让人已经向转让方支付了股权转让款，并在当地工商部门办理了工商变更登记手续。则当事人双方签订并执行解除原股权转让合同、退回股权的协议，对前次转让行为征收的个人所得税款不予退回。

【问题2】个人股权转让过程中取得违约金收入是否需要征收个人所得税？

【解析】《关于个人股权转让过程中取得违约金收入征收个人所得税问题的批复》（国税函〔2006〕第866号）：根据《中华人民共和国个人所得税法》的有关规定，股权成功转让后，转让方个人因受让方个人未按规定期限支付价款而取得的违约金收入，属于因财产转让而产生的收入。

根据上述规定，转让方个人取得的该违约金应并入财产转让收入，按照“财产转让所得”项目计算缴纳个人所得税，税款由取得所得的转让方个人向主管税务机关自行申报缴纳。

【问题3】个人股权转让合同签订生效后，转让方没有收到股权转让款，是否也应当申报纳税？

【解析】《股权转让所得个人所得税管理办法（试行）》（国家税务总局公告2014年第67号）第二十条规定："具有下列情形之一的，扣缴义务人、纳税人应当依法在次月15日内向主管税务机关申报纳税：……（二）股权转让协议已签订生效的。"

根据上述规定，股权转让个人所得税纳税义务发生时间是股权转让协议已签订生效的，应当依法在次月15日内向主管税务机关申报纳税。无论是否收到股权转让款，应在规定时间内申报纳税。

【问题4】以非货币出资形成的股权转让时是否需要二次纳税？

【解析】《财政部 国家税务总局关于个人非货币性资产投资有关个人所得税政策的通知》（财税〔2015〕41号）规定，个人以非货币性资产投资，属于个人转让非货币性资产和投资同时发生。对个人转让非货币性资产的所得，应按照"财产转让所得"项目，依法计算缴纳个人所得税，第一次纳税义务产生。

对个人非货币性资产投资形成的股权转让所得，仍应按照"财产转让所得"项目，依法计算缴纳个人所得税，第二次纳税义务产生。

五、赠送礼品未按规定扣缴个人所得税

（一）相关规定

1.《财政部 税务总局关于个人取得有关收入适用个人所得税应税所得项目的公告》（财政部、税务总局公告2019年第74号）第三条规定：企业在业务宣传、广告等活动中，随机向本单位以外的个人赠送礼品（包括网络红包，下同），以及企业在年会、座谈会、庆典以及其他活动中向本单位以外的个人赠送礼品，个人取得的礼品收入，按照"偶然所得"项目计算缴纳个人所得税，但企业赠送的具有价格折扣或折让性质的消费券、代金券、抵用券、优惠券等礼品除外。

前款所称礼品收入的应纳税所得额按照《财政部 国家税务总局关于企业促销展业赠送礼品有关个人所得税问题的通知》（财税〔2011〕50号）第三条规定计算。

2.《财政部 国家税务总局关于企业促销展业赠送礼品有关个人所得

税问题的通知》（财税〔2011〕50号）第一条规定："企业在销售商品（产品）和提供服务过程中向个人赠送礼品，属于下列情形之一的，不征收个人所得税：（1）企业通过价格折扣、折让方式向个人销售商品（产品）和提供服务；（2）企业在向个人销售商品（产品）和提供服务的同时给予赠品，如通信企业对个人购买手机赠话费、入网费，或者购话费赠手机等；（3）企业对累积消费达到一定额度的个人按消费积分反馈礼品。"

第二条第三款规定："企业对累积消费达到一定额度的顾客，给予额外抽奖机会，个人的获奖所得，按照"偶然所得"项目，全额适用20%的税率缴纳个人所得税。"

第三条规定："企业赠送的礼品是自产产品（服务）的，按该产品（服务）的市场销售价格确定个人的应税所得；是外购商品（服务）的，按该商品（服务）的实际购置价格确定个人的应税所得。"

（二）如何区分赠送礼品是否按偶然所得扣缴个人所得税

1. 赠送礼品须按偶然所得扣缴个人所得税。

（1）在业务宣传、广告等活动中，随机向本单位以外的个人赠送礼品，对个人取得的礼品所得，按照"偶然所得"项目，全额适用20%的税率缴纳个人所得税；

（2）企业在年会、座谈会、庆典以及其他活动中向本单位以外的个人赠送礼品，对个人取得的礼品所得，按照"偶然所得"项目，全额适用20%的税率缴纳个人所得税；

（3）企业对累积消费达到一定额度的顾客，给予额外抽奖机会，个人的获奖所得，按照"偶然所得"项目，全额适用20%的税率缴纳个人所得税。

2. 赠送礼品无须按偶然所得扣缴个税。

（1）企业赠送的具有价格折扣或折让性质的消费券、代金券、抵用券、优惠券等礼品除外（不一定是本单位的券）；

（2）企业通过价格折扣、折让方式向个人销售商品（产品）和提供服务；

（3）企业在向个人销售商品（产品）和提供服务的同时给予赠品，如通信企业对个人购买手机赠话费、入网费，或者购话费赠手机等；

（4）企业对累积消费达到一定额度的个人按消费积分反馈礼品。

（三）风险表现

1. 赠送礼品给个人，应扣缴未扣缴个人所得税；
2. 赠送礼品给个人，未按规定扣缴个人所得税。

（四）案例

【案例 6－28】消费者黄女士在某商场消费满 10 000 元，根据商场促销活动可参加抽奖一次，并幸运地抽到一部苹果手机。然而，在满心欢喜准备领取手机时，却被告知要交 800 余元的税费后才能拿到手机。黄女士觉得商场抽奖告示上并没有注明税费问题，随即拨打税务部门电话求助。税务部门接诉后随即展开调查。

【解析】首先，商家奖品价值未超过 5 000 元，没有违反《反不正当竞争法》；其次，抽奖所得奖品属个人偶然所得，相关税费该由得奖人支付。《中华人民共和国个人所得税法实施条例》规定："个人因参加企业的有奖销售活动而取得的赠品所得，需要缴纳个人所得税。个人因参加企业的有奖销售活动而取得的赠品所得，属于个人所得税'偶然所得'项目。税款由举办有奖销售活动的企业（单位）负责代扣代缴。"

【案例 6－29】宁地税稽罚（2018）93 号：你单位 2015 年在业务招待费中列支费用 163 634 元，用于购买礼品赠送给外单位个人，未按规定代扣代缴"其他所得"个人所得税。你单位表示目前已无法对应到个人，无法追扣补缴该部分个人所得税。以上违法事实有你单位提供的记账凭证、发票、企业说明等作为证据。税务行政处罚事项已告知你单位（宁地税稽罚告〔2018〕78 号），你单位反馈意见：无异议。

处罚依据：《中华人民共和国税收征收管理法》第六十九条的规定。

处罚结果：对你单位作为扣缴义务人未按规定履行扣缴义务且造成应扣未扣税款无法追缴的行为，处以应扣未扣税款 1.5 倍罚款，计 49 090.2 元。

即：$163\ 634 \times 20\% \times 1.5 = 49\ 090.2$（元）

【案例 6－30】某市税务局稽查局在检查中发现某软件公司 2020 年、2021 年均向客户赠送了大量的礼品，却未按规定代扣代缴个人所得税，最终依法对其作出补代扣代缴个人所得税 48 万元及罚款 24 万元的处理处罚决定。

稽查人员前往该公司办公现场调取了账册资料，在查阅科目余额表的过程中，发现该公司 2020 年、2021 年在"管理费用——其他科目"合计列支了240万元的费用，该公司财务人员对此无法给出明确的解释，也不能够提供该费用的原始凭证。稽查人员约谈了该公司财务负责人，通过细致的税收政策宣讲打消了他的顾虑，该负责人告知稽查人员，这笔费用主要用于给客户赠送礼品，由于费用性质特殊，客户不愿提供身份证缴纳个税，他们就没有为客户代扣代缴个人所得税。

六、发放网络红包未按规定扣缴个人所得税

（一）相关规定

《国家税务总局关于加强网络红包个人所得税征收管理的通知》（税总函〔2015〕409号）第一条规定：对个人取得企业派发的现金网络红包，应按照偶然所得项目计算缴纳个人所得税，税款由派发红包的企业代扣代缴。

第二条规定：对个人取得企业派发的且用于购买该企业商品（产品）或服务才能使用的非现金网络红包，包括各种消费券、代金券、抵用券、优惠券等，以及个人因购买该企业商品或服务达到一定额度而取得企业返还的现金网络红包，属于企业销售商品（产品）或提供服务的价格折扣、折让，不征收个人所得税。

第三条规定：个人之间派发的现金网络红包，不属于个人所得税法规定的应税所得，不征收个人所得税。

（二）风险表现

1. 企业派发的现金网络红包，应扣缴未扣缴个人所得税；
2. 企业派发的现金网络红包，未按规定扣缴个人所得税。

（三）案例

【案例6-31】 原告雷保忠与被告北京小米支付技术有限公司姓名权纠纷一案。

2017年6月2日、6月14日，雷保忠分3次合计领取小米支付公司红包0.1元。2017年7月19日，雷保忠分2次合计领取小米支付公司红包0.03元。2017年7月，小米支付公司为雷保忠代扣代缴偶然个人所得税25元。2017年8月，小米支付公司为雷保忠代扣代缴偶然个人所得税5元。

2018年4月，雷保忠接到北京市朝阳区社会保障中心通知，因小米支付

公司在2017年7月、8月为雷保忠缴纳了个人所得税，该记录违反了国家规定的补贴政策，致使雷保忠低保审核、住房补贴和政府相关审核未能通过。

2018年8月26日，国家税务总局北京经济技术开发区税务局针对雷保忠的举报行为作出告知书，载明“小米支付公司代扣代缴雷保忠个人所得税的计税依据不准确”。小米支付公司于2017年8月14日对雷保忠的6月偶然所得进行了重新申报，申报收入为0.13元，实缴税款0.03元。小米支付公司于2017年9月14日对雷保忠的7月所得进行了重新申报，申报收入为0.04元，实缴税款0.01元。

关于小米支付公司第一次申报数额不准确的原因，该公司称，为了便于缴纳税款，对部分红包获得者进行了合并申报并缴税。

小米支付公司辩称，该公司为雷保忠缴纳偶然所得的个税是法定义务，是在合理合法范围内使用其个人信息，根据法律规定，雷保忠应缴纳个人所得税，其参与该公司的红包活动并获取了现金红包，属于税法意义上的偶然所得，因而具有缴纳个税的义务。根据《国家税务总局关于加强网络红包个人所得税征收管理的通知》，派发红包的企业，具有代扣代缴个人所得税的义务，本案中该公司作为红包活动的组织者，具有代扣代缴个人所得税的义务，办理税务缴纳须向税务机构提供相应的纳税义务人的身份信息，该公司是在合理合法的范围内使用雷保忠的身份信息。雷保忠在领取该公司发放的红包前已经知悉并同意该公司基于缴纳个税的需要使用其个人信息，该公司在相关页面和规则部分，明确告知参与人注意，根据国家法律法规中奖后将代缴相关税款，可能使用用户个人信息，就是说该公司对于可能使用红包领取人的信息进行个税缴纳，已经在活动页面进行了明示，不存在所谓的盗用姓名，也没有盗用行为，不构成姓名侵权，因此雷保忠主张侵犯其姓名权并要求被告登报道歉，于法无据。即使雷保忠认为该公司代其缴纳的个税数额存在问题，其可以直接向税务机关申请退回多缴纳的税款，根据税收征收管理法的相关规定，纳税人超过应纳数额缴纳的税款，纳税人可以向税务机关要求退回多缴纳的税款，雷保忠对于超出应纳税额的部分可以通过税务机关对超出部分进行退回，该公司不会对其产生影响，也不会造成损失。

法院认为，公民的姓名权受到侵害的，有权要求赔偿损失。小米支付公司擅自以雷保忠的名义为其他红包获得者申报应税收入，侵犯了雷保忠的姓名权，小米支付公司应当承担侵权责任。关于赔礼道歉的诉讼请求，法院综合考量侵权行为的影响范围、损害后果，认定由该公司向雷保忠递交书面道歉信即可，无须在省级媒体的范围内进行刊登。关于精神损害赔偿，因小米支付公司使用雷保忠姓名为他人代缴税款的行为侵害了其姓名权，但雷保忠主张的数额过高，法院酌定为1 000元。

七、离退休人员相关收入未按规定扣缴个人所得税

（一）相关规定

1.《国家税务总局关于个人兼职和退休人员再任职取得收入如何计算征收个人所得税问题的批复》（国税函〔2005〕382号）规定：退休人员再任职取得的收入，在减除按个人所得税法规定的费用扣除标准后，按“工资、薪金所得”应税项目缴纳个人所得税。

2.《国家税务总局关于离退休人员再任职界定问题的批复》（国税函〔2006〕526号）规定，离退休人员再任职取得薪酬收入，除另有规定外，凡同时符合下列4个条件的，按“工资薪金所得”项目纳税，否则，按“劳务报酬所得”项目纳税：

（1）受雇人员与用人单位签订一年以上（含一年）劳动合同（协议），存在长期或连续的雇用与被雇用关系；

（2）受雇人员因事假、病假、休假等原因不能正常出勤时，仍享受固定或基本工资收入；

（3）受雇人员与单位其他正式职工享受同等福利、社保、培训及其他待遇；

（4）受雇人员的职务晋升、职称评定等工作由用人单位负责组织。

《国家税务总局关于个人所得税有关问题的公告》（国家税务总局公告2011年第27号）第二条规定：“关于离退休人员再任职的界定条件问题。《国家税务总局关于离退休人员再任职界定问题的批复》（国税函〔2006〕526号）第三条中，单位是否为离退休人员缴纳社会保险费，不再作为离退休人员再任职的界定条件。”

3.《国家税务总局关于离退休人员取得单位发放离退休工资以外奖金补贴征收个人所得税的批复》（国税函〔2008〕723号）规定：离退休人员除按规定领取离退休工资或养老金外，另从原任职单位取得的各类补贴、奖金、实物，不属于《中华人民共和国个人所得税法》第四条规定中可以

免税的退休工资、离休工资、离休生活补助费。根据《中华人民共和国个人所得税法》及其实施条例的有关规定，离退休人员从原任职单位取得的各类补贴、奖金、实物，按“工资、薪金所得”应税项目缴纳个人所得税。

4.《财政部 国家税务总局关于高级专家延长离休退休期间取得工资薪金所得有关个人所得税问题的通知》（财税〔2008〕7号）规定：延长离休退休年龄的高级专家是指享受国家发放的政府特殊津贴的专家、学者和中国科学院、中国工程院院士。延长离休退休年龄的高级专家按下列规定征免个人所得税：

（1）对高级专家从其劳动人事关系所在单位取得的，单位按国家有关规定向职工统一发放的工资、薪金、奖金、津贴、补贴等收入，视同离休、退休工资，免征个人所得税；

（2）除上述1项所述收入以外各种名目的津补贴收入等，以及高级专家从其劳动人事关系所在单位之外的其他地方取得的培训费、讲课费、顾问费、稿酬等各种收入，依法计征个人所得税。

5.《财政部 国家税务总局关于个人所得税法修改后有关优惠政策衔接问题的通知》（财税〔2018〕164号）规定：个人办理提前退休手续而取得的一次性补贴收入，应按照办理提前退休手续至法定离退休年龄之间实际年度数平均分摊，确定适用税率和速算扣除数，单独适用综合所得税率表，计算纳税。

计算公式：应纳税额 = {[（一次性补贴收入 ÷ 办理提前退休手续至法定退休年龄的实际年度数）- 费用扣除标准] × 适用税率 - 速算扣除数} × 办理提前退休手续至法定退休年龄的实际年度数。

（二）风险表现

1. 离退休人员取得收入应扣缴未扣缴个人所得税；
2. 离退休人员取得薪酬收入未按规定扣缴个人所得税。

（三）案例

【案例6-32】2021年5月11日，某市税务局稽查局对市卫生法学会的涉税情况实施税务检查并送达“税务检查通知书”。稽查局检查发现，市卫生法学会2017—2020年8月未与离退休返聘人员签订劳务雇用合同，未按规定按照劳务报酬税目代扣代缴离退休返聘人员的个人所得税共计

1 005 484.21 元，并于2021年10月23日对市卫生法学会应扣未扣个人所得税违法行为处以1倍的罚款共计1 005 484.21元。市卫生法学会不服，于2021年11月16日向西城税务局提起行政复议。

市卫生法学会观点：市医疗纠纷人民调解委员会（以下简称“医调委”）是市卫生法学会的下属机构与事实不符，市卫生法学会不属于个人所得税代扣、代缴义务主体。稽查局核算个税应缴纳税额的，未与纳税义务人核定其收入及工作情况，未考虑纳税义务人存在的差异性，导致核算的个人所得税税额不准确。

稽查局观点：医调委不是独立的民事和税收行政法律责任主体，且未办理扣缴税款登记，不能承担代扣代缴个人所得税义务。市卫生法学会设立医调委，负有代扣代缴相关人员个人所得税的法定义务，其在账簿中核算相关人员的工资、劳务报酬，并按“工资、薪金所得”应税项目代扣代缴个人所得税，已自认是医调委相关人员的个人所得税扣缴义务人。市卫生法学会聘用离退休人员，不符合按“工资、薪金所得”应税项目代扣代缴个人所得税的条件，应按“劳务报酬所得”应税项目代扣代缴个人所得税。

法院判决：第一稽查局作出的被诉处罚决定认定事实清楚、适用法律正确，内容并无不当。

要点提示：

1. 个税代缴义务人的认定。根据《个人所得税法》规定，个人所得税以所得人为纳税人，以支付所得的单位或者个人为扣缴义务人。在本案中，医调委属于依法设立的调解民间纠纷的群众性组织，未办理组织机构代码和建立账户，也未办理扣缴税款登记，不具有独立的民事主体资格，不具有承担代扣代缴个人所得税义务的资格。市卫生法学会设立医调委，且医调委工作人员的工资、保险支出等均使用市卫生法学会账户，证明市卫生法学会是离退休人员劳务报酬的实际支付方，作为支付方拥有天然的个税代扣代缴义务。

2. 应按“劳务报酬”代扣代缴个税。《国家税务总局关于个人兼职和退休人员再任职取得收入如何计算个人所得税问题的批复》（国税函〔2005〕382号）规定，个人兼职取得的收入应按照“劳务报酬所得”应税项目缴纳个人所得税；退休人员再任职取得的收入按照“工资薪金”应税项目缴纳个人所得税。

在本案中，不符合上述“退休人员再任职”的条件，不能按照“工资、薪金所得”应税项目缴纳个人所得税，应以“劳务报酬”税目征收个人所得税，并根据市卫生法学会提供的账簿、工资表计算其应扣未扣个人所得税金额。

【案例6－33】2021年12月，老李55岁生日当月提前办理了提前退休手续，老李的法定退休年龄是60岁。公司按照规定，给予老李提前退休一次性补贴50万元。老李取得50万元一次性补贴是否需要缴纳个人所得税？如果需要缴，该如何缴？

【解析】1. 老李在达到法定退休年龄前提前退休取得的企业向其支付的一次性补贴，不属于免税的离退休工资收入，其所得不属于《个人所得税法》规定免税的“按照国家统一规定发给干部、职工的安家费、退职费、基本养老金或者退休费、离休费、离休生活补助费”，应当认定为是其在提前退休日到法定退休年龄期间取得的“工资、薪金所得”，应当依法征收个人所得税。

2.《关于个人所得税法修改后有关优惠政策衔接问题的通知》（财税〔2018〕164号）规定，个人办理提前退休手续而取得的一次性补贴收入，应按照办理提前退休手续至法定离退休年龄之间实际年度数平均分摊，确定适用税率和速算扣除数，单独适用综合所得税率表，计算纳税。其公式如下：应纳税额＝{[(一次性补贴收入÷办理提前退休手续至法定退休年龄的实际年度数)－费用扣除标准]×适用税率－速算扣除数}×办理提前退休手续至法定退休年龄的实际年度数。

老李办理提前退休手续至法定退休年龄的实际年度数为5年。取得一次性补贴收入50万元，平均到每年的收入额为10万元，费用扣除标准为6万元。

应纳税额＝[(50÷5－6)×10%－0.2520]×5＝0.74（万元）

【问题】提前退休和内部退养有何不同？

1. 性质不同。

提前退休（国家政策）：国家社保部门根据相关允许提前退休的规定，批准相关人员正式退休。包含三类：特殊工种、病退、公务员。

内部退养（企业行为）：企业根据自己的情况做出的内部管理制度，实行内部退养的员工，仍是企业员工，等到法定年龄再办理正式退休。

2. 收入来源不同。

提前退休（社保部门发放）：提前办理了退休手续，属于企业退休人员，不再缴纳五险一金，由社保部门发放养老金。

内部退养（企业发放）：没有正式退休，只是提前离开工作岗位，属于企业在职人员，企业仍为其缴纳五险一金，发放生活费。

3. 个税政策不同。

提前退休（不缴税）：退休工资免征个人所得税。

内部退养（缴税）：退养期间的工资要缴纳个人所得税。

4. 一次性补偿收入个税计算不同。

提前退休（按年）。根据《财政部 国家税务总局关于个人所得税法修改后有关优惠政策衔接问题的通知》（财税〔2018〕164号）文件第五条第（二）项规定，个人办理提前退休手续而取得的一次性补贴收入，应按照办理提前退休手续至法定离退休年龄之间实际年度数平均分摊，确定使用税率和速算扣除数，单独使用综合所得税率表，计算纳税。计算公式为：应纳税额＝{〔（一次性补贴收入÷办理提前退休手续至法定退休年龄的实际年度数）－费用扣除标准〕×适用税率－速算扣除数}×办理提前退休手续至法定退休年龄的实际年度数。

内部退养（按月）。根据《财政部 国家税务总局关于个人所得税法修改后有关优惠政策衔接问题的通知》（财税〔2018〕164号）文件第五条第（三）项规定，个人办理内部退养手续而取得的一次性补贴收入，按照《国家税务总局关于个人所得税有关政策问题的通知》（国税发〔1999〕58号）规定计算纳税。根据《国家税务总局关于个人所得税有关政策问题的通知》（国税发〔1999〕58号）文件第一条规定，个人在办理内部退养手续后从原任职单位取得的一次性收入，应按办理内部退养手续后至法定离退休年龄之间的所属月份进行平均，并与领取当月的“工资、薪金”所得合并后减除当月费用扣除标准，以余额为基数确定适用税率，再将当月工资、薪金加上取得的一次性收入，减去费用扣除标准，按适用税率计征个人所得税。

八、全年一次性奖金未按规定扣缴个人所得税

（一）相关规定

1. 关于全年一次性奖金、中央企业负责人年度绩效薪金延期兑现收入和任期奖励的政策。

（1）居民个人取得全年一次性奖金，符合《国家税务总局关于调整个人取得全年一次性奖金等计算征收个人所得税方法问题的通知》（国税发〔2005〕9号）规定的，在2021年12月31日前，不并入当年综合所得，以全年一次性奖金收入除以12个月得到的数额，按照本通知所附按月换算后的综合所得税率表（以下简称“月度税率表”），确定适用税率和速算扣除数，单独计算纳税。计算公式为：应纳税额＝全年一次性奖金收入×适用税率－速算扣除数

居民个人取得全年一次性奖金，也可以选择并入当年综合所得计算纳税。

自2022年1月1日起，居民个人取得全年一次性奖金，应并入当年综合所得计算缴纳个人所得税。

（2）中央企业负责人取得年度绩效薪金延期兑现收入和任期奖励，符合《国家税务总局关于中央企业负责人年度绩效薪金延期兑现收入和任期奖励征收个人所得税问题的通知》（国税发〔2007〕118号）规定的，在2021年12月31日前，参照本通知第一条第（一）项执行；2022年1月1日之后的政策另行明确。

2.《关于延续实施有关个人所得税优惠政策的公告》（财政部 税务总局公告2023年第2号）第一条规定：《财政部 税务总局关于延续实施全年一次性奖金等个人所得税优惠政策的公告》（财政部 税务总局公告2021年第42号）中规定的上市公司股权激励单独计税优惠政策，自2023年1月1日起至2023年12月31日止继续执行。

3.《国家税务总局关于调整个人取得全年一次性奖金等计算征收个人所得税方法问题的通知》（国税发〔2005〕9号）第一条规定，全年一次性奖金是指行政机关、企事业单位等扣缴义务人根据其全年经济效益和对雇员全年工作业绩的综合考核情况，向雇员发放的一次性奖金。上述一次性奖金也包括年终加薪、实行年薪制和绩效工资办法的单位根据考核情况兑现的年薪和绩效工资。

第三条规定，在一个纳税年度内，对每一个纳税人，该计税办法只允许采用一次。

第四条规定，实行年薪制和绩效工资的单位，个人取得年终兑现的年薪和绩效工资按本通知第二条、第三条执行。

第五条规定，雇员取得除全年一次性奖金以外的其他各种名目奖金，

如半年奖、季度奖、加班奖、先进奖、考勤奖等，一律与当月工资、薪金收入合并，按税法规定缴纳个人所得税。

（二）风险表现

1. 年终一次性奖金发放金额处于税率变动临界点，导致多缴个人所得税。

2. 非全年一次性奖金所得按全年一次性奖金计算并扣缴了个人所得税。

3. 在一个纳税年度对一个纳税人多次适用年终奖计税方法扣缴个人所得税。

（三）案例

【案例6－34】某国有大型企业每月按一定比例为在职员工缴存补充养老保险，在员工办理退休手续的当月，还会一次性为退休员工缴存10万—30万元不等的补充养老保险，对这笔一次性所得，该单位按全年一次性奖金计算并扣缴了个税。

【解析】《关于企业年金个人所得税征收管理有关问题的通知》（国税函〔2009〕694号）第二条规定，企业年金的企业缴费计入个人账户的部分（以下简称"企业缴费"）是个人因任职或受雇而取得的所得，属于个人所得税应税收入，在计入个人账户时，应视为个人一个月的工资、薪金（不与正常工资、薪金合并），不扣除任何费用，按照"工资、薪金所得"项目计算当期应纳个人所得税款，并由企业在缴费时代扣代缴。对企业按季度、半年或年度缴纳企业缴费的，在计税时不得还原至所属月份，均作为一个月的工资、薪金，不扣除任何费用，按照适用税率计算扣缴个人所得税。

根据上述规定，该企业为退休员工一次性缴存的补充养老保险，是个人因任职或受雇而取得的所得，应视为个人一个月的工资、薪金（不与正常工资、薪金合并），不扣除任何费用，按照"工资、薪金所得"项目计算当期应纳个人所得税款，并由企业在缴费时代扣代缴。

【案例6－35】2021年12月，某企业根据业绩考核情况给高管和员工发放数额不等的全年一次性奖金，同时，根据职务不同分别为每名高管及员工发放数额不等的住房补贴。发放时，该单位将全年一次性奖金与住房补贴合并按全年一次性奖金计算并扣缴了个人所得税。

【解析】《国家税务总局关于调整个人取得全年一次性奖金等计算征收个人所得税方法问题的通知》（国税发〔2005〕9号）全年一次性奖金

是指行政机关、企事业单位等扣缴义务人根据其全年经济效益和对雇员全年工作业绩的综合考核情况，向雇员发放的一次性奖金。上述一次性奖金也包括年终加薪、实行年薪制和绩效工资办法的单位根据考核情况兑现的年薪和绩效工资。

“住房补贴”不符合年终一次性奖金的范围，应合并当月工资薪金计算应扣缴的个人所得税。

【案例6-36】 2022年3月，某企业根据其员工2021年度业绩情况发放了2021年度绩效奖，同时根据其年度内一季度的工作表现，如考勤、各项管理制度的执行情况发放“季度考核奖”，发放时，该企业将两项奖金合并按全年一次性奖金计算并扣缴了个人所得税。

【解析】 根据《国家税务总局关于调整个人取得全年一次性奖金等计算征收个人所得税方法问题的通知》（国税发〔2005〕9号）第一条、第五条规定，根据其全年经济效益和对雇员全年工作业绩的综合考核情况发放的一次性奖金按年终奖计税政策计税。除全年一次性奖金以外的季度考核奖等，与当月工资、薪金收入合并，按税法规定缴纳个人所得税。

【案例6-37】 2022年6月和12月，某企业分两次给员工发放了半年考核奖，每次发放均按全年一次性奖金计算并扣缴了个人所得税。

【解析】 根据《国家税务总局关于调整个人取得全年一次性奖金等计算征收个人所得税方法问题的通知》（国税发〔2005〕9号）第三条规定，该公司员工可以选择数额较高的一次按年终奖计税政策计税，另一次半年奖并入工资薪金计税。

九、单位低价向职工售房未按规定扣缴个人所得税

（一）相关规定

1.《财政部 国家税务总局关于单位低价向职工售房有关个人所得税问题的通知》（财税〔2007〕13号）第一条规定：“根据住房制度改革政策的有关规定，国家机关、企事业单位及其他组织（以下简称“单位”）在住房制度改革期间，按照所在地县级以上人民政府规定的房改成本价格向职工出售公有住房，职工因支付的房改成本价格低于房屋建造成本价格或市场价格而取得的差价收益，免征个人所得税。”

第二条规定：“除本通知第一条规定情形外，根据《中华人民共和国

个人所得税法》及其实施条例的有关规定，单位按低于购置或建造成本价格出售住房给职工，职工因此而少支出的差价部分，属于个人所得税应税所得，应按照‘工资、薪金所得’项目缴纳个人所得税。

前款所称差价部分，是指职工实际支付的购房价款低于该房屋的购置或建造成本价格的差额。”

2.《财政部 税务总局关于个人所得税法修改后有关优惠政策衔接问题的通知》（财税〔2018〕164号）第六条规定：“单位按低于购置或建造成本价格出售住房给职工，职工因此而少支出的差价部分，符合《财政部 国家税务总局关于单位低价向职工售房有关个人所得税问题的通知》（财税〔2007〕13号）第二条规定的，不并入当年综合所得，以差价收入除以12个月得到的数额，按照月度税率表确定适用税率和速算扣除数，单独计算纳税。计算公式为：

应纳税额=职工实际支付的购房价款低于该房屋的购置或建造成本价格的差额×适用税率－速算扣除数”

（二）风险表现

1. 单位低价向职工售房应扣缴未扣缴个人所得税。
2. 单位低价向职工售房未按规定扣缴个人所得税。

（三）案例

【案例6－38】2022年，某开发商将市场价300万元的一套住房按照240万元的价格销售给某内部员工，则该员工购房，开发商应扣缴个人所得税税额多少？

【解析】

（1）（3 000 000－2 400 000）÷12＝50 000（元），按月度税率表，确定适用税率30%，速算扣除数4 410元。

（2）应纳税额＝(3 000 000－2 400 000）×30%－4 410＝175 590（元）

十、房屋产权无偿赠与他人未按规定扣缴个人所得税

（一）相关规定

《财政部 税务总局关于个人取得有关收入适用个人所得税应税所得项

目的公告》（财政部、税务总局公告 2019 年第 74 号）规定：“……二、房屋产权所有人将房屋产权无偿赠与他人的，受赠人因无偿受赠房屋取得的受赠收入，按照‘偶然所得’项目计算缴纳个人所得税。按照《财政部 国家税务总局关于个人无偿受赠房屋有关个人所得税问题的通知》（财税〔2009〕78 号）第一条规定，符合以下情形的，对当事双方不征收个人所得税：（一）房屋产权所有人将房屋产权无偿赠与配偶、父母、子女、祖父母、外祖父母、孙子女、外孙子女、兄弟姐妹；（二）房屋产权所有人将房屋产权无偿赠与对其承担直接抚养或者赡养义务的抚养人或者赡养人；（三）房屋产权所有人死亡，依法取得房屋产权的法定继承人、遗嘱继承人或者受遗赠人。

前款所称受赠收入的应纳税所得额按照《财政部 国家税务总局关于个人无偿受赠房屋有关个人所得税问题的通知》（财税〔2009〕78 号）第四条规定计算。”

（二）风险表现

1. 房屋产权所有人将房屋产权无偿赠与他人，不符合免税条件，未按照“偶然所得”项目计算缴纳个人所得税。

2. 房屋产权所有人将房屋产权无偿赠与子女等选择享受个人所得税免税政策，导致税负上升。

（三）案例

【案例 6－39】2010 年，李先生以 100 万元价格购入南京市区一套住房，面积 120 平方米。2022 年 1 月，李先生将该套住房赠送给好友张先生，签订房屋赠与合同，合同标明赠与房屋价值为 100 万元（当时经税务机关确认的不含税市场价格 200 万元）。赠与过程中，假设除税费外未发生其他费用。该地区自 2019 年 1 月 1 日起，实行“六税二费”减半征收的小微优惠，契税税率为 3%。

【解析】张先生涉税情况：

1. 契税：《契税法》规定，在中国境内赠与房屋，承受的单位和个人为契税的纳税人，应当依照本法规定缴纳契税。

《国家税务总局关于加强房地产交易个人无偿赠与不动产税收管理有关问题的通知》（国税发〔2006〕144 号）规定，对于个人无偿赠与不动产行为，应对受赠人全额征收契税。

《契税法》规定，房屋赠与，契税的计税依据为税务机关参照房屋买卖的价格依法核定的价格。其税率的执行，应当按照房产所在地省（自治区，直辖市）政府确定的契税税率执行。

张先生接受赠与应纳契税：2 000 000 ×3% =60 000（元）（接受赠与，无论第几套房，都应按3%计算缴纳契税）。

2. 印花税：按照税务机关确认的房屋价值缴纳印花税：20 000 00 ×0. 05% ×50% =500（元）。

3. 个人所得税：《关于个人无偿受赠房屋有关个人所得税问题的通知》（财税〔2009〕78号）规定，对受赠人无偿受赠房屋计征个人所得税时，其应纳税所得额为房地产赠与合同上标明的赠与房屋价值减除赠与过程中受赠人支付的相关税费后的余额。赠与合同标明的房屋价值明显低于市场价格或房地产赠与合同未标明赠与房屋价值的，税务机关可依据受赠房屋的市场评估价格或采取其他合理方式确定受赠人的应纳税所得额。

《关于个人取得有关收入适用个人所得税应税所得项目的公告》（财政部、税务总局公告2019年第74号）规定，自2019年1月1日起，房屋产权所有人将房屋产权无偿赠送他人的，受赠人因无偿受赠取得的受赠收入，按照“偶然所得”项目计算缴纳个人所得税。

根据上述规定，张先生受赠住房，虽然赠与合同标明房屋价值为100万元，但当时经税务机关确认的不含税市场价格为200万元，其应纳税所得额为受赠房屋的不含税市场价格减除赠与过程中受赠人支付的相关税费后的余额，即2 000 000 -60 000 -500 =1 939 500（元）。应交个人所得税：1 939 500 ×20% =387 900（元）。

（四）房屋产权所有人将房屋产权无偿赠与子女等享受个人所得税免税政策一定是最佳选择吗？

一般都认为亲子之间房产过户以赠与的形式税负最轻，这仅仅是一种表面现象。也就是说仅考虑赠与本身，其税负的确是最轻的，但如果考虑到未来子女再将房产出售，其税负就比较高了。如果父母名下只有一套住房，而且持有时间也比较长，出售给子女，往往也是不需要缴纳增值税和个人所得税的。

个人所得税：《财政部 国家税务总局 建设部关于个人出售住房所得

征收个人所得税有关问题的通知》（税字〔1999〕278号）第四条规定，对个人转让自用5年以上，并且是家庭唯一生活用房取得的所得，继续免征个人所得税。

增值税：《财政部 国家税务总局关于全面推开营业税改征增值税试点的通知》（财税〔2016〕36号）附件3《营业税改征增值税试点过渡政策的规定》规定，个人将购买不足2年的住房对外销售的，按照5%的征收率全额缴纳增值税；个人将购买2年以上（含2年）的住房对外销售的，免征增值税（上述政策适用于北京市、上海市、广州市和深圳市之外的地区）。

由于是亲子之间买卖，往往只是形式的买卖，实际并不支付价款，因此，房屋买卖与房屋赠与相比并不会增加子女的负担。

【案例6-40】 2010年1月，李某以100万元价格购入南京市区一套住房（该住房为李某唯一一套住房），面积120平方米。2022年1月，李某准备将该套住房过户给自己的儿子小李（当时经税务机关确认的不含税市场价格200万元），小李已有一套住房。假设其儿子持有2年以后再以250万元的价格将该套住房出售给了小王。除相关税费外，不考虑转让过程中的其他费用。该地区2019年自1月1日起，实行“六税二费”减半征收的小微优惠，契税税率为3%。

【解析】

方案一：李某采取赠与方式将房屋过户给儿子小李，两年后小李再将房屋出售。

1. 赠送环节。

（1）赠送人（李某）涉税情况。

①增值税：免征增值税。《财政部 国家税务总局关于全面推开营业税改征增值税试点的通知》（财税〔2016〕36号）附件3《营业税改征增值税试点过渡政策的规定》规定，涉及家庭财产分割的个人无偿转让不动产、土地使用权的免征增值税。家庭财产分割，包括下列情形：离婚财产分割；无偿赠与配偶、父母、子女、祖父母、外祖父母、孙子女、外孙子女、兄弟姐妹；无偿赠与对其承担直接抚养或者赡养义务的抚养人或者赡养人；房屋产权所有人死亡，法定继承人、遗嘱继承人或者受遗赠人依法取得房屋产权。

②印花税：《印花税暂行条例》及实施细则规定，在中国境内因产权的买卖、继承、赠与、交换、分割等行为而书立、领受产权转移书据应税

凭证的单位和个人，应依法缴纳印花税。

根据上述规定，李先生将住房无偿赠与小李，属于印花税应税范围，双方都需要按照税务机关确认的房屋价值缴纳印花税：2 000 000×0.05%×50%＝500（元）

李某交税500元。

（2）受赠人（小李）涉税情况。

①契税：《契税法》规定，在中国境内赠与房屋，接受赠与的承受单位和个人需要依法缴纳契税。

《国家税务总局关于加强房地产交易个人无偿赠与不动产税收管理有关问题的通知》（国税发〔2006〕144号）规定，对于个人无偿赠与不动产行为，应对受赠人全额征收契税。

《契税法》规定，房屋赠与，由征收机关参照房屋买卖的市场价格核定，并依法征收。其税率的执行，应当按照房产所在地省政府确定的契税税率执行。

小李受赠应纳契税：2 000 000×3%＝60 000（元）

②印花税：按照税务机关确认的房屋价值缴纳印花税：2 000 000×0.05%×50%＝500（元）

③个人所得税：免税。《关于个人取得有关收入适用个人所得税应税所得项目的公告》（财政部、税务总局公告2019年第74号）规定，自2019年1月1日起，房屋产权所有人将房屋产权无偿赠与子女免征个人所得税。

小李共缴税60 500元。

小结：赠与环节：李某和小李共缴税61 000元。

2. 出售环节。假设小李持有2年以后（不足2年，则须缴纳增值税及其附加）再以250万元的价格将该套住房出售给小王。除相关税费外，不考虑转让过程中的其他费用。

（1）增值税：免税。《财政部 国家税务总局关于全面推开营业税改征增值税试点的通知》（财税〔2016〕36号）附件3《营业税改征增值税试点过渡政策的规定》规定："一、下列项目免征增值税……五、个人将购买不足2年的住房对外销售的，按照5%的征收率全额缴纳增值税；个人将购买2年以上（含2年）的住房对外销售的，免征增值税（上述政策适用于北京市、上海市、广州市和深圳市之外的地区）。"

（2）印花税和土地增值税：免税。《财政部 国家税务总局关于调整房地产交易环节税收政策的通知》（财税〔2008〕137 号）规定："……二、对个人销售或购买住房暂免征收印花税。三、对个人销售住房暂免征收土地增值税。"

（3）个人所得税：《关于个人无偿受赠房屋有关个人所得税问题的通知》（财税〔2009〕78 号）第五条规定：受赠人转让受赠房屋的，以其转让受赠房屋的收入减除原捐赠人取得该房屋的实际购置成本以及赠与和转让过程中受赠人支付的相关税费后的余额，为受赠人的应纳税所得额，依法计征个人所得税。受赠人转让受赠房屋价格明显偏低且无正当理由的，税务机关可以依据该房屋的市场评估价格或其他合理方式确定的价格核定其转让收入。

（2 500 000 − 1 000 000 − 60 000 − 500）× 20% = 1 439 500 × 20% = 287 900（元）

小结：小李出售环节：共缴税 287 900 元。

总结：在此方案下，李某和小李合计税收负担：61 000 + 287 900 = 348 900（元）。

方案二：李某先将该住房以 200 万元的价格出售给小李，两年后小李再以 250 万元的价格对外出售。

1. 李某出售住房环节。

（1）出售人（李某）涉税情况：免交增值税、印花税和土地增值税。

（2）购房人（小李）涉税情况。

①契税：《关于调整房地产交易环节契税、营业税优惠政策的通知》（财税〔2016〕23 号）规定：个人购买家庭唯一住房（家庭成员范围包括购房人、配偶以及未成年子女，下同），面积为 90 平方米及以下的，减按 1% 的税率缴纳契税；面积为 90 平方米以上的，减按 1.5% 的税率缴纳契税。对个人购买家庭第二套改善性住房，面积为 90 平方米及以下的，减按 1% 的税率缴纳契税；面积为 90 平方米以上的，减按 2% 的税率缴纳契税。

由于小李是购买第二套住房，面积为 90 平方米以上，减按 2% 的税率缴纳契税：2 000 000 × 2% = 40 000（元）

②印花税：免税。

小结：李某出售环节，李某和小李共缴税 40 000 元。

2. 小李出售环节。

（1）增值税：属于个人将购买 2 年以上（含 2 年）的住房对外销售

的，免征增值税。

（2）印花税和土地增值税免：属于个人销售住房暂免征收印花税和土地增值税。

（3）个人所得税：出售时须缴纳个人所得税：(2 500 000 - 2 000 000 - 40 000) ×20% =460 000 ×20% =92 000（元）

小结：小李出售环节，共缴税92 000元。

总结：在此方案下，李某和小李合计税收负担：40 000 + 920 000 = 132 000（元）。比方案一少缴348 450 - 132 000 =216 450（元）。

方案三：父母直接将房产出售，再将出售房产的货币赠与子女，即李某再持有两年后直接按250万元出售，将250万元货币赠与小李。

1. 出售环节。李某涉税情况：

（1）增值税：属于个人将购买2年以上（含2年）的住房对外销售的，免征增值税。

（2）印花税和土地增值税：属于个人销售住房暂免征收印花税和土地增值税。

（3）个人所得税：属于个人转让自用5年以上，并且是家庭唯一生活用房，免征个人所得税。

2. 赠与环节。目前，亲子之间货币的赠与是没有任何税收负担的。

赠送人（李某）：货币赠与无税收负担。

受赠人（小李）：接受货币赠送无税收负担。

总结：此方案下，税负为0。

十一、为员工缴付的保险未按规定计算扣缴个人所得税

（一）相关规定

1.《财政部 国家税务总局关于基本养老保险费基本医疗保险费失业保险费 住房公积金有关个人所得税政策的通知》（财税〔2006〕10号）第一条规定：企事业单位按照国家或省（自治区、直辖市）人民政府规定的缴费比例或办法实际缴付的基本养老保险费、基本医疗保险费和失业保险费，免征个人所得税；个人按照国家或省（自治区、直辖市）人民政府规定的缴费比例或办法实际缴付的基本养老保险费、基本医疗保险费和失业保险费，允许在个人应纳税所得额中扣除。企事业单位和个人超过

规定的比例和标准缴付的基本养老保险费、基本医疗保险费和失业保险费，应将超过部分并入个人当期的工资、薪金收入，计征个人所得税。

2.《关于企业年金 职业年金个人所得税有关问题的通知》财税〔2013〕103号文件规定：

（1）企业和事业单位（以下统称“单位”）根据国家有关政策规定的办法和标准，为在本单位任职或者受雇的全体职工缴付的企业年金或职业年金（以下统称“年金”）单位缴费部分，在计入个人账户时，个人暂不缴纳个人所得税。

（2）个人根据国家有关政策规定缴付的年金个人缴费部分，在不超过本人缴费工资计税基数的4%标准内的部分，暂从个人当期的应纳税所得额中扣除。

（3）超过本通知第一条第1项和第2项规定的标准缴付的年金单位缴费和个人缴费部分，应并入个人当期的工资、薪金所得，依法计征个人所得税。税款由建立年金的单位代扣代缴，并向主管税务机关申报解缴。

（4）企业年金个人缴费工资计税基数为本人上一年度月平均工资。月平均工资按国家统计局规定列入工资总额统计的项目计算。月平均工资超过职工工作地所在设区城市上一年度职工月平均工资300%以上的部分，不计入个人缴费工资计税基数。职业年金个人缴费工资计税基数为职工岗位工资和薪级工资之和。职工岗位工资和薪级工资之和超过职工工作地所在设区城市上一年度职工月平均工资300%以上的部分，不计入个人缴费工资计税基数。

3.《财政部 税务总局 保监会关于将商业健康保险个人所得税试点政策推广到全国范围实施的通知》（财税〔2017〕39号）第一条规定：对个人购买符合规定的商业健康保险产品的支出，允许在当年（月）计算应纳税所得额时予以税前扣除，扣除限额为2 400元/年（200元/月）。单位统一为员工购买符合规定的商业健康保险产品的支出，应分别计入员工个人工资薪金，视同个人购买，按上述限额予以扣除。

2 400元/年（200元/月）的限额扣除为个人所得税法规定减除费用标准之外的扣除。

第二条规定：适用商业健康保险税收优惠政策的纳税人，是指取得工资薪金所得、连续性劳务报酬所得的个人，以及取得个体工商户生产经营所得、对企事业单位的承包承租经营所得的个体工商户业主、个人独资企业投资者、合伙企业合伙人和承包承租经营者。

第三条规定：关于商业健康保险产品的规范和条件：符合规定的商业健康保险产品，是指保险公司参照个人税收优惠型健康保险产品指引框架及示范条款开发的、符合一定条件的健康保险产品。

（二）风险表现

1. 企事业单位和个人超过规定的比例和标准缴付基本养老保险费、基本医疗保险费和失业保险费、住房公积金，扣缴单位未将超过部分并入个人当期的工资、薪金收入，计算扣缴个人所得税。

2. 个人缴付的年金个人缴费部分，超过本人缴费工资计税基数的4%标准内的部分，从个人当期的应纳税所得额中扣除，少计个人所得税。

3. 个人购买不符合规定的商业健康保险产品的支出，在当年（月）计算应纳税所得额时税前扣除，少计个人所得税。

（三）案例

【案例6-41】 甲有限公司职工樊先生2022年每月实发工资10 500元（公司已代缴个人缴纳的“三险一金”2 500元，其中含年金800元），公司年度内按本企业上年度职工工资总额240万元的1/12为全体职工缴付年金20万元，其中全年为樊先生缴纳年金13 000元。该公司认为职工缴付的年金属于免税项目，每月按实发工资10 500元扣缴樊先生个人所得税，并照此方法扣缴其他职工的个人所得税。

【解析】 税务稽查人员在对甲公司检查后，指出该公司扣缴个人所得税存在问题。正确的方式应为：

1. 樊先生个人每月缴纳的险金2 500元中，准予按缴费工资计税基数的4%扣除年金520元［(10 500 + 2 500) × 4%］，其他三险一金1 700元符合扣除标准。其每月取得工资时应按10 500 + 2 500 − 1 700 − 520 = 10 780（元）计算扣缴个人所得税款。

2. 公司按国家有关政策规定的比例，为樊先生缴付的13 000元以及为其他职工缴付的年金缴费，在计入其个人账户时，职工暂不缴纳个人所得税，在以后领取年金时，由年金托管人代扣代缴其应纳的个人所得税。

十二、财产租赁所得未按规定扣缴个人所得税

（一）相关规定

1.《个人所得税法》第二条规定："下列各项个人所得，应当缴纳个人所得税：……（七）财产租赁所得。"

第六条第四款规定："财产租赁所得应纳税所得额的计算：每次收入不超过四千元的，减除费用八百元；四千元以上的，减除百分之二十的费用，其余额为应纳税所得额。"

《个人所得税法实施条例》第六条规定："个人所得税法规定的各项个人所得的范围：……（七）财产租赁所得，是指个人出租不动产、机器设备、车船以及其他财产取得的所得。"

第十四条规定："个人所得税法第六条第一款第二项、第四项、第六项所称每次，分别按照下列方法确定：……（二）财产租赁所得，以一个月内取得的收入为一次。"

2.《关于调整住房租赁市场税收政策的通知》（财税〔2000〕125号）对个人出租房屋取得的所得暂减按10%的税率征收个人所得税。

3.《国家税务总局关于个人转租房屋取得收入征收个人所得税问题的通知》（国税函〔2009〕639号）规定：

（1）个人将承租房屋转租取得的租金收入，属于个人所得税应税所得，应按"财产租赁所得"项目计算缴纳个人所得税。

（2）取得转租收入的个人向房屋出租方支付的租金，凭房屋租赁合同和合法支付凭据允许在计算个人所得税时，从该项转租收入中扣除。

（3）《国家税务总局关于个人所得税若干业务问题的批复》（国税函〔2002〕146号）有关财产租赁所得个人所得税前扣除税费的扣除次序调整为：

①财产租赁过程中缴纳的税费；

②向出租方支付的租金；

③由纳税人负担的租赁财产实际开支的修缮费用；

④税法规定的费用扣除标准。

4.《征收个人所得税若干问题的规定》（国税发〔1994〕089号）第六条对"关于财产租赁所得的征税问题"做了如下规定：

（1）纳税义务人在出租财产过程中缴纳的税金和国家能源交通重点建设基金、国家预算调节基金、教育费附加，可持完税（缴款）凭证，从其财产租赁收入中扣除。

（2）纳税义务人出租财产取得财产租赁收入，在计算征税时，除可依法减除规定费用和有关税、费外，还准予扣除能够提供有效、准确凭证，证明由纳税义务人负担的该出租财产实际开支的修缮费用。允许扣除的修缮费用，以每次800元为限，一次扣除不完的，准予在下一次继续扣除，直至扣完为止。

（3）确认财产租赁所得的纳税义务人，应以产权凭证为依据。无产权凭证的，由主管税务机关根据实际情况确定纳税义务人。

（4）产权所有人死亡，在未办理产权继承手续期间，该财产出租而有租金收入的，以领取租金的个人为纳税义务人。

（二）财产租赁所得个人所得税计算

1. 计算公式。

每次（月）收入额不超过4 000元的：应纳税额 = 应纳税所得额 × 适用税率 = [每次(月)收入额 − 允许扣除的项目 − 修缮费用(800元为限) − 800] × 20%

每次（月）收入额在4 000元以上的：应纳税额 = 应纳税所得额 × 适用税率 = [每次（月）收入额 − 允许扣除的项目 − 修缮费用（800元为限）] × (1 − 20%) × 20%

2. “每次”如何确定。

（1）一个月收取一年的租金，算一次收入，实务中税务机关放宽口径按照每月收入为一次；

（2）每个月收取租金，每月算一次收入；

（3）不同租赁标的物（如出租两套房），分别算次数。

（三）风险表现

1. 个人财产租赁所得应缴未缴个人所得税；
2. 个人财产租赁所得未按规定缴纳个人所得税。

（四）案例

【案例6－42】2022年1月苏某将住房出租给吴某，租期1年，1月8

日吴某一次支付一年租金18万元，7月10日，发生修缮费1万元（取得合法有效凭证），苏某应缴纳多少个人所得税？

【解析】

1. 个人出租财产取得的财产租赁收入，在计算缴纳个人所得税时，应依次扣除以下费用：

第一，财产租赁过程中缴纳的税费：

(1) 增值税及附加。其他个人出租住房，按照5%的征收率减按1.5%计算应纳税额，其他个人采取一次性收取租金形式出租不动产的，其租金可在租赁期内平均分摊，分摊后月租金收入不超过15万元的，免征增值税（注意：除其他个人外，一次性收取的租金不分摊计算）。

180 000 ÷ 12 = 15 000/月 < 150 000/月，可免征增值税，随征的附加税费同时减免。

政策依据：《营业税改征增值税试点有关事项的规定》（财税〔2016〕36号附件2）、《纳税人提供不动产经营租赁服务增值税征收管理暂行办法》的公告（2016年第16号）、《财政部 税务总局关于明确增值税小规模纳税人免征增值税政策的公告》（财政部 税务总局公告2021年第11号）。

(2) 房产税。房产税实行按年计算、分期缴纳的征收办法。对个人出租住房，不区分用途，按4%的税率征收房产税。增值税小规模纳税人房产税减按50%征收。

2022年房产税：180 000 × 4% = 7 200（元），叠加享受减税优惠3 600元。

政策依据：《房产税暂行条例》《财政部 国家税务总局关于廉租住房、经济适用住房和住房租赁有关税收政策的通知》（财税〔2008〕24号）、《财政部 国家税务总局关于实施小微企业普惠性税收减免政策的通知》（财税〔2019〕13号）、《财政部 税务总局关于进一步实施小微企业"六税两费"减免政策的公告》（财政部 税务总局公告2021年第10号）、《财政部 国家税务总局关于营改增后契税、房产税、土地增值税、个人所得税计税依据问题的通知》（财税〔2016〕43号）。

(3) 印花税。个人出租、承租住房签订的租赁合同，免征印花税。

政策依据：《财政部 国家税务总局关于廉租住房、经济适用住房和住房租赁有关税收政策的通知》（财税〔2008〕24号）

以上税费合计3 600元。

第二，向出租方支付的租金：

本案例是以自有住房出租，此项为0。

第三，由纳税人负担的租赁财产实际开支的修缮费用：

允许扣除的修缮费用，以每次800元为限，一次扣除不完的，准予在下一次继续扣除，直至扣完为止。

2. 计算应缴纳的个人所得税：

2019年1—6月每月应缴纳个人所得税：

$(180\ 000 \div 12 - 300) \times (1 - 20\%) \times 10\% = 1\ 176$（元）

2019年7—12月每月应缴纳个人所得税：

$(180\ 000 \div 12 - 300 - 800) \times (1 - 20\%) \times 10\% = 1\ 112$（元）

十三、企业为雇员代扣代缴偶然所得个人所得税风险

（一）相关规定

《财政部 税务总局关于个人取得有关收入适用个人所得税应税所得项目的公告》（财政部、税务总局公告2019年第74号）第三条规定："企业在业务宣传、广告等活动中，随机向本单位以外的个人赠送礼品（包括网络红包，下同），以及企业在年会、座谈会、庆典以及其他活动中向本单位以外的个人赠送礼品，个人取得的礼品收入，按照'偶然所得'项目计算缴纳个人所得税，但企业赠送的具有价格折扣或折让性质的消费券、代金券、抵用券、优惠券等礼品除外。"

《财政部 国家税务总局关于企业促销展业赠送礼品有关个人所得税问题的通知》（财税〔2011〕50号）第三条规定："企业赠送的礼品是自产产品（服务）的，按该产品（服务）的市场销售价格确定个人的应税所得；是外购商品（服务）的，按该商品（服务）的实际购置价格确定个人的应税所得。"

《中华人民共和国个人所得税法实施条例》第六条第一款规定："工资、薪金所得，是指个人因任职或者受雇取得的工资、薪金、奖金、年终加薪、劳动分红、津贴、补贴以及与任职或者受雇有关的其他所得。"

第八条规定："个人所得的形式，包括现金、实物、有价证券和其他形式的经济利益；所得为实物的，应当按照取得的凭证上所注明的价格计算应纳税所得额，无凭证的实物或者凭证上所注明的价格明显偏低的，参

照市场价格核定应纳税所得额；所得为有价证券的，根据票面价格和市场价格核定应纳税所得额；所得为其他形式的经济利益的，参照市场价格核定应纳税所得额。”

（二）风险表现

存在对同一员工扣缴申报工资薪金所得又扣缴申报偶然所得的情况，可能存在个人所得税适用品目不正确的问题。

（三）案例

【案例 6－43】 某公司开展市场营销活动时，购买了××音乐节门票，大部分以抽奖方式发放给个人（非本公司员工），剩余门票赠送给本公司员工。该公司以“偶然所得”名目为第三方个人及相关员工代扣代缴了20% 的个人所得税。

第七章

其他税种税务风险管理

小税种，也可能会出大问题，企业在防范大税种的相关风险的同时，一定不能忽视小税种的相关风险。本章将对印花税、土地增值税、房产税、土地使用税等相关税种的风险评估指标、主要风险点等进行详细阐述。

第一节 印花税税务风险管理

一、印花税税务风险分析指标

（一）印花税税负变动系数

1. 指标值。

印花税税负变动系数 = 本期印花税负担率 ÷ 上年同期印花税负担率

其中，印花税负担率 =（应纳税额 ÷ 计税收入）×100%

2. 指标值预警值。在正常情况下，两者的比值应接近 1。

3. 问题指向。本指标用于分析可比口径下印花税额占计税收入的比例及其变化情况。本期印花税负担率与上年同期对比，在正常情况下，两者的比值应接近 1。当比值小于 1，可能存在未足额申报印花税问题。

4. 案例。

【案例 7－1】 某企业为建筑施工企业，2021 年主营业务收入为 6 400 万元，缴纳印花税 32 800 元；2022 年主营业务收入为 9 800 万元，缴纳印花税 35 600 元。

【解析】 印花税税负变动系数 = 本期印花税负担率 ÷ 上年同期印花税负担率

2021 年印花税负担率 =（应纳税额 ÷ 计税收入）×100% =3.28 ÷6 400 ×

100% =0.05%

2022年印花税负担率=(应纳税额÷计税收入)×100% =3.56÷9 800×100% =0.036%

印花税税负变动系数=本期印花税负担率÷上年同期印花税负担率=0.036% ÷0.05% =0.73

比值小于1，该企业可能存在未足额申报印花税问题。

（二）印花税同步增长系数

1. 指标值。

印花税同步增长系数=应纳税额增长率÷主营业务收入增长率，其中：

应纳税额增长率=[(本期累计应纳税额－上年同期累计应纳税额)÷上年同期累计应纳税额]×100%

主营业务收入增长率=[(本期累计主营业务收入额－上年同期累计主营业务收入额)÷上年同期累计主营业务收入额]×100%

2. 指标值预警值。在正常情况下，两者的比值应接近1。

3. 问题指向。本指标用于分析印花税应纳税额增长率与主营业务收入增长率，评估纳税人申报（贴花）纳税情况的真实性，适用于建筑安装等行业应纳税额增长率与主营业务收入增长率对比分析。在正常情况下，两者应基本同步增长，比值应接近1。当比值小于1，可能存在未足额申报印花税问题。

4. 案例。

【案例7－2】某企业为建筑施工企业，2021年主营业务收入为6 400万元，缴纳印花税32 800元；2022年主营业务收入为9 800万元，缴纳印花税35 600元。

【解析】应纳税额增长率=[(本期累计应纳税额－上年同期累计应纳税额)÷上年同期累计应纳税额]×100% =[(35 600－32 800)÷32 800]×100% =8.54%

主营业务收入增长率=[(本期累计主营业务收入额－上年同期累计主营业务收入额)÷上年同期累计主营业务收入额]×100% =[(9 800－6 400)÷6 400]×100% =53.13%

印花税同步增长系数=应纳税额增长率÷主营业务收入增长率=8.56% ÷53.13% =0.16

比值小于1，该企业可能存在未足额申报印花税问题。

（三）印花税应纳税额与短期或长期借款合计增加额比对分析

1. 指标值。

短期或长期借款合计增加额 = 本期短期或长期借款年末数 - 本期短期或长期借款年初数

2. 指标预警值。在正常情况下，指标值 >0，借款合同印花税额 >0。

3. 问题指向。如果本期短期或长期借款合计增加额大于0，而本期借款合同印花税应纳税额为0，可能存在向银行借款未缴纳印花税问题。

4. 案例。

【案例7-3】某企业2022年年初长期借款为4 000万元，2022年年末长期借款为6 000万元。年度印花税申报数为0。

【解析】《中华人民共和国印花税法》第四条　印花税的税目、税率，依照本法所附《印花税税目税率表》执行。

税目：借款合同，税率：万分之五，征税范围：指银行业金融机构、经国务院银行业监督算辊机构轨道弯曲的人（不包括同业拆借）的借款合同。

该企业2022年长期借款增加2 000万元，印花税为0，可能存在向银行借款未申报缴纳印花税问题。

（四）印花税应纳税额与实收资本、资本公积合计增加额比对分析

1. 指标值。

实收资本、资本公积合计增加额 = 本期实收资本、资本公积年末数 - 本期实收资本、资本公积年初数

2. 指标预警值。在正常情况下，指标值 >0，实收资本印花税额 >0。

3. 问题指向。如果本期实收资本、资本公积合计增加额大于0，而本期印花税应纳税额为0，可能存在实收资本、资本公积增加未缴纳印花税问题。

4. 案例。

【案例7-4】某企业2022年实收资本年初数为8 000万元，年末数为9 000万元。年度印花税申报数为0。

【解析】《中华人民共和国印花税法》第十一条　已缴纳印花税的营业账簿，以后年度记载的实收资本（股本）、资本公积合计金额比已缴纳

印花税的实收资本（股本）、资本公积合计金额增加的，按照增加部分计算应纳税额。

该企业2022年实收资本年初数为8 000万元，年末数为9 000万元，印花税为0，可能存在实收资本增加未申报缴纳印花税问题。

（五）印花税变动率与在建工程增加额比对分析

1. 指标值。

在建工程增加额 = 本期在建工程期末数 - 本期在建工程期初数

2. 指标预警值。在正常情况下，指标值 >0，建筑合同印花税额 >0。

3. 问题指向。如果本期在建工程增加额大于0，而本期印花税应纳税额为0，可能存在签订建筑服务合同未缴纳印花税问题。

4. 案例。

【案例7-5】某企业资产负债表2022年年初在建工程为6 000万元，2022年年末在建工程为10 000万元。2022年申报印花税金额为200元。

【解析】该企业在建工程增加，应该有购进建筑服务的行为。

《中华人民共和国印花税法》第四条　印花税的税目、税率，依照本法所附《印花税税目税率表》执行。

税目：建设工程合同，税率：价款的万分之三。

建筑、安装工程承包合同按承包金额0.3‰贴花，纳税人为立合同人。

根据上述规定，该企业可能存在签订建筑合同未按规定缴纳印花税的问题。

二、印花税税务风险点

（一）发生印花税应税范围的行为未按规定缴纳印花税

1. 相关规定。

《中华人民共和国印花税法》第一条　在中华人民共和国境内书立应税凭证、进行证券交易的单位和个人，为印花税的纳税人，应当依照本法规定缴纳印花税。

在中华人民共和国境外书立在境内使用的应税凭证的单位和个人，应当依照本法规定缴纳印花税。

第二条　本法所称应税凭证，是指本法所附《印花税税目税率表》

列明的合同、产权转移书据和营业账簿。

第三条　本法所称证券交易，是指转让在依法设立的证券交易所、国务院批准的其他全国性证券交易场所交易的股票和以股票为基础的存托凭证。

证券交易印花税对证券交易的出让方征收，不对受让方征收。

2. 印花税税目税率表（见表7－1）。

表7－1　印花税税目税率表（2022年7月1日起执行）

税目		税率	备注
合同（指书面合同）	借款合同	借款金额的万分之零点五	指银行业金融机构、经国务院银行业监督管理机构批准设立的其他金融机构与借款人（不包括同业拆借）的借款合同
	融资租赁合同	租金的万分之零点五	
	买卖合同	价款的万分之三	指动产买卖合同（不包括个人书立的动产买卖合同）
	承揽合同	报酬的万分之三	
	建设工程合同	价款的万分之三	
	运输合同	运输费用的万分之三	指货运合同和多式联运合同（不包括管道运输合同）
	技术合同	价款、报酬或者使用费的万分之三	不包括专利权、专有技术使用权转让书据
	租赁合同	租金的千分之一	
	保管合同	保管费的千分之一	
	仓储合同	仓储费的千分之一	
	财产保险合同	保险费的千分之一	不包括再保险合同

续表

<table>
<tr><th colspan="2">税目</th><th>税率</th><th>备注</th></tr>
<tr><td rowspan="4">产权转移书据</td><td>土地使用权出让书据</td><td>价款的万分之五</td><td rowspan="4">转让包括买卖（出售）、继承、赠与、互换、分割</td></tr>
<tr><td>土地使用权、房屋等建筑物和构筑物所有权转让书据（不包括土地承包经营权和土地经营权转移）</td><td>价款的万分之五</td></tr>
<tr><td>股权转让书据（不包括应缴纳证券交易印花税的）</td><td>价款的万分之五</td></tr>
<tr><td>商标专用权、著作权、专利权、专有技术使用权转让书据</td><td>价款的万分之三</td></tr>
<tr><td colspan="2">营业账簿</td><td>实收资本（股本）、资本公积合计金额的万分之二点五</td><td></td></tr>
<tr><td colspan="2">证券交易</td><td>成交金额的千分之一</td><td></td></tr>
</table>

3. 风险表现。发生印花税应税范围的行为未按规定缴纳印花税。

4. 案例。

【案例7-6】某县税务局查处一起漏缴印花税大案。由于涉案企业在税务机关处罚决定下达后，迟迟不补缴相关税款，该县税务局依法对其实施了税收保全和强制执行措施，从企业开户银行中扣缴应缴未缴印花税款2 110.73万元、滞纳金950.6万元。

2019年5月初，该县税务局在对行业企业涉税数据进行案头分析时发现，辖区某煤炭运销企业印花税申报数据异常。从相关数据看，近几年来，虽然该企业印花税申报税额较大，但其印花税税额仅与主营业务收入（销售合同）应缴纳的印花税数额相符，而其煤炭产品购进环节（采购合同）印花税却并未进行纳税申报。

税务人员了解到，该企业是一家国有企业，是为其母公司旗下所有煤炭生产企业煤产品作统一销售的销售公司。因该企业与煤炭生产企业签有框架性购销合同，采取吨煤收取3—5元服务费进行统一销售，但实际操作时，双方通过开具增值税专用发票进行煤炭价款结算，在账目处理时，双方均按照产品销售和商品购入处理。经过调查，税务人员初步认为，该企业存在对原煤购进合同未申报缴纳印花税的嫌疑，遂将其确定为专业纳税评估对象。

针对案头分析发现的疑点，对该企业2016—2018年度印花税纳税情况开展了专业纳税评估。在约谈该企业相关人员时，企业人员认为其经营行为不属于购销行为，而属于代母公司行使统一销售煤产品的代销行为，因而原煤购进环节未申报缴纳印花税，只就原煤销售环节申报缴纳了印花税，从而造成2016—2018年度少申报缴纳购销合同印花税2 110.73万元。

由于涉案税额较大，征、纳双方在税收政策理解上存在偏差。为稳妥起见，县税务局向市税务局作了专题汇报，市税务局专门就此案情况向省税务局进行了请示，省税务局经过慎重研究后明确："该企业的经营行为是购销行为而非代销行为，因为有增值税专用发票的流转，同时还有资金的流转，完全符合购销合同的成立要件。根据印花税暂行条例和经济合同法相关规定，以及《关于企业集团内部使用的有关凭证征收印花税问题的通知》（国税函〔2009〕9号）文件精神，该企业购入原煤应征收印花税。"

为消除纳税人对于税收政策认识上的偏差，心服口服地认可违法行为，该县税务局向该企业作了多次税法宣传和政策法规解读工作，最终该企业承认由于政策理解有误导致少缴印花税，但其母公司仍然不认同税务机关意见，不审批资金给该企业补缴税款。为此，县税务局于2019年10月29日召开风险管理委员会会议，经过研究，决定依法将该案移交稽查部门处理。稽查程序启动后，稽查局进一步核查了该企业历年欠税情况，锁定其违法证据后，将案件提交重大税务案件审理委员会审议。重大案件审理委员会认为，该企业未申报缴纳印花税行为事实清楚，证据确凿，稽查局拟作出的处理、处罚决定定性准确、程序合法。稽查局按照审委会出具的"审理意见"，依据税收征管法、印花税暂行条例和行政处罚法等相关法律法规，对该企业作出了补缴税款、加收滞纳金的税务处理决定，并向企业下达了"税务处理决定书"和"税务行政处罚事项告知书"。

该企业收到税务机关的处罚决定后，向其母公司如实汇报，但其母公司仍以各种理由拖延不予该企业审批补缴税款的资金，致使该企业无法按期补缴税款及滞纳金。为此，县税务局依法对该煤炭运销企业采取了税收保全和强制执行措施，于2019年12月8日从企业开户银行中扣缴应缴未缴印花税2 110.73万元、滞纳金950.6万元。

【案例7－7】 某汽车销售公司年销售额约5亿元，企业销售环节未签订合同，但与购车主签订了新车交接确认表。确认表中含有买卖双方的名称、提车时间、金额、发票号、付款方式、车型资料等内容。税务稽查机关在检查过程中，发现该公司未对上述业务缴纳印花税。

【解析】 印花税税目税率表，买卖合同属于印花税征税范围。

《关于印花税若干事项政策执行口径的公告》（财政部 税务总局公告2022年第22号）第二条第二项规定：企业之间书立的确定买卖关系、明确买卖双方权利义务的订单、要货单等单据，且未另外书立买卖合同的，应当按规定缴纳印花税。

根据上述规定，该公司销售汽车，虽然没有签订合同，但新车交接确认表确定了双方买卖关系、明确买卖双方权利义务，应按规定缴纳印花税。

（二）实收资本、资本公积变化未缴纳印花税

1. 相关规定。

《国家税务总局关于资金账簿印花税问题的通知》（国税发〔1994〕25号）第一条规定，印花税计税依据为“实收资本”与“资本公积”两项的合计金额。

“实收资本”和“资本公积”两项的合计金额大于原已贴花资金的，就增加的部分补贴印花。

2. 风险表现。“实收资本”和“资本公积”两项的合计金额大于原已贴花资金的，未就增加的部分补贴印花。

3. 案例。

【案例7－8】 某企业2021年实收资本金额为1 000万元，资本公积为200万元，该公司2021年按规定缴纳了印花税。2022年6月，该企业减少资本公积80万元；2022年12月，该公司又增加资本公积200万元。

【解析】 资金账簿印花税应根据“实收资本”与“资本公积”两项合计增加的部分金额，计算缴纳印花税。若上述公司资本公积先减后增之后由于未超初始金额，不用补贴印花税。若超出则对超出部分补贴印花。

【案例7－9】 某科技公司于2022年4月20日经有关部门批准设立，注册资金10 000万元。5月5日实缴资本金1 000万元，应缴纳印花税

0.25万元。应按实收资本1 000万元的万分之二点五缴纳印花税，投资未到位的资本金不需要缴纳印花税。

【解析】根据《印花税法》和《国家税务总局关于资金账簿印花税问题的通知》（国税发〔1994〕025号）的规定，对记载资金的账簿，应按实收资本和资本公积的合计金额万分之五贴花。如企业并未实际认缴出资，会计账簿上按照会计准则核算，无记载实收资本和资本公积的金额，暂不缴纳印花税，可待实际认缴到位后再缴纳印花税。

【案例7-10】某服饰公司是2018年12月成立的，于2019年1月开始生产经营，主要从事外贸服装生产和销售，该公司成立以来，生产经营情况正常。各种税收及基金费申报缴纳也及时。该公司2019年度销售收入419.67万元，利润为5.59万元，增值税税负在1.3%左右。该单位资产总额为764.88万元，权益总额500.8万元。

该公司2019年1月开始正常生产，在审核该公司全年的纳税申报表时发现，印花税仅申报了购销合同和账册贴花，而新注册的实收资本和其他许可证照以及其他合同没有申报，初步认定，该公司存在少申报印花税的疑点。因此，确定该公司为纳税评估对象。

评估人员首先就该公司的财务报表和纳税申报表进行了书面审核，从申报资料可以看出，该公司2019年共申报印花税1 299元，申报房产税18 380.66元，申报城镇土地使用税6 304.5元，个人所得税全年零申报。从财务报表中可以看出，实收资本500万元，“在建工程”科目也有数据，肯定有建筑合同，经评估分析，该公司可能存在印花税少申报问题。

为了进一步核实情况，评估人员在4月20日向该公司下达账证核实通知书，对该单位相关纳税资料进行了详细检查，通过看账簿、翻凭证，核对出入库单据，发现有运输合同3.37万元、实收资本500万元、建筑合同146.51万元、购买的房产95万元、证照等都未申报印花税，最终确定少申报印花税2 184.7元，其他税种未发现少申报。

（三）发生产权转移行为未按规定缴纳印花税

1. 相关规定。

《中华人民共和国印花税法》第二条　本法所称应税凭证，是指本法所附《印花税税目税率表》列明的合同、产权转移书据和营业账簿。

第五条　印花税的计税依据如下：（二）应税产权转移书据的计税依

据，为产权转移书据所列的金额，不包括列明的增值税税款。

第六条　应税合同、产权转移书据未列明金额的，印花税的计税依据按照实际结算的金额确定。

计税依据按照前款规定仍不能确定的，按照书立合同、产权转移书据时的市场价格确定；依法应当执行政府定价或者政府指导价的，按照国家有关规定确定。

产权转移书据包括财产所有权和版权、商标专用权、专利权、专有技术使用权等转移书据和土地使用权出让合同、土地使用权转让合同、商品房销售合同等权利转移合同。

所称产权转移书据，是指单位和个人产权的买卖、继承、赠与、交换、分割等所立的书据。"财产所有权"转移数据的征收范围，是指政府管理机关登记注册的动产、不动产所有权转移所立的书据，以及企业股权转让所立的书据，并包括个人无偿赠送不动产所签订的"个人无偿赠与不动产登记表"。当纳税人完税后，税务机关（或其他征收机关）应在纳税人印花税完税凭证上加盖"个人无偿赠与印章"。

2. 风险表现。发生产权转移行为未按规定缴纳印花税。

3. 案例。

【案例 7－11】2020 年，黄某以 1.2 亿元受让张某持有的 W 公司 25% 股权，因认为 W 公司是股权转让协议印花税纳税义务人而未对其持有的股权转让协议贴花，被税务局责成补税 6 万元，并处以 3 万元罚款。

W 公司是一家未上市的股份有限公司，公司股东张某是原始股东之一，公司成立时以 5 000 万元出资持有公司 25% 的股份。2019 年 6 月，张某出国发展，将名下 W 公司 25% 的股份以 1.2 亿元的价格悉数转让给黄某。在对 W 公司的专项检查中，检查员就该转让业务检查纳税情况，发现公司留存文档中有张某已缴纳 6 万元印花税的依据，却没有黄某缴纳印花税的凭证。经询问发现，黄某未缴纳该笔印花税。税务局据此责成黄某补缴印花税并处以罚款。

黄某起初认为，张某已经就 1.2 亿元的转让标的全额缴纳了印花税，自己为何还要再交一份。税务稽查人员解释说，根据印花税相关法规规定，两方或者两方以上当事人签订并各执一份凭证的，应当由各方就所执的一份各自全额贴花。也就是张某、黄某都应分别就转让协议上的 1.2 亿元标的全额缴纳印花税。听完解释后，黄某继续提出异议，认为他与张某签订的股权转让协议，受让的是W公司的股权，作为W公司的股东，这笔印花税当然应该由W公司来替他支付，这是公司财务人员的错，并以此理由不接受罚款处罚。稽查人员再次解释，相关法规规定，产权转移书据由立据人贴花，作为股权转让协议的当事人，黄某和张某才是该产权的转移书据印花税的纳税义务人，而W公司并没有纳税义务。

法规依据：《印花税暂行条例》第八条规定，同一凭证，由两方或者两方以上当事人签订并各执一份的，应当由各方就所执的一份各自全额贴花。

《印花税暂行条例实施细则》第十六条规定，产权转移书据由立据人贴花，如未贴或者少贴印花，书据的持有人应负责补贴印花。所立书据以合同方式签订的，应由持有书据的各方分别按全额贴花。

（四）电子“请购单”未按规定缴纳印花税

1. 相关规定。

（1）《国家税务总局关于各种要货单据征收印花税问题的批复》（国税函发〔1990〕994号）规定，商业企业开具的要货成交单据，是当事人之间建立供需关系，以明确供需各方责任的常用业务凭证，属于合同性质的凭证，应按规定贴花。

（2）《财政部 国家税务总局关于印花税若干政策的通知》（财税〔2006〕162号）规定，对纳税人以电子形式签订的各类应税凭证按规定征收印花税。

2. 风险表现。对以电子形式签订的各类应税凭证未按规定缴纳印花税。

3. 案例。

【案例7-12】某电信分公司主要负责全省电信网络手机销售工作，该企业购进手机业务，通过用友财务软件中的ERP系统与总公司通过电子“请购单”进行确认、付款，然后生成入库单，总公司给分公司开具增值税专用发票。“请购单”上明确以下事项：存货编码、存货名称、单位、数量、总部出货单价、订货金额、需求公司（分公司）、采购公司（总公司）、调入仓库。上述电子“请购单”是否属于印花税应税凭证？

【解析】《国家税务总局关于各种要货单据征收印花税问题的批复》（国税函发〔1990〕994号）规定，商业企业开具的要货成交单据，是当事人之间建立供需关系，以明确供需各方责任的常用业务凭证，属于合同性质的凭证，应按规定贴花。

《财政部 国家税务总局关于印花税若干政策的通知》（财税〔2006〕162号）规定，对纳税人以电子形式签订的各类应税凭证按规定征收印花税。

参考：《北京市地方税务局关于印花税征收管理有关问题的通知》（京地税地〔2006〕531号）第一条规定，对纳税人以电子形式签订的各类应税凭证按规定征收印花税。对于以电子形式签订的各类印花税应税凭证，纳税人应自行编制明细汇总表，明细汇总表的内容应包括：合同编号、合同名称、签订日期、适用税目、合同所载计税金额、应纳税额等。纳税人依据汇总明细表的汇总应纳税额，按月以税收缴款书的方式缴纳印花税，不再贴花完税。缴纳期限为次月的10日内，税收缴款书的复印件应与明细汇总表一同保存，以备税务机关检查。

因此，上述“请购单”所载内容具备合同要素，属于合同性质的凭证，是以电子形式签订的应税凭证，符合以上规定，应缴纳印花税。

三、印花税应税范围

（一）应税合同（11类）

1. 借款合同。

根据《印花税税目税率表》备注内容，借款合同指银行业金融机构、经国务院银行业监督管理机构批准设立的其他金融机构与借款人（不包括同业拆借）的借款合同。除此之外的借款合同，不需要缴纳印花税。

税率：借款金额的万分之零点五。

申报系统中将应税借款合同分为两类：银行业金融机构借款合同和其他金融机构借款合同。因此，纳税人在申报借款合同印花税时，需要根据放款方的性质，正确选择适用的子税目。

2. 融资租赁合同。

《印花税税目税率表》没有对融资租赁合同进行定义。参照《民法典》第七百三十五条（融资租赁合同章节）：融资租赁合同是出租人根据承租人对出卖人、租赁物的选择，向出卖人购买租赁物，提供给承租人使用，承租人支付租金的合同。

税率：租金的万分之零点五。

申报系统中应税融资租赁合同并没有设置子税目，直接按“融资租赁合同”申报即可。

3. 买卖合同。

根据《印花税税目税率表》的备注，买卖合同指动产买卖合同（不包括个人书立的动产买卖合同），但是，并没有对买卖合同进行定义。参照《民法典》第五百九十五条（买卖合同章节）：买卖合同是出卖人转移标的物的所有权于买受人，买受人支付价款的合同。

动产是指能脱离原有位置而存在的资产，主要包括：各种流动资产、各项长期投资和除不动产以外的各项固定资产，比如飞机、船舶、汽车、企业之机器设备、农业用具、牲畜、企业产品、材料等。

税率：价款的万分之三。

申报系统中应税买卖合同并没有设置子税目，直接按"买卖合同"申报即可。

4. 承揽合同。

《印花税税目税率表》没有对承揽合同进行定义。参照《民法典》第七百七十条（承揽合同章节）：承揽合同是承揽人按照定作人的要求完成工作，交付工作成果，定作人支付报酬的合同。承揽包括加工、定作、修理、复制、测试、检验等工作。

税率：报酬的万分之三。

根据《民法典》对承揽的分类，申报系统将应税承揽合同相应地分为以下几类（子税目）：加工合同、定作合同、修理合同、复制合同、测试合同、检验合同。因此，纳税人在申报承揽合同印花税时，需要根据具体合同的性质，正确选择适用的子税目。

5. 建设工程合同。

《印花税税目税率表》没有对建设工程合同进行定义。参照《民法典》第七百八十八条（建设工程合同章节）：建设工程合同是承包人进行工程建设，发包人支付价款的合同。建设工程合同包括工程勘察、设计、施工合同。

税率：价款的万分之三。

根据《民法典》对建设工程合同的分类，申报系统将应税建设工程合同分为以下几类（子税目）：工程勘察合同、工程设计合同、工程施工合同。因此，纳税人在申报建设工程合同印花税时，需要根据具体合同的性质，正确选择适用的子税目。

6. 运输合同。

根据《印花税税目税率表》的备注，运输合同指货运合同和多式联运合同（不包括管道运输合同），但是，并没有对运输合同进行定义。参照《民法典》第八百零九条（运输合同章节）：运输合同是承运人将旅客或者货物从起运地点运输到约定地点，旅客、托运人或者收货人支付票款或者运输费用的合同。运输合同包括客运合同、货运合同及多式联运合同。

税率：运输费用的万分之三。

根据《民法典》对运输合同的分类（不包括客运合同）及采取的运输方式，申报系统将应税运输合同分为以下几类（子税目）：公路货物运输合同、水路货物运输合同、航空货物运输合同、铁路货物运输合同、多式联运合同。因此，纳税人在申报运输合同印花税时，需要根据具体合同的性质，正确选择适用的子税目。

7. 技术合同。

根据《印花税税目税率表》的备注，技术合同不包括专利权、专有技术使用权转让数据，但是，并没有对技术合同进行定义。参照《民法典》第八百四十三条（技术合同章节）：技术合同是当事人就技术开发、转让、许可、咨询或者服务订立的确立相互之间权利和义务的合同。技术合同包括技术开发合同、技术转让合同和技术许可合同、技术咨询合同和技术服务合同。

税率：价款、报酬或者使用费的万分之三。

根据《民法典》对技术合同的分类，申报系统将应税技术合同分为以下几类（子税目）：技术开发合同、技术许可合同、技术咨询合同、技术服务合同。因此，纳税人在申报技术合同印花税时，需要根据具体合同的性质，正确选择适用的子税目。

8. 租赁合同。

《印花税税目税率表》没有对租赁合同进行定义。参照《民法典》第七百零三条（租赁合同章节）：租赁合同是出租人将租赁物交付承租人使用、收益，承租人支付租金的合同。

税率：租金的千分之一。

根据租赁物的性质，申报系统中将应税租赁合同分为两类：房屋租赁合同和其他租赁合同。因此，纳税人在申报租赁合同印花税时，需要根据租赁物的性质，正确选择适用的子税目。

9. 保管合同。

《印花税税目税率表》没有对保管合同进行定义。参照《民法典》第八百八十八条（保管合同章节）：保管合同是保管人保管寄存人交付的保管物，并返还该物的合同。

税率：保管费的千分之一。

申报系统中应税保管合同并没有设置子税目，直接按“保管合同”申报即可。

10. 仓储合同。

《印花税税目税率表》没有对仓储合同进行定义。参照《民法典》第九百零四条（仓储合同章节）：仓储合同是保管人储存存货人交付的仓储物，存货人支付仓储费的合同。

税率：仓储费的千分之一。

申报系统中应税仓储合同并没有设置子税目，直接按“仓储合同”申报即可。

11. 财产保险合同。

根据《印花税税目税率表》的备注，财产保险合同不包括再保险合同，但是，并没有对财产保险技术合同进行定义。《民法典》也没有关于保险合同的规定。

财产保险合同是投保人与保险人约定的以财产及其有关利益为保险标的的协议。财产保险合同主要以补偿或者填补财产的实际损失为目的，也被称为“损失保险”。

税率：保险费的千分之一。

申报系统中应税财产保险合同并没有设置子税目，直接按“财产保险合同”申报即可。

（二）产权转移书据

《印花税税目税率表》将应税产权转移书据分为四大类，分别为：

1. 土地使用权出让书据。税率：价款的万分之五。

2. 土地使用权、房屋等建筑物和构筑物所有权转让书据（不包括土地承包经营权和土地经营权的转移）。税率：价款的万分之五。

3. 股权转让书据（不包括应缴纳证券交易印花税的）。税率：价款的万分之五。

4. 商标专用权、著作权、专利权、专有技术使用权转让书据。税率：价款的万分之三。

另外，《印花税税目税率表》对产权转移书据进行备注：转让包括买卖（出售）、继承、赠与、互换、分割。

根据《印花税税目税率表》的分类，申报系统将应税产权转移书据分为以下几类（子税目）：土地使用权出让书据、土地使用权转让书据、房屋等建筑物和构筑物所有权转让书据（不包括土地承包经营权和土地经营权的转移）、股权转让书据（不包括应缴纳证券交易印花税的）、商标专用权转让书据、著作权转让书据、专利权转让书据、专有技术使用权转让书据。因此，纳税人在申报产权转移书据印花税时，需要根据转移书据的性质，正确选择适用的子税目。

<table>
<tr><th colspan="2">税目</th><th>税率</th><th>备注</th></tr>
<tr><td rowspan="4">产权转移书据</td><td>土地使用权出让书据</td><td>价款的万分之五</td><td rowspan="4">转让包括买卖（出售）、继承、赠与、互换、分割</td></tr>
<tr><td>土地使用权、房屋等建筑物和构筑物所有权转让书据（不包括土地承包经营权和土地经营权转移）</td><td>价款的万分之五</td></tr>
<tr><td>股权转让书据（不包括应缴纳证券交易印花税的）</td><td>价款的万分之五</td></tr>
<tr><td>商标专用权、著作权、专利权、专有技术使用权转让书据</td><td>价款的万分之三</td></tr>
</table>

（三）营业账簿

根据《印花税税目税率表》规定，营业账簿印花税计算依据为实收资本（股本）、资本公积合计金额，税率：万分之二点五。

申报系统中应税营业账簿并没有设置子税目，直接按“营业账簿”申报即可。

另外，根据《印花税法》的规定，证券登记结算机构为证券交易印花税的扣缴义务人，应当向其机构所在地的主管税务机关申报解缴税款以及银行结算的利息。因此，一般企业不涉及证券交易印花税的申报，申报系统并没有相关内容。

（四）下列凭证免征印花税

1. 应税凭证的副本或者抄本；

2. 依照法律规定应当予以免税的外国驻华使馆、领事馆和国际组织驻华代表机构为获得馆舍书立的应税凭证；

3. 中国人民解放军、中国人民武装警察部队书立的应税凭证；

4. 农民、家庭农场、农民专业合作社、农村集体经济组织、村民委员会购买农业生产资料或者销售农产品书立的买卖合同和农业保险合同；

5. 无息或者贴息借款合同、国际金融组织向中国提供优惠贷款书立的借款合同；

6. 财产所有权人将财产赠与政府、学校、社会福利机构、慈善组织书立的产权转移书据；

7. 非营利性医疗卫生机构采购药品或者卫生材料书立的买卖合同；

8. 个人与电子商务经营者订立的电子订单。

根据国民经济和社会发展的需要，国务院对居民住房需求保障、企业改制重组、破产、支持小型微型企业发展等情形可以规定减征或者免征印花税，报全国人民代表大会常务委员会备案。

（一）在中华人民共和国境外书立在境内使用的应税凭证，应当按规定缴纳印花税。包括以下几种情形：

1. 应税凭证的标的为不动产的，该不动产在境内。

2. 应税凭证的标的为股权的，该股权为中国居民企业的股权。

3. 应税凭证的标的为动产或者商标专用权、著作权、专利权、专有技术使用权的，其销售方或者购买方在境内，但不包括境外单位或者个人向境内单位或者个人销售完全在境外使用的动产或者商标专用权、著作权、专利权、专有技术使用权。

4. 应税凭证的标的为服务的，其提供方或者接受方在境内，但不包括境外单位或者个人向境内单位或者个人提供完全在境外发生的服务。

（二）企业之间书立的确定买卖关系、明确买卖双方权利义务的订单、要货单等单据，且未另外书立买卖合同的，应当按规定缴纳印花税。

（三）发电厂与电网之间、电网与电网之间书立的购售电合同，应当按买卖合同税目缴纳印花税。

（四）下列情形的凭证，不属于印花税征收范围：

1. 人民法院的生效法律文书，仲裁机构的仲裁文书，监察机关的监察文书。

2. 县级以上人民政府及其所属部门按照行政管理权限征收、收回或者补偿安置房地产书立的合同、协议或者行政类文书。

3. 总公司与分公司、分公司与分公司之间书立的作为执行计划使用的凭证。

四、问题汇总

【问题 1】某银行从事委托贷款业务，具体流程为：委托单位与该银行先签订委托贷款合同，委托单位委托该银行将此笔款项贷给合同注明的甲公司，该银行不承担确保款项安全的责任，只收取一定的手续费，然后由该银行与甲公司（借款单位）签订委托贷款合同（上面注明贷款金额）。请问：委托贷款合同需要缴纳印花税吗？

【解析】《财政部 税务总局关于印花税若干事项政策执行口径的公告》（财政部 税务总局公告 2022 年第 22 号）第一条第二款：采用委托贷款方式书立的借款合同纳税人，为受托人和借款人，不包括委托人。

【问题 2】买卖合同收入的计税依据是否含税？

【解析】《中华人民共和国印花税法》第五条　印花税的计税依据如下：（一）应税合同的计税依据，为合同所列的金额，不包括列明的增值税税款。

【问题 3】受让人持有两份合同，是否均应贴花？

某企业签署合同中注明“本合同一式三份，出让人一份，受让人两份，具有同等法律效力”。请问：受让人持有的两份合同是否均应贴花？

【解析】《中华人民共和国印花税法》第一条　在中华人民共和国境内书立应税凭证、进行证券交易的单位和个人，为印花税的纳税人，应当依照本法规定缴纳印花税。

《财政部 税务总局关于印花税若干事项政策执行口径的公告》（财政部 税务总局公告 2022 年第 22 号）：一、关于纳税人的具体情形（一）书立应税凭证的纳税人，为对应税凭证有直接权利义务关系的单位和个人。

三、关于计税依据、补税和退税的具体情形（一）同一应税合同、应税产权转移书据中涉及两方以上纳税人，且未列明纳税人各自涉及金额的，以纳税人平均分摊的应税凭证所列金额（不包括列明的增值税税款）确定计税依据。

【问题4】未签订买卖合同的购销行为是否需要缴纳印花税？

某企业与长期合作的客户，购买器材未签订购销合同，仅以交货确认单上确认双方购销的金额及权利义务关系。请问：这种情况下，是否需要缴纳印花税？

【解析】《国家税务局关于印花税若干具体问题的解释和规定的通知》（国税发〔1991〕155号）进一步明确，对工业、商业、物资、外贸等部门使用的调拨单（或其他名称的单、卡、书、表等）凡属于明确双方供需关系，据以供货和结算，具有合同性质的凭证，应按规定贴花。

只要具有合同性质的购销往来凭证，要素虽不完全但明确了双方主要权利、义务，如有结算单据、交货确认单，就应视同合同缴纳印花税。

【问题5】合伙企业出资额是否计入“实收资本”和“资本公积”，征收资金账簿印花税？

某合伙企业（有限合伙）于2022年9月29日经有关部门批准设立，注册资金1 000万元。10月9日实缴资本金1 000万元，合伙人出资额计入“实收基金”“合伙人资本”科目。

【解析】据2018年1月12日总局答疑口径：合伙企业出资额不计入“实收资本”和“资本公积”，不征收资金账簿印花税。

该公司合伙人出资额计入“实收基金”“合伙人资本”科目，不计入“实收资本”和“资本公积”，不征收资金账簿印花税。

第二节　土地增值税税务风险管理

一、土地增值税税务风险分析指标

（一）转让应税项目变动系数

1. 指标值。

转让应税项目变动系数 =（当期转让应税项目增值率 - 基期转让应税

项目增值率）÷基期转让应税项目增值率

2. 指标预警值。一般情况下，转让应税项目增值率变动系数应该大于等于零。

3. 问题指向。该指标适用于发生经常性转让行为的纳税人，如房地产开发、投资、销售行业。增值率变动系数反映企业的经营状况和业绩，变动率出现负数，应进一步深入进行分析核实。

（二）转让应税项目增值率与同类项目转让增值率配比

1. 指标值。

转让应税项目增值率与同类项目转让增值率的比值＝转让应税项目的增值率÷市场上相同或类似项目的增值率

2. 指标预警值。在一般情况下，指标值应接近1。

3. 问题指向。分析判断发生转让房产和土地使用权的价格和增值额的准确性，防止隐瞒转让收入，虚增成本。二者应接近1，如果远低于1，说明转让的价格低于市场价格，进一步评估分析。

（三）土地增值税变动与企业利润额（应纳税所得额、应纳所得税额）变动的配比分析

1. 指标值。

本指标主要适用于经常发生土地增值税应税项目的房地产开发公司、投资公司等。

指标值＝土地增值税增长率÷营业利润增长率

2. 指标预警值。该指标应等于或略大于1。

3. 问题指向。土地增值税是以法定增值额作为计税依据的，而法定的土地增值额与企业利润额（应纳税所得额、应纳所得税额，下同）也呈现正相关关系。因而，考察土地增值税变动与企业利润额之间的变化发展关系，也可以对纳税人税收义务履行情况作出判断。

企业利润增加无非是盈利能力增加或盈利能力不变，销售收入规模增加，任何一种情况都会使土地增值税发生相同幅度的增加。结合土地增值税超率累进税率，一定幅度的价格增加会造成转让收入和增值率的增加，引起税额增加。该指标应等于或略大于1，如果比值小于1，说明土地增值税增长幅度低于营业利润增长幅度，如果远低于1，或为负数，应确认

为重点可疑，进一步评估分析。

（四）当期转让全部土地使用权、房产的增值率变动与同期房地产行业价格指数变动的配比分析

1. 指标值。

指标值 = 转让全部土地使用权、房产的增值率 ÷ 同期房地产行业价格指数变动率

2. 指标预警值。该指标一般应等于或接近于1。

3. 问题指向。房地产开发企业当期转让全部土地使用权、房产的增值率的高低变化，很大程度上取决于转让收入的高低变化，因为可扣除的成本和费用是相对固定的。因此，社会经济研究机构或政府经济部门发布的当地房地产价格指数，可作为市场行情的“晴雨表”。价格指数增长快，说明房地产价格上升的速度也快，土地增值税纳税人在应税项目的权属转让上也会获得更大的收入和价差，并得到较高的增加值和增加率。由此我们可以认为，本系数一般应该等于或接近于1。如果该比值接近0或者为负数，则说明土地增值税的增长幅度大大小于价格指数增长，甚至出现相反的变化趋势，应作为重大疑点进一步进行分析。

二、土地增值税税务风险点

（一）应履行未履行土地增值税纳税义务

1. 相关法规。《土地增值税暂行条例》第二条规定，转让国有土地使用权、地上的建筑物及其附着物（以下简称“房地产”）并取得收入的单位和个人，为土地增值税的纳税义务人（以下简称“纳税人”），应当依照本条例缴纳土地增值税。

《土地增值税暂行条例》第十条规定，纳税人应当自转让房地产合同签订之日起七日内向房地产所在地主管税务机关办理纳税申报，并在税务机关核定的期限内缴纳土地增值税。

《土地增值税暂行条例实施细则》第六条规定：《土地增值税暂行条例》第二条所称的单位，是指各类企业单位、事业单位、国家机关和社会团体以及其他组织；《土地增值税暂行条例》第二条所称的个人，包括个体经营者。

2. 风险表现。应履行未履行土地增值税纳税义务。

3. 案例。

【案例 7－13】 某市国有工业企业甲，2022 年 2 月在向当地主管税务机关申报纳税时，其据以计算应交房产税的应税房产的原值比上一征收期突然减少 800 万元，其应缴纳的增值税额比上期增加了 45 万元。这些异常情况引起了当地税务机关的注意。经过税务机关的稽查后发现，该企业于 2022 年 2 月初将两间闲置的厂房出让，共取得 800 万元的货币收入，按相关规定计提了增值税销项税额，但未按规定缴纳土地增值税。

【解析】 在本案例中，企业甲将两间闲置的厂房以及相连的国有土地使用权转让给他人，这一行为属于税法规定的有偿转让房地产的行为，应缴纳土地增值税。

【案例 7－14】 某市一家外国公司的分公司于 2022 年 3 月转移办公地址，将原用于其办公的一座房产转让给他人，取得货币收入 100 万元。未缴纳土地增值税。当地税务机关稽查发现后，认定该分公司属于土地增值税的纳税义务人，向其追征了税款。

【解析】（1）不论法人与自然人，即不论是企业、事业单位、国家机关、社会团体及其他组织，还是个人，只要有偿转让房地产，都是土地增值税的纳税人。

（2）不论经济性质，即不论是全民所有制企业、集体企业、私营企业、个体经营者，还是联营企业、合资企业、合作企业、外商独资企业等，只要有偿转让房地产，都是土地增值税的纳税人。

（3）不论是内资企业还是外商投资企业、外国驻华机构，也不论是中国公民、港澳台同胞、海外华侨，还是外国公民，只要有偿转让房地产，都是土地增值税的纳税人。

在本案例中，该外国公司属于外国企业的分公司，既不是中国企业，又不具备法人资格，但只要进行了有偿转让房地产的行为，就是土地增值税的纳税人，应依法缴纳土地增值税。

（二）土地增值税征收范围判断错误

1. 相关规定。《土地增值税暂行条例实施细则》第三条规定，条例第二条所称的国有土地，是指按国家法律规定属于国家所有的土地。

2. 风险表现。

（1）属于应交土地增值税范围未交税；

（2）不属于应交土地增值税范围交错税。

3. 案例。

【案例7-15】某私营工业企业于2020年1月向该市的工商银行申请贷款500万元，用于引进先进设备，银行要求企业以其新建的一座厂房抵押。经企业同意后，双方于2020年2月15日签订借款合同，在合同中约定，企业以其新建的厂房作为抵押，向该市的工商银行贷款500万元，贷款期限为两年，贷款利率10%。到了2022年2月15日，该企业经营不善，无力偿还贷款。银行代其将新建厂房拍卖，取得600万元的收入，在偿还贷款本息及相关费用后，将余款交还给该企业。当地的税务机关经稽查后认定，该企业应于2022年2月就其厂房拍卖所得收入缴纳土地增值税。

【解析】在本案例中，该私营工业企业虽然以其新建的厂房作为抵押品取得了500万元的银行贷款，但其厂房的所有权并没有改变，500万元的银行贷款也并非是该企业取得的收入，而是必须在两年后还本付息的借款，因而其抵押行为并不属于土地增值税的征税范围，不需要缴纳土地增值税。2022年2月，银行代该企业拍卖其新建厂房，使得厂房的所有权发生了转移，该企业也间接获得了拍卖厂房所取得的收入，并以其偿还了银行的贷款。按照《土地增值税暂行条例》第二条的规定，上述拍卖行为应属于土地增值税的征税范围，应依法缴纳土地增值税。

【案例7-16】某市A企业与该市某事业单位于2022年合作兴建一座写字楼，由A企业提供建房所需的一切资金，该事业单位提供其院内的一块土地，写字楼建成后双方各自拥有一半的产权，用于办公。双方共同委托某房地产开发公司进行房地产的开发，其报酬为150万元。当地税务机关没有对这一行为征收土地增值税。

【解析】《财政部 国家税务总局关于土地增值税一些具体问题的规定通知》（财税字〔1995〕48号）规定，对于一方出地，一方出资金，双方合作建房，建成后按比例分房自用的，暂免征收土地增值税；建成后转让的，应征收土地增值税。在本案例中，该外资企业出资金，事业单位出地，合作兴建写字楼，并且在建成后按比例分房自用，所以按规定不属于土地增值税的征税范围，不用缴纳土地增值税。

房地产开发公司接受客户的委托，代其进行房地产开发，并且收取了150万元的报酬。由于该房地产开发公司原先就没有拥有兴建写字楼所需的土地使用权，也没有投入资金进行开发，只是提供了进行房地产开发的劳务，并不存在有偿转让房地产的行为，其取得的收入也不是转让收入，而是具有劳务报酬的性质，按规定不属于土地增值税的征税范围，不需要缴纳土地增值税。

【案例 7-17】 中国公民王某，为了支持教育事业的发展，于 2022 年 5 月将自己所有的一幢价值 50 万元的住宅楼无偿赠与希望工程基金会。当地税务机关没有向其征收土地增值税。

【解析】《中华人民共和国土地增值税暂行条例实施细则》第二条规定，转让国有土地使用权、地上的建筑物及其附着物并取得收入，是指以出售或者其他方式有偿转让房地产的行为，不包括以继承、赠与方式无偿转让房地产的行为。

《财政部 国家税务总局关于土地增值税一些具体问题的规定通知》（财税字〔1995〕48 号）第四条规定：《土地增值税暂行条例实施细则》所称的“赠与”是指如下情况：

（1）房产所有人、土地使用权所有人将房屋产权、土地使用权赠与直系亲属或承担直接赡养义务人的。

（2）房产所有人、土地使用权所有人通过中国境内非营利的社会团体、国家机关将房屋产权、土地使用权赠与教育、民政和其他社会福利、公益事业的。

上述社会团体是指中国青少年发展基金会、希望工程基金会、宋庆龄基金会、减灾委员会、中国红十字会、中国残疾人联合会、全国老年基金会、老区促进会以及经民政部门批准成立的其他非营利的公益性组织。

王某将住宅楼无偿赠与希望工程基金会，用于发展教育事业。按照有关规定，这一行为不属于土地增值税的征税范围，不需要缴纳土地增值税。

【案例 7-18】 中国公民张某与赵某于 2022 年 3 月相互交换了住所，并于当月办理了有关手续，将其各自所拥有的住所的产权也进行了交换。当地的税务机关进行稽查核实之后，没有对其征收土地增值税。

【解析】《财政部 国家税务总局关于土地增值税一些具体问题的规定通知》（财税字〔1995〕48 号）第五条规定，对个人之间互换自有居住用房地产的，经当地税务机关核实，可以免征土地增值税。

需要注意的是，对于其他主体之间以及其他主体与个人之间互换房地产的，仍属于土地增值税的征税范围，不享受税收优惠。

（三）土地增值税收入、扣除项目确认错误

1. 相关规定。

（1）《中华人民共和国土地增值税暂行条例》第四条规定：纳税人转让房地产所取得的收入减除本条例第六条规定扣除项目金额后的余额，为增值额。

第五条规定，纳税人转让房地产所取得的收入，包括货币收入、实物收入和其他收入。

第六条规定，计算增值额的扣除项目：

①取得土地使用权所支付的金额；

②开发土地的成本、费用；

③新建房及配套设施的成本、费用，或者旧房及建筑物的评估价格；

④与转让房地产有关的税金；

⑤财政部规定的其他扣除项目。

（2）《中华人民共和国土地增值税暂行条例实施细则》第五条规定，条例第二条所称的收入，包括转让房地产的全部价款及有关的经济收益。

（3）《关于营改增后土地增值税若干征管规定的公告》（国家税务总局公告2016年70号）规定如下：

一、关于营改增后土地增值税应税收入确认问题

营改增后，纳税人转让房地产的土地增值税应税收入不含增值税。适用增值税一般计税方法的纳税人，其转让房地产的土地增值税应税收入不含增值税销项税额；适用简易计税方法的纳税人，其转让房地产的土地增值税应税收入不含增值税应纳税额。

为方便纳税人，简化土地增值税预征税款计算，房地产开发企业采取预收款方式销售自行开发的房地产项目的，可按照以下方法计算土地增值税预征计征依据：

土地增值税预征的计征依据 = 预收款 − 应预缴增值税税款

二、关于营改增后视同销售房地产的土地增值税应税收入确认问题

纳税人将开发产品用于职工福利、奖励、对外投资、分配给股东或投资人、抵偿债务、换取其他单位和个人的非货币性资产等，发生所有权转移时应视同销售房地产，其收入应按照《国家税务总局关于房地产开发企业土地增值税清算管理有关问题的通知》（国税发〔2006〕187号）第

三条规定执行。纳税人安置回迁户，其拆迁安置用房应税收入和扣除项目的确认，应按照《国家税务总局关于土地增值税清算有关问题的通知》（国税函〔2010〕220号）第六条规定执行。

三、关于与转让房地产有关的税金扣除问题

（1）营改增后，计算土地增值税增值额的扣除项目中“与转让房地产有关的税金”不包括增值税。

（2）营改增后，房地产开发企业实际缴纳的城市维护建设税（以下简称“城建税”）、教育费附加，凡能够按清算项目准确计算的，允许据实扣除。凡不能按清算项目准确计算的，则按该清算项目预缴增值税时实际缴纳的城建税、教育费附加扣除。

其他转让房地产行为的城建税、教育费附加扣除比照上述规定执行。

四、关于营改增前后土地增值税清算的计算问题

房地产开发企业在营改增后进行房地产开发项目土地增值税清算时，按以下方法确定相关金额：

（1）土地增值税应税收入 = 营改增前转让房地产取得的收入 + 营改增后转让房地产取得的不含增值税收入

（2）与转让房地产有关的税金 = 营改增前实际缴纳的营业税、城建税、教育费附加 + 营改增后允许扣除的城建税、教育费附加

五、关于营改增后建筑安装工程费支出的发票确认问题

营改增后，土地增值税纳税人接受建筑安装服务取得的增值税发票，应按照《国家税务总局关于全面推开营业税改征增值税试点有关税收征收管理事项的公告》（国家税务总局公告2016年第23号）规定，在发票的备注栏注明建筑服务发生地县（市、区）名称及项目名称，否则不得计入土地增值税扣除项目金额。

2. 风险表现。

（1）收入确认风险。

①非直接销售和自用房地产收入确定不符合规定。房地产开发企业将开发产品用于职工福利、奖励、对外投资、分配给股东或投资人、抵偿债务、换取其他单位和个人的非货币性资产等，发生所有权转移时应视同销售房地产，收入按照规定的方法确认。

②隐瞒、虚报转让价格或价格明显偏低。在房地产开发企业不报或者有意低报转让价格的情况下，可能会被税务机关按照评估机构参照同类房

地产的市场交易价格进行评估，进而根据评估价格确定房地产的转让收入。

③与转让房地产有关的经济利益未按规定确认。房地产企业的转让收入包括全部价款和经济利益。对于房地产企业因转让房地产收取的违约金、赔偿金、滞纳金、延期付款利息等其他各种性质的经济利益，都应当确认为房地产转让收入。当房地产购买方违约，导致房产未能转让的，违约金不作为与转让房地产有关的经济利益。因此，对于这部分经济利益，应按规定如实认定。

（2）成本确认风险。

①未取得合法凭据的无法扣除。土地增值税的扣除项目金额，应以合法凭据为依据，未取得合法凭据的不得扣除。对方单位是经营性企业时，必须提供税务部门监制的发票。如果对方单位是行政机关或者政府行业管理机构，则可以是行政事业性收据，但也应是符合要求的收据才行。

②未实际发生的成本不得扣除。扣除项目金额中归属的各类成本必须是真实发生的（除去特别规定的可以预提的成本），否则不得在土地增值税计算中扣除。以开发过程中占比较大的建安发票为例，如果存在相关合同中注明的建筑工程款、材料费、单位用量、工程造价等信息与账目科目中开发成本、工程物资等科目存在差异，或者开票方与领用方不符等异常情况，那么税务机关会对业务的真实性产生合理怀疑，如果经过调查，这些成本并未实际发生，轻则补缴税款，重则视情况处以偷税、虚开等处罚。

③扣除项目的分配或分摊不合规定。符合分配分摊规定的成本才能扣除。房地产开发土地面积、建筑面积和可售面积必须与权属证、房产证、预售证、房屋测绘所测量数据、销售记录、销售合同、有关主管部门的文件等载明的面积数据一致，并确定各项扣除项目的分摊标准。对于一些特殊成本的分摊，例如车库的成本的分摊，还有特别的规定。扣除项目分配或者分摊不合规定，会被认定为不得扣除或者扣除错误进行调整，不但需要补缴税款，视情况可能被认定为偷税，而予以处理处罚。

（3）开发费用确认风险。房地产开发费用包括房地产开发项目相关的销售费用、管理费用、财务费用等。常出现税务风险的是融资费用。《土地增值税暂行条例实施细则》第七条（三）规定：“财务费用中的利息支出，凡能够按转让房地产项目计算分摊并提供金融机构证明的，允许据实扣除，但最高不能超过按商业银行同类同期贷款利率计算的金额。其他房地产开发费用，按本条（一）、（二）项规定计算的金额之和的百分之五以内计算扣除。凡不能按转让房地产项目计算分摊利息支出或不能提供金融机构证明的，房地产开发费用按本条（一）、（二）项规定计算的金额之和的百分之十以内计算扣除。”因此，对于这部分财务费用首先要看是否列入房地产开发成本的利息支出中，如果列入了，那需要调整到财务费用中计算扣除。另外，需要看这部分利息支出是否取得了合法有效的凭证。对于未能提供金融机构证明的利息支出，首先会被判断是否具有真实性，是否符合业务需要，接着会被核查扣除比例。如果不符合规定，会被要求补缴税款、滞纳金，也可能视情形被追究偷税等责任。

3. 案例。

【案例 7－19】某房地产开发企业于 2022 年 1 月将一栋已竣工交付使用的写字楼转让给某建材总公司作办公楼，这栋写字楼连同土地所有权价值 8 000 万元人民币，双方商定其中 6 000 万元以货币资金结算，其余 2 000 万元折算为等价的优质钢材进行结算。该房地产公司为了隐匿销售收入，只将 6 000 万元的货币资金记入经营收入账户，其余的 2 000 万元直接记入了“库存材料”账户，后被税务稽查人员查出。

【案例 7－20】某房地产公司土地增值税偷税案例分析。

（1）纳税人基本情况：某房地产开发有限公司成立于 1999 年，工商登记为股份制企业，注册资本 10 000 万元，经营范围为房地产开发、销售。该公司在地级市局办理税务登记，为查账征收企业。

该公司 2014—2020 年陆续开发房地产项目 4 个：项目 A、项目 B、项目 C、项目 D，其中，项目 A、D 各分两期开发，项目 B、C 不分期。项目 A 于 2015 年竣工验收，项目 B 于 2017 年竣工验收，项目 C 和项目 D 一期于 2020 年竣工验收，上述已竣工验收项目已销售的房地产建筑面积占整个项目可售面积均达到 85% 以上，均可进行土地增值税清算；项目 D 二期未竣工验收，销售量也未达到 85%。

项目 A、B、C 和项目 D 一期已销售的房产收入共计 191 030 万元，项目 D 的第二期已取得预售收入 29 900 万元。

该公司在 2014—2020 年，只是对预收房产的收入申报预缴土地增值税，2014—2020 年共预缴土地增值税 3 589 万元。

（2）案件查处情况：近年来，房地产行业发展速度加快，房价日益上涨，行业利润不断增加，但从税务机关的统计数据看，土地增值税税源并没有出现明显的增长。根据该公司销售利润率明显偏低、申报缴纳的土地增值税税额较小的情况，检查组决定从转让土地及房产的成本和税收方面入手。

首先，从外围调查取证，配合对纳税人的账簿检查。

①到发展改革委了解该公司历年来房地产项目立项情况，初步掌握该公司开发的楼盘地点、建筑面积。

②从国土资源局取得该公司所有的用地协议书、文件或土地使用权证书，初步掌握其取得土地的分布情况。

③从建委取得该公司开发的房地产项目竣工验收单或备案表，掌握其开发项目的竣工验收时间。

④调取该公司财务报表、企业所得税申报表，了解其已入账的收入、成本、利润的情况。查询该公司历年缴纳土地增值税的情况。

⑤收集政府公布的开发成本指标及成本构成指标。

⑥根据项目完工情况，测算该公司开发的房地产项目总收入，按照该公司取得土地的时间测算其取得土地的成本，按政府公布的单位面积开发成本测算其完工项目的总开发成本，进而测算土地增值税的增值额、应缴的土地增值税，与历年缴纳的土地增值税进行比较，初步判断该公司缴纳的土地增值税差距较大。

其次，分别从成本和收入两大类进行具体检查。

①通过对“工程施工”科目的检查，发现该公司投资路桥建设已于2014年完工，但成本一直未办理结算，据介绍是因为农民拆迁补偿问题一直协商不清。经税务机关与当地政府协调，促使该公司进行了成本清算。

②通过对“开发成本”科目的检查，发现该公司已竣工验收的开发项目A、C和项目D一期，工程成本均未全部结算完毕，账面上还有不少预提的建安成本，检查组责成其在30天内必须把所有已竣工验收项目的所有成本结算完毕。

③经过审核“预收账款——代建工程”明细账，并查阅政府关于代建房的相关文件，发现该公司开发的项目B为政府引进外资项目，由政府低价划拨土地给该公司用于写字楼的建设，建成后除其中的一层留该公司自用外，其余的给某外资公司。双方合同中约定，外资公司以该公司投入

的成本价结算房产价值，该公司只收取管理费。因此，双方一致认为该项目为代建工程。经审核，此项目土地使用权证、立项书均为该公司的，按政策规定不属于代建工程，系销售不动产行为。

④根据账面资料，分项目分期汇总该公司销售情况，包括：楼盘名称、房号、确权面积、购买人、合同签订时间、合同金额、付款方式，总体掌握该公司每个项目每期销售收入的详细情况。

⑤到项目所在地进行实地盘点，并以购买者的身份到各物业公司了解剩余房产情况、已交付房产的时间等。

⑥通过对“开发成本”明细账的检查，发现该公司购买建材的部分发票有假发票之嫌。经协查、审验，发现假发票金额达 1 100 万元。

⑦通过对“费用”明细账的检查，发现该公司支付的咨询费中附有某工程造价咨询公司对其开发项目的造价咨询报告，检查组立即调取工程造价咨询公司造价审核结果和依据，对照该公司的账面支付成本进行分析，并对财务部负责人、工程部负责人做了询问笔录，最后核实该公司虚列建安成本 1 300 万元。

（3）检查中发现的问题：

①转让土地取得收入未缴土地增值税 2 093 万元。该公司与政府签订投资路桥协议。双方约定，在工程完工后，政府一方按合同约定的工程预算造价折算土地对其补偿。如果工程实际成本超出预算成本，政府再适当追加补偿土地的数量。由补偿的土地所产生的增值额全部归企业一方所有。2014 年路桥建设完工，政府按照协议补偿该公司土地 400 亩，该公司拥有土地的使用权、支配权和处分权。此后，该公司在尚未取得土地使用权证的情况下，即将其中的 370 亩土地使用权陆续转让，取得收入 20 700 万元。剩下 30 亩用于自行开发项目 B。投资建设路桥的成本及缴纳的土地相关费用总额按取得的土地数量进行分摊，转让部分的土地成本及费用为 126 00 万元，缴纳与转让土地使用权相关的税费约 1 149 万元，增值额 6 951 万元，增值率约 51%，未申报缴纳土地增值税约 2 093 万元。

②该公司“长期应付款”科目三年来一直体现贷方余额 1 400 万元，经外调核实，该笔款项系该公司转让 5.3 亩土地的土地权取得的收入。扣除公司为此支付的出让金及相关费用 1 200 万元和已缴纳的与转让土地权相关的税费约 78 万元，增值额 122 万元，增值率约 9%，未申报缴纳土地增值税约 37 万元。

③该公司将已入“固定资产”科目并计提折旧的“某大厦”房产转让（已使用3年），收到房款并在账面上体现收入460万元。该项房产的购入成本是370万元（其中：缴纳契税约11万元），购房发票合法有效，但该公司在转让前没有进行价值评估。根据有关税收政策规定，在此种情况下，转让方应按购房发票每年加计5%费用约54万元，缴纳与转让房产的相关税费约25万元，增值额11万元，增值率约2%，应补缴土地增值税3万元。

④该公司开发项目A、C和项目D一期的已售收入共计188 000万元，其中普通住宅收入67 700万元。该公司将普通住宅中的22套销售给公司内部高管人员，总计480万元，价格明显偏低且无正当理由，如果按其同期同类房产平均价格核定，则应确定收入610万元。

项目A、项目C和项目D一期共支付土地及开发成本（含未销售房产成本）112 480万元，其中，假发票列支成本1 100万元，虚增开发成本1 300万元，不合法票据列支开发间接费用960万元，不属于开发间接费用的费用1 700万元。该公司已按规定预缴土地增值税3 083万元。该公司所支付的贷款利息是按每个项目每期的建筑面积进行分摊，而无法按取得贷款的实际用途划分使用对象，也不能提供金融机构证明，因此，按照有关规定，房地产开发费用按加计10%计算。经过调整计算，项目A一期普通住宅应补土地增值税93万元，其他房产应补土地增值税314万元；项目A二期普通住宅应补土地增值税99万元，其他房产应补土地增值税861万元；项目C普通住宅应补土地增值税276万元，其他房产应补土地增值税5 244万元；项目D普通住宅应补土地增值税1 031万元，其他房产应补土地增值税642万元。这里的“其他房产”指的是项目A、C、D第一期的写字楼、商场、车位。

⑤该公司的项目D二期正在预售中，未办理竣工验收。在已取得的29 900万元预售款收入中，普通住宅占8 700万元，写字楼、商场、车位21 200万元。如分别按1%、2%计算，应预征土地增值税约511万元，已预征506万元，应补缴土地增值税5万元。

⑥该公司将开发项目B收到的销售房款挂“预收账款——代建工程”科目，工程于2015年竣工结算，土地成本、开发成本及配套设施成本为2 600万元。其中，少部分房产为自用，已按建筑面积分摊开发成本560万元；其他房产销售给某外资公司，取得售楼款2 900万元挂“预收账款——代建工程”科目，已缴纳与转让房产相关的税费约161万元。由

于该公司所支付的贷款利息是按每个项目每期的建筑面积进行分摊，而无法按取得贷款的实际用途划分使用对象，也不能提供金融机构证明，因此，按照有关规定，房地产开发费用按加计10%计算为204万元，加计20%扣除约为408万元，增值额87万元，增值率3%，应补增值税约26万元。

（四）核定征收风险

1. 相关规定。《土地增值税清算管理规程》（国税发〔2009〕91号）第三十三条规定："在土地增值税清算过程中，发现纳税人符合核定征收条件的，应按核定征收方式对房地产项目进行清算。"

《国家税务总局关于加强土地增值税征管工作的通知》（国税发〔2010〕53号）第四点规定："核定征收必须严格依照税收法律法规规定的条件进行，任何单位和个人不得擅自扩大核定征收范围，严禁在清算中出现'以核定为主、一核了之''求快图省'的做法。"

《土地增值税清算规程》第三十五条规定的核定征收情形：（1）依照法律、行政法规的规定应当设置但未设置账簿的；（2）擅自销毁账簿或者拒不提供纳税资料的；（3）虽设置账簿，但账目混乱或者成本资料、收入凭证、费用凭证残缺不全，难以确定转让收入或扣除项目金额的；（4）符合土地增值税清算条件，企业未按照规定的期限办理清算手续，经税务机关责令限期清算，逾期仍不清算的；（5）申报的计税依据明显偏低，又无正当理由的。

2. 风险表现。

（1）只有符合核定征收条件的，才能在土地增值税清算中进行核定征收；并且，从某些地区的规定中可以看出，对于不符合核定征收条件的，要及时调整为查账征收，并且同时涉嫌构成偷税的，要依据《税收征收管理法》进行处理。

（2）账务核算不规范，未及时索取发票等有效凭证，被核定征收土地增值税，导致税负上升。

3. 案例。

【案例7－21】2020年9月，某房地产开发公司开发项目全部为普通住宅，可售面积4万平方米，每平方米售价1.5万元。该楼盘地价及开发成本合计4亿元，总售价6亿元。

【解析】

A. 土地增值税核定征收税额 =6 ÷1.1 ×5% =0.3（亿元）

B. 土地增值税查账征收税额

（1）不含税收入 =6 ÷1.1 =5.45（亿元）

（2）税金及附加（忽略）

（3）扣除项目金额 =4 ×1.3 =5.2（亿元）

（4）增值额 =5.45 -5.2 =0.25（亿元）

（5）增值率 =0.25 ÷5.2 ×100% =4.8%

（6）应纳土地增值税 =0.25 ×30% =0.075（亿元）

（7）免税额：普通住宅增值率不超过20%的，免征土地增值税；免税额 =0.075（亿元）

通过示例可以看出，核定征收企业需要缴纳土地增值税0.3亿元，而通过查账征收不需要缴纳土地增值税，企业的利润仅此增加3 000万元。

（五）问题汇总

【问题1】清算土地增值税时可以扣除的税费是否包括以下内容：增值税、城建税、教育费附加、地方教育附加、企业所得税？

【解析】《国家税务总局关于营改增后土地增值税若干征管规定的公告》（国家税务总局公告2016年第70号）第三条第（一）项规定，营改增后，计算土地增值税增值额的扣除项目中“与转让房地产有关的税金”不包括增值税。

《中华人民共和国土地增值税暂行条例实施细则》（财法字〔1995〕6号）第七条规定，条例第六条所列的计算增值额的扣除项目，具体为：“（五）与转让房地产有关的税金，是指在转让房地产时缴纳的营业税、城市维护建设税、印花税。因转让房地产缴纳的教育费附加，也可视同税金予以扣除。”

根据上述规定，清算土地增值税时可以扣除的税费包括城建税、教育费附加、地方教育附加，但是不包括增值税、企业所得税。

【问题2】房地产企业在清算土地增值税时，销售费用、管理费用及财务费用怎么扣除，扣除的标准是多少？有具体的文件吗？

【解析】《中华人民共和国土地增值税暂行条例实施细则》（财法字〔1995〕6号）第七条规定，条例第六条所列的计算增值额的扣除项目，具体为："（三）开发土地和新建房及配套设施的费用（以下简称"房地产开发费用"），是指与房地产开发项目有关的销售费用、管理费用、财务费用。

财务费用中的利息支出，凡能够按转让房地产项目计算分摊并提供金融机构证明的，允许据实扣除，但最高不能超过按商业银行同类同期贷款利率计算的金额。其他房地产开发费用，按本条（一）取得土地使用权所支付的金额、（二）开发土地和新建房及配套设施的成本项规定计算的金额之和的百分之五以内计算扣除。

凡不能按转让房地产项目计算分摊利息支出或不能提供金融机构证明的，房地产开发费用按本条（一）取得土地使用权所支付的金额、（二）开发土地和新建房及配套设施的成本项规定计算的金额之和的百分之十以内计算扣除。"

根据上述规定，财务费用中的利息支出，凡能够按转让房地产项目计算分摊并提供金融机构证明的，允许据实扣除，但最高不能超过按商业银行同类同期贷款利率计算的金额。其他销售费用、管理费用及财务费用，按取得土地使用权所支付的金额、开发土地和新建房及配套设施的成本项规定计算的金额之和的百分之五以内计算扣除；凡不能按转让房地产项目计算分摊利息支出或不能提供金融机构证明的，销售费用、管理费用、财务费用按取得土地使用权所支付的金额、开发土地和新建房及配套设施的成本项规定计算的金额之和的百分之十以内计算扣除。

【问题3】取得的建筑服务增值税发票"备注"栏中没有建筑服务发生地和项目名称，土地增值税清算时可以扣除吗？

【解析】《国家税务总局关于营改增后土地增值税若干征管规定的公告》（国家税务总局公告2016年第70号）第五条规定，营改增后，土地增值税纳税人接受建筑安装服务取得的增值税发票，应按照《国家税务总局关于全面推开营业税改征增值税试点有关税收征收管理事项的公告》（国家税务总局公告2016年第23号）规定，在发票的"备注"栏注明建筑服务发生地县（市、区）名称及项目名称，否则不得计入土地增值税扣除项目金额。

根据上述规定，取得的建筑服务增值税发票"备注"栏中没有建筑服务发生地和项目名称，土地增值税清算时不可以扣除。

第三节　房产税税务风险管理

一、房产税税务风险分析指标

（一）房产税应缴与实缴税款差异分析

1. 指标值。

（1）企业实际缴纳的房产税（原值）

（2）企业应缴房产税

①A 应缴房产税 =［房产原值 ×（1 − 减除幅度）］× 房产税适用税率

②B 应缴房产税（房屋自用）=（房产年末原值 − 房屋出租原值）×（1 − 减除幅度）× 房产税适用税率

③房产税（原值）差异值 = 企业实际缴纳的房产税（原值）− 应缴房产税

2. 指标预警值。正常情况下差异值应该为 0，如果两者不相符，视为异常。

3. 问题指向。在房产原值数据真实的情况下，经过指标值的测算，可推算出应纳房产税，将测算的应纳房产税与实际缴纳的房产税比对，判断是否存在差异。如果房产税（原值）差异值小于 0 且差异较大，则企业可能存在房产税少计、隐瞒房产原值收入等问题，视为异常。

A 应用于查账征收且房屋全部自用的单位；B 应用于既有房屋自用又有出租的单位。

（二）房屋租金收入变动率与房产税变动率比对分析

1. 指标值。

房屋租金收入变动率 =（分析期房屋租金收入 − 上期房屋租金收入）÷ 上期房屋租金收入 ×100%

房产税变动率 =［分析期房产税（房屋出租）− 上期房产税（房屋出租）］÷ 上期房产税（房屋出租）×100%

2. 指标值预警值。在正常情况下，两个变动率的关系是正相关的，两者基本应该同步增长。

3. 问题指向。若房屋租金收入变动率大于0，而房产税变动率小于或等于0时，可能存在少缴房产税的问题；反之，可能存在少缴增值税的问题，须进一步核实企业是否存在该类问题。

【案例7－22】 北京××置业有限公司，税务机关的风险监控模型扫描显示，2016—2017年该企业开具品名为“房屋租金”的发票200余份，金额累计达2 700多万元。其房产税一直按自用从价计征缴纳，存在少缴风险。

经核查，该企业确认共有6套房产对外出租未从租计征缴纳房产税。此外，税务人员通过分析其发票备注栏的房屋地址，发现该企业另有3套房产未在税务机关进行房源登记，未申报缴纳房产税。最终，该企业补缴房产税295.18万元，加征滞纳金39.70万元。

（三）固定资产（房屋）原值变动率与房产税变动率比对分析

1. 指标值。

固定资产（房屋）原值变动率＝[固定资产原值（房屋）期末数－固定资产原值（房屋）期初数]÷固定资产原值（房屋）期初数×100%

房产税变动率＝[分析期房产税（从价）－上期房产税（从价）]÷上期房产税（从价）×100%

指标值＝房产税变动率÷固定资产（房屋）原值变动率

2. 指标值预警值。在正常情况下，两个变动率的关系是正相关的，两者基本应该同步增长。

3. 问题指向。

（1）指标值小于1，且房产税变动率与固定资产变动率均为正数，固定资产增长幅度大于房产税增长幅度，可能存在少计提房产税问题；

（2）指标值大于1，且房产税变动率与固定资产变动率均为负数，固定资产减少幅度小于房产税减少幅度，可能存在少计提房产税问题；

（3）指标值小于0，房产税变动为负值，固定资产变动率为正值，固定资产增幅较大而房产税不增长，可能存在少计提房产税问题。

（四）在建工程变动率与房产税变动率比对分析

1. 指标值。

在建工程变动率＝（在建工程期末数－在建工程期初数）÷在建工程

期初数 ×100%

房产税变动率 =（分析期房产税 - 上期房产税）÷ 上期房产税 ×100%

2. 指标值预警值。在正常情况下，两个变动率的关系是负相关的，在建工程减少，房产税增长。

3. 问题指向。

（1）如果分析期在建工程变动率小于0，而房产税变动率小于或等于0时，可能存在少缴房产税的问题；

（2）如果在建工程长期大于0，而房产税变动率小于或等于0时，可能企业房产已经验收或者在验收前就已交付使用，未按规定申报缴纳房产税。

4. 案例。

【案例7 - 23】 A公司成立于2013年11月，通过招挂牌取得一块土地后，在2017年5月投资建造写字楼，2020年10月完工正式对外出租。某市税务局通过房产税风险评估，发现A公司“在建工程”科目长期有余额，未及时转入“固定资产”科目核算，出现了少缴纳房产税的现象。2021年，A公司共补缴房产税及滞纳金470 647.78元。

两个变动率对比查异常：用纳税人某一期间房产税变动率同在建工程变动率进行比较，排查出“在建工程”科目长期是否有余额，以发现纳税人房产税申报的异常。具体指标设定如下：

在建工程变动率 =（在建工程期末数 - 在建工程期初数）÷ 在建工程期初数 ×100%

房产税变动率 =（本期缴纳的房产税 - 上期缴纳的房产税）÷ 上期缴纳的房产税 ×100%

A公司2021年度在建工程变动率0.38 >0，房产税变动率 -0.09 <0。当在建工程变动率大于等于0，房产税变动率无明显变化，企业“在建工程”科目长期有余额，可能存在少缴房产税的问题。评估人员通过实地核查，发现企业将已建好并可以使用的房屋在“在建工程”科目中长期挂账，未及时转入“固定资产”科目核算，存在少缴纳房产税现象。

（五）（租赁）印花税与（租赁）房产税比对分析

1. 指标值。

（租赁）印花税变动率 =（分析期印花税 - 上期印花税）÷ 上期印花税 ×

100%

（租赁）房产税变动率 =（分析期房产税 - 上期房产税）÷ 上期房产税 × 100%

2. 指标预警值。在正常情况下，两个变动率的关系是正相关的。

3. 问题指向。

（1）如果租赁房产税增长额 >0，而本期（租赁）印花税应纳税额为 0，纳税人可能未按规定缴纳印花税；

（2）如果租赁房产税增长额为 0，而本期（租赁）印花税应纳税额 >0，纳税人可能未按规定缴纳租赁房产税。

仅限于缴纳租赁房屋合同印花税的纳税人，或者缴纳房产租金收入增值税的纳税人。

（六）综合案例

1. 企业基本情况。某（集团）有限公司成立于 2010 年 4 月，注册地址为某市某区，生产经营地址为某工业区；其旗下固定资产房屋及建筑物分别坐落在本市 7 个不同区域内。

2. 企业相关数据。2017 年年初，“自有房屋”原值 17 811.56 万元（位于某市）；2017 年 1 月，新增房屋原价 616.26 万元，市政动迁减少房屋原价 1 972.48 万元，期末“自有房屋”原值（账面）为 16 455.34 万元，当年按 16 455.34 万元计提折旧。

2018 年“自有房屋”原值期初、期末（账面）均为 16 455.34 万元，当年按 16 455.34 万元计提折旧。

3. 财产登记信息数据。2017 年、2018 年财产登记信息——房产原值均为 8 331.44 万元（其中，自用 150.5 万元，出租 8 180.94 万元），应缴额 1.44 万元（年）；四级土地面积为 9 106 平方米，应缴额 4.1 万元（年）。

4. 纳税申报数据。2017 年将“自有房屋”原值为 8 180.94 万元用于出租，已缴房产税 63 万元；原值为 1 395.97 万元的房屋企业自用，已缴房产税 1.44 万元。

2018 年将原值为 8 180.94 万元的房屋用于出租，已缴房产税 63.26 万元；原值为 1 395.97 万元的房屋企业自用，已缴房产税 1.44 万元。

5. 疑点对象确定。

（1）企业所得税年度纳税申报表数据与房产税税款配比分析。按企业所得税年度纳税申报表——固定资产折旧“房屋建筑物原值”测算的应缴房产税与实际缴纳的房产税（原值）配比分析。在正常情况下，两者应基本配比（对于既有房屋自用又有出租的，应结合财产登记信息加以区分自用和出租原值）。

应缴房产税 =［房产原值 ×（1 - 减除幅度）］× 房产税适用税率

应缴房产税（房屋自用）=（房产年末原值 - 房屋出租原值）×（1 - 减除幅度）× 房产税适用税率

①2017 年、2018 年“房屋建筑物原值”均按 16 455.34 万元测算。

应缴房产税（房屋自用）=（16 455.34 - 8 180.94）×（1 - 20%）× 1.2% ×2 = 79.43 ×2 = 158.86（万元）

②2017 年、2018 年已缴房产税（房屋自用）2.88 万元

③测算的应缴房产税与实际缴纳的房产税（原值）差异：2017 年、2018 年少缴房产税（房屋自用）155.98 万元

该企业可能少缴房产税，判断为异常。

（2）登记信息与已缴税款配比分析。企业所得税年度纳税申报表——固定资产“房屋建筑物原值”数据与财产登记信息——房产原值数据配比分析。正常情况下，两者基本相同。

2017 年、2018 年房产登记原值均为 8 331.44 万元（其中，自用 150.5 万元，出租 8 180.94 万元）。

企业所得税年度纳税申报表附表——固定资产“房屋建筑物”原值 16 455.34 万元。

登记数据房产原值小于企业所得税申报表数据原值 8 123.90 万元，判断为异常。

评估实施人员就上述疑点约请该企业负责人及财务人员前来税务机关进行约谈。企业负责人及财务人员就上述涉税疑点作出了初步解释：由于企业财务人员调动频繁，导致核算上存在漏洞；非独立核算的分支机构分别设立在不同区域，给房产税、土地使用税纳税工作带来了一定的困难；同时对小税种重视不够也是导致少缴税情况发生的原因之一。

该企业负责人及财务人员表示，愿意就上述涉税疑点进行自查。

6. 自查情况。

（1）2017 年房产原值（账面）期初、期末数均为 16 455.34 万元；

2017 年 1 月由于其他动迁等原因减少房产原值 1 458.53 万元，未作账面减少处理；实际房产原值应为 14 996.81 万元，但当年仍按房产原值 16 455.34 万元计提折旧，多计提折旧 88.56 万元（44.28 万元 ×2 年）。

（2）另有坐落在某市其他区域房产原值为 5 419.9 万元，已在房产所在地税务机关缴纳了房产税（非独立核算分支机构）。

（3）2017 年、2018 年确实存在少缴房产租金收入房产税 74.09 万元；少缴自用房产税 23.92 万元｛[16 455.34 - 8 180.94（出租原值）- 1 458.53（其他动迁减少原值）- 5 419.9（已在外区缴税原值）] ×（1 - 20%）×1.2% - 1.44（已缴税）｝×2。

（4）2017 年、2018 年房产登记原值为 8 331.44 万元、二级土地面积为 9 106 平方米，与企业实际拥有的房产原值及土地面积存在着一定的差异。

二、房产税税务风险点

（一）地价未计入房产原值一并申报房产税

1. 相关规定。

《财政部 国家税务总局关于安置残疾人就业单位城镇土地使用税等政策的通知》（财税〔2010〕121 号）第三条明确规定：对按照房产原值计税的房产，无论会计上如何核算，房产原值均应包含地价，包括为取得土地使用权支付的价款、开发土地发生的成本费用等。宗地容积率低于 0.5 的，按房产建筑面积的 2 倍计算土地面积并据此确定计入房产原值的地价。

2. 风险表现。按照账簿中“固定资产”账户显示的金额申报缴纳房产税，没有将列示在“无形资产”等科目的土地成本纳入房产原值。

3. 案例。

【案例 7 - 24】 A 公司 2021 年以出让方式获得一块土地，土地成交价款 8 000 万元，该公司于同年在该土地上建设厂房，厂房造价总计 60 000 万元。A 公司将 8 000 万元土地成本计入“无形资产”，将 60 000 万元厂房造价计入“固定资产”，并按“固定资产”账面原值 60 000 元申报缴纳房产税。

【解析】 上述房产税计算基数错误，仅按照“固定资产”账面原值计算缴纳房产税，而忽略了地价也要计入房产原值一并计征房产税，没有分析房产税会计和税收差异，只是机械地按照账簿中“固定资产”账户显示的金额申报缴纳房产税，没有将列示在“无形资产”等科目的土地成本纳入房产原值。应按“固定资产”账面原值60 000元加计入“无形资产”8 000万元土地成本申报缴纳房产税。

【案例7－25】 某企业土地成本100万元，土地面积10 000平方米，房屋的面积为4 000平方米，请问该企业在计算房产原值时并入的土地成本是多少？

【解析】 容积率低于0.5时按2倍的比例将土地成本计入房产原值

容积率＝房屋建筑面积÷土地面积＝0.4＜0.5

需按2倍的比例将土地成本计入房产原值，因此并入的土地成本＝100×(0.4×2)＝80（万元）

（二）附属设施价值未计入房产原值

1. 相关规定

《国家税务总局关于进一步明确房屋附属设备和配套设施计征房产税有关问题的通知》（国税发〔2005〕173号）的规定：为了维持和增加房屋的使用功能或使房屋满足设计要求，凡以房屋为载体，不可随意移动的附属设备和配套设施，如给排水、采暖、消防、中央空调、电气及智能化楼宇设备等，无论在会计核算中是否单独记账与核算，都应计入房产原值，计征房产税。

2. 风险表现

根据《企业会计准则》规定：固定资产的各组成部分具有不同使用寿命或者以不同方式为企业提供经济利益，适用不同折旧率或折旧方法的，应当分别将各组成部分确认为单项固定资产。即不能独立于房屋建筑物的中央空调、给排水系统、智能楼宇设备等房屋附属设施，如具有不同使用寿命或者以不同方式为企业提供经济利益，适用不同折旧率或折旧方法的，应独立于房屋建筑物而确认为单项固定资产。如果完全按照房产账面价值计算房产税，可能会存在少计附属设施、土地价值的情形，存在少交房产税风险。

3. 案例

【案例7－26】 甲有限公司持有一栋办公楼，用于自身办公。办公楼账面原值为 8 000 万元，同时账上反映不能独立于办公楼的附属设施原值 2 000 万元，办公楼所在土地使用权原值为 5 000 万元，该地块容积率大于 0.5。

【解析】 会计上确认的办公楼原值为账面原值 8 000 万元。

房产税上确认的房产原值为 15 000 万元，应以该原值为基础计算从价计征的房产税。

（三）免租期未按规定申报缴纳房产税

1. 相关规定。

《财政部 国家税务总局关于安置残疾人就业单位城镇土地使用税等政策的通知》（财税〔2010〕121 号）第二条规定：对出租房产，租赁双方签订的租赁合同约定有免收租金期限的，免收租金期间由产权所有人按照房产原值缴纳房产税。

2. 风险表现。出租房产，租赁双方签订的租赁合同约定有免收租金期限的，免收租金期间未按规定缴纳房产税。

3. 案例。

【案例 7－27】 A 公司将自有房产一套出租给 Y 公司使用，租赁合同约定给予 Y 公司一年的免租期，免租期自 2021 年 1 月 1 日起至 12 月 31 日止，免租期结束后，Y 公司正常向 A 公司支付租金。因房产已经对外出租，且在免租期内并未收取租金，A 公司在 2021 年未申报房产税。

【解析】 根据财税〔2010〕121 号第二条规定，免收租金期间由产权所有人按照房产原值缴纳房产税。因此，A 公司应该在免租期内以房屋所有权人的身份按照房产原值进行正常纳税申报，从价计征房产税。

（四）房地产开发企业售出前已使用或出租、出借的商品房未按规定缴纳房产税

1. 相关规定。《国家税务总局关于房产税、城镇土地使用税有关政策规定的通知》（国税发〔2003〕89 号）第一条规定：鉴于房地产开发企业开发的商品房在出售前，对房地产开发企业而言是一种产品，因此，对房地产开发企业建造的商品房，在售出前，不征收房产税；但对售出前房地产开发企业已使用或出租、出借的商品房应按规定征收房产税。

2. 风险表现。房地产开发企业售出前已使用或出租、出借的商品房

未按规定缴纳房产税。

3. 案例。

【案例7－28】 A公司是一家大型房地产开发企业，该公司开发的一栋商住楼于2022年5月完全竣工，各项手续完备。A公司将其中5套商品房装修后作为样板间对外展示，供购房者参观，同时将其中2套商品房作为办公用房供现场工作人员使用。A公司财务人员考虑到上述7套商品房在售出前仍属存货产品，因此并未申报缴纳房产税。

【解析】 根据国税发〔2003〕89号第一条“对房地产开发企业建造的商品房，在售出前，不征收房产税；但对售出前房地产开发企业已使用或出租、出借的商品房应按规定征收房产税”之规定，5套商品房装修后作为样板间，仅用作对外展示，仍属存货产品，不征收房产税；2套商品房用于现场工作人员办公，已投入使用，应按规定申报缴纳房产税。

（五）房产税纳税义务起始时间确认错误

1. 相关规定。《财政部 国家税务总局关于印发房产税若干具体问题解释和暂行规定》（财税地字〔1986〕8号）第十九条规定，纳税人委托施工企业建设的房屋，从办理验收手续之次月起征收房产税。纳税人在办理验收手续前已使用或出租、出借的新建房屋，应按规定征收房产税。

2. 风险表现。房屋从取得房产证之日起才开始缴纳房产税。

3. 案例。

【案例7－29】 A公司委托Y建筑公司建造一栋办公楼，2022年3月已办理完竣工决算并交付使用，2022年8月办证。A公司依据“房产税由产权所有人缴纳”的规定，认为只有取得了产权证才会发生房产税纳税义务，因此自2022年9月开始申报该办公楼的房产税。

【解析】 根据财税地字〔1986〕8号第十九条“纳税人委托施工企业建设的房屋，从办理验收手续之次月起征收房产税。纳税人在办理验收手续前已使用或出租、出借的新建房屋，应按规定征收房产税”之规定，取得房产证并不是成为发生房产税纳税义务的前提条件，按照实质重于形式原则，如果房产已经验收或者在验收前就已交付使用，就应当进行房产税纳税申报。

【案例7－30】 某市税务局通过发票管理信息系统查询比对和在日常税源监控管理中搜集到的企业实际生产经营信息，对某进出口有限公司进行了纳税专项评估，挽回税款约37万元。该局对某进出口有限公司进行专项纳税评估时发现，该公司的办公大楼至今未办产权证，而此办公大楼却已于2019年底就交付该公司使用，但这家公司在2021年年底才将办公大楼作为固定资产入账，并于2022年申报缴纳房产税和土地使用税。按照税法规定：新建房产交付使用后，使用人在房产交付使用次月起就应缴纳房产税和土地使用税。经此次纳税评估，企业按规定补缴了2020年和2021年的房产税和土地使用税及滞纳金约37万元。

（六）临时性房屋未按规定缴纳房产税

1. 相关规定。《财政部 税务总局关于房产税若干具体问题的解释和暂行规定》（财税地〔1986〕8号）规定：凡是在基建工地为基建工地服务的各种工棚、材料棚、休息棚和办公室、食堂、茶炉房、汽车房等临时性房屋，不论是施工企业自行建造还是由基建单位出资建造交施工企业使用的，在施工期间，一律免征房产税。但是，如果在基建工程结束以后，施工企业将这种临时性房屋交还或者估价转让给基建单位的，应当从基建单位接收的次月起，依照规定征收房产税。

2. 风险表现。在基建工程结束以后，施工企业将临时性房屋交还或者估价转让给基建单位的，未规定缴纳房产税。

3. 案例。

【案例7－31】 A公司是一家施工企业，为进行某房地产项目开发，在工地现场临时搭建板房等房产35间，供建设期间工人住宿、休息、餐饮等使用，至2022年6月30日该项目完工，A公司将搭建的临时房屋自2022年7月1日起转让给了建设方Y公司，Y公司作为临时办公用房使用。Y公司受让房屋后，因为是工地的临时搭建房屋，认为不属于房产税征税范围，并未进行房产税纳税申报。

【解析】 根据财税地字〔1986〕8号第二十一条“如果在基建工程结束以后，施工企业将这种临时性房屋交还或者估价转让给基建单位的，应当从基建单位接收的次月起，依照规定征收房产税”之规定，Y公司应依法申报缴纳房产税。

三、问题汇总

【问题1】 房产税的征税对象是否只是房屋形态的固定资产，是否包括单独记账的电梯、中央空调、管线网络、智能网络、通风设备和采暖等设备？

【解析】《国家税务总局关于进一步明确房屋附属设备和配套设施计征房产税有关问题的通知》（国税发〔2005〕173号）规定："为了维持和增加房屋的使用功能或使房屋满足设计要求，凡以房屋为载体，不可随意移动的附属设备和配套设施，如给排水、采暖、消防、中央空调、电气及智能化楼宇设备等，无论在会计核算中是否单独记账与核算，都应计入房产原值，计征房产税。"在实践中，企业在财务核算上往往将电梯、中央空调、管线网络、智能网络、通风设备和采暖等设备单独记账，而在计算房产税计税原值时，需要将相关设备并入房产原值中。

【问题2】地下车位等地下设施是否缴纳房产税？

【解析】《财政部 国家税务总局关于具备房屋功能的地下建筑征收房产税的通知》（财税〔2005〕181号）规定："凡在房产税征收范围内的具备房屋功能的地下建筑，包括与地上房屋相连的地下建筑以及完全建在地面以下的建筑、地下人防设施等，均应当依照有关规定征收房产税。上述具备房屋功能的地下建筑是指有屋面和维护结构，能够遮风避雨，可供人们在其中生产、经营、工作、学习、娱乐、居住或储藏物资的场所。"文件中还明确：对于与地上房屋相连的地下建筑，如房屋的地下室、地下停车场、商场的地下部分等，应将地下部分与地上房屋视为一个整体按照地上房屋建筑的有关规定计算征收房产税。完全建在地面以下的工业用途自用房产，以房屋原价的50%—60%作为应税房产原值；商业和其他用途房产，以房屋原价的70%—80%作为应税房产原值。

【问题3】房产税是否只要当年缴纳就没有滞纳金？

【解析】房产税实行按年计算、分期缴纳的征收方法，具体纳税期限由省、自治区、直辖市人民政府确定。分期缴纳房产税的纳税人，一般应自期满之日起15日内申报缴纳，每期缴纳的税款应按全年税款平均到各期均衡缴纳。《中华人民共和国税收征收管理法》第三十二条规定："纳税人未按照规定期限缴纳税款的，扣缴义务人未按照规定期限解缴税款的，税务机关除责令限期缴纳外，从滞纳税款之日起，按日加收滞纳税款万分之五的滞纳金。"《中华人民共和国税收征收管理法实施细则》第七十五条规定："税收征管法第三十二条规定的加收滞纳金的起止时间，为法律、行政法规规定或者税务机关依照法律、行政法规的规定确定的税款缴纳期限届满次日起至纳税人、扣缴义务人实际或者解缴税款之日止。"因此，纳税人未按规定的期限或金额申报缴纳房产税的，其滞纳金从纳税期限届满的次日起加收。

第四节　土地使用税税务风险管理

一、土地使用税税务风险分析指标

（一）城镇土地使用税变动率

1. 指标值。

城镇土地使用税变动率 =（当期土地使用税 - 基期土地使用税）÷ 基期土地使用税 ×100%

2. 指标预警值。在一般情况下，如果企业土地占用量不发生变化，城镇土地使用税变动率应该等于0。

3. 问题指向。根据所占土地的地理位置确定不同的单位税额，单位税额确认后不会轻易改变。因此，企业土地占用量不发生变化，城镇土地使用税变动率应该等于0。如果城镇土地使用税变动率小于0，税务机关会进一步核查是否有转让土地使用权的行为。如果没有，可能存在少交土地使用税的问题。

（二）城镇土地使用税变动率与房产税变动率配比分析

1. 指标值。

房产税变动率 =（本期房产税额 - 基期房产税额）÷ 基期房产税额 ×100%

城镇土地使用税变动率 =（本期城镇土地使用税额 - 基期城镇土地使用税额）÷ 基期城镇土地使用税额 ×100%

2. 指标预警值。在正常情况下，两个变动率的关系是正相关的，两者基本应该同步增长。

3. 问题指向。如果土地使用税变动率大于0，而房产税变动率小于或等于0时，可能存在少缴房产税的问题；反之，可能存在少缴土地使用税的问题。

该指标应用于未对房屋进行改造及土地使用级次、税额未发生变化的基础上，同时关注相关比率是否发生异常变化、企业房产使用情况是否有相应变动。

（三）城镇土地使用税变动率与无形资产变动率配比分析

1. 指标值。

城镇土地使用税变动率 =（本期城镇土地使用税额 - 基期城镇土地使用税额）÷ 基期城镇土地使用税额 × 100%

无形资产变动率 =（无形资产期末数 - 无形资产年初数）÷ 无形资产年初数 × 100%

指标值 = 年度应纳城镇土地使用税变动率 ÷ 年度无形资产变动率

2. 指标预警值。在正常情况下，两者应同步增长。

3. 问题指向。

（1）若指标值小于1，且城镇土地使用税变动率与无形资产变动率均为正数，无形资产增加，可能存在少计提城镇土地使用税问题；

（2）若指标值大于1，且城镇土地使用税变动率与无形资产变动率均为负数，无形资产减幅小于城镇土地使用税，可能存在未计、少计提城镇土地使用税问题；

（3）若指标值小于0，且城镇土地使用税变动率为负数，无形资产变动率为正数，无形资产增长而城镇土地使用税减少，可能存在少计提城镇土地使用税问题。

（四）案例

【案例7-32】2021年年底，某区税务局对A房地产公司2018年、2019年、2020年的纳税情况展开评估，发现该公司3年间缴纳的城镇土地使用税金额不一致，后两年减少约1.6万元。“房地产企业缴纳的税款动辄上千万元，A公司会为少缴1.6万元税款冒违法风险？”评估人员心想。房企在未交房的情况下，城镇土地使用税不应该减少，是不是财务人员计算出错了？带着疑惑，评估人员约谈了A公司财务人员。对方告知，这是企业办证土地面积比土地出让合同面积小所致。

企业开发用地面积要经过严格测量，怎会出现前后不一致的情况？评估人员查阅有关资料，发现A公司土地出让合同与土地使用证的土地面积并无差异。评估人员随即检查企业的土地成本科目，发现账面上的土地价款比土地出让合同的土地价款低很多。再查有关土地的初始入账凭证和企业其他资料，评估人员发现企业实收资本构成里包括一块土地。这时，企业财务人员道出了事实。A公司成立时，股东以一块面积为80亩的土地作价8 070万元入股，因该地块周边配套不完善一直未开发，2018年12月，A公司与政府置换了一块面积为76亩的土地。两块土地按评估价置换，原土地评估价为1.63亿元，新土地价格为2.22亿元，涉及补缴土地出让金5 900万元。经过核查有关土地交易资料，评估人员证实A公司财务人员反映的情况属实。

为确保有关置换业务的涉税处理准确无误，该局组织业务骨干研究税收政策，也鼓励A公司研读政策。双方经过政策研读，在几方面出现了意见分歧。

（1）土地增值税方面。A公司认为，公司原有土地具有政府收回性质，适用《土地增值税暂行条例》第八条第二款和《土地增值税暂行条例实施细则》第十一条的免征规定。税务机关认为，A公司不能提供原有土地被收回是因城市实施规划、国家建设需要的资料，因而即使是土地被政府收回，也不符合免征条件，应按规定缴税。A公司原有土地成本是8 070万元，评估价是1.63亿元，原有土地未开发，应补缴土地增值税2 900万元。

（2）企业所得税方面。A公司认为，该土地置换应按《企业政策性搬迁所得税管理办法》第十三条处理，不缴纳企业所得税。税务机关认为，根据《企业政策性搬迁所得税管理办法》第三条规定，A公司无法提供属于政策性搬迁的证明资料，不符合政策性搬迁的条件，应按规定缴纳企业所得税。企业土地评估作价所得扣除应纳土地增值税和弥补以前年度亏损后，应缴纳企业所得税418万元。

（3）契税方面。A公司认为，该项土地置换业务适用《契税暂行条例细则》第十条之规定，应按补缴的土地出让金缴纳契税。

税务机关认为，根据《契税暂行条例细则》第六条第四款之规定，土地使用权交换，指土地使用者之间相互交换土地使用权的行为，A公司的土地置换是土地使用者与土地所有者的交换，不适用《契税暂行条例细则》第十条的规定，应按新土地合同金额缴纳契税，应补缴契税206万元。

在税务人员耐心细致的政策说明下，A公司最终认识到先前对相关政策理解有偏差，及时按规定补缴税款3 524万元。

二、土地使用税税务风险点

（一）土地使用税征、免税范围界定不清

1. 相关规定。

《中华人民共和国城镇土地使用税暂行条例》第二条规定，在城市、县城、建制镇、工矿区范围内使用土地的单位和个人，为城镇土地使用税的纳税人，应当依照本条例的规定缴纳土地使用税。

前款所称单位，包括国有企业、集体企业、私营企业、股份制企业、外商投资企业、外国企业以及其他企业和事业单位、社会团体、国家机关、军队以及其他单位；所称个人，包括个体工商户以及其他个人。

第六条规定，下列土地免缴土地使用税：

（1）国家机关、人民团体、军队自用的土地；

（2）由国家财政部门拨付事业经费的单位自用的土地；

（3）宗教寺庙、公园、名胜古迹自用的土地；

（4）市政街道、广场、绿化地带等公共用地；

（5）直接用于农、林、牧、渔业的生产用地；

（6）经批准开山填海整治的土地和改造的废弃土地，从使用的月份起免缴土地使用税5年至10年；

（7）由财政部另行规定免税的能源、交通、水利设施用地和其他用地。

2. 风险表现。土地使用税征、免税范围界定不清。

3. 案例。

【案例7-33】 某县税务局稽查局于2022年8月对位于城郊的国有企业远洋公司的2021年纳税情况进行检查。在检查城镇土地使用税纳税情况时，检查人员发现A公司提供的政府部门核发的土地使用证书显示：A公司实际占地面积80 000平方米，其中：

（1）企业内学校和医院共占地2 000平方米；

（2）厂区外公共绿化用地5 000平方米，厂区内生活小区的绿化用地1 000平方米；

（3）2021年1月1日，公司将一块1 000平方米的土地对外出租给另一家企业，用以生产经营；

（4）2021 年 3 月 1 日，公司将一块 1 500 平方米的土地无偿借给某国家机关作公务使用；

（5）与某海洋公园共同拥有一块面积为 5 000 平方米的土地，其中远洋公司实际占有面积为 3 000 平方米，其余归海洋公园使用；

（6）2021 年 5 月 1 日，新征用厂区附近的两块土地共计 4 000 平方米，一块是征用的耕地，面积为 2 800 平方米，另一块是征用的非耕地，面积为 1 200 平方米；

（7）除上述土地外，其余土地均为公司生产经营用地（该公司所在地适用税额为 1 元/平方米）。

【解析】

（1）税法规定，企业办的学校、医院、托儿所、幼儿园自用的土地，比照由国家财政部门拨付事业经费的单位自用的土地，免征城镇土地使用税。

（2）对企业厂区（包括生产、办公及生活区）以内的绿化用地，应按规定缴纳城镇土地使用税，厂区以外的公共绿化用地和向社会开放的公园用地，暂免征收城镇土地使用税。应纳税额 $=1\ 000\times1=1\ 000$（元）。

（3）土地使用权出租的，由拥有土地使用权的企业缴纳城镇土地使用税。该公司不缴税。

（4）税法规定，对免税单位无偿使用纳税单位的土地，免征城镇土地使用税；对纳税单位无偿使用免税单位的土地，纳税单位照章缴纳城镇土地使用税。本案例中承租土地的国家机关免予缴纳城镇土地使用税。A 公司 2021 年 1—2 月应纳税额为：$1\ 500\times1\times2\div12=250$（元）。

（5）土地使用权共有的，由共有各方分别纳税。对海洋公园的土地免税，远洋公司实际占有面积为 3 000 平方米按规定征税。应纳税额 $=3\ 000\times1=3\ 000$（元）。

（6）税法规定，对征用的耕地因缴纳了耕地占用税，从批准征用之日起满一年后征收城镇土地使用税；征用的非耕地因不需要缴纳耕地占用税，应从批准征用之次月起征收城镇土地使用税。因此，A 公司 2021 年只须对征用的非耕地缴纳 6—12 月的城镇土地使用税。应纳税额 $=1\ 200\times1\times7/12=700$（元）。

（7）应纳税额 $=(80\ 000-2\ 000-5\ 000-1\ 000-1\ 000-1\ 500-3\ 000-4\ 000)\times1=62\ 500$（元）

综上，该公司2021年合计应纳城镇土地使用税为：

1 000 + 250 + 3 000 + 700 + 62 500 = 67 450（元）

（二）土地使用税的纳税义务开始时间确认错误

1. 相关规定。财政部、国家税务总局《关于房产税城镇土地使用税有关政策的通知》（财税〔2006〕186号）第二条规定："对纳税人自建、委托施工及开发涉及的城镇土地使用税的纳税义务发生时间，由纳税人从取得土地使用权合同约定交付土地时间的次月起缴纳城镇土地使用税；合同未约定交付土地时间的，由受让方从合同签订的次月起缴纳城镇土地使用税。"基于此规定，是否取得"土地使用证"或是否全额缴款都不能作为判定纳税义务发生时间的依据。

《国家税务总局关于通过招拍挂方式取得土地缴纳城镇土地使用税问题的公告》（国家税务总局公告2014年第74号）规定：通过招标、拍卖、挂牌方式取得的建设用地，不属于新征用的耕地，纳税人应按照《财政部 国家税务总局关于房产税城镇土地使用税有关政策的通知》（财税〔2006〕186号）第二条规定，从合同约定交付土地时间的次月起缴纳城镇土地使用税；合同未约定交付土地时间的，从合同签订的次月起缴纳城镇土地使用税。

《国土资源部 住房和城乡建设部关于进一步加强房地产用地和建设管理调控的通知》（国土资发〔2010〕151号）第四条规定，土地出让必须以宗地为单位提供规划条件、建设条件和土地使用标准，严格执行商品住房用地单宗出让面积规定，不得将两宗以上地块捆绑出让，不得"毛地"出让。

2. 土地使用税的纳税义务开始时间。

（1）如果企业取得的土地是熟地（净地）的土地使用税的纳税义务开始时间。根据以上法律规定，企业取得的土地是熟地（净地）的土地使用税的纳税义务开始时间分两种情况：

一是由纳税人从取得土地使用权合同约定交付土地时间的次月起缴纳城镇土地使用税；合同未约定交付土地时间的，由受让方从合同签订的次月起缴纳城镇土地使用税。

二是在土地管理部门与企业办理土地交付手续的实践中，要特别注意以下两点纳税义务开始时间：

第一，土地管理部门与企业办理土地交付使用手续的时间滞后于合同中约定的交付使用时间，则城镇土地使用税应从合同约定交付土地时间的次月起缴纳；

第二，土地管理部门与企业办理土地交付使用手续的时间早于合同中约定的交付使用时间，则城镇土地使用税从土地实际交付的次月起缴纳。

（2）如果企业通过招投标取得的土地是生地（毛地），则土地使用税的纳税义务时间是拆迁工作完成、开始使用土地的时间。

3. 风险表现。未按相关文件规定正确确认土地使用税纳税义务发生时间。

4. 案例。

【案例 7－34】某企业土地使用合同中未明确土地交付使用时间而多缴纳土地使用税的涉税分析。

2020 年 11 月，某市甲房地产企业通过“招、挂、拍”程序，耗资 2 亿元与当地土地储备中心签订一份土地使用权转让合同。由于当地土地储备中心 2020 年的土地储备指标全卖完了，为了实现 2020 年的财政收入的目标，当地政府只好把 2021 年的土地指标预先放到 2020 年来销售，也就是说，当地土地储备中心与该房地产公司签订的土地销售合同，卖的是 2021 年的土地指标，而不是真正的土地实物，结果在土地使用权转让合同中没有写清楚，也不好写，只好不写土地交付的使用时间。

甲房地产公司从土地储备中心索取的一张 2 亿元的发票，在财务上的账务处理是：借：无形资产——土地，贷：银行存款。由于没有具体的土地，没有办理土地使用权证书，直到 2021 年 12 月才把土地交给房地产企业使用，该房地产企业直到 2022 年 3 月才办理了土地使用权证书。2022 年 5 月，当地的税务稽查局抽到该房地产公司进行检查，结果发现该房地产公司 2020 年 11 月买的该土地，没有缴纳土地使用税，要求该房地产企业补缴 2020 年 12 月以来的土地使用税，并要求罚款并缴纳滞纳金。

【解析】《财政部 国家税务总局关于房产税、城镇土地使用税有关政策的通知》（财税〔2006〕186 号）第二条规定：“以出让或转让方式有偿取得土地使用权的，应由受让方从合同约定交付土地时间的次月起缴纳城镇土地使用税；合同未约定交付土地时间的，由受让方从合同签订的次月起缴纳城镇土地使用税。”

《国家税务总局关于通过招拍挂方式取得土地缴纳城镇土地使用税问

题的公告》（国家税务总局公告2014年第74号）规定：通过招标、拍卖、挂牌方式取得的建设用地，不属于新征用的耕地，纳税人应按照《财政部 国家税务总局关于房产税城镇土地使用税有关政策的通知》（财税〔2006〕186号）第二条规定，从合同约定交付土地时间的次月起缴纳城镇土地使用税；合同未约定交付土地时间的，从合同签订的次月起缴纳城镇土地使用税。

本案例中的房地产企业在与当地土地储备中心签订的土地使用权转让合同中，没有写明土地交付使用的时间，根据财税〔2006〕186号文件第二条的规定，本房地产企业必须从2020年签订合同的时间11月的次月12月开始申报缴纳土地使用税。

如果该房地产公司能提前做好税收筹划，在2020年11月与当地土地储备中心签订土地使用权转让合同时，就能够考虑到当地土地储备中心无法交付土地的客观实际情况，在当时的土地使用权转让合同中写清楚预计政府能够提供土地交付使用的时间，假使为2022年4月，则根据财税〔2006〕186号文件第二条的规定，该房地产公司缴纳土地使用税的时间为2022年5月，就可以规避当地税务稽查局作出的以上补税、罚款和缴纳滞纳金的税务风险。

【案例7-35】某公司于2013年1月通过挂牌形式取得土地一宗，但由于土地纠纷问题一直没有解决，该公司在摘牌之前支付一部分定金之后，一直未缴纳全部土地出让金，国土资源局也不予办理任何土地使用权手续，该公司未对该宗土地进行开发使用，直至2015年7月前期问题解决之后，签订了“国有土地使用权出让合同”，申领了“国有土地使用证”，请问：该公司土地使用税的纳税义务发生时间如何确定？

财政部、国家税务总局《关于房产税城镇土地使用税有关政策的通知》（财税〔2006〕186号）规定：“对纳税人自建、委托施工及开发涉及的城镇土地使用税的纳税义务发生时间，由纳税人从取得土地使用权合同约定交付土地时间的次月起缴纳城镇土地使用税；合同未约定交付土地时间的，由受让方从合同签订的次月起缴纳城镇土地使用税。”基于此规定，是否取得“土地使用证”或是否全额缴款都不能作为判定纳税义务发生时间的依据。

如果该公司于2013年1月通过挂牌形式取得土地一宗时，与当地土地管理部门签订了土地使用权合同，合同约定交付土地时间，如约定是

2015 年 1 月，则从 2015 年 2 月起缴纳城镇土地使用税。

如果该公司于 2013 年 1 月与当地土地管理部门在签订土地使用权合同时，没有约定土地交付时间，则从 2013 年 2 月起缴纳城镇土地使用税。

（三）土地使用税纳税截止时间确认错误

1. 相关规定。

《财政部 国家税务总局关于房产税城镇土地使用税有关问题的通知》（财税〔2008〕152 号）规定："纳税人因房产、土地的实物或权利状态发生变化而依法终止房产税、城镇土地使用税纳税义务。"

至于"房产、土地的实物或权利状态发生变化"具体指的是什么，国家税务总局并没有明确规定。有的地方自行出台了规定，大致分为如下几种标准：

（1）签订销售合同。《广西壮族自治区地方税务局关于房地产企业城镇土地使用税纳税义务终止时间的通知》（桂地税字〔2009〕117 号）规定，对房地产开发企业建造的商品房用地，在商品房出售之前，应依照规定征收城镇土地使用税；终止缴纳的时间应从商品房出售双方签订销售合同生效的次月起。

（2）房屋交付使用。《青岛市地方税务局关于明确房地产企业商品房开发期间城镇土地使用税有关问题的通知》（青地税函〔2009〕128 号）规定，房地产企业开发商品房已经销售的，土地使用税纳税义务的截止时间为商品房实物或权利状态发生变化即商品房交付使用的当月末。

《安徽省地方税务局关于若干税收政策问题的公告》（安徽省地方税务局公告 2012 年第 2 号）规定，房地产开发企业销售新建商品房的城镇土地使用税纳税义务截止时间为房屋交付使用的当月末。房屋交付使用的时间为合同约定时间。未按合同约定时间交付使用的，为房屋的实物或权利状态发生变化的当月末。

《西安市地方税务局关于明确房地产开发企业房地产开发用地城镇土地使用税征收起止时间有关问题的通知 》（西地税发〔2009〕248 号）规定：房地产开发企业房地产开发用地城镇土地使用税征收截止时间应为"商品房买卖合同"或其他协议文件约定房屋交付的当月末；未按"商品房买卖合同"或其他协议文件约定时间交付房屋的，城镇土地使用税征收截止时间为房屋实际交付的当月末。房地产开发企业商品房销售期间，应逐月统计已交付和未交付部分，并按建筑面积比例分摊计算当月应缴纳土地使用税。

（3）房屋交付时间和购房者房屋产权登记时间孰先。《重庆市地方税务局关于明确房地产开发企业城镇土地使用税纳税义务终止有关问题的公告》（重庆市地方税务局公告2012年第6号）规定：房地产开发企业已销售房屋的占地面积，可从房地产开发企业的计税土地面积中扣除。房地产开发企业销售房屋并终止城镇土地使用税纳税义务时间按“房屋交付时间和购房者房屋产权登记时间孰先”的原则确定。

（4）办理产权证。《河南省地方税务局房地产开发企业城镇土地使用税征收管理办法》（豫地税发〔2006〕84号）第七条规定，房地产开发企业城镇土地使用税纳税人，开发商品房已经销售的，应自房屋交付使用之次月，按照交付使用商品房屋的建筑面积所应分摊的土地面积相应调减应税土地面积。

房屋交付使用，是指房地产开发企业按照售房合同的规定，将房屋已销售给购房人且购房人已办理了房屋土地使用权证或者房屋产权证，房屋所占有的土地已发生实际转移的行为。

2. 风险表现。

（1）土地的实物或权利状态已发生变化，而未终止城镇土地使用税纳税义务，多缴土地使用税。

（2）不符合土地的实物或权利状态已发生变化的相关条件，终止城镇土地使用税纳税义务，少缴土地使用税。

3. 案例。

【案例7－36】2010年7月13日，甲工贸公司与市国土资源局签订国有建设用地使用权出让合同，合同约定出让面积为72 095.10平方米，2010年7月20前交付出让土地。该宗土地于2010年11月11日取得使用权证。

2012年2月13日，因甲工贸公司未按出让合同约定进行开发建设，市国土资源局经市人民政府同意，拟决定收回该土地使用权。

2012年12月26日，甲工贸公司与乙电子公司签订土地及附属物转让协议，将前述土地中的72亩转让给乙电子公司，约定土地及附属建筑物转让价款7 870 305元。

2013年1月14日，市项目入驻审核工作领导小组召开会议，决定收回甲工贸公司72亩土地，并按规定公开挂牌出让。市土地收购储备中心也与甲工贸公司签订了收回土地使用权协议。协议约定：乙方（指甲工贸公司）将108亩土地中的72亩交回甲方，甲方按所供土地实际价款10 000元每亩返还给乙方；乙方在此宗土地上所建建筑物、附属设施由乙方与重新挂牌取得土地使用权人协商解决。

2013年1月18日，乙电子公司将8 063 800元汇入甲工贸公司在农村合作银行的账户代甲工贸公司偿还借款，双方完成土地及附属建筑物转让行为。

2013年2月5日，甲工贸公司土地使用权面积因被收回72亩，由72 095.10平方米变更登记为24 034.2平方米。2013年2月21日，乙电子公司通过参加挂牌出让，取得原告被收回的48 060.9平方米土地使用权。

被告市稽查局以原告转让、使用不动产未依法缴纳税款为由，于2014年7月18日对原告甲工贸公司作出税务处理决定。原告不服该税务处理决定，于2014年9月17日向市税务局提起行政复议。复议维持市稽查局的处理决定；原告仍不服，向法院提起行政诉讼。

原审法院驳回原告诉讼请求，原告不服，向法院提起上诉。

上诉人甲工贸公司认为：2012年2月13日明光市国土局收回了其土地使用权，故征收2012年度城镇土地使用税没有法律依据。市稽查局决定征收2013年度城镇土地使用税没有考虑建设审批障碍，是政府原因导致没有审批建设用地，故该土地没有实际使用，不应当缴纳土地使用税。

法院认为，根据相关规定，甲工贸公司应当自2010年8月起缴纳城镇土地使用税。也应按规定缴纳2011年度、2012年度的城镇土地使用税，最终驳回甲工贸公司的上诉请求：根据财税〔2006〕186号第二条规定，以出让或转让方式有偿取得土地使用权的，从合同约定交付土地时间的次月起缴纳城镇土地使用税，合同没有约定的，由受让方自合同约定的次月起缴纳。合同约定于2010年7月20日向甲工贸公司交付，所以甲工贸公司应于2010年8月起缴纳城镇土地使用税。土地使用权实际被收回的时间为2013年1月，2012年国土局及房管局只是做出了收回土地的前置程序，即“拟收回”。而甲工贸公司2013年2月5日申请变更土地使用权登记，证明2011年度、2012年度该72 095.10平方米的国有土地使用权属甲工贸公司，也应当按照规定缴纳城镇土地使用税。

第八章

财务报表项目税务风险分析

税务工作与财务工作之间有着不可分割的联系，对财务报表进行分析不仅可以了解企业的财务状况，更可以据此识别企业税务风险。因此，对财务报表中与税务相关的指标进行分析是降低税务风险的有效手段。本章将重点阐述财务报表重点项目数据的税务风险识别思路，教会大家利用财务报表数据自查企业税务风险的方法。

第一节　资产负债表主要项目税务风险分析

一、资产类项目数据

（一）货币资金

货币资金是指企业拥有的，以货币形式存在的资产，包括现金、银行存款和其他货币资金。货币资金是企业资金运动的起点和终点，是企业生产经营的先决条件。随着再生产过程的进行，会形成频繁的货币收支。企业在取得现金投资、接受现金捐赠、取得银行借款、销售产品后取得货款收入等时，会形成货币资金的收入；在购买材料、支付工资支付其他费用、归还借款以及上缴税金等时，会形成货币支出。日常经济往来中，货币资金的应收应付与实收实付之间往往存在着时间间隔，这就形成了往来结算核算。

货币资金是企业中最活跃的资产，也是企业的重要支付手段和流通手段，因而是流动资产的审查重点。

1. 风险分析方向。

（1）货币资金余额过大或者过小。货币资金的持有量是否与企业的生产经营的实际需求量相符，是税务风险分析的方向之一。由于货币资金是企业流动性最强的资产，持有量过大会影响资金的使用效率，提高资金的使用成本。持有量过低会影响企业的正常生产经营。所以，在一般情况下，企业都会根据自身的生产经营确定货币资金的持有数量，如果货币资金余额过大或者过小，都会引起税务机关的关注。

如果资产负债表中的货币资金期末余额长期很大，而利润表上收入类、利得类项目的发生额却很少，现金流量表中的经营活动现金流量也很大，税务机关就会认为收入的确认和货币资金的流入不配比，会怀疑企业存在应确认未确认收入，将收到的款项长期挂在往来款中不确认收入，不缴纳或者延迟缴纳税款的税务风险。

如果资产负债表中的货币资金期末余额长期很小，而利润表的收入类项目的发生额却很大，现金流量表中的经营活动现金流量也很小，税务机关就会认为收入的确认和货币资金的流入不配比，如果企业毛利率不高，增值税应纳税额较小，会怀疑企业存在虚增收入、虚开发票的税务风险。

（2）货币资金变动情况与营业收入等项目发生额配比分析。企业主营业务收入和其他业务收入发生变化时，货币资金必然变化，两者是直接相关的。如果当期货币资金期末余额与期初余额相比有较大增长，但是营业收入本期发生额却较小，就需要进一步分析"短期借款""长期借款""预收账款"等科目，核实是否存在销售收入不入账的税务风险。如果当期货币资金期末余额与期初余额相比没有明显变化，但是成本类、费用类本期发生额却很大，就需要进一步分析"应付账款"等科目，核实是否虚列成本费用的税务风险。

（3）资产负债表中"货币资金"期初数与期末数的差额与现金流量表中"现金及现金等价物的净增加额"核对。在不存在现金等价物的情况下，资产负债表中"货币资金"期初数与期末数的差额与现金流量表中"现金及现金等价物的净增加额"应当相等，如果不等，须进一步分析核实。

2. 案例。

【案例 8－1】 某制造企业 2022 年期末货币资金余额 4 249 万元，货币资金全年月末月均算术平均数是 5 178 万元，其全年月均应税成本费用等

1 110 万元，全年固定资产及在建工程新增2 108 万元，月均176 万元。全年长短期借款保持在2 110 万元左右，财务费用共计106 万元。

【解析】

疑点一：月货币资金余额足可保证该企业4 个多月的生产经营［5 178 ÷（1 110 + 176）= 4］。为生产准备4 个多月的生产资金，不符合企业经营资金政策，资金有效利用率太低，闲置时间太长。

疑点二：该企业长短期借款全年维持在2 110 万元，即该企业的货币资金完全可以用来归还借款，归还借款后的余额仍可保证该企业的正常经营，结合其利润表中不低于106 万元的财务费用支出，其巨额货币资金常年处在闲置状态十分可疑。

【案例8 - 2】某有限公司资产负债表中，2022 年年初“货币资金”79 785 947.59 元，年末余额97 252 934.41 元，但公司当年“主营业务收入”仅为86 624.23 元，“货币资金”发生额是本期主营业务收入的201 倍以上。通过查看财务报表、企业所得税年度申报表和征管信息，发现了涉税疑点。2022 年，该公司营业收入仅为86 624.23 元，但利息收入为12 688 933.40元，须核实利息收入是否存在少缴纳流转税等问题。经实地核查，该公司2022 年利息收入12 688 933.4 元，是购买合同中明确承诺到期本金可全部收回的理财产品的收入。

【解析】《财政部 国家税务总局关于全面推开营业税改征增值税试点的通知》（财税〔2016〕36 号）附件：《销售服务、无形资产、不动产注释》第一条第（五）项规定：贷款，是指将资金贷与他人使用而取得利息收入的业务活动。各种占用、拆借资金取得的收入，包括金融商品持有期间（含到期）利息（保本收益、报酬、资金占用费、补偿金等）收入……，按照贷款服务缴纳增值税。

《财政部 国家税务总局关于明确金融 房地产开发 教育辅助服务等增值税政策的通知》（财税〔2016〕140 号）规定：《销售服务、无形资产、不动产注释》（财税〔2016〕36 号）第一条第（五）项第1 点所称“保本收益、报酬、资金占用费、补偿金”，是指合同中明确承诺到期本金可全部收回的投资收益。金融商品持有期间（含到期）取得的非保本的上述收益，不属于利息或利息性质的收入，不征收增值税。

根据上述规定，该公司应就保本理财收益按照贷款服务缴纳增值税。

（二）应收账款

应收账款是指企业在正常的经营过程中因销售商品、产品、提供劳务等业务，应向购买单位收取的款项，包括应由购买单位或接受劳务单位负担的税金、代购买方垫付的包装费各种运杂费等。此外，在有销售折扣的情况下，还应考虑商业折扣和现金折扣等因素。

应收账款是伴随企业的销售行为发生而形成的一项债权。因此，应收账款的确认与收入的确认密切相关。通常在确认收入的同时，确认应收账款。该账户按不同的购货或接受劳务的单位设置明细账户进行明细核算。

1. 风险分析方向。

（1）应收账款变动方向与收入变动方向不一致。在通常情况下，应收账款的对应科目是“主营业务收入”和“其他业务收入”，所以应收账款应与营业收入同方向变动。所以，一家企业的本期应收账款与上期相比，如果大幅增加，而利润表中的营业收入本期和上期相比却是持平或者下降的，则税务机关可能会认为企业存在隐瞒收入、多计成本费用的问题。

如果应收账款月增加额大于当期申报的应税收入、免税收入、增值税销项税额之和，税务机关会认为企业可能存在少计收入的问题。

（2）应收账款余额巨大，且长期挂账。可能会被税务机关认为存在虚开发票、虚增收入的问题。在一般情况下，不存在真实的业务交易，不会有对应的资金流入，就会形成应收账款的长期挂账。税务机关可能会通过协查的方式检查应收账款的真实性。

（3）应收账款本期余额大幅增加。

①与利润表的营业收入做配比分析，如果应收账款增加额大于利润表上的营业收入×(1+适用增值税税率)，则企业可能存在确认应收账款时未确认收入的问题。

②是否存在在优惠期结束之前集中开票问题。

③是否存在企业刻意延长应收账款期限问题。

④是否存在长期挂账而未申请核销的应收账款。

（4）应收账款期末余额大幅减少。应收账款大幅减少，可能企业计提了坏账准备或者做了坏账核销，或者发生了债务重组。会进一步核实坏账准备是否在税前扣除未进行相应的纳税调整。坏账损失与债务重组损失是否符合税前扣除要求。

2. 案例。

【案例8－3】某服装公司2022年度营业收入为24 370 829.39元，应收账款增加42 358 042.95元。

【解析】营业收入×（1＋13%）＝24 370 829.39×（1＋13%）＝27 539 037.21（元）

营业收入增加数远远小于应收账款增加额。经核实，该公司于2022年1月销售给A服装有限公司一批服装，并于当月收到货款8 000 000元，未计销售收入；该公司于2022年3月销售给B有限公司一批服装，已于2022年6月收到货款6 000 000元，未计销售收入。

【案例8－4】某市税务局稽查局税务稽查人员检查某企业“坏账准备”账户，上年末补提坏账准备后，其贷方余额为8 180元，查明“应收账款”账户上年末余额为1 236 000元。以此计算，上年末坏账准备的账面提取率为6.6‰（8 180÷1 236 000），大于该企业经有关部门核定的坏账准备提取率5‰的比例，无疑存在着多提坏账准备的问题。税务检查人员决定用复算法计算确定多提的坏账准备数额。查实年末补提调整坏账准备前坏账准备账户的贷方余额2 000元，企业补提数为6 180元，据此复算：

应补提调整的坏账准备金为：1 236 000×5‰－2 000＝4 180（元）

企业多提的坏账准备金为：8 180－4 180＝4 000（元）

“应收账款”和“坏账准备”两个账户是计提坏账准备的依据。根据这两个账户属于企业所得税的“计算账户”的性质，应在查实有关账面数据的前提下，进一步采取复算的方法计算核实错提的坏账准备金额。此例中企业错提的原因显然是对补提调整前坏账准备账户尚有的2 000元的贷方余额处理错误，补提时不仅没有减去，反而将它加上，致使多提4 000元。计提坏账准备影响的因素较多，包括应收账款的年末余额，坏账准备补提调整前的账面余额及提取率等。企业计提时，任何一个因素的错误都会导致计算结果的错误。在税务检查中，凡企业通过计算作出的账务处理，只有通过仔细的复算，才能查证偷逃税问题。

【案例8－5】某税务稽查小组检查一生产家具的A公司。税务稽查人员发现注册会计师对A公司被检查年度出具的审计报告中有这样的保留意见：“由于贵公司对B公司和C公司等单位的应收账款串户问题严重，我们无法认定有关应收账款明细账户期末余额的正确性”，于是，稽查人员找出B、C两家公司应收账款的明细账户仔细研究起来，发现了这两个明细账户的年末均为贷方余额的异常现象。

保留意见中除了明指的B公司和C公司外，“等单位”究竟还指哪些单位？“串户问题”究竟情况如何？红字余额又是如何形成的？对于这些问题，审计报告都未能予以明确。

为了查明情况，稽查人员根据B公司和C公司明细账户上的凭证号码分别找出了相关记账凭证进行逐一核对，果然发现了张冠李戴的“串户问题”，主要问题是A公司将收回的其他9家公司的销货款分别集中冲减了B公司和C公司的应收账款借方余额，会计处理为借“银行存款”(款项来源为9家公司)、贷“应收账款——B公司或C公司”，致使对B公司和C公司的应收账款这两个明细账户年末出现了贷方余额，审计报告保留意见中的“等单位”就是暗指这9家公司。

那A公司为何要将从这9家公司收回的货款贷记到对B公司和C公司应收账款的明细账户上呢？分析认为，最关键的问题是A公司对这9家公司的销售没有先作借“应收账款”、贷“主营业务收入”的账务处理，而是在收到货款后被移花接木，直接冲减了与这9家公司毫无关系的B公司和C公司的应收账款，最终达到少计对这9家公司实现的销售收入的目的。于是，稽查人员立即要求A公司提供对这9家公司销售产品开具发票并进行销售核算的情况，A公司怎么能够提供，只好如实承认了偷税问题。最终查明，A公司为了达到偷税的目的，将对这9家公司不需要开具销售发票而收回的销货款在没有先作借“应收账款”、贷“主营业务收入”账务处理的情况下，分别直接贷记到对B公司和C公司两个应收账款账户的贷方，致使对B、C两个公司应收账款的账户年末出现了贷方余额，全年共少计主营业务收入近1 000万元。但由于A公司将相关的产品销售成本（均匀地）混杂在其他各月份正常确认销售收入的产品销售成本中一并结转，没有造成销售成本结转的大起大落，一定程度上影响和迷惑了检查人员对纳税情况的分析，最终造成偷逃了大量的增值税和企业所得税。

（三）应收票据

应收票据是指企业持有的还没有到期、尚未兑现的票据。应收票据是企业未来收取货款的权利，这种权利和将来应收取的货款金额以书面文件形式约定下来，因此它受到法律的保护，具有法律上的约束力，是一种债权凭证。

应收票据、应付票据通常是指“商业汇票”，包括“银行承兑汇票”和“商业承兑汇票”两种，是远期票据，付款期一般在1个月以上、6个月以内。

1. 风险分析方向。“应收票据”账户与“应收账款”账户同样是核算企业在赊销货物业务中所使用的账户。与“应收账款”的主要区别是，在赊销过程中销货方取得了一种信用凭证，即商业汇票。随着赊销、赊购等商品交易方式的不断发展与活跃，企业间的结算关系由单一依赖于银行信用逐步转为银行信用与商业信用相结合的结算方式。

“应收票据”账户的涉税问题有与“应收账款”账户相一致的方面，但也有不同之处。相一致的方面，是两者同为“收入”的核对账户。不同之处主要表现有二：一是带息票据已收回的利息，按会计核算的要求应冲减财务费用。如处理不当，会影响企业所得税。二是企业贴现票据的贴现息，按规定也是记入财务费用。如果贴现息计算错误或账务处理错误，也会影响企业所得税。

（1）应收票据长期挂账。应收票据多为短期信用，承兑期一般不得超过6个月。如果企业应收票据长期挂账，超过6个月还没有兑现，则属于异常，税务人员会做进一步核查。由于商业汇票等具有可多次背书转让特征，有些企业可能直接背书转让给第三方用于交易，而第三方也可能不入账，再继续背书转让，以后收到此票据的企业均可以在该票据约定的期限内无限制地背书转让，而收到票据的各方均可能不入账也不在“应收票据备查簿”进行登记。由此可见，企业的应收票据很容易为一些企业的账外经营提供方便，应收票据长期挂账也就因此成为税务机关关注的重点。

（2）票据贴现息税前扣除不符合规定。一是企业可以持未到期的票据到银行或社会中介机构进行贴现。但在实务中，到银行贴现的手续烦琐、资金签发慢，而要进行贴现的企业都是急需资金的，所以常常会选择到中介机构去贴现。企业在选择社会中介机构贴现时，要注意甄别该机构是否是合法的。《支付结算办法》的规定：“银行是支付结算和资金清算的中介机构。未经中国人民银行批准的非银行金融机构和其他单位不得作为中介机构经营支付结算业务。但法律、行政法规另有规定的除外。”也就是说，未经中国人民银行批准的票据贴现行为属于非法金融业务活动，那么，向不合法的机构贴现支付的贴现息是不得在税前扣除的。

二是企业与出票人或者直接前手必须具有真实的商业交易关系。例如，甲公司的总经理将取得的商业汇票背书给妻子旗下的乙公司，这里的乙与其前手甲之间不存在真实的交易关系，将来乙公司将票据贴现产生的利息就无法在税前扣除。但如果甲乙之间存在购销等交易，则乙可以凭交易相关凭证将贴现利息在税前扣除。

（3）采购方承担销售方贴现息相关风险。在日常交易中，往往有这样一种情况：销售方把货物卖给采购方，由于采购方资金紧张，会向销售方开具商业或银行承兑汇票，销售方把该汇票向其开户行申请贴现，其中产生的票据贴现息，在采购合同中约定由采购方承担，销售方向银行贴现的票据贴现凭证给予采购方进行做账。这种做法存在以下两个问题：

一是采购方承担的票据贴现利息面临不能在采购方企业所得税税前扣除的风险。采购方获得销售方给予的载有销售方名字的银行票据贴现凭证，由于贴现凭证上不是开出商业汇票人采购方的名字而是持票人销售方的名字，这种票据贴现利息支出无法证明与企业生产经营相关，是不可以税前扣除的。

二是销售方向采购方收取的票据贴现息应作为价外费用并入销售额计税。《中华人民共和国增值税暂行条例实施细则》（财政部 国家税务总局第50号令）第十二条规定："条例第六条第一款所称价外费用，包括价外向购买方收取的手续费、补贴、基金、集资费、返还利润、奖励费、违约金、滞纳金、延期付款利息、赔偿金、代收款项、代垫款项、包装费、包装物租金、储备费、优质费、运输装卸费以及其他各种性质的价外收费。"按照上述规定，销售方向采购方收取的贴现息属于价外费用，应向采购方开具增值税专用发票或普通销售发票，依法缴纳增值税。而在实践中，由于销售方收取采购方的票价贴现息时，往往把银行开给销售方的银行贴现凭证直接交给采购方进行入账，没有开发票给采购方，从而埋下了税收隐患。

（4）带息票据利息处理错误。带息的应收票据，应在期末计提利息，计提的利息应冲减财务费用，有些企业收到利息后，未冲减财务费用，导致少交企业所得税。如果属于销售方价外向购买方收取的延期付款利息等，还须按价外费用计税。

2. 案例。

【案例 8－6】2022 年 10 月，某市税务人员组成检查组，对销售建筑材料的商品流通企业——H 公司进行检查。检查员小李通过初步观察发现，H公司的经营规模较大，财务人员整天忙碌，但是其账面业务收入却很少。小李觉得事有蹊跷，于是自然联想到可能有账外经营的问题，但由于账面核算比较简单，而且可供分析比较的资料也不全，小李从多个角度分析并运用了多种分析方法，仍无法找出疑点或线索。小李又对H公司的现金、银行存款、预收账款、应付账款及其他应付款等科目进行了仔细检查，均未见异常，检查陷入了僵局。

就在一筹莫展之际，小李发现账面上有两笔应收票据明细账户的借方余额（共136万元）分别在被检查年度的1、2月登账后至当年末一直未发生变化（系销售商品取得收入时作借“应收票据”、贷“主营业务收入”形成），早已超过了6个月的付款期限，小李遂询问财务处长，处长愣了一下说可能是没有及时记账，小李追问究竟是如何没有及时，处长吞吞吐吐，再三催问，终于承认已背书出去进货，当小李追问背书给了哪家企业时，处长含糊其辞，有点不耐烦地说，反正背书出去进货了还会有什么问题吗？小李又追问，既然已经背书出去也应该及时记账（一般应作借“材料采购”、贷“应收票据”等），而且还应在“应收票据备查簿”中及时登记背书转让的情况（“应收票据备查簿”已登记取得时对方单位的出票情况，但一直未登记背书转让情况）。检查组长认为，很有必要查明该企业与钢材供应商的结算情况，于是决定请钢材经销商所在地税务部门予以协查。

在钢材经销商所在地税务部门的积极配合下，不仅查明了钢材供应商对用这两张背书转让票据购买的钢材早已开票结算但H公司未入账的情况，而且检查人员还了解到，从被检查年度的年初开始，除前述挂账的两笔应收票据在“应收票据备查簿”登记了出票情况外，H公司将收到的10多张大额商业汇票直接背书转让给该钢材供应商采购钢材，但对收取票据和背书转让的情况均未在“应收票据备查簿”进行登记（而是另外用一练习簿登记，且仅单独向财务处长汇报），并将用背书转让票据采购的钢材专门用于销售给用现金购货且不需要开具发票的客户，这样从采购到销售都无须在账面反映。检查组同时还查明，H公司向一水泥供应商采购的水泥也采用同样手法。

最终查明，H公司全年采取此“飞过海”方法销售的钢材和水泥累计达960万元，共隐瞒营业利润近200万元，偷逃了增值税和企业所得税。税务机关追缴了H公司的税款，按相关规定加收了滞纳金，并移交司法机关处理。

【案例8-7】某企业截留到期票据利息，偷逃企业所得税。税务人员检查某企业“应收票据”账户贷方，本月有到期收回票据的记录。会计分录为：

借：银行存款　　318 000

　　贷：应收票据　　300 000

　　　　应付福利费　　18 000

因账户对应关系异常，检查人员进而检查了“应收票据登记簿”。核实所收回的这张票据是带息票据，年息6%。检查结果：企业利用“应付福利费”账户截留到期票据利息，偷逃企业所得税。

（四）其他应收款

其他应收款是指企业除买入返售金融资产、应收票据、应收账款、预付账款、应收股利、应收利息、应收代位追偿款、应收分保账款、应收分保合同准备金、长期应收款等以外的其他各种应收及暂付款项。

其主要内容包括应收的各种赔款、罚款，如因企业财产等遭受意外损失而向有关保险公司收取的赔款等；应收的出租包装物租金；应向职工收取的各种垫付款项，如为职工垫付的水电费、应由职工负担的医药费；备用金（向企业各职能科室、车间、个人周转使用等拨出的备用金）；存出保证金（如租入包装物所支付的押金）；预付账款转入；其他各种应收、暂付款项。

1. 风险分析方向。其他应收款核算内容繁杂，经常会被企业用来记录一些性质不明确的经济业务。同时，也是隐瞒关联企业和投资者借款常用的科目。因此，是税务机关关注的重点科目。

“其他应收款”账户的涉税问题主要有三个方面：一是不合法、不合理的报销（如备用金）会造成成本或费用失真，影响企业所得税；二是利用该账户隐瞒长期投资及收益，或截留其他收入而影响纳税；三是对属于销售的业务，不通过销售收入和销售成本账户处理，而是记入该账户，隐匿收入和利润。

（1）其他应收款贷方余额巨大。其他应收款属于资产类科目，通常情况下余额在借方。如果出现贷方余额，且金额较大，可能存在以下风险：一是可能存在隐瞒收入问题。通常会对一些未开票收入，在收到货款后不愿意申报纳税，放到其他应收款贷方，来达到逃避缴纳税款的目的。二是取得虚开发票，假付款后资金回流回来无处安置，放到了其他应收款的贷方。没有真实的业务，自然不会真实付款，款项支付出去后会通过其他途径回流回来。

（2）其他应收款借方余额巨大。其他应收款是销售商品提供劳务以外的其他一些应收未收的款项，一般金额不会太大，如果出现借方余额很大，很可能存在关联企业借款或者个人投资者借款的问题。

如果是无偿借款，会涉及增值税风险、企业所得税风险和个人所得税风险等。

①增值税风险。《营业税改征增值税试点实施办法》第十四条第一项规定：下列情形视同销售服务、无形资产或者不动产：单位或者个体工商户向其他单位或者个人无偿提供服务，但用于公益事业或者以社会公众为对象的除外。因此，如果企业给关联企业无偿借款或者个人投资者无偿借款，需要视同销售缴纳增值税。

【特别关注】《关于明确养老机构免征增值税等政策的通知》（财税〔2019〕20号）第三条及《财政部 税务总局关于延长部分税收优惠政策执行期限的公告》（财政部 税务总局公告2021年第6条）的规定：自2019年2月1日至2023年12月31日，对企业集团内单位（含企业集团）之间的资金无偿借贷行为，免征增值税。需要注意的是：仅限于企业集团内单位之间的资金无偿借贷。集团母公司应当将企业集团名称及集团成员信息通过国家企业信用信息公示系统的“集团母公司公示”栏目向社会公示。

②企业所得税风险。《中华人民共和国税收征收管理法》第三十六条规定，企业或者外国企业在中国境内设立的从事生产、经营的机构、场所与其关联企业之间的业务往来，应当按照独立企业之间的业务往来收取或者支付价款、费用；不按照独立企业之间的业务往来收取或者支付价款、费用，而减少其应纳税的收入或者所得额的，税务机关有权进行合理调整。

《中华人民共和国税收征收管理法实施细则》第五十四条规定，纳税人与其关联企业之间的业务往来有下列情形之一的，税务机关可以调整其应纳税额：融通资金所支付或者收取的利息超过或者低于没有关联关系的企业之间所能同意的数额，或者利率超过或者低于同类业务的正常利率。

③个人所得税风险。《财政部 国家税务总局关于规范个人投资者个人

所得税征收管理的通知》（财税〔2003〕158 号）第二条规定，关于个人投资者从其投资的企业（个人独资企业、合伙企业除外）借款长期不还的处理问题：纳税年度内个人投资者从其投资的企业（个人独资企业、合伙企业除外）借款，在该纳税年度终了后既不归还，又未用于企业生产经营的，其未归还的借款可视为企业对个人投资者的红利分配，依照“利息、股息、红利所得”项目计征个人所得税。

《财政部 国家税务总局关于企业为个人购买房屋或其他财产征收个人所得税问题的批复》（财税〔2008〕83 号）第一条规定：根据《中华人民共和国个人所得税法》和《财政部 国家税务总局关于规范个人投资者个人所得税征收管理的通知》（财税〔2003〕158 号）的有关规定，企业投资者个人、投资者家庭成员或企业其他人员向企业借款用于购买房屋及其他财产，将所有权登记为投资者、投资者家庭成员或企业其他人员，且借款年度终了后未归还借款的，不论所有权人是否将财产无偿或有偿交付企业使用，其实质均为企业对个人进行了实物性质的分配，应依法计征个人所得税。

2. 案例。

【案例 8－8】某企业其他应收款余额较大，税务稽查人员对该账户进行了详细检查，发现一个名为“其他”的明细账户存在异常。于是逐一对相关事项进行了详细核实，发现该明细账原来是截留各种零星收入的“大箩筐”。企业平时发生的出售边角料收入、固定资产清理残料收入、出售废旧物资收入、销售产品收取的价外费用、出纳长款等均汇集其中，从而达到逃避缴纳税款的目的。

【案例 8－9】税务人员检查某企业的“其他应收款”账户时，发现其中 C 公司的明细账借、贷方所记金额较大，且摘要含糊不清。当月 13 日借方一笔摘要为“垫款”的会计事项，其会计分录为：

借：其他应收款——C 公司　　35 000

　　贷：银行存款　　35 000

所附 1 张转账支票存根，款项用途却为“进货”。与摘要所填用途明显不符。检查该明细账户贷方，发现本月连续几笔会计事项，其摘要皆为“收款”，会计分录则均为：

借：现金

　　贷：其他应收款

这几笔经济业务的累计金额共52 500元。余额17 500元仍挂在该账户贷方，更令税务检查人员感到不解。经过向有关人员查询，终于真相大白。原来是从外地购进一批超范围经营的“快货”，以3 500元的价格购进，加价50%后迅速全部售出。以“其他应收款”账户核算其进销。贷方余额17 500元乃其销售的利润。

【案例8-10】 某公司是增值税一般纳税人，主要从事燃气发电机组及零部件的制造与销售，销售对象主要为煤矿、能源公司等大中型企业，公司财务核算正规，财务资料健全，会计凭证较多，稽查人员于是决定采用逆查法开展税务稽查。通过对该公司2021年度财务报表进行全面分析，稽查人员发现该公司其他应收款由年初借方余额715 588.72元变为年末贷方余额1 023 659.44元，根据经验判断，其他应收款账户余额一般在借方，该账户存在明显的波动。于是，锁定其他应收款账户开展重点检查。

通过查阅其他应收款明细账，A煤层气公司的账户引起了稽查人员的重点关注。该账户借方登记“差旅费”“柴油款”“伙食补贴”“修理费”“税金及附加”等各式费用，贷方登记“保运费收入”，年末贷方余额90多万元。经翻阅记账凭证及原始凭证，该账户登记的收入及费用，并未结转入相关科目确认收入或者成本，而是长期挂在其他应收款账户。企业财务人员对此解释是，公司承包A煤层气公司固定资产的保养运维工程，因为工程在进行中，价格未最终结算而无法确认收入，暂时挂“其他应收款”核算，收到的“保运费”已按建筑服务——修缮服务9%税率开具发票缴纳增值税。

稽查人员毫不放松警惕，要求查看企业与对方签订的保养运维合同，企业以种种理由百般推脱，经稽查人员耐心说服教育，才提供了相关合同。经审查，合同约定由该公司为A煤层气公司发电设备提供日常巡检、应急维修、定期保养、大修，确保发电机组的正常运行，保运承包费用包括零部件成本、人工费用等，并实行按季结算。对此，稽查人员指出，对货物等有形动产进行的修理、修配应该按加工修理修配劳务13%税率计提销项税额。同时，企业对该业务也未及时结算缴纳企业所得税。

面对事实，该公司不得不交代了为达到少缴税款的目的，有意将发生的保运费用混淆为建筑修缮服务，并将收入及费用长期挂其他应收款账户，企图蒙混过关的违法事实，案情至此真相大白。稽查局遂依法作出处理追缴该公司增值税、企业所得税、滞纳金、罚款合计62.5万元。

（五）预付账款

预付账款是指企业按照购货合同的规定，预先以货币资金或货币等价物支付供应单位的款项。在日常核算中，预付账款按实际付出的金额入账，如预付的材料、商品采购货款、必须预先发放的在以后收回的农副产品预购定金等。对购货企业来说，预付账款是一项流动资产。预付账款一般包括预付的货款、预付的购货定金。施工企业的预付账款主要包括预付工程款、预付备料款等。

1. 风险分析方向。预付账款余额较大且长期挂账。预付账款有余额，说明企业预付了某些货款或者是其他服务的款项，该预付款最终是需要获得相应的货物服务或者资产的。但是如果该预付账款长期挂账，这就明显异常了。需要考虑该预付账款的真实性，很有可能是对方无偿占用资金或者采用非常规手段隐瞒收入。

2. 案例。

【案例8-11】某税务稽查组检查从事建筑安装的A公司，检查人员发现，A公司2021年的主营业务收入与其上年相比，不升反降，与规模相当的同行相比，差距拉大，这与全社会基建规模不断扩大的背景极不相称。检查人员还得知，A公司2021年工作总结反映实现的业务收入比上年度增长了30%，而且员工的年薪达到历史最高水平。这些都说明A公司与整个建筑行业一样得到同步发展，但为何其业务收入不升反降呢？

检查人员自然怀疑A公司隐匿了业务收入，但先后检查了预收及应付账款、其他应付款、银行存款等科目，均未见异常。检查人员又意识到可能存在挂靠大建安公司承接业务而隐瞒收入的问题，于是，从账面寻找与A公司有往来的大公司，终于在“预付账款——B公司”账户中发现隐藏着一大建安公司（C公司）。据该账户记载，A公司在2019年年底预付2 000万元至B公司购买钢材，钢材未购回，2021年下半年又由C公司分4次汇回2 000万元冲平了该账户，但12月，A公司又收到1 100万元钢材，并作了借“原材料——钢材”、贷“预付账款——B公司”的账务处理，而凭证后未附钢材发票。面对这些异常情况，A公司财务经理解释说，A公司先代C公司预付给B公司2 000万元钢材款，并由其分4次归还。后收到的1 100万元钢材，是A公司向B公司购买的，尚未开票结算。当检查人员索要其代C公司预付款的协议及利息结算情况时，财务经理说因两家老总是好友，未定协议也未收利息。问题果真如此简单？在检查组至B、C公司调查后终于真相大白。

原来，A公司仅具有“房屋建筑”三级资质，为了承接大型建筑工程，遂“挂靠”具有一级资质的C公司，并以C公司名义承接了B公司总造价为1.69亿元包工包料的一大楼工程，但须预付2 000万元保证金(即A公司账面反映的购钢材款)。除预付保证金一事外，其他全部的收入、支出、往来等会计处理事项均在C公司账面反映，而且营业税已由C公司按规定缴纳，C公司因出借资质获得2%手续费收入（出借资质属违法行为)。扣除各类成本、费用及税金，该工程最终形成的1 100万元利润，也由A公司用购买钢材的发票作为工程施工成本冲销，而所购钢材已由A公司验收入库。因此，A公司账面“预付账款——B公司”贷方余额1 100万元实际上是隐藏的承接B公司工程转回的利润，钢材款根本无须再付。

（六）存货

存货是指企业在日常活动中持有以备出售的产成品或商品、处在生产过程中的在产品、在生产过程或提供劳务过程中耗用的材料或物料等，包括各类材料、在产品、半成品、产成品或库存商品以及包装物、低值易耗品、委托加工物资等。

一般情况下，企业的存货包括下列3种类型的有形资产：（1）在正常经营过程中存储以备出售的存货。这是指企业在正常的过程中处于待销状态的各种物品，如工业企业的库存产成品及商品流通企业的库存商品。（2）为了最终出售正处于生产过程中的存货。这是指为了最终出售但目前处于生产加工过程中的各种物品，如工业企业的在产品、自制半成品以及委托加工物资等。（3）为了生产供销售的商品或提供服务以备消耗的存货。这是指企业为生产产品或提供劳务耗用而储备的各种原材料、燃料、包装物、低值易耗品等。

1. 风险分析方向。

（1）存货余额过大或增长较快。存货余额过大或增长较快，可能是由于生产经营规模扩大或集中备货等原因造成，或者是企业属于一些特殊行业，如大型机械设备生产企业、房地产企业，存货的加工周期比较长，随着完工进度的不断推进，存货的余额过大或增长过快也是正常的。

如果是集中备货，当期进项税额会出现大幅上升，很有可能出现留抵税额。

但是，如果没有上述原因却出现了存货余额过大或增长较快，而企业的预收账款又很大，那么很可能是企业销售货物后不愿确认纳税义务，将收到的款项挂到了预收账款科目中。报表数据反映出来的就是好像无货可发预收货款，但存货又出现滞销的矛盾情况。税务机关可能会通过实地盘库等情况看库存账实是否相符。

（2）存货余额过小或大幅减少。存货减少的主要原因是实现销售，所以如果存货当期大幅减少，税务机关会查阅营业收入变动情况。如果本期出现存货大幅减少、营业收入没有显著变化的情况，则会进一步核实存货减少的具体原因，确定是否存在以存货偿债、投资、赠送等视同销售情形，或者是否存在非正常损失，或者是否存在销售收入已实现、未确认收入等情形。

（3）存货变动情况与行业特点不匹配。企业都会根据需求，合理地确定存货占有量，如果企业的存货占用过多，会造成库存积压、资金短缺，如果企业的存货不足，会造成企业停工待产或者断货。不同的行业，存货周转周期也会出现不同。比如，对大型设备的制造业来讲，由于生产周期较长，存货要经过原材料、在产品、半成品、产成品等过程，因此周转期会比较长。但对于一些食品行业，由于产品加工过程比较短，产品有保质期等，所以存货周转期比较短。如果企业的存货变动情况和行业特点不匹配，说明企业存货可能存在问题，税务机关会进一步核实是否存在货物已发出、未确认收入等问题。

（4）存货期末出现红字。如果企业资产负债表期末出现红字，有如下原因：一是可能多转成本，减少利润，造成企业少缴企业所得税。二是如果数量为红字，金额为正数，说明计入成本的金额低于账面成本价，造成后果是少转成本，虚增利润。三是数量和金额都为红字，可能是单价正常的情况下，存货发票未到，存货已入库，未做估价入账就领用发出；如果存货核算规范，极可能是虚转成本，少缴企业所得税。四是存货账户账面结存栏只有金额，没有数量，这种情况很可能是平时成本少结转造成的。

①存货明细账户账面结存数量为蓝字、金额为红字时，可按下面公式计算得出多转耗料成本金额：

多转材料成本 = 账存数量或实存数量 × 结存材料单价 + 账存红字金额

【案例8－12】 甲厂2022年12月月末A种材料明细账账面结存4吨，经盘点实存6吨，结存单价为400元/吨，结存红字金额为10 000元。经核查，该材料结存单价应为500元/吨。

【解析】 多转材料成本 = 6 × 500 + 10 000 = 13 000（元）

②存货明细账户账面结存蓝字数量、结存金额为零时，可按下面公式计算得出多转耗料成本金额：

多转存货成本 = 账存材料数量 × 结存材料单价

【案例8－13】 乙厂2022年12月月末B存货明细账账面结存4吨，结存金额为0元。经核查，该存货结存单价应为800元/吨。

【解析】 多转存货成本 = 4 × 800 = 3 200（元）

③存货明细账户账面结存红字数量和红字金额的，在排除货到单未到、购进材料未入账以及材料串户等不属多转成本的几种情况，材料账面结存的红字金额即属多转存货成本。其多转存货数量与金额的计算公式：

多转存货数量 = 实际盘点数量 + 账面结存红字数量

多转存货成本 = 实际盘点数量 × 正确的材料单价 + 账面结存红字金额

【案例8－14】 丙厂2022年12月月末C存货明细账账面结存4吨，结存红字金额为20 000元。经核查实际盘点数量为2吨，存货结存单价应为5 000元/吨。

【解析】 多转存货数量 = 实际盘点数量 + 账面结存红字数量 = 2 + 4 = 6（吨）

多转存货成本 = 实际盘点数量 × 正确的材料单价 + 账面结存红字金额 = 2 × 5 000 + 20 000 = 30 000（元）

（5）采用计划成本法和售价金额核算法未准确处理成本差异和进销差价。如果企业材料采用计划成本核算，或者库存商品采用计划成本或售价核算，应在结转成本时，分摊材料成本差异或者商品进销差价。如果材料成本差异期初是贷方余额，计划成本大于实际成本，说明是节约差，如果有领用材料或销售材料、库存商品时，应该结转材料成本差异，冲减成本。如果未进行材料成本差异的结转，会造成多计成本、少缴企业所得税。如果购入或委托加工商品采用售价核算的，对外销售商品结转成本时，应借记：主营业务成本科目，贷记：生产成本科目。如果未进行商品进销差价的分摊，会造成多计成本、少缴企业所得税。

2. 案例。

【案例 8-15】 某企业于1997年3月成立，是增值税一般纳税人，主要从事电磁线、机械压铸加工制造及销售。该企业2020年度、2021年度申报的应税收入均在2 000万元左右，年纳增值税60万元左右。

2022年6月，税务稽查局稽查人员对企业进行例行检查。当检查人员向企业索要年末“存货盘点表”时，当事人先是以“存货盘点表”遗失为由拒绝提供，后以实物管理人员经常更换难以找齐资料为借口，企图拖延提供资料的时间。从当事人的言谈举止中，检查人员觉得该企业肯定有问题。于是，检查人员采用了“欲擒故纵”的策略，不再向该企业催要“存货盘点表”，而是从账簿、凭证等原始资料中寻找蛛丝马迹。在检查凭证的过程中，检查人员发现了几份奇怪的会计分录，均为“借：营业费用（制造费用或生产成本）、贷：库存商品——洗衣机×台、电表×只、空调×台”。这些分录看似没错，但该企业不生产电表、洗衣机和空调，生产产品也用不到这些货物。这些货物从何而来？是购买还是客户抵债？数量有多少？

为了查清事实，检查人员不动声色地翻阅了该企业近3年来的进货增值税发票抵扣联，发现该企业在2019年共取得4份增值税专用发票，列明空调×台、洗衣机×台、电表×只，并全部申报抵扣了进项税额。检查人员据此向该企业当事人咨询。在事实面前，当事人无法自圆其说，只好拿出了近3年来的“存货盘点表”。

经过检查人员进一步调查取证，该案终于水落石出。原来，该企业的部分客户由于无法支付到期货款，就以货物抵充货款并开具增值税专用发票给企业抵扣进项税额。该企业将这些抵债货物以变价销售、赠送、作奖品发给职工等方式进行处理后，其余的均巧立名目计入了成本费用，没有如实申报纳税，少缴增值税8.86万元。

【案例 8-16】 某市税务局在对某智能光电科技有限公司的主要财务指标及税负指标进行分析时发现：

（1）2020年存货周转率异常，存在虚列、多结转成本或存货非正常减少的可能；

（2）3年流动比率均小于1，存在隐瞒收入或流动资产非正常减少的可能。

该公司2008年9月成立，2009年8月被认定为一般纳税人，主要从事太阳能光伏、线、涂锡铜合金带、合金线的生产和销售。其销售对象主要有两家：一家是该市的生产光伏太阳能组件的A公司，在美国纳斯维加斯上市；另一家是B集团，在国内A股上市。公司产品主要销售对象都是大型的上市公司，所以说企业在产品销售方面不开票或者少开票隐瞒收入的可能性是非常小的。根据相关线索，税务检查人员进行了实地调查，发现仓库里面只存放原材料和产成品，不见任何废品。

企业生产所用原材料铜带、锡条、白银等贵金属，企业肯定不会丢弃，而在生产过程中，这些原材料只是发生了物理和化学反应，根据“质量守恒”理论，企业投入原材料总重量和产出产品、废品、下脚料总重量之和应不会有多少差异。

该公司2020年共领用原料450吨，生产销售成品341吨，投入产出率为75.5%，申报下脚料收入49吨。理论上应另有成品或残次品库存约60吨，但该公司2018年年底实际账面库存只有2.7吨。

经过进一步的分析，检查人员发现，该公司2019年和2021年也存在同样的问题，理论上至少应该有100余吨的存货从账面上消失了，于是决定对企业存货进行一个细致的检查：通过将检查获得信息和企业账面库存比对，盘盈废品65吨，残次品50吨，半成品3.5吨，剔除锡挥发因素，按规则进行折算，共计盈亏总额707.64万元。最后认定企业应该补缴增值税2.02万元，企业所得税188.73万元。

【案例8－17】某市税务局根据企业所得税预警信息，对2021年度汇算清缴后企业所得税低于最低贡献率的某矿业企业进行评估，通过分析企业上年度资产负债表数据，发现该企业“存货”科目余额出现赤字，并且数额较大，这引起了评估人员的注意。

经核实，该企业购进原材料金额24 685 541元，没有从卖方取得发票，同时也未做暂估金额入库的账务处理，而是直接转入生产环节，结转产成品，且产成品已销售，年末无余额。

根据税收相关文件规定，企业超过汇缴期，仍未取得发票，应该调增应纳税所得额，缴纳企业所得税，经评估约谈，企业自查补税6 171 385元。

纳税人已经验收入库单发票账单尚未到达的各种存货，应按计划成本、合同价格或其他合理价格暂估入账；企业在汇算清缴期内仍然没有取得合法购货凭证的，应将存货按暂估价计入当期应纳税所得额，缴纳企业所得税。

（七）固定资产

固定资产是指企业为生产产品、提供劳务、出租或者经营管理而持有的、使用时间超过12个月的，价值达到一定标准的非货币性资产，包括房屋、建筑物、机器、机械、运输工具以及其他与生产经营活动有关的设备、器具、工具等。

1. 风险分析方向。

（1）如果企业“固定资产”期末原值减少，说明该企业当期很有可能发生了“固定资产”处置，无论是“利得”还是“损失”，一旦发生资产处置，就需要缴纳资产处置的流转税，例如：处置因政策原因未抵扣进项税额的固定资产，纳税人适用按照简易办法依3%征收率减按2%征收增值税。

（2）固定资产投入与销售收入规模不匹配，可能存在虚增固定资产问题。

2. 案例。

【案例8－18】某公司2021年10月处置一批固定资产，包括汽车、办公电子设备等，固定资产原值2 682 067.01元，累计已提折旧2 201 714.41元，处置收入64 700.50元，此笔业务未申报缴纳增值税。根据《财政部 国家税务总局关于全国实施增值税转型改革若干问题的通知》（财税〔2008〕170号）第四条规定，自2009年1月1日起，纳税人销售自己使用过的固定资产，应区分不同情形征收增值税。《财政部 国家税务总局关于部分货物适用增值税低税率和简易办法征收增值税政策的通知》（财税〔2009〕9号）第二条第（一）款和《财政部 国家税务总局关于简并增值税征收率政策的通知》（财税〔2014〕57号）规定，要求该公司按照13%缴纳增值税（由于该批固定资产均已抵扣过进项税额）。

【案例8－19】某市局稽查局在对某化工企业进行3年的增值税纳税情况日常稽查时，发现该企业存在销售收入规模与固定资产投入不相符的问题。

稽查经过：检查人员查阅了该企业2019—2021年的经营数据，发现：该企业2019年实现营业收入1 572万元，实现增值税86.5万元；2020年实现营业收入2 173万元，实现增值税180万元；2021年实现营业收入2 768万元，实现增值税238万元。而该企业2016年固定资产投入规模就达到2 340万元，以后年度基本保持不变。该企业主要经营粗苯等化工原料的生产销售，产品单价较高，按照其生产经营和市场销售规律，在固定资产规模早已达产且稳步提升的情况下，企业销售收入应保持较高水平。

面对检查人员的疑问，企业财务人员解释说，虽然企业2016年固定资产投入就已达产，但因为生产工艺流程欠佳，导致产能不足，主要产品产量一直保持较低水平，所以2016年实现营业收入1 320万元，2017年实现营业收入1 648万元；并且公司客户都是国有大型企业，财务制度规范，结算要求较严，均要求带票结算，所以不会隐瞒收入，少缴增值税。

检查人员通过查看其原始生产记录和资金结算单据，也打消了这一疑虑。会不会其他方面有问题？特别是固定资产发票有问题？这一疑问随着检查人员深入生产车间实地核查越来越重。经过实地核查得知，该企业生产规模不大，只有一个生产车间，面积也不大，生产设备也较简单，只有两条生产线。虽然企业财务人员一直声称，生产设备价值较高，属于按特殊要求定制，但检查人员判断其中必有猫腻。于是，检查人员调取了该企业的固定资产明细账及相关原始单据、施工合同、建造合同，进行逐一查看核对。

通过检查固定资产发票发现，该企业列支的发票全部为普通发票，并且金额较大，单张价格均超过50万元。并且建造合同格式单一、内容简单，与企业财务人员所述的按需定制不符。

面对检查人员的再三询问，企业财务人员道出了实情：企业主要产品市场需求旺盛，基本处于供不应求状态，并且利润可观。但是，因客户必须要求开具增值税专用发票，企业增值税方面很难有漏洞可钻。于是，就在企业所得税方面进行所谓筹划，通过虚假列支固定资产，每年多计提固定资产折旧、列支生产成本的方式，增加主营业务成本，进而减少利润总额，人为减少应纳税所得额，从而达到少缴企业所得税的目的。

处理结果：通过最终核实，该企业2015年取得不合规发票列支固定资产3 472 694.7元，2016年取得不合规发票列支固定资产4 428 108.52元，导致该企业以后年度多计提折旧3 025 050元。根据相关规定，不合规发票取得的固定资产折旧不得在税前扣除，应予以调增应纳税所得额，合计应补缴企业所得税998 266.5元，并按规定加收滞纳金。

（八）在建工程

在建工程属于资产类科目。企业与固定资产有关的后续支出，包括固定资产发生的日常修理费、大修理费用、更新改造支出、房屋的装修费用等，满足固定资产准则规定的固定资产确认条件的，在本科目核算；没有满足固定资产确认条件的，应在“管理费用”科目核算，不在本科目核算。

1. 风险分析方向。在建工程余额长期很大，可能存在未及时结转固定资产情况。

2. 案例。

【案例8－20】2022年10月26日，税务检查人员对红光公司进行纳税检查，发现该公司所使用的8层营业用房，自行建造并使用6年没有办理竣工决算，所以未结转固定资产，也就没有计提折旧。因此少提折旧、少缴房产税、多实现利润的问题，全部通过多结转商品销售成本进行了调整，从营业用房投入使用6年来，红光公司根本没有因少提折旧、少缴房产税、多实现利润而多缴过企业所得税。最终，检查组对红光公司因弄虚作假而少缴有关税款依法进行了处理。

红光公司是处于某市区商业中心地带的商业企业，该公司所使用的8层营业用房是自行建造并于6年前投入使用的。检查人员小李是第二次到红光公司检查，对该公司的基本情况有所了解。上一次检查时，小李发现红光公司使用的8层营业用房已投入使用3年多，但由于没有办理竣工决算，所以未结转固定资产，也就没有计提折旧。

小李认为，因没有办理竣工决算，不能结转固定资产和计提折旧，从而导致多缴企业所得税，实在不划算。于是在检查结束后，小李嘱咐红光公司财务部的王总监，尽快办理竣工决算或者可预估结转固定资产以计提折旧。但是在此次检查中，小李发现红光公司的这一老问题依然存在。小李以为红光公司在竣工结算上遇到了困难，于是向王总监询问。

王总监对此没有明确的解释，对因少提折旧、多缴企业所得税的事实也无动于衷。多缴税款的背后究竟隐藏着什么故事？小李开始从账面上寻找答案。他查阅了红光公司在建工程的账户，如果按照账面近1亿元的在建工程结转固定资产，红光公司每年可计提近500万元的折旧。按25%的企业所得税税率测算，红光公司可少缴企业所得税约120万元。小李将测算结果告诉了王总监。王总监却表示："这部分税款不会白缴的，我们仅是提前缴了而已，房屋折旧迟早要扣除的。"

小李对该问题百思不得其解。为了弄清楚真实原因，检查组请承建红光公司营业用房的通达工程建设公司（以下简称"通达公司"）所在地的税务机关对通达公司进行了调查。调查显示，通达公司在工程投入使用后不到一年的时间就完成了竣工决算，并且提供了决算报告，红光公司也在两年内将工程款全部付给了通达公司，但要求通达公司不要急于开具工程发票。

调查到这里可以肯定，不结转固定资产纯粹是红光公司单方面的原因。于是，小李进一步分析红光公司不结转固定资产背后的原因：该问题造成红光公司每年少缴80多万元的房产税，但同时多缴120多万元的企业所得税，由于多缴的企业所得税属于时间性差异，在将来正常计提折旧后还会转回，所以红光公司可能出于这样的考虑而不结转固定资产。同时经核实，红光公司对因少提折旧和少缴房产税而增加的利润，全部通过多结转商品销售成本进行了调整，营业用房投入使用6年来，红光公司根本没有因少提折旧、少缴房产税、多实现利润而多缴过企业所得税。最终，检查组对红光公司因弄虚作假而少缴有关税款依法进行了处理。

【解析】新《企业会计准则》附录规定，"在建工程"科目用来核算企业基建、更新改造等在建工程发生的支出。企业购入需要安装或自行建造固定资产的支出，先记入该科目，达到预定可使用状态时再转入"固定资产"科目。已达到固定资产预定可使用状态，但尚未办理竣工决算手续的在建工程，应按估计价值计入固定资产，并按月计提折旧，待确定实际成本后再调整固定资产原值。该科目期末为借方余额，反映企业尚未达到预定可使用状态的在建工程的成本。

《企业所得税法实施条例》规定，自行建造的固定资产，以竣工结算前发生的支出为计税基础。由于竣工决算时间存在一定的可控性，红光公司的王总监不仅借此在税款上做文章。还根据往年的操作经验利用"障眼法"来进行"筹划"，因为在日常纳税检查中，许多检查人员关注的仅是企业有无少缴税款，而很少关注企业多缴税款的问题。事实上，王总监就利用了这一点，在多年的纳税检查中蒙混过关。

二、负债类项目数据

（一）应付账款

应付账款主要用于核算企业因购买材料、商品和接受劳务供应等经营活动应支付的款项。通常是指因购买材料、商品或接受劳务供应等而发生的债务，这是买卖双方在购销活动中由于取得物资与支付货款在时间上不一致而产生的负债。

1. 风险分析方向。

（1）应付账款长期挂账。如果应付账款长期挂账，税务机关会结合企业的货币资金情况核实企业的资产偿付能力，如果企业盈利情况较好、没有资金短缺的情况，那么可能会怀疑企业存在虚增成本、取得虚开发票等情况，会结合记账凭证、采购合同、入库单或采取协查等方式进一步核实应付账款业务的真实性。如果确实属于无法支付的应付账款，会核实是否应该转入营业外收入计算缴纳企业所得税。

（2）应付账款金额与存货不匹配。在一般情况下，认为应付账款与存货的比例在30%左右比较合适。如果应付账款与存货的比例达到70%甚至100%，说明企业绝大部分商品是赊购的。如果企业“货币资金”科目显示企业资金并不短缺，说明企业应付账款虚假的可能性比较大，税务机关会做进一步核查。

（3）应付账款大幅增加。如果报表反映本年应付账款期末余额与期初余额相比有大幅上升，利润表中营业收入本年与上年相比却是持平或下降状态，税务机关可能会怀疑企业存在虚增成本或隐瞒收入的问题。

（4）应付账款期末大幅减少。如果报表反映本年应付账款期末余额与期初余额相比有大幅下降，说明企业偿付了大量的应付账款，但是，支付的货币资金本期与上期相比没有太大的变化，说明用货币资金偿付欠款的可能性不大；再看长期借款、短期借款、其他应付款等其他负债类科目本年与上年相比也没有大幅上升，说明企业借新债还旧债的可能性不大。税务机关可能会怀疑企业存在用非货币资产抵债的问题，可能进一步核实存货变动情况，如果存货本年和上年相比大幅减少，但营业收入却变化不大，就会进一步检查相关记账凭证，看企业是否存在用存货偿债未视同销售的情形，也可能会进一步核实企业是否存在豁免债务、债转股等情况。

2. 案例。

【案例8-21】2021年3月，某市稽查局接到举报信，举报××服饰有限公司设有两套账，很多办事处、直销店的销售收入都不走账而是直接进了该公司的小金库。针对举报内容，稽查人员决定把检查该企业往来账作为突破口。在对该公司应收账款检查时，未发现该公司跟任何一个办事处的往来，从现有的应收账款看，根本没有任何偷税的蛛丝马迹，稽查人员心里直嘀咕，这么大的公司应该不会有两套账吧……

在对该公司应付账款往来检查时，发现应付账款——估价材料总分类账截至2020年12月月底材料暂估入库余额为10 654 937.39元。估价入账数额巨大，不符合常理。按照财务制度规定，估价的材料票到后要对应冲回，该公司怎么会有这么多的材料发票还未到账，且每月冲账时具体哪笔材料对应哪张凭证、哪份发票都没有一一注明，材料是估价入账还是虚列成本？还是另有隐情？带着这个疑问，稽查人员决定各个击破！通过与该公司成本会计谈话得知，截至2020年年底材料入库未取得发票明细总计金额10 654 937.39元，截至2021年5月30日反映2020年年底材料暂估部分已到票明细金额合计8 627 860.98元。成本会计说的和账上反映的是一致的，这似乎无懈可击。随即，又跟该公司财务总监进行了谈话，当问及造成2020年年底应付账款——估价材料总分类明细账10 654 937.39元的原因时，该公司财务总监闪烁其辞，以无法查明原因搪塞，案件顿时陷入迷雾之中。

联想到该企业开票时有大部分是加工费收入，偌大的集团公司有对外加工业务，却没有按规定设置受托加工产品明细账，这似乎不可能。是不是该公司确实还有另一本账？于是稽查人员兵分两路，一路继续核实取证材料是否估价入账，一路立即转至销售科。检查销售科销售账时发现，销售科只记载有该公司各大区销售人员的销售数量，销售金额却没反映。销售科每季度按销售数量实行销售提层，发放奖金。销售人员也常常带料加工，说是客户指定的面料，却又不记销售人员或者客户的往来账，也不记受托加工明细账。通过与销售人员谈话得知：该公司确实还有另外一本跟办事处的往来账（以下称B账），办事处销售人员回笼资金时不需要开票的就打到B账的银行卡上（以该公司董事长女儿的名字在银行开设的银行账户）。所谓的带料加工，实际是该公司以委托方（办事处业务员）的名义购进原材料进行加工，因为是以委托方的名义购料的，而该公司购料时又没记往来账，虚拟购进的材料无法消化，只得通过材料估价入账科目核算，通过这样的核算不但少报了增值税，而且购进材料耗用时又列支成本，少报了所得税。至此，该公司应付账款——估价材料总分类账截至2020年12月月底材料暂估入库余额为10 654 937.39元的组成终于查清。这10 654 937.39元的材料暂估部分有8 627 860.98元确实是暂估入库材料票未到的，另外的2 027 076.41元是虚拟成本，为什么会产生这2 027 076.41元虚拟成本，该公司是否还藏有其他猫腻？终于，在核对该企业库存产品明细账时，发现该企业账面反映库存衬衫有75 156件，但至该公司仓库盘点时，发现实际库存衬衫只有57 619件，实际库存与账面库存相差17 537件衬衫。衬衫账面库存与实际库存相差悬殊。原来，企业在开票时按每件衬衫30元加工费开票，而不是按每件实际成品的销售价格160元开票。这样该公司实现销售开票时只开取所谓的加工费的部分。而那130元就记在该公司账外的B账上，B账就是该公司的小金库。B账2020年银行对账单借方发生额2 279 810元，就是17 537×(160－30)＝2 279 810元的衬衫差价（成本已结转）。由此，少报销售：2 279 810÷1.13＝2 017 530.97（元），少报增值税：1 965 353.45×13%＝262 279.03（元）。

真相大白！该公司为了少报销售虚拟加工费，却没有设置受托加工明细账。但受托加工的材料估价已入账，于是该公司又虚拟了估价材料。耗用估价材料已结转成本，减少了应纳税所得额。根据《企业所得税税前扣除办法》第三条规定，截至2021年5月30日，年度所得税汇算期结束以前仍未取得合法凭证（正式发票）的2 027 076.41元将不能在所得税汇算时税前扣除，应当全额调增上一年度的应纳税所得额。

（二）预收账款

预收账款是指企业向购货方预收的购货订金或部分货款。企业预收的货款待实际出售商品、产品或者提供劳务时再行冲减。预收账款是以买卖双方协议或合同为依据，由购货方预先支付一部分（或全部）货款给供应方而发生的一项负债，这项负债要用以后的商品或劳务来偿付。

一般包括预收的货款、预收购货定金等。企业在收到这笔钱时，商品或劳务的销售合同尚未履行，因而不能作为收入入账，只能确认为一项负债，即贷记“预收账款”账户。企业按合同规定提供商品或劳务后，再根据合同的履行情况，逐期将未实现收入转成已实现收入，即借记“预收账款”账户，贷记有关收入账户。预收账款的期限一般不超过1年，通常应作为一项流动负债反映在各期末的资产负债表上。

1. 风险分析方向。

（1）收到预收款未按规定履行预缴税款义务或纳税义务。纳税人采取预收款方式销售自行开发的房地产项目，应在收到预收款时按照3%的预征率预缴增值税。

纳税人提供建筑服务取得预收款，应在收到预收款时，以取得的预收款扣除支付的分包款后的余额，按照规定的预征率预缴增值税。

纳税人提供租赁服务采取预收款方式的，其纳税义务发生时间为收到预收款的当天。

如果企业属于建筑业或房地产行业，或者存在租赁服务，且财务报表显示预收账款余额比较大，税务机关会结合纳税申报表核实企业是否按规定预缴或缴纳增值税等。

（2）预收账款余额过大，存在销售挂账可能。如果该企业经营产品属于非紧俏商品，基本上是买方市场，购货单位先付款后提货的可能性较小，或者企业预收账款很大的同时存货余额也很多，税务机关可能会抽取调阅发生额较大的凭证详细检查。看是否存在货物已发出但发票未开，将收到的款项挂“预收账款”，未转入“商品销售收入”，少报销售额，不缴或者少缴纳税款的情况。

（3）预收账款减少但未记收入。如果企业本期（预收账款月初余额－预收账款月末余额）÷（1＋适用税率）大于本期申报增值税销售额，存在以下两种可能：第一，可能发生了退款。第二，可能预收账款减少但未记收入：一是会计在记账时将预收账款科目与应付款类往来科目对冲，在账务报表上隐瞒企业实际经营情况，造成少记收入、迟记收入、迟纳税和偷税。二是以未达成交易为由虚假归还预收账款，利用自制凭证直接记预收账款减少和货币资金或票据的减少。

2. 案例。

【案例8－22】2021年年末，A公司预收账款余额高达615万元。同时，存货余额也高达4 800多万元。根据企业经营一般规律，预收账款与存货数量成反比，但A公司预收账款与存货却成正比状态。据此，评估人员认为，A公司预收账款与期末存货的不配比的现象，很可能存在问题。围绕企业资产负债表分析中发现的疑点问题，税务人员对A公司财务人员进行了约谈。A公司财务人员对于税务人员的疑问给出了如下解释：对于预收账款与期末存货不配比的问题，财务人员解释说，主要是2021年以前预收的模具开发款项。但企业预收账款时既没有开具发票，随后也没有将资金正式投入生产，因此认为不用申报纳税。税务人员围绕主要疑点，对A公司进行了实地调查。经查证核实，A公司收取预收款的用途，主要是对外开发模具生产线，并且生产工期已经远远超过12个月。根据《增值税暂行条例实施细则》第三十八条第四款“采取预收货款方式销售货物，为货物发出的当天，但生产销售生产工期超过12个月的大型机械设备、船舶、飞机等货物，为收到预收款或者书面合同约定的收款日期的当天”之规定，A公司收取的预收款615万元，增值税纳税义务时间已经发生，因此应补缴增值税84.8万元。

【案例8－23】某税务检查组到一家生产电瓶车配件的甲公司例行检查。检查前分析发现，甲公司的增值税、企业所得税税负均在“警戒线”之上，只是预收账款余额偏大，此外未发现其他疑点。来到该公司，检查组组长重点检查了预收账款项目，发现甲公司通过预收账款结转的销售收入约占全年收入的70%，且每个月及时将上个月登载的预收账款转为销售收入，而且转账凭证后面的发票记账联和出库单等一应俱全，日期也基本吻合，看不出任何破绽。但通过了解发现，甲公司生产的配件除两个种类外，其他大多数种类并不紧俏，不应该出现大量预收账款的情况。检查人员决定解开这个谜团。通过对预收账款整个核算过程的仔细检查，检查人员发现了三个特点：一是通过预收账款核算的绝大多数都是外地客户；二是货款基本上从甲公司各驻外销售处的账户定期汇回（有6家销售处还用业务员的个人信用卡汇回货款）；三是发货日期基本集中在每月中旬。

检查人员分析，由于配件的完工入库时间是均衡的，所以发货的时间也应该是均衡的，即使是外地客户，也不应该都集中在每个月的中旬发货。大家认为很可能是各驻外销售处在收到货款后，先通知公司本部发货，公司再在每个月的中旬集中开具发票和出库单。而如果集中开具发票和出库单的时间滞后，则很可能造成通过预收账款核算收入的纳税义务发生时间被人为延迟。分析至此，检查人员请甲公司提供各销售处收款、汇回货款、公司发货和开具发票的详细情况，同时询问甲公司发货与开具发货单之间有无时间差。甲公司不得不承认有1个月的时间差。原来，各驻外销售处在接到客户订货业务后，会即刻电话通知甲公司发货，货款由各销售处统一收取后，每个月两次定时汇回公司（甲公司作预收账款处理），月初通知公司开具上个月的销售发票和出库单，这样就使甲公司结转销售收入的时间延迟了1个月。

至此，问题应该水落石出，但认真的检查人员并未就此罢休，他们觉得6家销售处通过个人信用卡汇回货款不正常，尽管每月汇回的货款无规律可循，但细心的检查人员还是分析出这部分货款均是各销售处倒轧账后汇出的差额，怀疑这6家销售处很可能隐瞒了业务收入。于是立即找甲公司财务责人约谈并说明了情况。甲公司财务负责人深知“纸包不住火”的道理，很快说明了6家销售处用个人信用卡汇款的真相。原来，甲公司各销售处的业务员都配有个人信用卡，而且均将收取的现金销货款（往往无需开票）存入了信用卡，由于有时销售处账户上的余额不足，就用信用卡上的资金垫付，但不知道这种垫付会成为发现甲公司现金销货不入账的导火线。最终，检查组查明甲公司在前后3个年度中，共隐瞒了360多万元收入没有入账，甲公司自然少不了补税、被罚款。

【案例8－24】一封偷税举报信让H房地产公司进入检查人员视线：业绩不错但税负很低，并且账上挂有大量预收账款。检查人员通过搜集第三方信息、外调施工企业、全面核验项目经营数据，找到了H公司偷逃税款的证据。近期，某市税务局根据举报线索，对H房地产公司实施税收检查，查实该公司通过虚增建安成本少计收入、虚增人数多列工资、取得财政补偿未申报等方式偷逃税款。该局依法对其作出追缴企业所得税889万多元、加收滞纳金341万多元、罚款444.5万多元的处罚决定。

不久前，市税务局接到有关H房地产公司的举报信。举报信中称，H公司存在虚增成本偷逃税款，以及取得财政补偿收入未申报纳税等问题。检查人员了解到，被举报的H公司成立于2015年，注册资本为3 066.7多万元，主营业务为房地产经营开发，是进驻该市较早的房地产企业，已成功开发多个楼盘，企业经营和销售情况良好。在正式赴企业检查前，专案组预先对H公司的情况进行了缜密分析。通过调取企业相关资料进行分析，发现企业在涉税行为上有多处疑点：通过对比同行业规模相同企业的税负，发现H公司税负明显偏低；按检查年度的人工费用、工程成本水平估算，其经营成本费用明显偏高；预收账目信息异常，企业预收账款达到近9 000万元，很可能存在人为调节销售收入情况。分析结果显示，该企业指标异常，偷逃税款嫌疑巨大。根据企业情况，专案组将检查人员分成3个小组，分别负责企业收入类、成本类和发票及费用类的检查、证据整理和证据收集工作。由于举报涉税年度跨度长、涉税资料繁杂，专案组决定对H公司调账检查，全面检查企业运营状况，按程序通知该公司提供所有财务资料和相关涉税资料，包括开发项目报行政主管部门的审批文件、施工图纸、销售合同、开发项目的工程预（结）算书以及收文和发文登记簿、物业管理入住登记簿等资料。

在对H公司进行全方位调查取证的同时，部分检查人员将视线转移至工程施工方，希望通过外围调查获得突破，取得证据。但是，在这个调查方向上，检查人员遇到了困难。一是H公司的建筑安装工程均由外地企业承包，并且已经联系不上，工程成本核算资料难以取得。二是主体工程承建单位B企业在本省A市，检查人员须到外地协查。三是附属工程承建单位C企业远在福建省，且已离开该市至其他地区施工，检查人员几经周折找到C企业负责人进行询问调查，但随后发现该企业财务核算不健全，账面记录信息混乱，无法核实其经营真实性。此外，由于H公司开发的楼盘分为3期，尚未全部完工，各期成本费用划分，以及收入确认工作量非常大；同时，房产管理局的相关资料也非常多，这些都给调查工作带来了困难，使调查工作进展缓慢。经过分析，检查人员决定将案件调查重心放在主体工程施工方——A市的B企业。但是，B企业一开始因担心接受调查会影响与开发商的合作关系，以商业秘密无法透露等为由不愿提供与H公司的往来资料，并且也不接受检查人员的调查询问。在A市税务机关的协同配合下，经过税法宣传和耐心沟通，最终B公司负责人同意向检查人员提供与H公司业务往来的发票及收付款等资料。检查人员经过分析比对大量经营数据，并对相关当事人、负责人进行调查询问，发现H公司曾以施工方的名义自行到该市某区税务局代开17份增值税普通发票，并将其计入开发成本，并以此虚列成本总金额达1 441.1万多元。

外部调查在施工方B公司处获得突破后，检查人员在继续加大力度对H公司账目和施工项目进行检查的同时，重点对两个方向开展外围调查和取证：一是对H公司资金流向实施外部调查，从银行、财政等部门调取相关资料。二是调取房管、国土、建设、物管等主管部门与其开发项目有关的全部资料，核实企业开发项目的实际情况。检查人员将竣工验收备案表、商品房预售许可证、销售合同、房权证、业主电卡钥匙签领发放登记表等资料信息制表分析，将该公司开发的各个项目近2 700套住宅（别墅、商业用房、车库）的销售数据分别予以统计和筛查，与账簿资料逐笔进行比对分析，并到项目开发楼盘实地核查，据此核实该公司实际营业收入。经过对大量数据的仔细对比分析，检查人员终于发现H公司在经营中对取得的部分收入并未及时结转申报，而是长期挂在预收账款项目中，在账簿上少列开发产品销售收入1.6亿多元。按税法规定，这部分收入应及时申报，并调增当年企业应纳税所得额。此外，该公司未按规定计算申报预售收入，经核实预售收入应核减2 475.9万多元。根据举报信息，专案组继续深挖线索。检查人员在企业账簿资料的检查中未发现其取得财政补偿收入的相关记录。难道是部分举报内容不实？检查人员没有轻易放弃，多次到财政部门调查核实相关情况，发现H公司2016—2018年曾收到财政补偿款金额合计为2 449.3万多元，实际支付与该补偿款相关的各项债务款1 899.4万多元，财政补偿款结余549.9万多元至今未在会计账务上作出反映，也未如实申报纳税。按税法规定，这部分款项应计入收入并调增应纳税所得额。通过实地查验和对大量经营资料信息进行对比分析，检查人员还发现H公司存在以下问题：将部分未销售房产作为公司办公营业场所，并将相应的开发成本计入销售成本，造成多申报销售成本122.7万多元；重复列支空调工程设备款66.9万多元；在账目上虚列拆迁安置费640.9万多元，并计入项目开发成本结转成本，但实际上没有支付此项支出；虚增职工人数，多列支应付职工薪酬70.9万多元；不符合营业外支出条件的费用7.4万多元，纳税申报时未作纳税调整处理。面对检查人员出示的翔实证据，H公司负责人承认了该企业通过少列营业收入、虚列建安成本、虚增职工人数多列工资，以及取得财政补偿收入不申报纳税等手段偷逃税款的违法事实。

（三）其他应付款

其他应付款是指与企业的主营业务没有直接关系的应付、暂收其他单位或个人的款项，如应付租入固定资产和包装物的租金、存入保证金、应付统筹退休金、职工未按期领取的工资等。其他应付款是企业在商品交易业务以外发生的应付和暂收款项，除应付票据、应付账款、应付工资、应付利润等以外的应付、暂收其他单位或个人的款项。

在通常情况下，该科目核算企业应付、暂收其他单位或个人的款项，如应付租入固定资产和包装物的租金，存入保证金、应付、暂收所属单位、个人的款项、管辖区内业主和物业管户装修存入保证金；应付职工统筹退休金，以及应收暂付上级单位、所属单位的款项。

1. 风险分析方向。

（1）当期其他应付款增长过快。应付账款是核算企业应付租入固定资产和包装物的租金等事项，当期新增其他应付账款大于销售收入80%，说明企业当期发生相关业务大部分没有付款，大部分不付款是不符合经营常规的。税务机关会进一步核实其他应付款的真实性。

（2）其他应付款借方余额过大。企业如果其他应付款借方余额很大，税务机关可能会怀疑企业：一是虚开发票。由于向他人虚开发票后，必然会有资金流入，但由于业务并不是真实发生的，所以流入的资金必然要回流到对方，这时资金就通过其他应付款的借方余额流出，造成这个科目长期存在大额挂账，且某些余额长期不能清理。二是向关联方借出资金。如果公司长期挂账的明细是公司的法人股东、投资的子公司或者其他关联方，那么这就属于无偿出借资金给关联方使用，会涉及企业所得税、个人所得税问题。例如，如果股东是个人，根据财税〔2003〕158号文件的规定，纳税年度内个人投资者从其投资的企业（个人独资企业、合伙企业除外）借款，在该纳税年度终了后既不归还，又未用于企业生产经营的，其未归还的借款可视为企业对个人投资者的红利分配，依照“利息、股息、红利所得”项目计征个人所得税。也就是说，公司在账上长期挂账股东借款还获得股东归还，很可能被税务局视同向个人股东分配红利而要求为个人申报扣缴的个人所得税税款。三是变相向个人股东分红逃避个人所得税义务。为了逃避缴纳个人所得税，可能很多公司的个人股东在公司有大额利润的时候并没有选择向股东分红，而是通过借资，或者以公司代股东支付大额消费，如买车、买房的支出，然而车和房都登记在了股东的名下，股东占用的公司资金挂在其他应付的借方。

（3）其他应付款贷方余额过大。如果企业其他应付款贷方余额长期过大，税务机关可能会怀疑：一是企业存在通过其他应付款隐匿收入的问题，会对明细账和相关记账凭证做进一步检查。二是存在取得虚开发票的问题。由于买回来的发票是虚开的，证明这业务根本不是真实的，发票对应的货物、劳务或者服务也不是真实向购买方提供的，对应的款项就不可能是真的了。但为了把形式做成真实的，会对外支付资金。但付出去的钱又会想办法必须流回来，最终得回到公司的账户，这时候其他应付款很可能就成了资金回流的入口。三是存在向非金融企业借款的行为。如果资产负债表中（短期借款平均余额＋长期借款平均余额）×银行同期平均利率＜利润表的财务费用，说明企业可能存在向非金融企业借款利率水平高于银行同期同类贷款利率问题，高出的部分不得在税前扣除，需要做纳税调增处理。四是其他应付款如果确属无法支付的款项，应并入营业外收入计算缴纳企业所得税。

2. 案例。

【案例8－25】2019年，某企业撤销了在新疆投资的某下属D公司，企业在履行注销程序过程中，D公司的自然人股东自愿无偿放弃D公司的股权。于是，该企业将D公司撤销后应归属于自然人股东的210 000元计入“其他应付款”科目。2021年，税务人员在稽查时发现，上述款项仍在“其他应付款”科目下挂账，检查人员认为，根据《企业所得税法实施条例》第二十二条规定，企业所得税法第六条第（九）项所称其他收入，指企业取得的除《企业所得税法》第六条第（一）项至第（八）项规定的收入外的其他收入，包括企业资产溢余收入、逾期未退包装物押金收入、确实无法偿付的应付款项、已作坏账损失处理后又收回的应收款项、债务重组收入、补贴收入、违约金收入、汇兑收益等。

根据上述规定，该企业因D公司自然人股东无偿放弃所属股权，所形成的应付款项属于该企业确实无法偿付的应付款项，应作纳税调增处理，须调增2019年应纳税所得额210 000元。

【案例8－26】某股份有限公司是一家单一生产换气扇的企业。近几年经营业绩尚可，但在2022年实施的专项检查时稽查人员发现，该公司报表反映平均利润率高达34%。据以往的查账经验及对该公司报表的粗略分析，光靠单一产品换气扇的生产与销售似乎很难达到这一利润水平。经过实地观察，除了厂房、车间、办公用房外，厂部并无其他经营实体产生利润，那么是什么因素导致该公司产生如此之高的利润率呢？带着这一疑问，检查人员开始了本次检查。

对企业提供的厚厚一叠账册凭证等资料认真审核后没有发现线索。一切似乎都很规范。难道真是判断错了？这时候，一个念头突然在头脑里产生，是否企业提供的账册不齐？为什么总账里的“其他应付款”余额数大于明细账的余额数？稽查人员试探性地问企业财务人员，公司是否还有其他什么往来账没拿出来？经这么一“提醒”，会计又去找来了一本账，这是一本公司二级核算单位（非独立）往来账，从这本账里检查人员发现了一个重要问题，检查终于有了线索和突破口。

经检查发现，该公司下属非独立核算的某市场是该公司利润的主要来源，在出租摊位向客户收取租金的同时还收取名目繁多的各项代垫费用，有广告费、治安费等。经查，其租金收入已照章纳税，而这些名目繁多的各种价外费用却都挂在“其他应付款——代垫费”科目贷方，支付的各项费用直接在该科目的借方冲转。经过逐笔审核，2021—2022 年，贷方发生额 820 万元，未缴分文税费。

《增值税暂行条例》规定：销售额为纳税人销售货物或提供应税劳务向购买方收取的全部价款。全部价款的计算应当包括随同货物销售时向购买方收取的价外费用在内。具体是指价外向购买方收取的手续费、补贴、基金、集资费、返还利润、奖励费、违约金（延期付款利息）、包装费、包装物租金、储备费、优质费、运输装卸费、代收款项、代垫款项及其他各种性质的价外收费。但不包括向购买方收取的销项税额，承运部门开具的运费发票给购货方并由纳税人将该项发票转交给购货方的代垫运费以及受托加工应征消费税的消费品所代收代缴的消费税。必须明确，凡企业收取的价外费用，不论其会计上如何核算，均应并入销售额计征增值税。在政策明确、数字准确的前提下，稽查人员开诚布公地向企业财会人员提出了意见，根据有关规定应补缴增值税 81 万元、企业所得税 109 万元，税、费、罚款合计 190 余万元。

【案例 8 - 27】2022 年 3 月，某市税务局依托金税三期系统和大数据分析平台，对房地产开发企业开展风险扫描分析，发现 S 公司的其他应付款指标明显高于预警值。进一步分析，税务人员了解到，这家成立于 2015 年的房地产投资开发公司，于 2019 年 6 月开发了某商务楼项目，建筑面积 6 万平方米，2021 年年底竣工。2020 年 11 月收到商品房预售许可证后开始对外销售，2021 年账面预收款 16 160. 27 万元，其他应付款 3 175. 71 万元。

税务人员将该公司 2021 年的财务会计报表、企业所得税年度汇算清缴表的各项指标与其历年指标做比对分析后，发现该公司其他应付款余额大于预收账款增加额和营业收入的相当比例。“该公司是不是存在将应税收入、营业外收入等挂在“其他应付款”科目，用未实际发生的应付款项虚列支出的问题?”带着疑问，税务人员调取分析 S 公司 2020 年以来的申报资料等涉税信息。

掌握大量信息后，税务人员约谈S公司财务人员，并向该公司发出“纳税评估询问通知书”，要求该公司对其“其他应付款”等财务指标异常说明原因，并提供证明材料。S公司财务人员表示，挂在“其他应付款”科目的3 175.71万元，部分是向客户收取的定金，长期挂账，与业主签订购房合同后没有进行结转；部分是向占用S公司资金的其他单位收取的利息，不知道向对方提供何种发票。“因未向对方提供发票不能确认收入，所以未将这笔收入作为计税依据申报纳税。”财务人员解释。

最终，S公司因无法举证说明其他应付款高企的理由，承认其存在隐瞒收入、虚列往来账问题，少申报缴纳了企业所得税、增值税、城建税、教育费附加、地方教育附加、印花税等税费。目前，该公司已按照规定补缴税款、滞纳金合计271.54万元。

2016年，全面“营改增”后，金税三期优化版全面上线运行，税务机关通过金税三期征管软件预警评估系统，根据系统设定的指标，可以实现对企业各项资料进行数据信息和逻辑关系分析，将企业历史上存在的涉税问题、环节、行为进行税务风险测定，筛选出可疑信息，进行预警评估，对重要信息进行双随机摇号稽查，本案例中的其他应付款即为常见的税务预警指标。

（四）长期借款和短期借款

长期借款是指企业从银行或其他金融机构借入的期限在一年以上（不含一年）的借款。我国股份制企业的长期借款主要是向金融机构借入的各项长期性借款，如从各专业银行、商业银行取得的贷款；除此之外，还包括向财务公司、投资公司等金融企业借入的款项。

短期借款是指企业为维持正常的生产经营所需的资金或为抵偿某项债务而向银行或其他金融机构等外单位借入的、还款期限在一年以下（含一年）的各种借款。短期借款主要有经营周转借款、临时借款、结算借款、票据贴现借款、卖方信贷、预购定金借款和专项储备借款等。

1. 风险分析方向。

（1）长短期借款余额增加，无借款合同印花税缴纳记录。印花税范围包括银行借款合同，如果企业的长短期借款增加，经核实存在向银行借款的情况，但无借款合同印花税记录，说明企业很可能存在少缴印花税问题。

（2）企业存在在建工程使用借款，利息费用未资本化。企业为购置、建造固定资产、无形资产和经过 12 个月以上的建造才能达到预定可销售状态的存货发生借款的，在有关资产购置、建造期间发生的合理的借款费用，应当作为资本性支出计入有关资产的成本并按规定扣除。所以，如果企业资产负债表在建工程科目有余额或者属于大型设备制造企业、房地产企业等，当期（长期借款平均余额 + 短期借款平均余额）×银行同期平均利率 = 利润表的财务费用，说明企业当期利息支出全部费用化了，税务机关会进一步核实是否存在应资本化的利息费用化在当期税前扣除的问题。

（3）向关联企业长期借款持续增长，超过关联企业债资比。如果企业长期借款数额较大、持续增加，税务机关会关注是否存在关联企业之间的借款，借款是否超过了规定的债资比。如果其接受关联方债权性投资与其权益性投资比例超过 2∶1，需要按规定计算不得税前扣除的利息支出。

2. 案例。

【案例 8－28】某税务检查组到甲公司例行检查，甲公司是生产运动服装的外商投资企业，产品大多数销往境外。开业 4 年来，甲公司不仅连年大额亏损，而且增值税税负远低于税负警戒线，但此前 3 年的检查均未发现严重偷逃税款问题。检查组很想解开这一谜团，但查了 3 天，仅发现一些常见的小问题，涉及税额也很小。在复检工作底稿时，检查组长无意中看到检查人员小许对“长期借款”和“财务费用”有关账户的检查记录：甲公司欠乙公司长期借款，从被检查年度年初的 618 万元增至年末的 1 963 万元，但甲公司仅支付了后 3 个季度的利息。尽管欠乙公司 1 963 万元，超过甲公司实收资本 600 万元的两倍，但由于甲公司会计报表没有披露与乙公司属关联方，从账面上也分析不出两家公司存在关联关系，而且结算的利率没有超过银行同期同类贷款利率，因此，甲公司支付给乙公司的利息可以全额扣除。

看了上述检查记录，组长觉得甲公司第一季度不计付利息有问题，并怀疑甲公司与乙公司很可能就是关联方。但再次检查的结果显示，除了甲公司当年度销售给乙公司一批共计 4.27 万元（价格公允，且钱货两清）的服装外，未发现其他交易。多年的检查经验使组长意识到，甲公司和乙公司很可能存在一个共同的关联方，而且这个共同的关联方很可能就隐藏在甲公司的大客户中。于是，组长决定：一方面把寻找乙公司的关联方作为重点目标，看乙公司披露的关联方中是否有甲公司或甲公司的重要客户；另一方面从甲公司的大客户入手，看这些大客户披露的关联方中有无甲公司或乙公司。组长在网络上输入乙公司的单位名称进行搜索，搜索出的前几条信息都与乙公司密切相关，其中一条信息正是关于乙公司与其同一投资母体丙公司的内容，而丙公司正是甲公司的境外销售对象。组长又搜索了丙公司的信息，发现丙公司与甲公司的投资方丁公司很有可能是关联方。再通过对丙公司和丁公司的进一步搜索，朱组长初步确认了丙公司和丁公司是关联方。

为了尽快查明情况，检查组约谈了甲公司的财务经理，请他谈一谈甲公司与乙公司、丙公司、丁公司的关系以及甲公司对丙公司销售定价的政策。刚开始，财务经理只是说因4个公司的老总都是好朋友，所以才发生了业务关系。当检查人员将了解到的情况与财务经理说明后，财务经理不得不承认了4个公司均为关联方。原来，甲、乙、丙、丁4个公司为同一集团控制下的子公司或孙公司，为了逃避因关联方关系可能带来的纳税调整，在成立甲公司时故意回避并隐瞒了甲公司与丙公司的关联方关系。本以为可以瞒天过海，躲过3年的检查，最终还是被发现：而且被定性为因对关联方销售价格明显偏低不符合独立交易原则，须按照《增值税暂行条例》和《企业所得税法》相关规定，重新确定销售额并进行相应的纳税调整，补缴增值税和企业所得税等相关税费。所以，对于企业之间发生的商品交易，不管是关联方还是非关联方，都必须按照独立交易原则进行定价，否则，税务机关就有权按照税法规定对销售价格明显偏低及不符合独立交易原则的交易进行相应的纳税调整。另外，乙公司之所以借款给甲公司，正是因为甲公司对丙公司多年的亏本销售使流动资金严重短缺，集团决定由与甲公司没有明显关系的乙公司借款给甲公司。但由于其本质上属于关联企业，所以在利息的结算上不是很严格，由此导致问题暴露。

三、所有者权益类项目数据

（一）资本公积

1. 风险分析方向。

（1）资本公积减少用于转增注册资本，自然人股东未按规定扣缴个人所得税。《国家税务总局关于进一步加强高收入者个人所得税征收管理的通知》（国税发〔2010〕54 号）第二条第二款第一项规定，加强企业转增注册资本和股本管理，对以未分配利润、盈余公积和除股票溢价发行外的其他资本公积转增注册资本和股本的，要按照“利息、股息、红利所得”项目，依据现行政策规定计征个人所得税。

（2）资本公积增加是由于资产评估增值原因，企业调整账面价值后未按规定进行企业所得税纳税调整。

对于非法定的资产评估增值，不允许调整企业的资产价值和计税基础。比如，银行贷款时的评估增值。对于法定的资产评估增值税，分三种情况处理：一是纳税人按照国务院的统一规定，进行清产核资时发生的固定资产评估净增值，不计入应纳税所得额；二是纳税人在产权转让过程中，发生的产权转让净收益或净损失，计入应纳税所得额，依法缴纳企业所得税。国有资产产权转让净收益凡按国家有关规定全额上缴财政的，不计入应纳税所得额；三是企业进行股份制改造发生的资产评估增值，应相应调整账户，所发生的固定资产评估增值可以计提折旧，但在计算应纳税所得额时不得扣除。因此，应进行相应的企业所得税纳税调整。

（3）企业的资本公积——其他资本公积的期末余额大大超过了期初余额，可能存在接受股东的捐赠、无偿划入资产的情形，未按规定进行涉税处理。

虽然会计上按照实质重于形式的原则，视同资本性投入计入其他资本公积。但是，根据税法的规定，企业接受捐赠，属于应税收入的一部分，应纳入应纳税所得额，在纳税申报时要进行纳税调增。但国家税务总局公告 2014 年第 29 号第二条规定：“（一）企业接收股东划入资产（包括股东赠与资产、上市公司在股权分置改革过程中接收原非流通股股东和新非流通股股东赠与的资产、股东放弃本企业的股权，下同），凡合同、协议约定作为资本金（包括资本公积）且在会计上已做实际处理的，不计入企业的收入总额，企业应按公允价值确定该项资产的计税基础。”即企业在接受股东捐赠资产时，如果合同、协议约定是做资本金或资本公积用的，而且会计上也这样处理了，就不用计入应税收入中。这时，会计上和税务上的处理是一致的。

2. 案例。

【案例 8－29】2022 年，某市稽查局对税务登记中注册资本增加、没有缴纳印花税记录的企业开展约谈。通过对企业上报的财务报表进行审阅，发现某企业所有者权益中，股本科目金额变动较大，由875万元增加至7 000万元，其中，有6 125万元为资本公积转增股本；有7名自然人股东的股本由540万元增加到4 320万元，但并没有缴纳相关个人所得税的记录。企业认为：按照198号文件规定的“股份制企业用资本公积金转增股本，不属于股息、红利性质的分配，对个人取得的转增股本数额，不作为个人所得，不征收个人所得税”，以及289号文件关于“资本公积金”是指股份制企业股票溢价发行收入所形成的资本公积金，该转增股本的资本公积，属于股本溢价发行形成的资本公积，不应缴纳个人所得税。

检查人员对该企业资本公积的形成来源，开展了更加细致的检查。通过调取投资协议等资料，发现该企业资本公积形成于2020年，是一家医药公司直接股权投资形成的，没有股票发行过程，属于投资者投入形成的资本公积增加，而非股票溢价发行形成，不符合上述文件的要求，应缴纳个人所得税。同时，检查人员还针对企业提出的再次转让导致重复征税的忧虑进行了解释，说明再次转让时，本次缴纳的个人所得税的转增额可计入股权原值。经过反复的政策解释，企业最终认可了税务机关的观点，并接受了补缴个人所得税756万元、罚款378万元的处罚决定。

在现行的个人所得税政策中，仅是规定“股份制企业股票溢价发行收入所形成的资本公积金”转增股本，不征收个人所得税，有限责任公司的股权溢价形成的资本公积转增股本，不在不征个人所得税范围。

【案例8-30】某市稽查局稽查人员发现某实业公司财务人员在2021年度企业所得税申报时，多列支了197万元的折旧费用。经查，该实业公司2021年为贷款需要，请第三方对名下房产进行了评估，评估后房产有较大规模的增值，公司将评估增值部分计入了资本公积，并按照评估价计提了折旧，且在纳税申报时没有进行纳税调整。

《中华人民共和国企业所得税法实施条例》第五十六条规定：企业的各项资产，包括固定资产、生物资产、无形资产、长期待摊费用、投资资产、存货等，以历史成本为计税基础。历史成本是指取得该项资产时实际发生的支出。企业持有各项资产期间，资产增值或者减值，除国务院财政、税务主管部门规定可以确认损益外，不得调整该资产的计税基础。

因此，企业向银行贷款，由资产评估机构对企业进行重估发生的资产增值，不能确认为损益，不能调整资产的计税基础。最终，稽查局依法对该公司进行了纳税调整197万元，依法查补税款53万元。

（二）盈余公积

盈余公积是指各种积累资金。盈余公积包括法定盈余公积、任意盈余公积。指企业从税后利润中提取形成的、存留于企业内部、具有特定用途的收益积累。公司制企业的法定盈余公积按照规定比例10%从净利润（减弥补以前年度亏损）中提取，法定盈余公积累计额已达到注册资本的50%时可以不再提取。在计算法定盈余公积的基数时，不应包括企业年初未分配利润。企业提取的盈余公积可用于弥补亏损、扩大生产经营、转增资本（或股本）或派送新股等。

1. 风险分析方向。

（1）盈余公积和未分配利润之和的变动，与利润表中的净利润变动方向和幅度不一致。理论上，盈余公积和未分配利润之和的变动，应该与利润表中的净利润变动方向和幅度是大致相同的。如果本年度的净利润为正数，但盈余公积和未分配利润之和却减少了，或者虽然增加但大大低于净利润数，则企业可能进行了利润分配。这时就需要考虑利润分配的涉税情况，如果企业存在个人股东，则进行利润分配时需要履行代扣代缴个人所得税的义务。

（2）盈余公积减少用于转增资本。属于股息红利的分配，但对于法人股东来说，如果取得符合条件的居民企业发放的股息红利是作为免税收入的。而对于个人股东，对以盈余公积转增注册资本和股本的，要按照“利息、股息、红利所得”项目，依据现行政策规定计征个人所得税。

2. 案例。

【案例8-31】某市税务稽查局在对某公司的检查中，以未分配利润和盈余公积大量减少为切入点，细致分析，追根溯源，最终揭开了股改方案及股权转让的面纱，追缴非居民企业所得税、滞纳金合计600余万元。

DL有限公司是一家港澳台商投资有限公司，主要从事水产品的加工和销售业务。截至2021年8月31日，共有7家投资方，其中两家为境外非居民企业。

检查过程中，一张记账凭证引起了税务人员的注意。凭证显示，该公司将2021年8月31日之前形成的未分配利润8 000万元转入资本公积，盈余公积894万元转入资本公积。

这一账务处理与常规处理不同。税务人员初步核实发现，该公司在2021年10月29日将公司性质由有限责任公司变为股份有限公司，以公司2021年8月31日审计净资产为2.6亿元，折为股份公司股本1.09亿股，每股面值人民币1元，剩余净资产计入公司资本公积，其中7家投资者按投资比例进行分配，也就是根据“剩余净资产计入公司资本公积”，才有了前面的账务处理。

税务人员在掌握股改方案的全部内容后，立即围绕未分配利润、盈余公积转入资本公积是否应扣缴非居民企业所得税问题进行分析、判断，并要求该公司提供相关资料。税务机关最终认定，该公司将盈余公积、未分配利润转入资本公积，其实质是一种变相的利润分配。因为DL股份有限公司在会计上已将盈余公积、未分配利润余额进行了处理。“盈余公积”“利润分配——未分配利润”账户贷方余额已经为0，而转入账户“资本公积”所反映的经济内容，实质上是境内居民股东和境外非居民股东取得的股利收入，因而形成了事实上的利润分配。

根据《企业所得税法》第十九条规定，非居民企业取得股息、红利等权益性投资收益，以收入全额为应纳税所得额。境外非居民股东应当就未分配利润8 000万元和盈余公积894万元，按照持股比例计算应享有的份额并缴纳非居民企业所得税。

税企双方经过多次交涉，最终，该公司同意补缴2021年未代扣代缴非居民企业所得税260万元。

税务机关在检查中还发现，该公司自2012年成立后，股东变动相当频繁，高达8次之多。为此，税务机关前往工商部门，调取了该公司自成立后的所有工商变更登记信息，又结合税务机关的相关数据，制作该公司的股东变更表。通过分析，税务人员发现了一起极其隐蔽的股权转让——境外股东境外转让股权。2021年6月30日，该公司的一个境外股东W（远东）有限公司将所持有该公司出资额中的73万美元所对应的股权，转让给另一境外股东Y有限公司（香港），转让价款为3 900万元人民币。经计算，境外股东W（远东）有限公司就本次股权转让取得转让所得543万美元。

税务机关与该公司就股权转让问题沟通后，通过国际会计事务所与境外转让方取得联系。经过确认，境外股东W（远东）有限公司就股权转让所得，并未按规定申报缴纳非居民企业所得税。在确认境外非居民股东就股权转让所得并未缴纳非居民企业所得税后，另外一个难点也摆在税务机关面前——税款入库问题。

该公司认为，境外非居民股东是在境外进行的股权转让，其是否缴纳非居民企业所得税跟该公司无关；而且该公司不是纳税人，也不存在代扣代缴义务。这一问题着实让税务机关犯了难。在之前的检查中，税务机关曾通过国际会计事务所与境外非居民企业取得过联系，于是，税务机关再次通过国际会计事务所平台及外网的查询平台，取得了境外非居民企业的投资方情况，凭借多年的稽查经验，投资方程某引起了税务机关的注意。借助公安系统查询得知，程某与该公司法定代表人刘某为夫妻关系。这一关系的确认，对税款的追缴发挥了关键作用。由于该公司与境外非居民股东为关联关系，该公司有义务协助税务机关追缴境外税款。税务机关也十分顺利地取得境外W公司对该公司的授权，授权该公司协助境外非居民企业缴纳非居民企业所得税。最终，600余万元的税款及滞纳金顺利入库。

第二节 利润表主要项目税务风险分析

一、营业收入

营业收入是从事主营业务所取得的收入，指在一定时期内，商业企业销售商品或提供劳务所获得的货币收入，如商业企业的商品销售收入、生产加工企业的产品销售收入、饮食业的饮食品销售收入、服务业的服务收入、仓储企业的仓储收入、运输企业的运费收入、代办运输收入等。营业收入包括主营业务收入和其他业务收入。

（一）风险分析方向

1. 税会差异处理错误。由于新收入准则对收入的确认和计量引入了更多的职业判断的因素，而税法上对收入的确认则较会计上要确定性大一些，所以，会导致更多各种各样的税会差异。具体风险表现和案例详见第五章第二节“企业所得税收入确认风险”。

2. 营业收入与应收账款周转率、存货周转率、总资产周转率等不配比。在一般情况下，如果企业的应收账款周转率、存货周转率、总资产周转率等提高了，说明企业的经营情况与上期相比，呈现的是向上向好的发展态势，营业收入也应该比上期有所增长。如果出现营业收入持平或者下降的状态，税务机关可能会怀疑企业存在隐匿收入的问题。

3. 营业收入与固定资产规模增长情况不配比。如果企业资产负债表中固定资产规模大幅增加，而利润表中营业收入增长幅度很小或者是下降的，税务机关可能会进一步核查增长的固定资产是什么，资产是否是用于生产的机器设备，如果是，会进一步核实设备的投入使用时间，测算新设备的产量。再进一步核查存货科目，如果存货出现大幅增长，说明新产品还未销售，属于正常情况。如果存货没有大的变化，则说明企业可能存在隐匿产量、账外经营的情况。

4. 应付职工薪酬与营业收入变动情况不配比。资产负债表中应付职工薪酬比上年出现大幅上涨，而申报的利润表营业收入却无明显增长或出现下降状态。税务机关可能会怀疑企业存在虚增人工成本或隐匿收入的问题。

5. 企业所得税年营业收入小于增值税申报表销售额。如果企业所得税年度申报表（A类）填报的销售（营业）收入合计小于企业同期（所属期1—12月）增值税销售（营业）收入之和，可能存在少记企业所得税收入的情况。

（二）案例

【案例8－32】某市某足浴保健公司作为本地颇有品牌效应的连锁企业，不仅在团购网站上销量不俗，客户评价较好，利润颇丰，而且牵头起草了本地《足浴保健服务规范》。2022年上半年，某市税务局稽查局接到群众举报，矛头直指该公司。随后，检查人员调取了该公司的经营情况、纳税申报情况，马上进行案头分析，稽查工作就此展开。“结合税务征收管理系统和该企业的财务报告、纳税申报等数据，我们发现其申报的营业收入与其品牌的高端定位以及巨大的成本投入不符。”多年办案经验告诉稽查局检查人员，该企业有隐匿营业收入的重大嫌疑，其成本费用的核算也疑似存在人为调整的迹象。

经过多次踩点、突击检查和对账目的细致分析，检查人员层层抽丝剥茧。最终，认定该企业存在7项违法事实，包括隐匿营业收入、少申报缴纳增值税和企业所得税的偷税行为以及未按规定扣缴个人所得税的行为等，共计少缴税费70余万元，对其加收滞纳金10万余元，并处以40多万元的罚款处罚。

【案例 8－33】 某食品有限公司成立于 2010 年 8 月，属外资企业，注册资金 3 000 万美元，主要从事糖果制品（巧克力及巧克力制品）的生产等。该公司 2011 年 11 月开始试生产，2020 年申报应税销售收入 11.1 亿元，缴纳增值税 0 元，企业所得税 1 033 万元。2021 年上半年申报应税销售收入 3.15 亿元，缴纳增值税 0 元，企业所得税 4 120.18 万元。

税务检查人员经案头分析发现：该公司在 2018 年 8 月至 2021 年上半年，有较大资金投入工程建设和生产设备的采购，固定资产抵扣累计达到 10 734 万元，但与此相应的应税销售额等并没有同步增长。该公司 2020 年 1 月至 2021 年 6 月申报的累计应税销售额为 14.3 亿元，增值税一直有留抵税额。

经询问，该企业固定资产原值增加除了在建工程外，还新增了一条生产线。2020 年 1 月新生产线已投入使用。经询问相关人员，每条生产线投入使用后预计每年新增 1.1 万吨产品。该企业每吨产品平均单价为 11 212 元。

疑点一：企业固定资产规模增长幅度与营业收入增长幅度不匹配。

新生产线投入使用后每年新增 1.1 万吨产品，即 12 332.2 万元。新增的产品去哪里了？销售收入只增长了 2 980.3 万元，库存商品只增加了 6 081 万元，合计增加 9 061.3 万元，差额 12 332.2－9 061.3＝3 270.9 万元。

疑点二：单位产品价格差异较大。

从该公司的销售明细发现，部分相同品牌、相同规格的巧克力及巧克力制品在季度之间的售价相差 1 倍以上。

疑点三：2021 年上半年的销售收入金额过小，存在异常。

2021 年上半年申报应税销售收入 3.15 亿元，仅占 2018 年全年申报收入的 28.37%。

最终，经过约谈、实地核查后确定：由于该公司的销售分淡、旺季，一般每年的 2—7 月是淡季，8 月—下年 1 月是生产的旺季，淡、旺季的产量相差悬殊，所以会出现上半年收入比较少、下半年收入大幅增长的情形。相同品牌、相同规格的巧克力及巧克力制品在季度之间的售价相差较大是计算错误所致，2020 年 1 月收入少计 1 160.59 万元，2020 年 2 月收入少计 540.79 万元，2020 年 3 月收入少计 175.55 万元，2020 年 9 月少计 869.87 万元，合计少计收入 2 746.8 万元。

【案例 8－34】 某企业 2019 年度预收款收入共计 500 万元，收入对应的项目未竣工，但由于应客户要求提前开票，企业在 2020 年年初确认了增值税收入并缴纳税款。随着项目的推进，根据权责发生制，该收入应计入2020年企业所得税收入，但企业为了调节收入，这部分收入未在2020年企业所得税汇算清缴中进行申报，而计入了2021年收入。

《中华人民共和国企业所得税法实施条例》第九条规定："企业应纳税所得额的计算，以权责发生制为原则，属于当期的收入和费用，不论款项是否收付，均作为当期的收入和费用；不属于当期的收入和费用，即使款项已经在当期收付，均不作为当期的收入和费用。本条例和国务院财政、税务主管部门另有规定的除外。"和《国家税务总局关于确认企业所得税收入若干问题的通知》（国税函〔2008〕875号）规定："企业在各个纳税期末，提供劳务交易的结果能够可靠估计的，应采用完工进度（完工百分比）法确认提供劳务收入。"因此，该企业应采用完工进度（完工百分比）法确认提供劳务收入。

二、营业成本

营业成本是指企业为生产产品、提供劳务等发生的可归属于产品成本、劳务成本等的费用，应当在确认销售商品收入、提供劳务收入等时，将已销售商品、已提供劳务的成本等计入当期损益。营业成本包括主营业务成本和其他业务成本。

（一）风险分析方向

1. 成本变动与收入变动不配比。一般情况下，企业收入与成本应该是同方向、同比例变动，如果成本增长过快、远远大于收入增长，税务机关可能会怀疑企业存在隐匿收入或者虚增成本的可能。

2. 单位产品成本高于上年同期或同行业水平。在一般情况下，如果产品的原材料价格稳定，企业生产工艺流程没有改变，产品的结构没有改变，企业的单位产品成本应该是不会出现大的变化。如果企业某个月单位产品成本突然出现大幅上涨，高于上年同期或同行业平均水平，税务机关可能会怀疑企业存在隐匿产量的问题。

（二）案例

【案例8－35】某市有关部门在一起经济案件调查过程中，发现了一条企业涉税违法线索：N房地产开发公司涉嫌以虚列成本的方式少缴税款。有关部门于是将线索传递至税务机关稽查部门，请求协助调查。接到线索后，该市税务稽查部门迅速组织人员对该企业立案调查。

检查人员了解到，N房地产开发公司于2012年4月成立，注册资本5 000万元，公司类型为其他有限责任公司，主要从事房地产开发、经营、租赁、物业管理等业务。该公司开发销售的X商住项目自2017年1月起开工建设，实际建设可售总面积43.1万多平方米，分三期进行开发。截至2021年12月31日，X商住项目一期已售出10.9万多平方米，占可售面积93.50%，二期已售11.8万多平方米，占可售面积83.88%；三期已售5.9万多平方米，占可售面积34.42%。企业申报信息显示，N房地产开发公司从该项目房产销售中共取得销售不动产收入15.54亿元。

X商住项目一、二期工程已达到土地增值税清算条件，其主管税务机关已通知N房地产开发公司进行清算，该公司也在规定的时间内进行了土地增值税申报，并未发现明显问题。

大型房地产建设项目具有工期长、项目支出繁多、成本构成复杂的特点，该企业的申报信息中是否有“水分”呢？带着疑问，检查组先期进行了外围调查，走访当地建筑、房管等部门，了解同类建筑项目的平均市场成本和价格情况，并将结果与X商住项目工程决算报告数据进行比对分析，发现其工程决算成本价格明显高于市场平均水平。在随后对N房地产开发公司进行账面检查的过程中，检查人员又发现了多处疑点：一是账面凭证方面，存在短期内土建工程建筑安装发票大量增加的情况，导致建筑安装成本偏高，存在突击开具安装发票、虚增建筑安装成本的嫌疑。二是前期工程费中土地平整费额度较高，有虚增前期工程费嫌疑。针对初步调查发现的情况，检查人员决定从开发项目决算报告入手，对该企业建筑施工的实际成本和费用实施核查。

根据《土地增值税清算管理规程》等有关法规规定，房地产开发企业在工程结算前，须请中介机构出具工程决算报告作为工程结算依据。检查人员分析认为，如果N房地产公司最初向中介机构提供的原始资料就有“水分”，那么即使是较大规模中介机构出具的决算报告内容也会失真。基于以上考虑，结合前期的疑点线索，检查人员对N房地产开发公司决算报告中的数据进行仔细检查和分析，将决算报告中反映的项目施工所用钢筋、水泥、商砼、砂石等主材从总项目中分解出来，分别按各期项目进行汇总，制作了X商住项目工程钢筋、水泥、商砼、砂石使用情况汇总表，并按项目建筑面积计算出平均单位用量。

经过与建设部门提供的建筑质量要求标准进行核对后，检查人员发现，X商住项目钢筋、水泥、商砼、砂石等主材使用量大幅高于指导标准和行业标准——超标建设，大幅增加成本，这并不符合房产企业经营常规。

为了查清X商住项目施工企业使用主材数量和施工成本的真实情况，检查人员决定开展延伸核查，对该项目的施工企业M建筑公司和向其供应建筑主材的商家进行调查。

检查人员兵分两路。一路对M建筑公司进行了突击检查，核查了其购进钢筋、水泥、商砼、砂石等主材的资金流、票流和货物流，按材料项目进行汇总，制作了M建筑公司施工X商住项目时，钢筋、水泥、商砼、砂石等主材购买、使用情况统计表。与此同时，另一组检查人员迅速对M建筑公司的主材供应商进行了货流、票流和资金支付等方面调查，并与M建筑公司购进主材料信息逐一进行比对，以锁定实际购进主材的数量、金额等证据，防止M建筑公司与供货商串通作假。

随后，检查组将经过核实的M建筑公司施工主材实际购买数据，与X商住项目工程决算报告中汇总的施工结算数据进行比对，发现M建筑公司实际购进使用的主材数据明显小于决算报告数据。检查人员随即对N房地产开发公司项目虚报的施工成本进行了测算，制作了X商住项目钢筋、水泥、商砼、砂石等主要材料结算与实际购买差额情况表。经测算，初步确定N房地产开发公司X商住项目在纳税申报时，涉嫌虚增建筑安装工程成本6 100万元。

核查取证工作完成后，检查组约谈了N房地产开发公司负责人、财务负责人。面对检查人员出示的翔实证据，N房地产开发公司负责人承认通过虚增成本、少计收入等方式逃避纳税的违法事实，并提供了“账外账”。经查，N房地产开发公司在X商住项目建设和销售过程中，累计虚增建筑安装工程成本6 500万元，虚增场地平整工程成本410万元；并且，该企业将虚增成本获得的账外收入作为红利向股东进行了分配。针对企业违法行为，税务机关依法作出补缴企业所得税、土地增值税、个人所得税（股息、利息、红利所得），并依法加收滞纳金的处理决定。

三、期间费用

期间费用是指企业日常活动发生的不能计入特定核算对象的成本，而应计入发生当期损益的费用，包括管理费用、销售费用和财务费用。

期间费用包含以下两种情况：一是企业发生的支出不产生经济利益，或者即使产生经济利益但不符合或者不再符合资产确认条件的，应当在发生时确认为费用，计入当期损益。二是企业发生的交易或者事项导致其承担了一项负债，而又不确认为一项资产的，应当在发生时确认为费用计入当期损益。

（一）风险分析方向

1. 期间费用增长过快，与营业收入不匹配。如果企业期间费用出现大幅上升情况，而企业经营规模未发生大的变化，营业收入未出现大幅增长甚至出现下降情况，则税务机关可能会怀疑企业存在虚增期间费用或者少计收入的问题，会做进一步的核实。

2. 业务招待费未按规定调整。发票品目中含“餐”字样的当年度发票合计数大于企业“业务招待费支出账载金额”。税务机关可能会怀疑企业存在以下问题：一是误将本该属于业务招待费的支出错误归集到其他科目，比如会议费、职工福利费、职工教育经费、主营业务成本之类的科目，须更正申报企业所得税年度申报。二是赠送客户实物的，未视同销售货物缴纳增值税，未履行了代扣代缴个人所得税偶然所得的纳税义务。

3. 发票品目中含“广告”字样的当年度发票合计数大于企业期间费用中的企业“广告费支出账载金额”。税务机关可能会怀疑企业存在以下问题：一是误将本该属于广告费和业务宣传费的支出错误归集到其他科目，如主营业务成本、咨询顾问费，须更正申报企业所得税年度申报。二是广告合同漏缴印花税。

4. 发票品目中含“咨询”字样的当年度发票合计数小于企业期间费用“咨询顾问账载金额”合计数。税务机关可能会怀疑企业存在以下问题：误将不属于咨询顾问费的支出归集到该科目，存在无合法凭证虚列成本入账的情况，须更正申报企业所得税年度申报。

5. 财务费用金额较大、增长过快。如果企业财务费用金额较大、增长过快，税务机关可能会进一步核实企业支付的利息是否存在超过银行同期同类贷款利率的情况，是否存在向关联企业借款支付利息的情况，向关联企业借款是否有超过债资比的情况。

6. 期间费用增长幅度高于营业成本增长幅度。在一般情况下，期间费用的增长幅度低于营业成本的增长幅度，并且费用总额也应该小于成本总额；如果期间费用与营业成本的比值过大，说明纳税人可能存在多列支期间费用问题。

（二）案例

【案例8-36】某市税务稽查局在检查某公司涉税情况时发现：该公司2022年度存在以下问题：一是取得的餐饮发票有5万元计入差旅费科目中，实际报销用途备注为邀请客户参加公司活动就餐。二是公司一笔计入业务招待费的费用，系将自产产品作为礼品赠给客户，未进行增值税视同销售货物处理，未履行代扣代缴个人所得税的纳税义务。

【解析】《中华人民共和国企业所得税法实施条例》第四十三条规定："企业发生的与生产经营活动有关的业务招待费支出，按照发生额的60%扣除，但最高不得超过当年销售（营业）收入的5‰。"企业将5万元的餐费发票计入差旅费科目中将全额扣除，不符合业务招待费限额扣除的规定，应做相应调整。

【案例8-37】某公司为宣传自身产品，花费16万元制作广告并发布，取得了对应的广告发票，在会计核算时结转到了主营业务成本。

【解析】《中华人民共和国企业所得税法实施条例》第四十四条规定："企业发生的符合条件的广告费和业务宣传费支出，除国务院财政、税务主管部门另有规定外，不超过当年销售（营业）收入15%的部分，准予扣除；超过部分，准予在以后纳税年度结转扣除。"企业将16万元的广告费计入主营业务成本中将全额扣除，不符合广告费限额扣除的规定，应做相应调整。

四、税金及附加

《增值税会计处理规定》（财会〔2016〕22号）规定："全面试行营业税改征增值税后，'营业税金及附加'科目名称调整为'税金及附加'科目，该科目核算企业经营活动发生的消费税、城市维护建设税、资源税、教育费附加及房产税、土地使用税、车船使用税、印花税等相关税费；利润表中的'营业税金及附加'项目调整为'税金及附加'项目。"

（一）风险分析方向

1. 税金及附加与营业收入的比值远远小于上年同期数。如果企业本期税金及附加与营业收入的比值远远小于上年同期数，税务机关可能会怀疑企业存在少缴税金情况，会核实税款减少的具体原因。

2. 误将不属于当年度的“税金及附加”的其他税费进行归集。“税金及附加”包含：消费税、城市维护建设税、资源税、教育费附加（含地方教育附加）、房产税、土地使用税、车船使用税、印花税、环境保护税等相关税费。

（二）案例

【案例8－38】 某公司2022年申报并补缴了2020—2022年的房产税90万元、城镇土地使用税3万元，全额计入了当年“管理费用”科目，并在税前进行扣除。

【解析】《国家税务总局关于企业所得税应纳税所得额若干税务处理问题的公告》（国家税务总局公告2012年第15号）第六条规定：“关于以前年度发生应扣未扣支出的税务处理问题：根据《中华人民共和国税收征收管理法》的有关规定，对企业发现以前年度实际发生的、按照税收规定应在企业所得税前扣除而未扣除或者少扣除的支出，企业做出专项申报及说明后，准予追补至该项目发生年度计算扣除，但追补确认期限不得超过5年”，该企业应将以前年度的税金追补至实际发生年度扣除。

第三节　现金流量表主要项目税务风险分析

一、销售商品提供劳务收到的现金

该项目反映企业销售商品、提供劳务实际收到的现金，包括本期销售商品（含销售商品产品、材料，下同）与提供劳务收到的现金、收回前期销售与提供劳务的款项、本期预收的账款、本期收回前期已核销的坏账，扣除本期发生的销售退回所支付的现金。本项目可以根据“应收账款”“应收票据”“预收账款”“主营业务收入”“其他业务收入”等科目的记录分析填列。

（一）风险分析方向

现金流量表中的“销售商品、提供劳务收到的现金”项目与利润表中“主营业务收入”项目之间亦有着内在的联系。税务人员往往利用现金流量表中的“销售商品、提供劳务收到的现金”项目测算营业收入，然后把测算营业收入和申报营业收入比对，申报营业收入小于测算营业收入，企业可能存在少计收入问题。

（二）测算公式推导

1. 销售商品提供劳务收到的现金 = 本期销售货物收到的现金 + 上期销售货物本期收到的现金 + 本期新增预收账款 + 销项税 − 应收项的意外减少 + 收回以前的坏账 = 营业收入（主营业务收入 + 其他业务收入）− 本期新增应收款项 + 本期减少应收款项 + 本期新增预收账款 + 销项税 − 应收项的意外减少 + 收回以前的坏账

2. 营业收入测算值 = 销售商品提供劳务收到的现金 + 本期新增应收款项 − 本期减少应收款项 − 本期新增预收账款 − 销项税 + 应收项的意外减少 − 收回以前的坏账 = 销售商品提供劳务收到的现金 +（应收票据期末余额 − 应收票据期初余额）+（应收账款期末余额 − 应收账款期初余额）−（预收账款期末余额 − 预收账款期初余额）− 本期销项税额 + 应收项的意外减少 − 收回以前的坏账

其中，应收项的意外减少主要包括：坏账的发生；票据贴现造成的借记财务费用；非现金抵账等。

3. 营业收入申报数 = 主营业务收入申报数 + 其他业务收入申报数

4. 问题值 = 营业收入测算值 − 营业收入申报数

（三）案例

【案例 8－39】某酒厂为增值税一般纳税人，主要从事粮食白酒的生产和销售。2022 年 6 月，申报白酒销售额 30 万元，销售数量 4 吨，准予抵扣的进项税额 3.15 万元，应交增值税 0.75 万元。经调查核实，企业当月销售白酒收到资金 23.04 万元，当期应收账款期末余额为 18.2 万元，期初余额为 4.25 万元，预收账款期初余额 3.05 万元，期末余额为 0；应收票据期初期末余额均为0。当期销项税额为39 000元。已知该行业增值税税负预警下限为4.16%。请根据以上情况，分析该企业存在的税务风险。

【解析】 1. 增值税税负 =0.75 ÷30 ×100% =2.5%

2. 营业收入测算值 =230 400 -42 500 +182 000 +30 500 -39 000 =361 400（元）

问题值 = 营业收入测算值 - 营业收入申报数 =361 400 -300 000 =61 400（元）

疑点一：行业增值税税负预警下限为4.16%，该企业增值税税负为2.5%，低于行业税负预警值下限；

疑点二：该企业可能存在少计收入问题。

二、购进商品接受劳务支付的现金

该项目反映公司购买商品、接受劳务实际支付的现金，包括本期购入商品、接受劳务支付的现金，以及本期支付前期购入商品、接受劳务的未付款项和本期预付款项等。本期发生的购货退回收到的现金应从本项目内扣除。本项目可以根据“在途物资”“原材料”“库存商品”“应付账款”“应付票据”“现金”“银行存款”等科目的记录分析填列。

（一）风险分析方向

现金流量表中的“购进商品接受劳务支付的现金”项目与利润表中“主营业务成本”项目之间有着内在的联系。税务人员往往利用现金流量表中的“购进商品接受劳务支付的现金”项目测算营业成本，然后把测算营业成本和申报营业成本比对，申报营业成本大于测算营业成本，企业可能存在多计成本问题。

（二）测算公式推导

1. 购进商品接受劳务支付的现金 = 本期购进货物支付的现金 + 上期购进货物本期支付的现金 + 本期新增预付账款 + 进项税 + 存货的意外减少 - 存货的意外增加 =（营业成本 + 存货期末余额 - 存货期初余额）- 本期新增应付款项 + 本期减少应付款项 + 本期新增预付账款 + 进项税 + 存货的意外减少 - 存货的意外增加

2. 营业成本测算值 = 购进商品接受劳务支付的现金 -（存货期末余额 - 存货期初余额）+（应付票据的期末余额 - 期初余额）+（应付账款的期末余额 - 期初余额）-（预付账款的期末余额 - 期初余额）- 本期进项税发生额 - 存货的意外减少 + 存货的意外增加

其中：（存货期末余额 - 存货期初余额）=（存货期末净额 - 存货期初净额）+（存货跌价准备期末余额 - 存货跌价准备期初余额）

存货的意外减少主要指未对应主营业务成本和其他业务成本的存货减少部分，如管理部门，在建工程领用材料；

存货的意外增加主要指非购买渠道造成的存货增加，如折旧计入制造费用科目，应付职工薪酬计入生产成本或制造费用的部分。

3. 营业成本申报数 = 主营业务成本申报数 + 其他业务成本申报数

4. 问题值 = 营业成本测算值 - 营业成本申报数

（三）案例

【案例 8 - 40】某企业购买商品接受劳务支付的现金：599 889 258.60 元；存货期末余额 126 336 298.70 元，期初余额 55 941 301.84 元；应付票据期末余额 23 200 000 元，期初余额 33 000 000 元；应付账款期末余额67 546 079.11 元，期初余额 57 799 733.99 元；预付账款期末余额4 537 525.35 元，期初余额 12 460 338.82 元；本期进项税发生额 55 184 159.90 元。主营业务成本为 520 298 708.90 元。

【解析】营业成本测算值 = 购买商品接受劳务支付的现金 -（存货期末余额 - 期初余额）+（应付票据的期末余额 - 期初余额）+（应付账款的期末余额 - 期初余额）-（预付账款的期末余额 - 期初余额）- 本期进项税发生额 = 599 889 258.60 -（126 336 298.70 - 55 941 301.84）+（23 200 000 - 33 000 000）+（67 546 079.11 - 57 799 733.99）-（4 537 525.35 - 12 460 338.82）- 55 184 159.90 = 482 179 260.53（元）

申报数：营业成本 = 主营业务成本 + 其他业务成本 = 520 298 708.90 + 0 = 520 298 708.90（元）

问题值 = 营业成本测算值 - 营业成本申报数 = 482 179 260.53 - 520 298 708.90 = -38 119 448.37（元）

疑点：测算营业成本数小于申报营业成本数，该企业可能存在多计成本问题。

附 录

智能检测分析税务风险案例

在大数据时代，税务部门已实现票据信息和财税信息的数据共享，建立起了税务数据仓库，税收管理智能化已成为一种必然趋势。面对多维立体的全方位的大数据监控，企业该如何通过众多信息和方法锁定风险点？如果用人工方法，这将是一个浩大的工程。但是，如果借助信息化手段，这将变得比较简单。在税务风险分析中引入人工智能，其实就是以企业自身的各类涉税信息为基础，通过强化信息系统对税收政策与纳税人经营行为的关联分析，构建出相应的分析模型。人工智能系统在扫描纳税人信息后，测试验证模型，最终输出风险分析结果。运用人工智能技术进行税收风险分析，可以直接利用原始数据，保证基础数据的准确性；同时，以智能分析代替原有的人工复核，可突破传统分析方式的局限性，通过寻找数据之间的关联性、逻辑性和差异性，发现存在的异常点和风险点，大大提高风险分析的科学性、客观性和全面性。

本章主要介绍某企业利用财税风险智能检测系统进行税务风险分析检测的实战案例。通过案例，大家既可以了解到本书提到的诸多指标的分析结果是如何提示企业税务风险的，也可以了解智能检测系统通过机器人横、纵向立体扫描，利用对比分析法等不同的分析方法，按需启动指标，自动运算，进行风险提示，综合评定风险的结果。

某企业所属区域为甲省乙市，所属国民经济行业为机械制造业。该企业提供了 2017 年、2018 年和 2019 年连续 3 年的财务报表、企业所得税申报表、增值税申报表，检测人员一键导入智能检测系统，系统当即出具了如下分析检测报告：

一、企业基本情况

报告期2019年度，企业资产总额550 384.815 7万元，负债总额201 894.084 4万元，所有者权益348 490.731 3万元，收入总额98 237.297 7万元，利润总额23 314.896 5万元，从业人数为50人。

二、税负分析

如图1所示，报告期2019年度税负情况如下：

1. 增值税税负情况。报告期2019年度，本年累计增值税税负率为0，行业平均税负率为4.42%，两者的差异率为-100.0%，说明企业增值税税负偏低，应该进一步检测是否存在违规行为。2017—2019年平均税负率为1.02%，与行业平均税负率的差异率为-76.92%。

2. 企业所得税贡献率情况。报告期2019年度，企业所得税贡献率为3.74%，行业平均值为2.13%，两者差异率为75.586 9%，2017—2019年平均所得税贡献率为3.67%，与行业平均值的差异率为72.300 5%，说明企业所得税贡献率偏低，应该进一步分析是否存在多计成本费用、少计收入的行为。

注：增值税税负率=当期应纳增值税÷当期应税销售收入×100%

企业所得税贡献率=当期应纳所得税额÷当期营业收入×100%

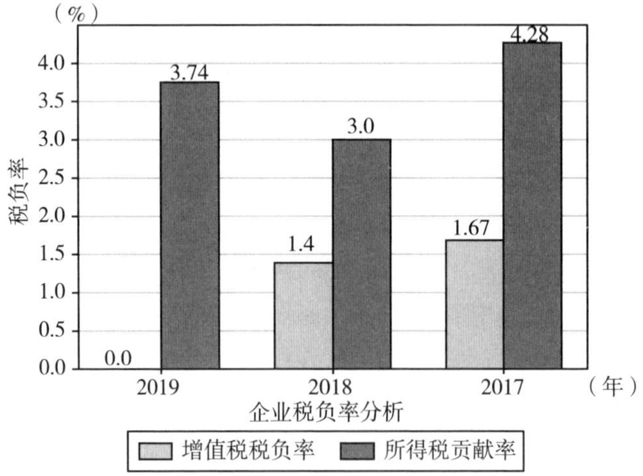

图1 企业税负率分析

三、行业特征与企业画像

（一）资产情况分析

如图 2 所示，报告期 2019 年度企业资产情况如下：

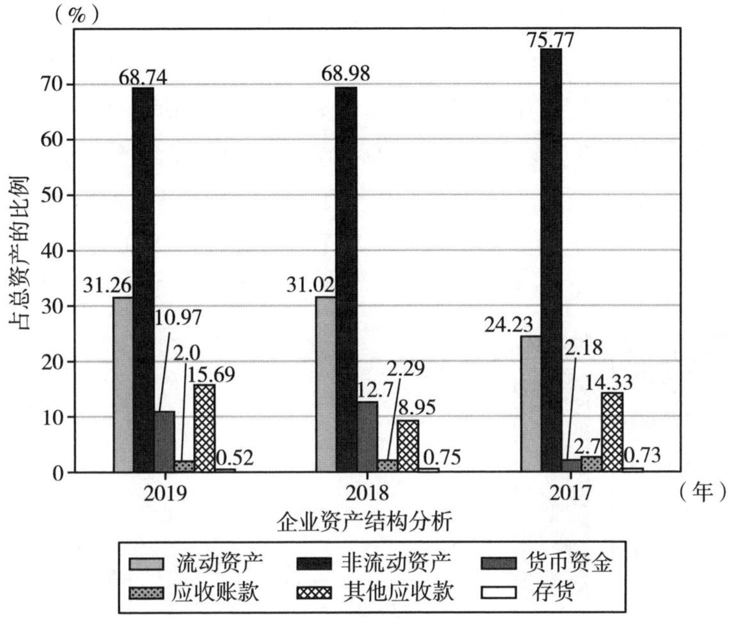

图 2　企业资产情况

1. 流动资产期末余额为 172 052. 881 9 万元，占全部资产的比重为 31. 26%，非流动资产期末余额为 378 331. 933 9 万元，占全部资产的比重为 68. 74%，作为制造行业的企业，本期基本属于正常范围。

2. 货币资金期末余额为 60 362. 903 3 万元，占全部资产的比重为 10. 97%，存在资金短缺风险。

3. 应收账款期末余额为 10 998. 606 7 万元，占全部资产的比重为 2. 0%，本期基本属于正常范围。

4. 其他应收款余额为 86 372. 356 6 万元，占全部资产的比重为 15. 69%，存在以下疑点：一是是否存在股东高管借款，提醒企业应该按照推定分配处理，扣缴个人所得税；二是是否存在关联企业资金输送，资金被对方占用；三是企业是否存在将应收货款计入其他往来，隐藏销售收入。金额较大，仍应引起关注，进一步分析是否存在关联利益输送、股东和高管少缴个人所得税等问题。

5. 存货余额为 2 838.308 5 万元，占全部资产的比重 0.52%，比重偏低，须结合行业特征分析是否存在停产、缺货的风险。

（二）负债情况分析

如图 3 所示，报告期 2019 年度的负债情况如下：负债总额 201 894.084 4 万元，其中流动负债 197 273.314 2 万元，占比为 97.711 3%，流动负债占比偏高，企业近期偿债压力较大。非流动负债为 4 620.770 2 万元，占比为 2.288 7%，占全部负债比重较大的前 3 项分别是：

1. 短期借款，金额 182 958.670 3 万元，占比为 90.621 1%；
2. 应付账款，金额 6 318.775 3 万元，占比为 3.129 7%；
3. 递延收益，金额 4 620.770 2 万元，占比为 2.288 7%。

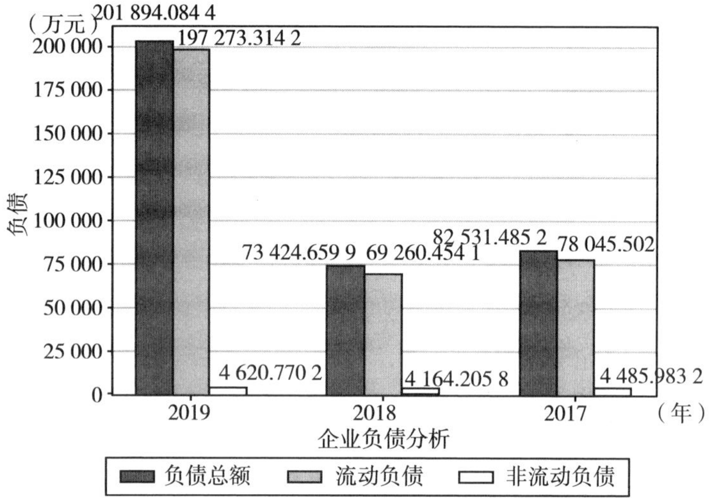

图 3　企业负债情况

（三）所有者权益情况分析

报告期 2019 年度，所有者权益总额 348 490.731 3 万元，其中实收资本或股本为 88 888.8 万元，资本公积为 175 323.345 3 万元，未分配利润为 68 808.895 9 万元（见图 4）。

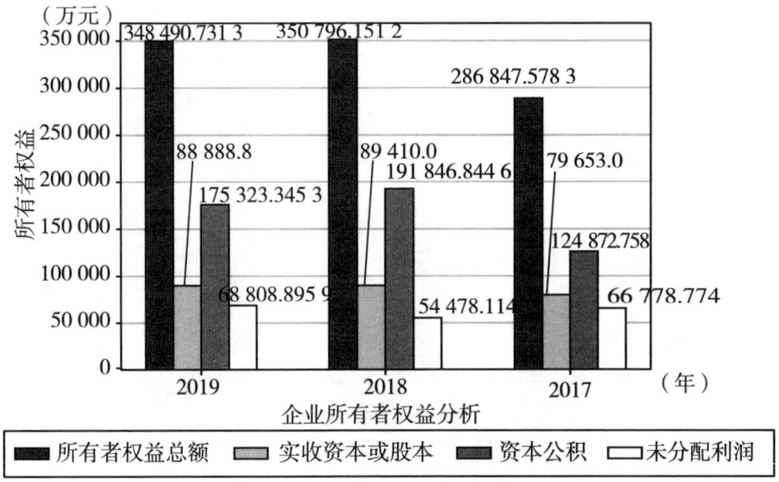

图4　企业所有者权益情况

四、收入、成本及费用情况分析

（一）收入情况分析

报告期 2019 年度，收入总额为 98 237. 297 7 万元，其中，营业收入为 97 534. 909 6 万元，营业外收入为 702. 388 1 万元。营业收入占全部收入的比重为 99. 29%。一般而言，营业收入占全部收入的比重不得低于 90%，营业外收入占全部收入的比重不应该高于 10%，本期基本属于正常范围。

销售收入占全部收入的比重为 90. 75%，作为制造业的企业，本期基本属于正常范围。

在营业收入中，主营业务收入为 88 514. 862 7 万元，占比 为 90. 75%，其他业务收入 9 020. 046 9 万元，占比为 9. 25%。一般而言，主营业务收入占营业收入的比重不得低于 70%，其他业务收入占营业收入的比重不应该高于 30%。

在全部收入中，占比较大的 3 项收入分别是：

1. 销售商品收入，金额 88 514. 862 7 万元，占比为 90. 103 1%；

2. 其他业务收入，金额 8 966. 181 2 万元，占比为 9. 127 1%；

3. 营业外收入，金额 484. 939 5 万元，占比为 0. 493 6%；一般而言，工商行业的销售收入应该占比高，服务性行业的劳务收入应该占较高比重（见图 5）。

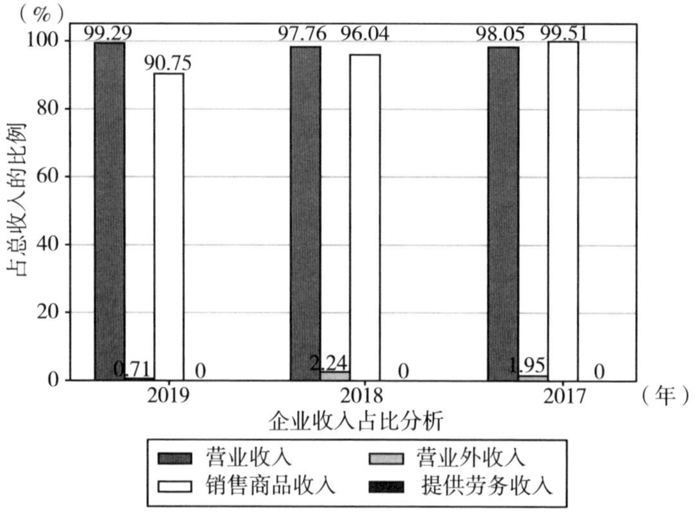

图5　企业收入占比

（二）收入与成本占比匹配度分析

报告期2019年度，营业收入占全部收入比重为99.29%，营业成本占全部成本比重为99.72%，两者差异率为－0.431 2%。

（三）费用情况分析

报告期2019年度，费用总额为9 890.058万元，比重较大的3项费用分别为：研究费用3 112.401 3万元，占比为31.47%；职工薪酬1 869.221万元，占比为18.9%；其他费用1 194.719万元，占比为12.08%，金额较大，应该引起关注（见图6）。

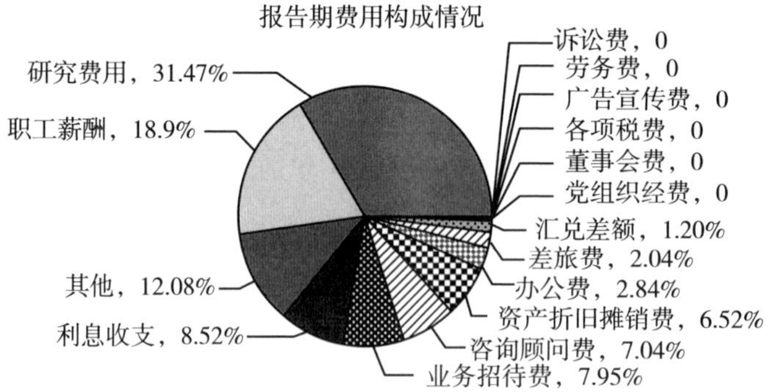

图6　费用构成情况

五、报表之间数据比对分析

（一）报告期 2019 年度，比对增值税申报表与企业所得税申报表情况

增值税申报本年累计收入为 84 179.404 3 万元，企业所得税申报全部收入为 97 534.909 6 万元，两者差异额为 13 355.505 3 万元，差异率为 15.865 5%。一般而言，两者差异率超过 10%，就应该进一步检查数据的真实性。

（二）报告期 2019 年度，比对利润表与企业所得税申报表情况

利润表上的“利润总额”为 23 314.896 5 万元，企业所得税申报表上的“利润总额”为 23 314.896 5 万元，两者差异额为 0 元，差异率为 0。两者如果出现差异，就意味着申报不真实，必须引起高度关注，防止纳税信用等级下降。

具体见图 7。

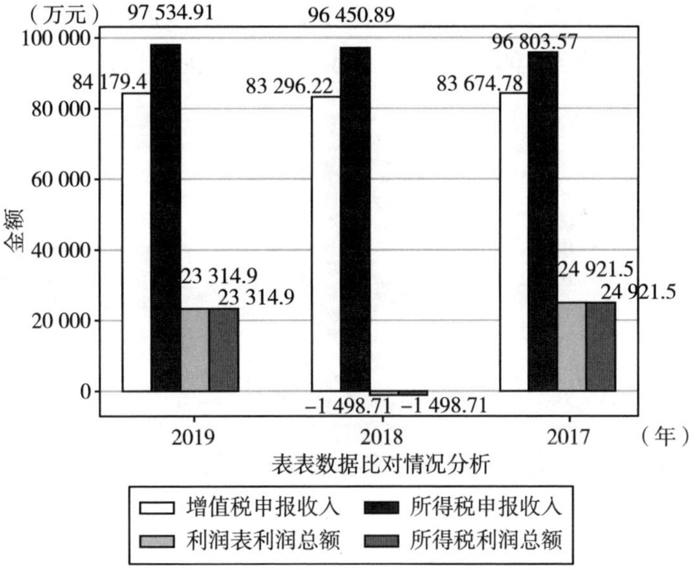

图 7　表表数据对比情况

六、增值税应税收入构成与发票情况分析

增值税应税销售额本年累计构成中，按适用税率计税销售额占销售额的比重为100%，按简易办法计税销售额占销售额的比重为0，免、抵、退办法出口销售额占销售额的比重为0，免税销售额占销售额的比重为0（见图8）。

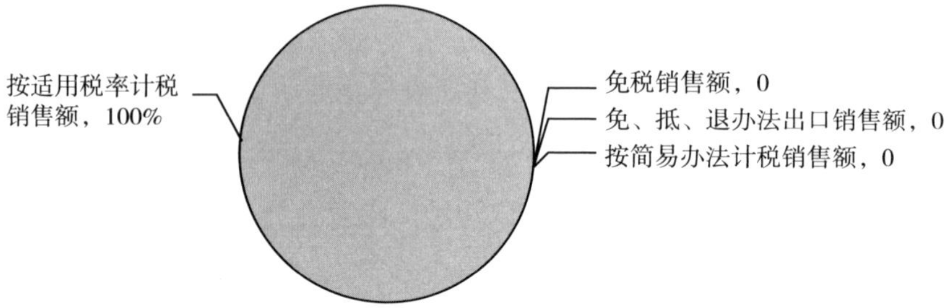

图8　增值税应税销售额构成情况

增值税按适用税率计税销售额构成中，应税货物销售额占按适用税率计税销售额的比例为100%，应税劳务销售额占按适用税率计税销售额的比例为0（见图9）。

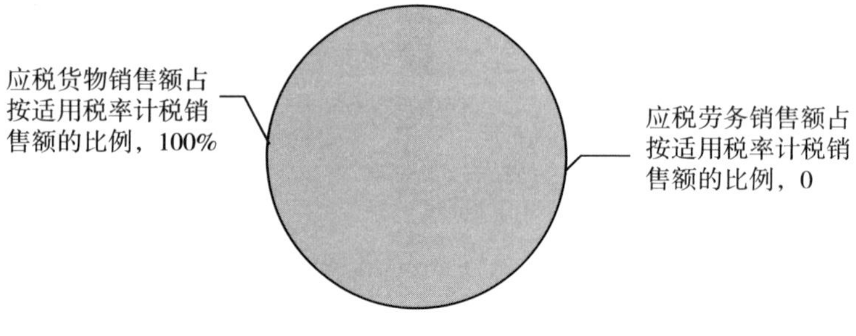

图9　增值税应税销售额比例情况

同期进项税额与销项税额的对比情况，进项税额与销项税额的对比值为67.8%（见图10）。

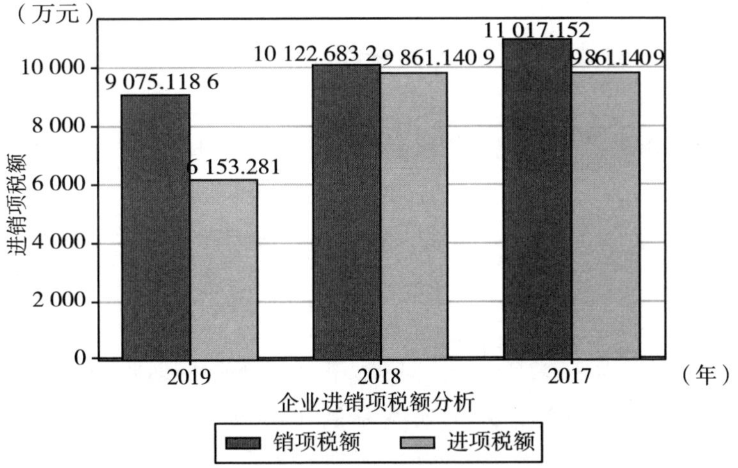

图 10　进销项税额分析

七、经营投入与获利情况分析

报告期 2019 年度，毛利率为 23.32%，2017—2019 年平均毛利率为 22.48%。净利润率为 23.4%，2017—2019 年平均净利润率为 14.56%。

报告期 2019 年度，成本利润率为 365.72%。成本利润率是指企业每获得 100 元利润需要付出的成本费用，一般而言，成本利润率高于 70%，说明收益偏低，应进一步检测是否存在虚列成本的行为（见图 11）。

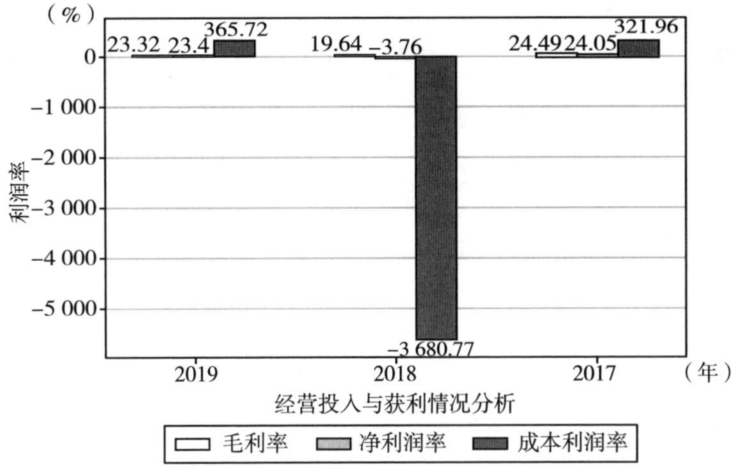

图 11　企业经营投入与获利情况

八、人工成本与效益情况分析

报告期2019年度，人均创收金额为19 506 981. 925 8元，人均薪酬为373 848. 905 4元，一般而言，人均薪酬低于60 000元，应该核查是否存在虚列人数、少缴个人所得税的问题。人均薪酬高于200 000元，应该分析是否存在虚列工资成本、少缴企业所得税的问题；同时，应该比对社会保险费缴纳信息。

人工成本率为1. 92%，人工成本率是指企业每创收100元需要付出的人工成本。一般而言，人工成本率高于20%，就说明收益偏低（见图12）。

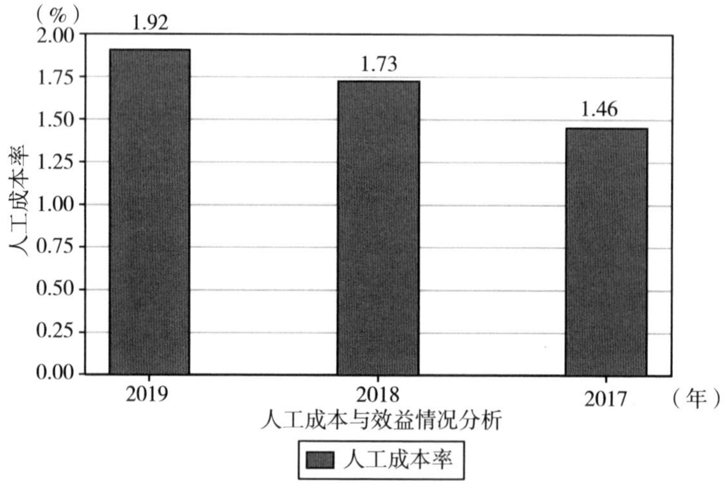

图12　企业人工成本与效益情况

九、投资情况分析

报告期2019年度，长期股权投资期初资金额为199 461. 407 3万元，期末为287 335. 315 1万元，增加87 873. 907 8万元，投资收益为10 578. 128 4万元，其中，享受权益性投资收益免税金额为0元，应该进一步检查明细情况（见图13）。

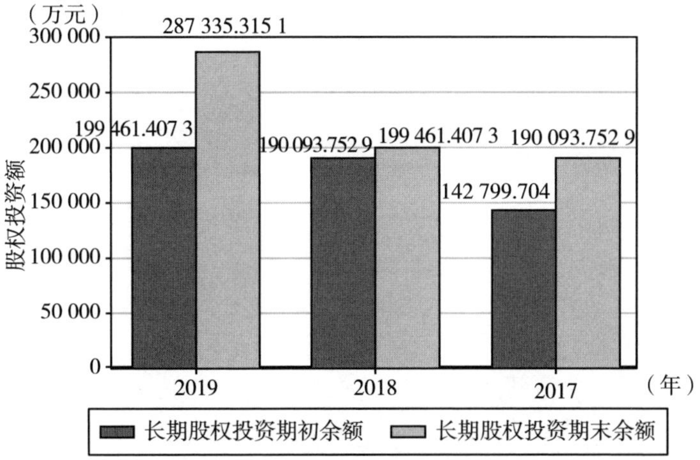

图 13　企业长期股权投资分析

十、主要财务指标对比分析

（一）企业偿债能力分析

报告期 2019 年度，总资产负债率为 36.68%，现金比率为 0.6%，现金流量比率为 3.3%，偿债保障比率为 3 103.91%。

（二）企业营运能力分析

报告期 2019 年度，总资产周转率为 0.05，总资产收益率为 1.07%，应收款项周转次数（应收款项周转率）为 3.433 5，存货周转次数（存货周转率）为 8.125 3。

（三）相关敏感度分析

报告期 2019 年度，增值税税负变动率与营业收入变动率的弹性系数为 -89.285 7；所得贡献率变动率与存货周转次数变动率的弹性系数为 -15.713 4；所得贡献率变动率与增值税税负率变动率的弹性系数为 -0.246 7；存货周转次数变动率与营业收入变动率的弹性系数为 -1.401 8。

特别说明：上述检测案例转自险易梳能检测系统，知识产权归属于晨研财税服务无锡有限公司，如有探讨交流需求，可与本书作者联系（微信：13909423284）。

参考文献

1. 申山宏:《大数据下涉税风险分析》,中国税务出版社,2017年版。

2. 屈震,马泽方:《企业所得税汇算清缴关键点风险点解析》,中国税务出版社,2018年版。

3. 邵凌云:《税收风险管理理论与实务》,中国税务出版社,2017年版。

4. 陈玉琢:《视同销售对应支出纳税调整的思路和运用》,《税务研究》,2020年第6期。

5. 余静,吕伟:《税收风险管理理论模型与实践应用》,立信会计出版社,2018年版。

6. 税屋网。

反侵权盗版声明